成果主義賃金の研究

高橋賢司 著

信山社

目　次

第1章　成果主義賃金制度の問題性 …………………… 1
第1節　労働市場と成果・能力主義賃金制度 …………… 1
第2節　研究の視角と対象 ……………………………… 7

第2章　ド イ ツ 法 …………………………………………10
第1節　連邦労働裁判所による協約外職員の共同決定権 ……………………………………………………10
一　共同決定と賃金決定 ……………………………………10
二　能力・成果主義賃金（leistungs-und erfolgsbezogene Löhne）に関わる法体系と判例 ………………………12
1　成績加給（Leistungszulage）と人事考課 ………12
2　協約外職員（außertarifliche Angestellte）………15
3　手数料（Provision）………………………………16
4　（狭義の）成果主義賃金（Erfolgsabhängiges Entgelt）…17
5　判例に基づく成果・能力主義賃金の問題に関する共同決定 ……………………………………………18
三　協約外賃金に関する共同決定拡大の私的自治・協約自治の原則との衝突 ……………………………19
1　事業所協議会の強制団体的性格 …………………19
2　協約自治と私的自治との衝突 ……………………21
3　共同決定の制限 ……………………………………22
第2節　賃金決定に関する私的自治と事業所自治（Betriebsautonomie）の歴史的発展 ………………24

目　次

　　　一　ワイマール憲法 ……………………………………25
　　　　　1　レーテの憲法思想 ………………………………26
　　　　　2　ジンツハイマーのテーゼ ………………………30
　　　　　3　1920年の事業所協議会法78条2号による賃金額に関
　　　　　　　する共同決定権 ………………………………32
　　　　　4　集団的労働法の優位 ……………………………34
　　　　　5　小　括 ……………………………………………37
　　　二　ナチス時代の賃金決定に関する共同決定の死滅 ………39
　　　三　第二次世界大戦後の共同決定，特に，1972年事業所
　　　　　組織法の改正について …………………………………41
　　　　　1　1952年の事業所組織法の改正 …………………41
　　　　　2　新事業所協議会法 ………………………………44
　　　　　3　小　括 ……………………………………………51
　　　四　結　論 …………………………………………………51

第3節　事業所自治の原則の正当化 ………………………………53
　　　一　事業所自治の原則の私的自治の原則による正当化 ……53
　　　　　1　問 題 提 起 ………………………………………53
　　　　　2　法律行為としての事業所協定の締結？ ……………57
　　　　　3　団体法的な考察（Verbandsrechtliche Betrachtung）…59
　　　　　4　事業所での他律的な賃金決定 …………………62
　　　二　事業所自治の民主性の原理による正当化 ………………64
　　　　　1　民主性の原理の基本法上の保障 ………………64
　　　　　2　基本法9条3項団結の自由からの事業所自治の原則の
　　　　　　　基礎づけの否定 …………………………………65
　　　　　3　民主性の原理からの事業所自治の正当性 ……………67
　　　　　4　事業所のパートナーへの法定制定権力の法律による付
　　　　　　　与 …………………………………………………70
　　　三　結　論 …………………………………………………76

第4節　協約外賃金に関する被用者の自己決定の可能性 …………78

- 一　労働市場と私的自治的な契約形成 ……………………78
- 二　労働関係における被用者の従属性 ………………………82
  - 1　従属性に基づく被用者の保護の必要性 ………………82
  - 2　窮乏化理論と被用者の従属性 …………………………83
  - 3　経済的従属性に対する批判 ……………………………85
  - 4　不平等の理論（*Ungleichheitsthese*）への疑問 ………87
  - 5　被用者の知的従属性 ……………………………………90
  - 6　労働契約当事者間での双方的な従属関係 ……………93
  - 7　小　括 ……………………………………………………96
- 三　協約自治の原則 ……………………………………………97
  - 1　協約自治の基礎 …………………………………………98
  - 2　団結の自由の二重的性格 ………………………………100
  - 3　法制定権限の授権（*Die Delegation von Rechtsetzungsgewalt*）………………………………103
  - 4　成果・能力主義賃金に関する労働協約の実際 ………105
  - 5　事業所組織法による労働協約の優位（協約自治と私的自治の原則の優位）………………………………108
- 四　私的自治による賃金形成 ………………………………113
  - 1　私的自治の基本法上の保障 ……………………………113
  - 2　共同決定の弾力性？ ……………………………………116

第5節　共同決定の権限の限界 ………………………………120

- 一　事業所自治の限界基準としての集団的利益（*kollektives Interesse*）………………………………121
  - 1　賃金構造についての集団的利益 ………………………121
  - 2　事業所協議会の利益調整 ………………………………126
- 二　事業所自治の射程範囲 …………………………………132

	1	形式的労働条件への事業所協議会の規制権限の制限 …132
	2	共同決定の保護の目的 (Schutzzweck) ……………136

三 賃金領域における共同決定の機能への疑問………138
    1 最低限のミニマム ………………………………138
    2 契約条項の透明性 ………………………………139
    3 賃金の引下げ ……………………………………140

四 事業所の賃金形成に関する私法的なドグマの可能
   性 ………………………………………………………143
    1 市民法と労働法の統一的な解決方法 …………143
    2 市場秩序における共同決定 ……………………144
    3 賃金に関する事業所の共同決定の限界 ………146

五 小 括 ………………………………………………149

第6節 協約外のレベルでの裁判上のコントロール ……152

一 良俗 (gute Sitten) ……………………………………153
    1 「公正かつ正当な考えをなすあらゆる人の礼儀感
      (Anstandsgefühl aller billig und gerecht
      Denkenden)」 …………………………………154
    2 動態理論 (Bewegliche Theorie) ………………156
    3 賃金条項の良俗性 ………………………………157

二 標準化・画一化された労働契約条件への約款ルール
   の適用 …………………………………………………162
    1 債務法改正前の内容コントロールの労働法への適用可
      能性 ……………………………………………162
    2 債務法改正後の内容コントロールの労働法への適用可
      能性 ……………………………………………163
    3 透明性原則の基本思想 …………………………165
    4 協約外の賃金規整についての透明性 (Transparenz
      übertariflicher Entgeltsregelungen) ……………166

		5	成績加給とその他の能力・成果給の場合の透明性の原則 …………………………………………………………167

　　　　6　手数料（*Provision*）……………………………………168
　　三　協約外給付の撤回・削減 ……………………………………169
　　　　1　問題の所在 …………………………………………………169
　　　　2　普通契約約款規制の撤回・変更条項への適用 …………171
　　　　3　民法309条4号の適用 ……………………………………172
　　　　4　普通契約約款法上の規則による内容コントロールの限界 …………………………………………………………………174
　　　　5　民法315条の適用可能性 …………………………………176
　　　　6　行為基礎の喪失理論の否認 ………………………………179
　　　　7　「公正」の判断基準 ………………………………………181

第7節　むすびにかえて——ドイツ法についての終章 …183
　　一　市場経済秩序における賃金形成 ……………………………183
　　二　成果・能力主義賃金の私的自治的な形成と「効率賃金理論」………………………………………………………………185

第3章　日　本　法 …………………………………………191

第1節　年俸制とわが国の労働市場・企業社会の特質 …191
　　一　年俸制の位置づけと契約法理の欠如 ………………………191
　　二　思想的基盤の欠如と連帯の欠如 ……………………………193
　　三　日本型年俸制の特異性 ………………………………………194
　　　　1　長期雇用と転職しない労働者 ……………………………194
　　　　2　ノルマと労働時間の過酷さ ………………………………194
　　　　3　賃金額の変動幅と降格 ……………………………………195

第2節　年俸制の導入と学説の形成 ……………………………198
　　一　適正評価義務と集団的決定 …………………………………198
　　二　学説の問題点 …………………………………………………201

三　賃金減額と降格 …………………………………………204
　第3節　労働法における私的自治の原則 ………………………209
　　一　私的自治の原則と労働者の自己決定 ………………………209
　　　1　問 題 提 起 ………………………………………………209
　　　2　私的自治の原則の意義 …………………………………212
　　二　労働市場と賃金法理……………………………………………213
　　　1　年俸制の導入と従業員のモチベーション ……………213
　　　2　効率理論と成果・能力主義賃金制度 …………………214
　　　3　効率理論と私的自治の原則 ……………………………215
　　三　私的自治の原則の障害とわが国の契約社会・企業社
　　　　会の現状 ……………………………………………………220
　　　1　現代における知的従属性 ………………………………220
　　　2　賃金規定の透明性の確保 ………………………………222
　　四　個人主義の浸透と労働法の転換 …………………………225
　　五　労働市場秩序と賃金秩序 …………………………………229
　第4節　従業員代表・労使委員会の法原理と限界 ………231
　　一　従来の従業員代表論への疑問 ……………………………233
　　　1　労働組合の「代替」・「補完」機能への疑問 ……………233
　　　2　労働組合の権限の抵触への配慮 ………………………235
　　二　私的自治の原則と共同決定（法原理的考察） ……………239
　　　1　強制的団体論と自己決定 ………………………………239
　　　2　民主性の原理 ……………………………………………241
　　三　過半数代表制度・従業員代表制度の限界 ………………243
　　四　市場秩序における共同決定 ………………………………246
　　　1　従業員代表による決定と市場経済との不調和 ………246
　　　2　不完全な市場の透明性 …………………………………248
　　五　労使委員会制度 ……………………………………………249
　　　1　裁量労働制をめぐる労基法改正とその制度の概観 ……249

	2	企画型裁量労働制と労使委員会の実際 …………………252
	3	労使委員会の参加のあり方と「自治」の今後 …………254

第5節 協約自治の原則 …………………………………………258

一 協約自治の原則と私的自治の原則 …………………………258
　1 憲法28条と協約自治 ……………………………………258
　2 従来の学説 ………………………………………………260
二 法制定権限の授権 …………………………………………262
三 有利性原則 ……………………………………………………264
四 年俸制への労働組合の対応 …………………………………268
　1 成果・能力主義賃金制度についての労働組合の存在意義と労働組合への対応 ……………………………………268
　2 賃金正義と労働協約 ……………………………………270

第6節 契約法理の形成 …………………………………………274

一 公序良俗の原則 ………………………………………………274
　1 憲法と公序良俗 …………………………………………275
　2 労働法における公序と能力・成果主義賃金 …………277
二 透明性の原則 …………………………………………………279
　1 透明性の原則の法的基礎 ………………………………279
　2 労働法における透明性の原則 …………………………280

終　章　成果主義賃金の彼岸 ……………………………………284

あとがき ………………………………………………………………292
Nachwort ………………………………………………………………296
文献一覧 ………………………………………………………………297
Literaturverzeichnis …………………………………………………303

第1章　成果主義賃金制度の問題性

第1節　労働市場と成果・能力主義賃金制度

　a)　グローバル化の進む国際的競争の中で，日本企業は，成果・能力主義賃金制度の一形態として年俸制を導入・普及させつつある。25.2％前後の企業が，現在，年俸制を導入している[1]。成果主義賃金制度とは，労働者と使用者間の合意により設定された目標の達成度の評価を通じて成果を測る制度と理解される[2]。年俸制について，第92回労働法学会のテーマとなり，その後の賃金法理に大きく貢献した。毛塚教授は，人事考課との関係で，人事考課の開示義務，適正評価義務[3]，職能開発協力義務[4]，を提言している[5]。これは，使用者の評価行為は裁量であると従来労働法学において捉えられがちであった点に論駁し，「①客観的評価基準に基づき，②適正な評価を行い，③評価結果とその理由を労働者に開示，説明する[6]」という「適正評価義務」を提唱したものである。これに続いて，「①公正かつ客観的な評価制度を整備・開示し，②それにもとづいて公正な評価を行い，③評価結果を開示・説明する責務を負う」という学説も形成されている[7]。従来，人事考課

　1　社会経済生産性本部「第4回日本型人事制度の変容に関する調査」(2001年)。
　2　毛塚勝利「賃金処遇の変化と労働法の課題」日本労働法学会誌89号5頁(6頁)。
　3　毛塚勝利「賃金処遇制度の変化と労働法学の課題」日本労働法学会誌89号22頁。
　4　毛塚勝利「賃金処遇制度の変化と労働法学の課題」日本労働法学会誌89号22頁。
　5　適正評価義務とは，職業的能力の評価を，「1.客観的評価基準に基づき，2.適正な評価を行い，3.評価結果とその理由を労働者に開示，説明する義務」と定義している(毛塚勝利前掲論文22頁)。
　6　毛塚勝利前掲論文21頁。
　7　土田道夫「能力主義賃金と労働契約」季刊労働法185号6(9)頁以下。

における「公正な賃金処遇」の問題としては，不当労働行為制度による労働組合員または特定の労働組合への不合理な「差別」や男女の賃金「差別」が救済されるにすぎなかった。これに対し，これらの学説は，こうした人事考課をめぐる裁判での閉塞感をこえて，新たな救済法理を作り出そうとする魅力的な試みであった。本書は，これらの見解に見られる問題提起を受けて，さらに一歩進んで，約款法理を通じて，より明確で説得力のある裁判所の内容コントロールの可能性を探ろうとするものである。

b）　個人と集団との関係は，この20年間社会的に日本においても大きく変容している。会社人間が減少し，仕事より家庭・「余暇」・私生活を重視する従業員が増え[8]，プライバシーに対する観念も社会において定着しつつある。仕事を自らの能力と個性の生かす場と答える若年労働者も増えているといわれる。しかし，個の自立・確立というヨーロッパの個人主義の中核部分が欠落し[9]，企業のなかでも，自らの主張を理由をもって貫徹できる風土に欠くところもいまだにないわけではないが，個人と集団の関係にも変化の兆しが見える。例えば，成果・能力主義賃金のもとでは，自らの成果を過剰なまでにアピールしたり，自己の評価を正当化したりするホワイトカラーも増加していることもしばしば指摘される[10]。若年労働者の年休の取得率も上昇しつつある。ここでは企業における個人主義の萌芽がみられる。年俸制という賃金は，使用者からみれば，単なるコストの配分の問題であっても，従業員の側からみれば，自らの意思と行為に基づく職業活動の結果として個人の能力と成果を賃金によって反映してもらうことのできるものである。能力・成果主義賃金が労働者の職業的能力の形成と労働者の企業からの自立を促す契機を持ちうるかどうかが焦点ともなりうるのである。以前に，土田教授は，「成果・能力主義賃金の下では，労働の具体的内容・方法・態様の決定を労働者の自主的決定に委ねるとの合意の成立を認め，それによって使用者の労務指揮権を制約すべきである[11]」と述べつつ，特に，研究職については，「成果・能力主義賃金制度においては，一般労働者よりも労働者の自己決定

---

[8] 経済企画庁『会社人間からの脱却と新しい生き方に関する調査』（1999年）。
[9] 西尾幹二『ヨーロッパの個人主義』（講談社現代新書・1969年）162頁以下。
[10] 例えば，アエラ2002年7月7日号。
[11] 土田道夫「能力主義賃金と労働契約」季刊労働法185号16頁。

権(労働条件の対等決定)を尊重した労働契約法理が要請されると述べる[12]。研究者のみならず,外資系企業などの労働者は,同様のことがいえると考えられる。しかし,これに対しては,「個別『管理』においては,使用者側の意思が基本的に貫徹され,労働者の『合意』が単なる形式にとどまる[13]」という,契約の自由に対する懐疑も,依然として根強い。ここでは,労働法学的には,個人の労働力の不可欠性から出発して,個人が自己の賃金を自らの意思と責任で形成しうるかどうか,が鍵となる。成果・能力主義の問題は,従来からの労働者の保護,また,これとは反対に,自己決定の原理(私的自治の原則)との関係を問いうるのである。

c) 能力主義・成果主義賃金の集団法的な課題として,まず第一に,公正な賃金とは何かということを人事考課を行う考課者のみならず労働組合も受け止めることが求められ[14],労働組合の能力主義・成果主義賃金の関与も期待される。実際,労働組合の中には,従業員が成果主義の評価について納得いかない評価項目について本人の主張と一次査定者の評価理由を組合が聴取し,会社と組合が協議し,査定の修正も要求し,能力主義・成果主義賃金制度に積極的に取り組む労働組合もある[15]。労働組合の執行部も,査定に反映させる業績内容,査定方法,年俸制のうち査定で変動する部分の比率,年俸制の上限・下限率,適用される組合員の範囲などをチェックする関心を抱いている[16]。「自治」とは,法的には,賃金とその他の労働条件に関し,国家から自由な領域について,自らの責任で,その秩序を形成することと定義される[17]。能力主義・成果主義拡大による労働組合離れの加速が懸念されるなかで,人事課・上司の裁量事項としてきた賃金のあり方に対し「他人決定」から「自治」へと模索されるのである。有利性原則[18]の肯定を含めて,法的

---

12 土田道夫「能力主義賃金と労働契約」季刊労働法185号17頁。
13 西谷敏「『個人主義』の意味について」労働法律旬報1370号4頁。
14 毛塚勝利「賃金処遇制度の変化と労働法学の課題」日本労働法学会誌89号26頁。
15 東京都大崎労政事務所「『成果・能力主義』拡大への労働組合の対応」2001年65頁。
16 東京都大崎労政事務所「『成果・能力主義』拡大への労働組合の対応」2001年48頁。
17 Vgl. BVerfG Beschluß v. 1. 3. 1979 AP Nr. 1 zu §1 MitBestG.
18 有利性原則とは,労働協約より有利な労働契約による逸脱が違法ではないとするドイツ法の原則である。これについては,第3章第5節三。

には組合法制のあり方が問題になる。

　d）これと同時に，集団法的な規整としては重要な問題をはらむのが，過半数代表制[19]・労使委員会などの代表制度である。新たに最近，学説では，過半数代表・労使委員会，または，従業員代表制度に労働組合の「代替」・「補完」機能を期待するとしても，労働組合やその労働協約の規制権限との競合を避けるため，慎重に過半数代表の権限の拡充（将来的には従業員代表の制度の創設）を構想する立場が，有力である[20]。年俸制との関係でも従業員代表制度の問題を検討すべきであるとし，具体的には正社員を組織基盤とする従業員組合がそのような年俸制を組合として取り扱えない場合，従業員代表としてその役割を果たしうる[21]としている。

　e）これに対し，―これと類似するが―より包括的な労働条件規制権限を有し，使用者の決定に参加できる制度がドイツの従業員代表制度である。これは労働組合とは別個の組織で*Betriebsrat*[22]と呼ばれ，従業員代表は，選挙

---

[19] これは，労基法などに「当該事業場に，労働者の過半数で組織する労働組合がある場合においてはその労働組合，労働者の過半数で組織する労働組合がない場合においては，労働者の過半数を代表する者」との文言がある。このことから，このような事業場の労働者の過半数を代表する労働組合を過半数組合，労働者の過半数を代表する個人を過半数代表者，合わせて双方を過半数代表と呼んでいる。

[20] 毛塚勝利「わが国における従業員代表法制の課題」日本労働法学会誌79号129頁，138頁，西谷敏「過半数代表と労働者代表委員会」日本労働協会雑誌356号2頁，9頁以下，野川忍「変貌する労働者代表」『岩波講座現代の法12巻・職業生活と法』（岩波書店・1998年）146頁。

[21] 毛塚勝利「雇用・労使関係法制の動向」日本労働研究雑誌470号43頁。

[22] *Betriebsrat*には，従来，経営協議会，事業所委員会という翻訳語が与えられてきた。前者の訳語は，ドイツの*Betriebsrat*は，（旧）共産主義諸国とは異なり，経営には参画しないため，ふさわしくないとされている。これに代わって，後者の事業所委員会という訳語が一般化しつつあるが，*Rat*からは，沿革，組織の実態，ドイツ語の*Rat*の持つ意義から考えても，「委員会」という言葉はでてこない（以前，筆者も「委員会」と訳しているがこれは適切とはいえないと考える）。

　これに対し，本書では，新たに事業所協議会と訳すことにする。その理由は，次のような点にある。第一に，沿革上，*Betriebsrat*の前身は，法制度上は，ワイマール憲法時代のレーテ（*Räte*）にあり，当時のBetriebratは法律上も（事業所協議会法Betriebsrätegesetzに基づいて）制定されるべきものとされたが，これは日本でも「協議会」と訳されているからである。しかも，戦後の事業所組織法も，新たに制定されたのではなく，戦前の法律（*Betriebsrätegesetz*）を「改正」したものであって，戦前と戦後のBetriebsratの制度には連続性があるからである。戦前のレーテ（*Räte*）と区別するために，委員会という訳語があてられたと推測されるが，そ

第1節　労働市場と成果・能力主義賃金制度

で選出される，本格的な代表制度である。日本を除く多くの先進国には，労働組合とは別個の従業員代表組織を完備する。

ドイツでは，能力・成果主義賃金制度について，ワイマール期以来，事業所協定（Betriebsvereinbarung）の締結を手段として使用者と事業所協議会（Betriebsrat）が共同して決定していく（共同決定権という），という共同決定の権限は，つねに，戦後の二度の事業所組織法（Betriebsverfassungsgesetz）の改正によって，および，80から90年年代にかけて連邦労働裁判所の判例によって，強化・拡充されていった[23]。これに対し，ヨースト（Joost）教授とツェルナー（Zöllner）教授は，93年に，学者・実務家を含むシンポジウムを開催し，能力・成果主義賃金制度に関する判例による共同決定事項の拡大が，協約自治の原則や私的自治の原則に矛盾し，同時にこれが，市場経済秩序を乱すことから，判例の立場に反対している[24]。能力・成果主義賃金制度をめぐっては，労働組合とは別個の従業員代表組織，事業所協議会と使用者とが締結する事業所協定のような集団法的な規整によってこれらの賃金規定が定められるべきか，それとも，個人の交渉力の強化を背景に，個別法的な労働契約によって規定されるべきか，という集団的規整の限界という観点から，議論を展開している。規制緩和の問題とは背景を異にしながらも，それと同様に，能力・成果主義賃金制度をめぐる問題が，集団法的な自治と私的自治の原則との緊張関係のなかでのダイナミックな理論展開のなかで，考察されているのである。

これらの集団的労働法をめぐる学説での論争は，集団法的規整の見直しともかかわっている。従来，従業員の代表組織である事業所協議会の参加のもとで形成される集団的規整は，ドイツでは，被用者[25]が使用者に経済的に従

れは，これはBetriebsratの歴史にそうものではない。
　　第二に，ドイツ語としても，Ratからは，「協議会」という語がふさわしいからである。
23　BAG Beschluss v. 22. 10. 1985 AP Nr. 3 zu §87 BetrVG 1972 Leistungslohn; BAG Beschluss v.11. 2. 1992 EzA Nr. 60 zu §76 BetrVG; BAG Beschluss v. 22. 12. 1981 AP Nr. 7 zu §87 BetrVG 1972 Lohngestaltung; BAG Beschluss v. 13. 3. 1984 AP Nr. 4 zu §87 BetrVG 1972 Provision.
24　Zöllner, Lohnbestimmung als Aufgabe der Arbeitsrechtswissenschaft, ZfA 1993, 169 ff.; Joost, Betriebliche Mitbestimmung bei der Lohngestaltung im System von Tarifautonomie und Privatautonomie, ZfA S. 257（278）.

属しており，それゆえ，被用者が保護に値する，という認識によって基礎づけられていた。これに対し，今日のドイツでは，外部的労働市場の発達による転職を手段とした労働条件に関わる個人の交渉力の増大，ソフトフェア産業・保険業などでの独立・自立した労働者の増加，日本と比較にならない個人主義化・個の自立の進展，などから，従属性論が形成された19世紀と比べ，労働者の使用者に対する従属性が相対化しているといわれる[26]。自己決定と自己責任が憲法およびその社会での重要な構成原理になっている。こうしたなかで，労働関係における被用者の（使用者に対する）従属性の存在だけでは，従業員代表制を正当化する説得力のある論拠とはなり得ない状況に至っている，とまでいわれている[27]。従属労働論の基礎が揺らぎつつあるなか，事業所協定のような集団的規整自体も学説から疑問がもたれ，能力・成果主義賃金制度をめぐる共同決定権の拡大も，もはや自明のものではない。ドイツの長年にわたる共同決定制度がこうした方向にあることは，従業員代表制の法整備への声が高まる日本法において，再考を促す意味を持っていると考える。本書では，労働組合とは別個の組織であるこれらの従業員の代表組織の労働条件規整権限が拡大されるべきなのか，を検証する。21世紀のさらなる個人主義化が発展することが予想される日本社会において，従業員代表制の整備が十分な正当性があるのか，検討したい。労働組合の組織率が低下する中で，代替・補完する組織の「必要性」を説くだけの議論にとどまらない，法原理とそれに基づく労働条件規整のあり方を考察する。

---

25 日本法での法概念の労働者にあたる語には，*Arbeitnehmer, Arbeiter, Angestellte* などがある。このうち，上位概念は，*Arbeitnehmer* であり，通常，被用者と訳される。これに対し，ブルーカラーにあたるのが Arbeiter であり，労働者と訳される。また，*Angestellte* は，日本のホワイトカラーの大部分にあたり，職員と訳されている。このため，*Arbeiter* であり，労働者と訳されていることから，混同が予想され，*Arbeitnehmer* であり，通常，被用者と訳されている。ここでは，この訳例に従い，基本的に，ブルーカラーとホワイトカラーを区別しないとき，上位概念としては，被用者という語を用いる。

26 Junker, NZA 1997, S. 1315; Wittgruber, Abkehr des Arbeitsrechts, S. 84f.; Kreutz, Grenzen der Betriebsautonomie, S: 164f.; Picker, NZA 2002, S. 763.

27 Junker NZA 1997, S. 1305（1311）; Picker, NZA 2002, S. 764.

第2節　研究の視角と対象

a）aa）　私的自治の原則は，日本法・ドイツ法の最も重要な指導原理の一つである[28]。労働法では，労働者が（いずれかの）使用者に経済的に従属するから，契約の自由が形骸化し虚偽的なものとなるといわれる。そこで，労働法秩序では，労働契約が経済社会の中で機能しうるかどうかを検討することが必要である。使用者と個々の労働者との間の労働契約による個別的な契約の自治が許されるかどうかは，労働法秩序において，個人が，労働力の不可欠性から出発して，労働契約によりその利益を自ら実現できるかにかかっている。

bb）　経済法学者ムッシェル（*Möschel*）教授[29]は，マクロ経済学の理論と労働のモラルの維持の観点から，企業の行動と私的自治の原則との関係を考察している。経済学のモデルを用いて，私的自治の原則が，維持されうることを示し，協約規整，解雇の法規整，疾病の場合の賃金の継続払いなどの法規整に疑問を投げかけている[30]。本書では，マクロ経済学の理論との接合を成果・能力主義賃金制度との関係でも図り，私的自治の原則の妥当が可能であるかどうか，また，どの程度，可能であるのかを，考察する。これによって，労働市場と労働法の関係，あるいは，経済学と労働法学を架橋することを試み，私的自治の原則の射程を探ろうとするものである。経済社会の状況，企業社会の現実に照らして，個人の自立・自己決定が，使用者の（構造的な）従属性を前に，挫折せざるをえないかどうかが考察される。

b）aa）　しかし，労働法においてより広範な契約の自由を求めることは，労働者が使用者に対し従属しており，労働法によって保護される客体である，という代表的な思想と正面から対立する。労働法は，労働協約などの集団法的規整手段に比べて個別的労働契約に対しては，日本・ドイツ法を問わず，

---

[28]　BVerfGE, 81, 242, 254.
[29]　Möschel, ZRP 1988, S. 48.
[30]　Möschel, ZRP 1988, S. 48.

労働条件の規整手段としてわずかな意義しか認めていない。労働契約を制限し（従業員代表と使用者との間の）共同決定制度を拡充する議論は，ワイマール期のレーテ・システム（*Rätesystem*）にさかのぼる（第2章第1節）。こうしたなかで，従業員代表制度の労働条件規制権限が，私的自治や協約自治の原則との関係でどのように正当化されるかが，歴史的・理論的に解明されなければならない（第2章第2節，3節）。

同時に，これとの関係で，現代における従属性の理論の妥当・射程範囲が明らかにされなければならない（第2章第4節特に二と四，日本法の議論については，第3章第3節）。

bb）この問題は，従業員代表の織り成すいわゆる「自治（ドイツでは事業所自治）」が本来の意味での「自治」といえるか，という問いと関係している。本来の意味での自治とは，「自律的に，国家からも独立して，自らの事項を形成することである[31]」と定義できる。労働協約についても同じ議論が重要である。そこで，実際の従業員代表の締結する協定（ドイツでは事業所協定 *Betriebsvereinbarung*），または，労働協約が，自治的な（*autonom*）正当性を帯びているか，それとも，他律的な（*heteronom*，例えば，民主的な）正当性を有しているか，という問題が中心的に解明されなければならない（第2章第3節）。これに応じて，ドイツの主流の労働法学のように，集団的自治の正当性を論じる議論の本質から，この集団法的労働条件の規制の限界を明らかにしたいと考えている。ドイツ法ではこの問題が成果・能力主義賃金の中心問題であるので，これを中心に，（第2章第3から5節），特に，特に4節で扱うことにする（以上のこれらの議論に対応する日本法の議論については，第3章第3から5節）。

cc）これに加えて，私法秩序を維持するためには，裁判所のコントロールの必要性が指摘できる（公序良俗規定，約款規整など）。第2章第6節，第3章第6節においては，契約形成にとって重要な成果・能力主義賃金に対し，いかなる裁判所の内容審査が可能かが考察される。

c）aa）これらの議論を通じて，ドイツ法を比較法的に考察するのは，労使関係・法規整のあり方をこえて，集団的規整についての思想・理論，及び，

---

31 Waltermann, Rechtsetzung, S. 117.

従属性と自己決定について最も豊富な議論をしている国の一つだからであり，かつ，裁判所の内容審査についても，十分な議論が形成されているからである。

　bb)　これらの思想・法理を十分に考慮しつつ，先進国が共通に関わる問題点，日本法固有の問題点を浮き彫りにしつつ，日本法に要求される法理を形成したいと考えている（第3章第1節及び第2節）。さらに，同時に，成果・能力主義賃金が形成される日本法が抱える法思想的な問題も解明する。特に，この分野における私的自治の原則の射程範囲を明らかにするとともに，協約自治の原則などの集団的自治の原則の思想的基盤・射程を解明する（第3章第4・5節）。同時に，現在注目される従業員代表論，および，企画型裁量労働制の労使委員会の法的基礎とその規整権限の正当性・限界をともに明らかにする（第3章第4節）。最後に，年俸制を導入する賃金規定の適法性，特に，賃金変動・減額の幅の適法性を審査する裁判所の判断枠組みを理論的に提供したいと考えている（第3章第6節）。これらの考察によって，新時代における労働法の理念とそのあり方を明らかにしたいと考えている。

第2章 ドイツ法

第1節 連邦労働裁判所による協約外職員の共同決定権

一 共同決定と賃金決定

事業所協定のような事業所の規整は，一般に，労働法上被用者の保護のコンセプトのもとに存立している[32]。これによれば，被用者に関わる事業所での労働条件について被用者集団の参加が可能になる。事業所協議会の参加と関与によって，被用者の具体的な保護が実現するというものである。被用者が他人のもとでの（使用者のもとでの）労働の客体になるところ，それが参加を通じて，主体に転じる，と考える見解もある[33]。この保護の目的は，個々の被用者が個別的なレベルで使用者に対して従属している，という認識が前提になっており，そして，被用者の労働条件決定への参加が集団的なレベルで可能でなければならない，というものである[34]。集団的な規整は，経

---

[32] Hueck/ Nipperdey, Lehrbuch des Arbeitsrechts, Bd. I S. 3 ff., 1062ff.；Nikisch, Arbeitsrecht, Bd. I, S. 30ff.；Wiese, GK- Komm, Einl. Rn. 50；Säcker, Gruppenautonomie, S. 92f.；Däubler, das Grundrecht auf Mitbestimmung, S. 3f.；Preis, Grundfragen der Vertragsgestaltung, S. 216f.f.；Richardi, Kollektivgewalt, S. 1f., 110；Veit, Zuständigkeit, S. 46f.；Waltermann, Rechtsetzung, S. 66；Bericht der Mitbestimmungskommission, BT- Drucks. VI/ 1786, S. 31.

[33] Rieble, Arbeitsmarkt und Wettbewerb, Rn. 1412；Wiese, GK- BetrVG, § 87 Rn. 93；FS Kissel, S. 1269（1277）；Jahnke, S. 129ff.；H. Hanau, Individualautonomie, S. 75；Waltermann, Rechtsetzung, S. 102.

[34] Däubler, Grundrecht auf Mitbestimmung, S. 3f.；Fabricius, Arbeitsverhältnis, Tarifautonomie, Betriebsverfassung und Mitbestimmung im Spannungsfeld von Recht und Politik, in: FS für Erich Fechner, S. 196, Fastrich, Inhaltskontrolle, S. 187f.；Hromadka, Inhaltskontrolle von Arbeitsverträgen, S. 254；Säcker, Gruppenautonomie, S.

済的・社会的な被用者の従属性から生じる個別的な労働契約の機能不全を補完するのに適している，とされる[35]。事業所協議会は，労働組合とともに，力の均衡（*Machtausgleich*）の手段となるのである。とりわけ，成果主義に関する賃金領域における共同決定（事業所組織法87条1項10号および11号）は，かつてより重要な意味を有している。80年代より，事業所組織法の改正の立場よりも，賃金に関する共同決定の領域が，連邦労働裁判所によって拡大している[36]。判例によれば，事業所の参加は，事業所内の賃金構造の相当性（*Angemessenheit*）と透明性（*Durchsichtigkeit*）を強化し，これによって，共同決定は使用者の一方的決定から個々の被用者を保護し，労働関係におけるその従属的地位から被用者を保護するものである，と判示する[37]。事業所内の賃金構造の相当性と透明性の目的に資する事業所の賃金正義（*Lohngerechtigkeit*）という理念は，多くの連邦労働裁判所の判例によれば，重要な理念であると同時に，事業所の賃金を明らかにし透明にすることが問題になるときには，共同決定の拡大のための基準になるのである。例えば，個々の被用者間の互いの関係を決定する場合，または，手数料（*Provision*），または，成績加給（*Leistungszulage*）をより公正に定める場合，これらの理念が共同決定が介入すべきかどうかの基準になるのである。この場合，これらの判決は，協約外給付の領域での賃金のための一般的な原則を共同決定の介入によって設定すべきである，という道を指し示しているのである。

92; Söllner, Freiheitliche Züge des Arbeitsrechts, in: Harbusch-Wieck, Marktwirtschaft, 1975, S.251; Dietrich, RdA 1995, S. 135; Richardi, Kollektivgewalt, S. 1f., 114 f.; Wiedemann, Das Arbeitsverhältnis als Austausch- und Gemeinschaftsverhältnis, S. 11ff.; Veit, Zuständigkeit, S.47; Wolf, RdA 1988, S. 272.

35 Jahnke, S. 35 ff.; Fastrich, Inhaltskontrolle, S. 186f.; Waltermann, Rechtsetzung, S. 102.

36 BAG Beschluss v. 22.10. 1985 AP Nr. 3 zu § 87 BetrVG 1972 Leistungslohn; BAG Beschluss v.11.2.1992 EzA Nr. 60, zu § 76 BetrVG; BAG Beschluss v. 22.12.1981 AP Nr.7 zu § 87 BetrVG 1972 Lohngestaltung; BAG Beschluss v. 13.3.1984 AP Nr.4 zu §87 BetrVG 1972 Provision.

37 BAG Beschluss v. 31. 1. 1984 AP Nr. 3 zu § 87 BetrVG 1972 Tarifvorrang; BAG Urt. v. 13. 1. 1987 AP Nr.26 zu § 87 BetrVG 1972 Lohngestaltung; BAG GS Beschluss v. 3. 12. 1991 AP Nr. 51 zu § 87 BetrVG 1972 Lohngestaltung; BAG Beschluss. v. 14.2.1993 AP Nr.65 zu § 87 BetrVG 1972 Lohngestaltung ; BAG Beschluss. v. 19.9.1995 AP Nr.81 zu § 87 BetrVG 1972 Lohngestaltung; BAG Urt. v. 9.7.1996 AP Nr.86 zu § 87 BetrVG 1972 Lohngestaltung.

二　能力・成果主義賃金（leistungs-und erfolgsbezogene Löhne）に関わる法体系と判例

　能力主義賃金（leistungsabhängiges Entgelt）は，ドイツ法では，概念上，わが国で一般に理解されるそれとは若干内容を異にしている。能力主義賃金制度とは，被用者の能力・成績に基づいて定められる賃金であって，その潜在能力に関わるものではない。わが国における年俸制に対応している。これに対し，成果主義賃金（erfolgsabhängiges Entgelt）の場合，その賃金額は，企業の成果や収益によって直接定められるものである。成果主義賃金（erfolgsabhängiges Entgelt）が形成される場合，企業全体の収益または事業場の収益が考慮されるものであり，その場合，能力主義賃金とは異なり，個人の成績が考慮されるわけではない。これらの制度導入の理由としては，被用者のモチベーションを向上させること，および生産過程を効率化させることがあげられる[38]。以下では，これらをめぐる法律問題を中心に論じる。

　1　成績加給（Leistungszulage）と人事考課
　a）　共同決定の範囲は，事業所組織法87条1項10号，11号の解釈から決せられる。事業所組織法87条1項10号，11号は，次のように定めている。
　　「事業所協議会は，法的な規定または協約上の規定が存しない限りでは，次の事項について共同決定しなければならない
　　　1．（……）
　　　10.「事業所の賃金形成の問題，特に，特に，賃金原則の作成，および新たな賃金方法の導入と適用ならびにその変更
　　　11．金銭要素を含む，出来高ないしプレミアムの数式と比較可能な成果に関連した賃金」
　b）　成績加給は，被用者の個人の成績の評価（人事考課）を通じて定めら

---

[38] Reuter, Die Lohnbestimmung im Betrieb, ZfA 1993, S. 224; Zander/ Knebel, Leistungsbeurteilung und Leistungszulagen, Heidelberg, 2. Aufl., 1982, S. 1ff.; Weinberg, Neue Arbeitsmarkttheorien zur Erklärung der Arbeitslosigkeit in Deutschland in kritischer Reflexion（以下 Neue Arbeitsmarkttheorien と略す），Marburg, 1999, S. 21f..

れる賃金をさし,「協約外賃金」の一種を構成している[39]。成績加給の場合,給与グループが定められ,その際,通常,人事考課の評価の基準が定められる。典型的には,例えば,その評価基準としては,被用者の能力,知識,行為態様,指揮・監督能力[40]などが定められる[41]。被用者の業務の目標は1年ないし半年ごとに面接によって設定され,そして,再度の面接の際,その成果が確認され,賃金額も確定されることになる。その場合,労働協約に上乗せされる額の上乗せ率,または,賃金額[42]が定められる。これら,賃金グループの給付グループの数,種類,およびその評価基準は,学説では一般に,10号でいう「賃金原則」と解され,使用者と事業所協議会は,共同決定しなければならないと解されている(共同決定事項)[43]。しかし,その評価基準の適用,つまり被用者の能力の個々の評価は,立法者の意思に照らして,共同決定事項ではない[44]。

39　ドイツの成績加給制度については毛塚勝利「組合規制と従業員規制の補完と相剋」蓼沼謙一編『企業レベルの労使関係と法』(勁草書房,1986年)213頁,242頁以下。またドイツの人事考課については,藤内和宏「ドイツにおける人事考課制度調査結果」岡山法学会雑誌44巻2号109頁以下,緒方桂子「ドイツにおける成績加給制度と法的規整の構造」季刊労働法190号127頁,特に131頁以下,賃金の格づけについては藤原稔弘「ドイツにおける協約上の賃金・給与決定をめぐる紛争処理」労働法律旬報1391号63頁が参考になる。
40　評価の基準の要素としては,仕事の質(独立性,協力の必要性,慎重さ,改善のための能力,交渉能力),労働の量,テンポ,労働時間,職務の負荷,仕事への取り組みなどが考慮される。
41　Frey/ Pulte, Betriebsvereinbarung in der Praxis, München, 1992, S. 23f.
42　成績加給は例えば次のように規定される(通信産業T社)。

評価	A	B	C	D	E
上乗せ率　%	5	7	9	10	13

評価	A	B	C	D	E
上乗せ額(ユーロ)	500	600	700	800	900

43　Richardi, Betriebsverfassungsgesetz (以下 BetrVG と略す), 8.Auf., München, 2002, §87 Rn. 814; Fabricius/Kraft/Thiele/Wiese/Kreutz; Betriebsverfassungsgesetz- Gemeinschaftskommentar, (以下 GK- Komm と示す), 5. Aufl., Neuwied, Kriftel und Berlin, 1995, § 87 Rn. 797f.
44　例えば Hanau, Aktuelle Probleme der Mitbestimmung über das Arbeitsentgelt gem. §87 Abs. 1 Nr. 10 BetrVG, BB 1977, S. 350 (354); Löwisch, Die Mitbestimmung des Betriebsrats bei der Gehaltsfestsetzung für Angestellte nach Arbeitsplatzrang und

c)　その賃金額は，労働協約に上乗せされる賃金額の上乗せ率で示されることもあり，また，賃金額そのものが定められることもある。前者について，共同決定事項であるかどうかについては，判例によってその判断が異なっている[45]。また，後者の成績加給の賃金額が，11号との関係で，事業所協定で定められるべき，共同決定事項かどうかが法的な争点になっている。連邦労働裁判所の判例は，賃金額が共同決定事項でないと判断している。なぜなら，事業所組織法87条1項11号は，その他の賃金形態の場合，賃金額が共同決定事項となるかどうかは，出来高およびプレミアムと比較可能なものでなければならない，と規定するが，その出来高およびプレミアムと比較可能であるとは，被用者の能力を測定しうるものでなければならないと解されるところ，成績加給や成績評価は，被用者の能力を「評価」するものであって，「測定」するものではないからである[46]。

d)　この11号の規定自体は，1972年の改正法によって置かれた規定であるが，これらの10号，11号の規定は，もともと，ワイマール期以来存在する，出来高給などを共同決定しなければならないという，類似の規定を起源としている。労働者（*Arbeiter*）に支給する，出来高給などを想定した古い規定なのである。1972年の改正時の起草者も，賃金額に関する共同決定権を制限するという趣旨から，出来高およびプレミアムと比較可能なものに限って賃金額を共同決定事項にするという意思であり，被用者の能力を客観的に「測定」し算定可能なものに限って共同決定事項にする，という意思であった[47]。つまり，例えば，出来高などを定める場合は，時間や行為を測定したうえで何時間で生産すればいくらの出来高給が支給されると「算定」できるし，あるいは，生産した数に応じた出来高やプレミアムの額が客観的に「測定」できる。そして，立法者も，これらの賃金形態と類似した賃金形態に限定して，共同決定事項としようとする趣旨なのである。この意味では，既述の判例は，この立法者の意思に合致しているのである。

　　　　Leistungsbeurteilung, DB 1973, S.1746（1747）.
　　45　この問題についての事業所協議会の共同決定権を肯定する判例としては，BAG Beschluss v. 22.10. 1985 AP Nr. 3 zu § 87 BetrVG 1972 Leistungslohn.
　　46　BAG Beschluss v. 22.10. 1985 AP Nr. 3 zu § 87 BetrVG 1972 Leistungslohn.

2 協約外職員 (außertarifliche Angestellte)

a) 協約外賃金として成績加給と並んで重要なものに、協約外職員の賃金決定がある。協約外職員は、労働協約に拘束される者ではなく、また、会社の役員などにあたる、いわゆる管理的職員 (leitende Angestellte) でもない。つまり、協約外職員は、協約内職員と管理的職員の中間に属するものと理解される。協約外職員の大半は、管理職であるが、これに加えて、被用者のうち、エリートの被用者の一部なども、協約外職員になることがある[48]。その名の通り、協約外職員は、原則的に労働協約に拘束されない。そして、協約外職員の給与は、基本給部分と能力・成果に変動する部分の二つの部分とに分かれることが多い。しかし、企業によっては、協約外職員の給与全体を能力・成果によって変動させるところもある。その給与額は、わが国の管理職レベルであるといわれている。その所定内労働時間は他の被用者と変わるところはないが、「彼らは会社と結婚している」といわれるほど、残業を日本人並におこなう被用者といわれる。

bb) その賃金制度は、成績加給と非常によく似た制度になっている。給与グループが労働契約または事業所協定によって定められるが、通常、人事考課の評価の基準が定められる。成績加給と同様に、業務の目標が1年ないし半年ごとに設定され、面接の後、賃金額も確定され、その賃金額は、労働協約に上乗せされる賃金額の上乗せ率で示されることもあり、また、賃金額そのものが定められることもある[49]。その額が変動しすぎることもある。このため、これらをいかに法的に規制しうるかも問われるが、連邦労働裁判所の判例は、賃金額が労働協約に上乗せされる率で示される場合については、事業所協議会の共同決定権を拡大させ、これを共同決定事項であると判断している（事業所組織法87条1項10号）[50]。これに対して、判例は、協約外職員の賃金が、賃金額そのもので直接規定される場合、その事業所協議会の共同決定権を否定している（事業所組織法87条1項10号、11号）[51]。つまり、協約

47　BT- Prot. Bd. 77, VI S.8652.
48　小俣勝治「ドイツにおける協約外職員の賃金形成」労働法律旬報1391号54頁以下。
49　Vgl. Wohlgemuth, AT-Angestellte und Betriebsverfassung, BB 1983, S. 288.
50　BAG Beschluss v.11.2.1992 EzA Nr. 60, zu § 76 BetrVG.

外職員の賃金額は，事業所協定によって，使用者と事業所協議会は，共同して決定できないことになる。

3　手数料（*Provision*）

a）　連邦労働裁判所の 90 年代の判例は，手数料（*Provision*）についての共同決定の領域も拡大させている。手数料の多くは，一定の業務の終了にもとづいて支払われる終了手数料（*Abschlussprovision*）である。例えば，それは，販売員や外交員がある一定額の売上げをあげた場合，あるいは，職員（*Angestellte*）や労働者（*Arbeiter*）が一定の数量の物を生産した場合に，支払われる。これらの手数料も，協約外賃金の一種である。

b）　手数料制度が定められるかどうか，いかなる種類の手数料が支払われるか，複数の手数料の数式がそれぞれ一定の関係に立つかは，共同決定の対象となる[52]。例えば，企業が手数料の額の上がり方を定めるときに，数式とその数式が描く直線・曲線を選択する。その数式とその数式が描く直線・曲線は，労務提供の成果と賃金額の上昇の程度との関係を表す。その数式がグラフによって描かれる直線・曲線には，右上がりの水平直線，緩やかなカーブ・急なカーブなどがある。これらのうち，いかなる数式（直線・曲線）を選択するかは，共同決定事項である[53]。なお，この場合，数式とその描く直線・曲線が選択されるが，それは，労務提供の成果と賃金額上昇の「程度」の関係を表すにすぎない。つまり，その上昇の割合が定められるが，賃金額自体が直接定められるわけではない。その数式（およびその描く曲線）にしたがっていかなる賃金額が設定されるかは，また別の問題なのである。

c）　また，これらの場合とは別に，多くの企業においては，手数料は，例えば，一定の行為の終了（例えば一定の売上げ）につき点数が与えられ，そして，その点数に対してユーロ（かつてはマルク）の額が定められることによって，決められることがある。上述のカーブが定められる場合と異なり，一定の行為終了による点数が予め与えられ，そして，その点数に対してユーロ（かつてはマルク）の額が定められることによって，手数料が定められる

---

[51]　BAG Beschluss v. 21.8.1990 NZA 1991, S. 434.
[52]　BAGE 29, 103, 111.
[53]　BAG Beschluss v.13.3.1984 AP Nr.4 zu § 87 BetrVG 1972 Provision.

場合，その点数も共同決定事項である。ここまでが，連邦労働裁判所の90年代の判例が拡大させた，手数料（*Provision*）についての共同決定の領域である。

　d）これに対し，ユーロ（かつてはマルク）の額自体は，事業所協議会の共同決定の対象ではない[54]。事業所組織法87条1項11号は，ある賃金形態の出来高およびプレミアムとの比較可能性を要求するが，その出来高およびプレミアムと比較可能とは，ここでは，標準的な成果と比較可能なものをさす。しかし，手数料の額は，結果そのものに支払われるものであって，出来高やプレミアムの場合とは異なって，標準的な成果との対比によって定められるものではないことから，ユーロ（かつてはマルク）の額自体は，事業所協議会の共同決定の対象ではないとされる[55]。

4　（狭義の）成果主義賃金（*Erfolgsabhängiges Entgelt*）

　さらに，狭義の意味における成果主義賃金も，同様に事業所協議会の共同決定権との関係で，問題になっている。成果主義賃金には，売上げへの参加制度，従業員持ち株制度，従業員への消費貸借制度などがある。これら成果主義賃金導入の目的には，やはり，従業員のモチベーションを向上させることが指摘される[56]。これらの成果主義賃金も労働賃金の一部と理解されている[57]。その賃金制度を規定する要件が事業所組織法87条1項10号に定める「賃金方法」に属することにはまず解釈上問題がない。しかし，その賃金額は，被用者の成果が測定されるものではないことから，ここでも，ハム・ラント裁判所によれば，共同決定事項ではない，と解されている（事業所組織法87条1項11号）[58]。

---

[54]　BAG Beschluss v. 13.3.1984 AP Nr.4 zu § 87 BetrVG 1972 Provision.
[55]　BAG Beschluss v. 13.3.1984 AP Nr.4 zu § 87 BetrVG 1972 Provision.
[56]　Bundesministerium für Arbeit und Sozialordnung, Mitarbeiterbeteiligung am Produktivvermögen（Forschungsbericht Nr. 265），1997, S. 7ff.
[57]　Rieble/Gutzeit, Jahrbuch des Arbeitsrechts, Bd. 37, 2000, S. 41; Loritz, Die Koppelung der Arbeitsentgelte an den Unternehmenserfolg, RdA 1998, S. 257（258f.）; Reuter, ZfA 1993, S. 221.
[58]　LAG Hamm Urt. v. 16. 10. 1989 ZIP 1990, S. 880.

5 判例に基づく成果・能力主義賃金の問題に関する共同決定

a） これらの判例の動向を整理すると，連邦労働裁判所は成果・能力主義賃金に関する事業所協議会の共同決定権について共通の判断の枠組みを提供していることがわかる。ヨースト（*Joost*）教授によれば，判例によると，協約に対して上乗せする賃金を上乗せ率で示す場合，あるいは，手数料に関して数式とその描く直線・曲線が定められる場合，および点数が定められる場合などには，それらは共同決定事項となり，賃金額への共同決定の間接的な影響可能性が肯定されている。これに対して，賃金額への共同決定の直接的な影響可能性，つまり，賃金額の共同決定権は否定されている[59]。

b） 連邦労働裁判所によって創造された賃金に関わる共同決定の理念として，「賃金正義（*Lohngerechtigkeit*）」という理念がある。その賃金正義とは，「事業所内の賃金構造の相当性と透明性を確保する目的で，共同決定を強化し，これによって，共同決定が使用者の一方的な決定とその労働関係の優位から，個々の被用者を保護する[60]」ことをさす。「賃金構造の相当性」・「透明性」の確保，および，「使用者の一方的な決定からの個々の被用者の保護」が重要な概念として，判例による共同決定権の拡大の根拠になっている。これによっては，共同決定権は，賃金構造に関わる賃金の一般原則，例えば，成績評価の基準には及ぶが，賃金額には及ばない，ということになる。

c） しかし，賃金額への共同決定の間接的ないし直接的な影響可能性というテクニカルな区別に対しては，学説からも批判がなされている[61]。その批判の矛先は，共同決定による賃金額への直接的な影響可能性が否定されるならば，間接的な影響可能性も否定されるべきなのではないか，という点に向けられている。学説からの批判については，従属労働論や，私的自治の原則との関係で重要な問題が提起されている。これについては，以下で論じる。

---

[59] Joost, ZfA 1993, S. 270.

[60] BAG Beschluss v. 22. 12. 1981 AP Nr.7 zu 87 BetrVG Lohngestaltung; BAG Beschluss v. 31. 1. 1984 AP Nr. 3 zu § 87 BetrVG 1972 Tarifvorrang; BAG Urt. v. 13. 1. 1987 AP Nr.26 zu § 87 BetrVG 1972 Lohngestaltung; BAG GS Beschluss v. 3. 12. 1991 AP Nr. 51 zu § 87 BetrVG 1972 Lohngestaltung; BAG Beschluss. v. 14.2.1993 AP Nr.65 zu § 87 BetrVG 1972 Lohngestaltung ; BAG Beschluss. v. 19.9.1995 AP Nr.81 zu § 87 BetrVG 1972 Lohngestaltung; BAG Urt. v. 9.7.1996 AP Nr.86 zu § 87 BetrVG 1972 Lohngestaltung.

[61] Joost, ZfA 1993, S. 271f.

三 協約外賃金に関する共同決定拡大の私的自治・協約自治の原則との衝突

集団的な労働法の出発点は，契約の自由が実際上確保されるかどうかの問題，そして，集団的な規整が被用者の経済的・社会的・知的な従属性の克服のために役立つかどうか，という問題と関わっている。前述の通り，労働契約は，被用者の経済的社会的なかつ知的な従属性のために，機能不全になり，契約関係が対等なものでなくなる，といわれた[62]。このため，支配的な見解によれば，例えば，契約自由の保障と従属労働者の保護のために労働協約と事業所協定による集団的な保護が必要とされる，と考えられた。連邦労働裁判所による成果・能力主義賃金における共同決定権の拡大も，このような文脈で捉えられる。

1 事業所協議会の強制団体的性格

しかし，従来ほぼ自明と考えられていた労働法のコンセプトも，現在では，動揺しつつある。事業所協議会のような集団的な保護の手段が，企業と被用者の自己決定権を制限する，という事実が指摘されるようになったのである。リヒャルディー教授の教授資格論文以来[63]，労働法の学説では，この認識が定着しつつある観がある。例えば，個々の被用者を直接的かつ強行法的な効力によって保護する事業所協定の場合，被用者が個々の事業所協定の規整の形成に積極的に参加し，そして，また，その被用者の意思が反映されるというものではない。このことは，事業所協議会が被用者個人の意思と責任とは無関係に，法律関係を形成することを意味し，事業所協議会と使用者との間

---

[62] Hueck/ Nipperdey, Lehrbuch des Arbeitsrechts, Bd. I S. 3 ff. ; Nikisch, Arbeitsrecht, Bd. I, S. 30ff. ; Wiese, GK- Komm, Einl. Rn. 50; Säcker, Gruppenautonomie, S. 92f.; Däubler, das Grundrecht auf Mitbestimmung, S. 3f. ; Preis, Grundfragen der Vertragsgestaltung, S. 287f.f.; Richardi, Kollektivgewalt, S. 1f., 110; Veit, Zuständigkeit, S. 46f.; Waltermann, Rechtsetzung, S. 66; Bericht der Mitbestimmungskommission, BT-Drucks. VI/ 1786, S. 31.

[63] Richardi, Kollektivgewalt und Individualwille bei der Gestaltung des Arbeitsverhältnisses, München, 1968.

で締結される事業所協定がその自己決定を実現するものではない,ということを意味している[64]。こうしたことから,事業所協議会による利益代表は,集団的強制秩序（*korporative Zwangsordnung*[65]）という性格を有している,と捉えられている[66][67]。このため,賃金,労働時間のような労働関係の本質的部分が事業所協定の他人決定的な制度によって決定されることから,その事業所協定による労働条件の決定は,単に被用者への不要な後見（*Bevormundung*）をもたらすだけである,と危惧されている[68]。このことは,事業所のパートナーが協約外給付について事業所協定を締結するときにもいえるため,その場合にも共同決定システムの克服できない強制団体性という欠陥が顕になる。集団的な権力に対する従属性は,この他,さまざまな方法で問題視されている[69]。その一つが,例えば,有名な連邦労働裁判所の大法廷決定[70]によって,契約上の画一的な規整（*vertragliche Einheitsregelung*）にも

---

[64] Richardi, Kollektivgewalt, S. 316.

[65] Picker, Tarifautonomie in der deutschen Arbeitsverfassung, S. 56. ハンス・ハーナウ（*H. Hanau*）博士は,事業所協議会による事業所の秩序を強制的団体（Zwansverband）と定義し（H. Hanau, Individualautonomie, S. 70.）,ライヒョルト（*Reichold*）教授は,一方的に押し付けられる強制秩序（einseitg diktierte Zwangsordnung）と定義している(ders, Sozialprivatrecht, S. 543).

[66] Auch Aksu, Regelungsbefugnis der Betriebsparteien, S. 62; Kreutz, Grenzen der Betriebsautonomie, S. 64; Veit, Zuständigkeit, S. 184; Konzen, ZfA 1985, S. 489; Waltermann, Rechtsetzung, S. 137.

[67] 反対の見解は,事業所の共同決定によっては,使用者のみならず,被用者の自己決定も実現する,という見解である（Wiese, GK- BetrVG, Einl. Rn. 49 ; ders, ZfA, 1989, S. 645（650, 655ff.）; Däubler, NZA 1988, S. 857（859）; Hueck/Nipperdey, I, S. 31; Jahnke, S. 863（882f.）; Thiele, GK-Komm, 4. Aufl., Einleitung, Rn. 20; Lambrich, Tarif-und Betriebsautonomie, S. 220f.; Ehemann/Lambrich, NZA, 1996, S. 351）。学説は,個々の被用者の観点から,他人決定を共同決定へ転換させるために,使用者による事業所内での労働条件の一方的な設定が事業所協議会との対等な合意で補充することが,共同決定の思想の根幹である,とみている。しかし,事業所の組織が私的自治に基づいて憲法上正当化されることはないし,また,事業所のパートナーが法律によって原則的に協約当事者と同様の規整権限をもつこともないのである。

[68] Zöllner, ZfA 1994, S. 434.

[69] Wittgruber, Abkehr des Arbeitsrechts, S. 84f.

[70] BAG GS Beschlußv.16. 9. 1986 AP Nr. 17 zu § 77 BetrVG 1972. この決定を紹介・分析するものとして,野川忍「就業規則と労働条件」東京学芸大学紀要3部門（社会科学）44巻1頁（13頁）以下,大内伸哉『労働条件変更法理の再構成』（有斐閣・1999年）224頁以下。

とづく任意的社会的給付の請求権が事業所協定によって削減されることが認められるとき，個人の意思を考慮していない，という問題である。

2 協約自治と私的自治との衝突

a) また，上記の共同決定の範囲を拡大する連邦労働裁判所の判例は，協約システムと私的自治の原則と調和するのかどうか，という困難な問題に直面している[71]。ヨースト（Joost）教授によれば，協約外の領域は，有利性の原則（Günstigkeitsprinzip）に基づき，個別契約によって規律されるべきであって，同原則によれば，事業所協議会による集団化は禁止されるべきである，とされる。これは，あらゆる被用者と個々の被用者のグループに適用される賃金規定を定める場合，有利性原則にしたがい，使用者と被用者が労働協約と異なる労働契約上の規定で定めることを許されるが，これは，協約外の賃金が個別契約によって規律されるべきということを意味し，共同決定による規律を許さない，という意味である，と解するのである[72]。このため，この協約外のレベルを共同決定すべきとする連邦労働裁判所の判例は，有利性原則に基づき契約による協約基準の逸脱を認める，協約法4条3項にも反すると考えるのである。

b) また，事業所協議会は，賃金額のみならず，共同決定の配分の基準について，定めることも許されない。その場合，労働組合がその部分の賃金規整権限も有しており，労働協約の有効期間中は，平和義務を理由として，労働組合が一度協約締結に至った事項について，事業所協議会が争うことは許されないからである[73]。連邦労働裁判所のコンセプトでは，使用者は協約外給付を事業所協議会の承認によってのみ規定することができることになる[74]。こうした考察から，判例は，協約自治の原則と私的自治の原則との衝

---

[71] Joost, ZfA 1993, S. 278.
[72] Joost, ZfA 1993, S. 268.
[73] Joost, ZfA 1993, S. 278.
[74] Joost, ZfA 1993, S. 268f.：能力・成果主義賃金制度の場合，産業別労働協約や企業別労働協約上にも，その賃金規定が存在する場合，平和義務との抵触の問題があるというものである。労働協約の有効期間中は，同一の紛争の蒸し返しを防ぐため，平和義務が生じ，そして，この平和義務にもとづいて，使用者やその代表はすでに交渉された協約外賃金のアップについて争い得ない。しかし，事業所協議会が，仮

突という困難な問題に直面することになる，とされる[75]。

3 共同決定の制限

事業所協議会は，前に述べたように，被用者保護のための機関であり，被用者の従属性克服のための機関であるが，学説では，近時，協約外賃金の場合，その事業所協議会の承認（*Zustimmung*）の必要性についても疑問がもたれている[76]。被用者は個人主義化しつつあるが[77]，その個人主義化の流れのなかで，労使関係が事業所のパートナーによる力の均衡によって形成されるべきなのではなく，市場全体の調整機能と競争の存在こそが重要である，という認識が高まっている[78]。いわゆるクローンベルガー派（*KRONBERGERKREIS*[79]）の学者らは，労働法における市場機能を強調している。クローンベルガーのメンバーで労働法学者のムッシェル教授とモノポール委員会（*Monopolkommission*）は，ドイツ労働法では，労働市場が協約のカルテルの力によって歪曲され，このため，失業の問題が生じている，という指摘をしており，協約規制の廃止を提言している[80]。市場と適合しない規整は，市場と競争の再構築の促進のために廃止すべきであるというものである。

また，ツェルナー教授も，労働契約が，その契約関係の不均衡にもかかわらず，被用者と使用者との間の利益調整を可能にし，同時に，基本法上保障

に，能力・成果主義賃金制度について使用者（または使用者団体）とともに共同決定できるとすると，すでに，産業別労働協約や企業別労働協約において能力・成果主義賃金制度が規定されている場合，使用者（または使用者団体）は産業別労働協約や企業別労働協約のための交渉を済ませているにもかかわらず，再度事業所協議会と交渉すべきことになる，という結果を招いてしまう。こうした場合に，平和義務の実効性が失われるおそれがある，と懸念されているのである。

75 ヨースト（*Joost*）教授（ders, ZfA 1993, S. 266f.）によれば，判例は，有利性原則に反するだけでなく，事業所組織法上の協約の留保にも反するとする。協約の留保については第2章第4節三の**5**参照。

76 Wittgruber, Abkehr des Arbeitsrechts, S. 85; Vgl. Kreutz, Grenzen der Betriebsautonomie, S. 168; Veit, Zuständigkeit, S. 46.

77 Wittgruber, Abkehr des Arbeitsrechts, S. 85; Vgl. Kreutz, Grenzen der Betriebsautonomie, S. 168; Veit, Zuständigkeit, S. 46.

78 Junker, NZA 1997, S. 1307; Vgl. Wittgruber, Abkehr des Arbeitsrechts, S. 85

79 Adomeit, ZRP 1987, S. 370; Hanau, RdA 1988, S. 1ff.

80 Möschel, ZRP 1988, S. 48（50f.）.

された自由を実現しうる，と述べている[81]。これは，賃金への自らの強い関心をもつ被用者なら，自らの労働条件について第三者である事業所協議会に決定してもらう必要はない，という認識を前提としている。つまり，この認識は，事業所協議会の集団的権力による労働条件規整が個人の新たな自由への侵害である，という前述したことと関連している。なぜなら，事業所協定は，被用者の私的自治的な行為を補完するものでないから，契約のオールタナティブではないのであるからである[82]。ここで明らかにしなければならないことは，個人の自己決定と自己規整のための個人の自由を侵害しないために，事業所協議会の規整権限は賃金規整に関して制約されるべきかどうか，ということである。このため，事業所自治と私的自治の研究が，以下の研究の大部分を占めることになる（特に第2章第2から5節）。

---

 81 Zöllner, AcP 176（1976），S. 221（229ff., 242）; Junker, NZA 1997, S. 1309, 1318.
 82 Zöllner, AcP 176（1976），S. 229ff., 242; Junker, NZA 1997, S. 1318.

第2節　賃金決定に関する私的自治と事業所自治（Betriebs-autonomie）の歴史的発展

　事業所組織法87条1項10号は事業所協議会に対し事業所の賃金形成について共同決定権を認めている。事業所協議会が共同決定権を行使できるものには、「賃金原則の作成、賃金方法の導入、適用および変更（事業所組織法87条1項10号）」がある。また、事業所組織法87条1項11号によれば、事業所協議会は、出来高・プレミアム賃金、およびこれらの賃金と比較可能な成果賃金について金銭要素を含めて、共同決定権を有している。既に述べたように、事業所組織法87条1項10号・11号の前身は、ワイマール時代の出来高・プレミアム賃金に関する事業所協議会の規整権限（事業所協議会法78条2号）である。一面では、ワイマール期の労働法制、とりわけ、共同決定権・労働協約制度などは集団的労働法制を憲法のなかに位置づける制度であり、労働法の栄華がみられる。反面で、同時に、ワイマールの時期以降のナチス時代は、共同決定権・労働協約制度など集団的労働法制のみならず、私法制度が崩壊する過程であった。その一因を作り出したワイマール期の集団的労働法制は、ワイマール期の制度のうちに脆弱さもはらんでいた。集団的労働法と私法との衝突という重要なテーマが横たわっていたのである。成果・能力給に関する共同決定権の範囲を画するためには、これらの法制史的な考察が不可欠であり、こうした規定が置かれた経緯、内容、限界が明らかにされなければならず、そして、その時代にいかに受容されていったか、が考察されなければならない。

　さらに、こうした共同決定権は、戦後に、――憲法ではなく――立法によって引き継がれていくが、その連続あるいは断絶の姿を明らかにしつつ、現代における判例法理を生み出した現行法の共同決定制度が戦後いかに形成・発展を遂げたか、考察される必要がある。同時に、賃金に関する現行の共同決定制度が――賃金に関する現行の制度は、特に、成績・能力給でこそ関わっている(!)――、いかなる立法過程を経て、生み出されていったかを描

く必要がある。特に，立法者の意思を明らかにすることで，成績・能力給に関する共同決定権の限界点の輪郭が明らかになると考えるからである。

次の節では，賃金に関する共同決定権に関する規整，特に，成績・能力給である協約外の賃金について，これらの時期に，いかに形成されてきたかを描き，立法者の趣旨によれば，使用者と事業所協議会が，いかなる限度で賃金の問題を取り扱われるべきである，と考えられているのかを明らかにする。

一　ワイマール憲法

第一次大戦後ドイツは，著しいインフレにもかかわらず，民主主義と社会政策上意味のある発展を遂げている。ワイマール憲法158条において，労働力の保護，159条において団結の自由が定められ，この協約制度の憲法上の保障と並んで，ワイマール憲法165条1項2号において，新しく作られた従業員の代表組織・レーテ（*Räte*）の労働条件規整権限が保障されたのである[83]。労働者のレーテと経済レーテ（*Wirtschaftsräte*）を予定するこの帝国憲法165条は，共同決定の思想の発展にとって意味のあるものであった。これによって，労働者の代表組織・レーテが制度化され，共同決定のシステムが企業のレベルおよび経済全体で創設されたのである[84]。但し，レーテは，企業主導のもとでの経営への参画を可能にするものではなく，協定（事業所協定）によって定められる労働条件の決定に参加するにすぎない。この限りで，政治的にも，法的にも，「集団的自治（*kollektive Autonomie*[85]）なるもの

---

[83] ライヒ憲法165条は次のように規定する。「（……）労働者と職員は，社会的ないし経済的利益の保護のために，事業所の労働者レーテ，及び経済的領域におかれる地域の労働者レーテ，並びに，帝国の労働者レーテによって，法的な代表を得ることができる。」

[84] 歴史的に詳述したものには，前田達明「ワイマール経営協議会法の成立と展開（上）（下）」法学論叢80巻3号54頁，69頁・4号59頁，また，歴史的背景とともに理論的な側面を詳述したものに，西谷敏『西ドイツ労働法思想史論』（日本評論社・1987年）265頁以下がある。本書では，これに対して，法思想的な面をドイツ法制史的に整理すること，および，立法の動向，意思を追うこと，さらには，事業所協議会制度に着目すること，を基本的な視角として論じることにする。

[85] Potthoff, Die Einwirkung der Rechtsverfassung auf das Arbeitsrecht, S.4 ff.; Sinzheimer, Grundzüge des Arbeitsrechts, S. 48.

が生を帯びた。但し、協約制度とレーテによる新しい「自治」も、個人の意思によって諸関係を形成しようとする市民法の原初的な原理、私的自治の原則との対立をもたらすことになる。この新しい集団的制度を制度化した第5章「経済的生活」は、私法上の中心的な法思想との摩擦なくして、成立しないのである。

　ワイマール憲法制定のための国民会議が経済的ないし社会的デモクラシーによってどのようなことを構想しようとしたのかが問われることになる[86]。法制史家は、これらの憲法上の規定を、社会的な民主主義の実現を目的とする社会的法治国家の具体化である、とみている[87]。ワイマール期のレーテ・システムは、国家とは分離した社会への影響可能性を与えられたものとみられ、そこでは、国民によるデモクラシーの自治が事業所内に制度化されているとみられていた。ただ、ここでは、社会的デモクラシーとは、ワイマール期にいかなるものとして理解されていたか、問題になる。以下では、まず、事業所のデモクラシーの概念を把握し（1）、ライヒ憲法（＝ワイマール憲法）第5章に関する第8委員会での報告者として、憲法の構想について報告した、この時期を代表する労働法学者・ジンツハイマー博士の見解を扱う（2）。最後に、本節では、賃金とその他の労働条件の規整に関する事業所協議会の規整権限を論じ、この時期形成された集団的労働法の優位（労働協約や共同決定が個別的労働契約に優位するという考え）という考えを論じることにする（3，4）。

1　レーテの憲法思想
a)　社会的民主主義の実現（*Verwirklichung der sozialen Demokratie*）

---

[86] 経済的デモクラシーについては Huber, Deutsche Verfassungsgeschichte, Bd. VI, S. 1082f.; Heller, Gesammelte Schriften II, S. 281, 291; Neumann, Wirtschaft, Staat, Demokratie, S. 57, 70; ders in: Koalition und Reichsverfassung, 1932, S. 40f. Nörr, Zwischen den Mühlsteinen, S. 174, 184; Reichold, Sozialprivatrecht, S. 230.

[87] Huber, Deutsche Verfassungsgeschichte, Bd. VI, S. 1083; Froscher/Pieroth, S.270; Heller, Gesammelte Schriften II, S. 281, 291; Neumann, Wirtschaft, Staat, Demokratie, S. 57, 70; ders in: Koalition und Reichsverfassung, 1932, S. 40f. Nörr, Zwischen den Mühlsteinen, S. 174, 184; Reichold, Sozialprivatrecht, S. 230.

第2節　賃金決定に関する私的自治と事業所自治（Betriebsautonomie）の歴史的発展

ライヒ憲法（＝ワイマール憲法）によっては、レーテのシステムは、事業場における経済的デモクラシーと従業員集団の自治を達成することが志向されている[88]。それは、政府の草案からも明らかになる：

「国は、被用者自らの事項に関する規整についての幅広い自治を認める場合には、もっとも経済に資する。これによっては、国家は排斥されるのではない。その組織的な機能が別のものになるだけである。個々に諸規定をおく代わりに、国は、個々の関係をもとに、個人の生（Leben）が専門知識と新鮮なイニシアティブによって、自立的かつ直接的に影響を与えられるような、社会的な法形態や憲法形態を与えるのである。この方法によって、経済的生活の単位は、政治的なメカニズムによってではなく、活気ある社会的な組織体によって作り出されるのである[89]」

ライヒ憲法の時期に生じたこうした思想は、多数決原理とは質的に異なっている。ここで問われるのは、共同決定のような集団法的な権限が国家・社会の民主化と関係するか、である。

草案の34条aでは、ライヒ政府は、レーテ運動が二つの基本的な見解によって担われていることを認めている。一つは、労働者が事業場での諸利益のより直接的な主張に努めるようなシステムを構築することであり、同時に、もう一つは、従来は企業によって一方的に決定されていた生産性のプロセスへ従業員を参加させるべきである、という認識である[90]。

これは、国家の権力が議会によって制約を受けるように、社会としての事業場においても、使用者の企業支配が従業員の代表によって制限されるべきである、という考えに基づくものである[91]。社会・事業場の内部的な構築と

---

[88] Sinzheimer, Grundzüge des Arbeitsrechts, S. 46; A. Hueck, Lehrbuch des Arbeitsrechts, Band 1/2, 1930 § 3; Potthoff, Die Einwirkung der Rechtsverfassung auf das Arbeitsrecht, S. 4f.; Reichold, Sozialprivatrecht, S. 237.

[89] Entwurf eines Gesetzes zur Ergänzung des Artikels 34 des Entwurfs einer Verfassung des Deutschs Reiches, S. 230.

[90] NV-Protokolle Bd. 335, Drucks. Nr. 385, S. 228.

[91] Lehrmann, in Nipperdey, Grundrechte und Grundpflichten III, S. 125, 137ff.; Radbruch, in Nipperdey, Grundrechte und Grundpflichten III, S. 349; Nipperdey, in: Nip-

国家の構築とは，パラレルに考えられる，というものである[92]。こうした形態での社会のデモクラシー化は，事業所での参加の形態での新しい形態のデモクラシーにほかならない[93]。ここでは，従業員の集団的な代表としてのレーテを創造することによる国家と社会の（経済的）民主化が構想されている[94]。ここでは，新しい集団的労働法の構築のための法思想的な出発点になる[95]，共同決定の代表制度が，使用者の決定に対するデモクラシーの参加に対するモデルになっている。

　b）　社会主義化の空洞化

　aa）　ワイマール共和国の国民会議（*Nationalversammlung*）は，もともと社会国家の思想を超えた社会主義化（*Sozialisierung*）を構想していた。ライヒ憲法の通過の前，政府は，1919年3月23日には，将来の社会主義化の大綱を定めた社会主義化法（*Sozialisierungsgesetz*）を成立させている[96]。また，ライヒ憲法は，一部には，企業の国家化，財産法の廃止を可能にするものであった。ライヒ憲法の草案においては，社会主義と経済的デモクラシーの実現を目的とする社会政策的な目的をも看取できる。

「経営や経営部門の従業員集団による社会主義化は，有効な社会主義化とはみなされない，そのようなものが，共同体の意思を実現することや国民全体のために意味あることをなすだけでは，実現しない。このため，計画中の

---

　　perdey, Grundrechte und Grundpflichten III, S. 349（S. 387）; Reichold, Sozialprivatrecht, S. 231.

92　Huber, Deutsche Verfassungsgeschichte, S. 1082f.; Froscher/Pieroth, Verfassungsgeschichte S. 270; Vgl. Reichold, Sozialprivatrecht, S. 227.

93　この点を明らかにしているのは，Neumann, in: Koalition und Reichsverfassung, 1932, S. 40f.:次のようにも述べている。「わたしたちのテーゼは，ワイマール憲法が，市民の法治国家のために，そして，それゆえ，自由と財産のために，基本的態度を明らかにするのではなく，社会的法治国家のために，すなわち，自由と財産のための法制度を構築する秩序のために，基本的態度が明らかにされているのである。その目的は，経済運営への従業員集団の参加と労働者の運命を決する自己決定への参加にある。」

94　Reichold, Sozialprivatrecht, S. 237.

95　Potthoff, Die Einwirkung der Rechtsverfassung auf das Arbeitsrecht, S. 4f.; Reichold, Sozialprivatrecht, S. 237.

96　RGBl. S. 341.

第2節　賃金決定に関する私的自治と事業所自治（Betriebsautonomie）の歴史的発展

草案は、経営や経営部門の従業員集団による社会主義化のために、決定的な影響力を認めることに向けられる、ということに論及してはならない。社会主義化への道は、1919年3月23日の帝国社会主義化法によって指し示されるものである（Reichsgesetzbl. S. 341.）。この道すじでのみ、社会主義的な行為は実現されるのである[97]。」

bb）こうしたワイマール憲法165条の規定そのものは、社会主義化の試みであった。しかしそのような試みは、挫折に終わっている[98]。レーテのシステムは、ワイマール憲法の165条の規定の創設によって、政治的なレーテのシステムが経済的なシステムに転換されている。この時期、ソビエト並みのレーテを創設しようとするいわゆるレーテ運動による議会制民主主義の危機を回避することが政治的な課題であった。これについては、西谷教授も、この歴史的背景とそれにともなう当時の政権の性格について次のように詳述している。つまり、「1918年11月3日キール軍港の水平の叛乱をもって開始するいわゆる11月革命は、第二帝政の打倒と一連の民主的改革を実現したが、変革をその段階にとどめることに満足せずレーテ政権の樹立と生産手段の即時社会化をめざす革命勢力の試みは失敗に終わった。したがって、11月革命は基本的には一種のブルジョア民主主義革命であり、1919年8月11日憲法の制定とともに成立するワイマール共和国は、資本主義的生産関係を基盤とするブルジョア国家であった。しかし、それは敗戦によって疲弊と混乱の極にあった独占資本が労働組合の全面的協力を得てかろうじて革命勢力から守ることのできたブルジョア国家であり、そのため、組織労働者に対する、資本主義社会としては異例の譲歩を含むものであった[99]。」こうした体

---

[97] NV-Protokolle Bd. 335, Drucks. Nr. 385, S. 229f.
[98] Lehrmann, in Nipperdey, Grundrechte und Grundpflichten III, S. 125, 137ff.; Radbruch, in Nipperdey, Grundrechte und Grundpflichten III, S. 349; Nipperdey,in; Nipperdey, Grundrechte und Grundpflichten III, S. 349, S. 387; Anschütz, Drei Leitdanken der Weimarer Reichsverfassung, 1923, S.26. Dazu Nörr, Arbeitsrecht und Verfassung, Das Beispiel der Weimarer Reichsverfassung von 1919, ZfA, 1992, S. 361（364）; Froscher/ Pieroth, S. 271f.; Reichold, Sozialprivatrecht, S. 235.; Däubler/Kittneu/Klebe/ Schneider（Hrsg.）, Betriebsverfassungsgesetz, 3. Aufl., Köln, 1992, S. 94.
[99] 西谷敏『西ドイツ労働法思想史論』（日本評論社・1987年）277頁。前田達明「ワイマール経営協議会法の成立と展開（上）(下)」法学論叢80巻69頁以下も参照。

制の譲歩から，事業所の協議会を経済秩序と労働法へ挿入させる必要性があったのであった[100]。つまり，資本主義と社会主義との間の平和をこの内政的な危機的な状況のなかで憲法への規定化で図ろうとするものであった[101]。この経過は，最終的には，被用者と使用者の対等性の回復という思想で落ち着いたのであった[102]。

2 ジンツハイマーのテーゼ
a) 社会的自己決定 (*Soziale Selbstbestimmung*)

集団的な自治と社会的な思想を強調したのは，ワイマール期の代表的な労働法学者ジンツハイマー博士であった。ジンツハイマー博士は，労働法に関わるワイマール憲法の第5章の草案に関わり，第8委員会において憲法の草案について報告書を作成している[103]。そのなかで，労働法の基礎としては，社会的自己決定がある，ということを述べている。社会的自己決定を論じる場合[104]，これは個人の自由な自己決定に由来するのではない，とする[105]。社会的決定は，人間の生活の基本要素が危険にさらされることから保護し，人間の力を高めるために，団体による人間の自己決定を意味するものである，と説いている[106]。この目的のために，団体秩序全体を整序しそして，その

100　Nörr, Arbeitsrecht und Verfassung, Das Beispiel der Weimarer Reichsverfassung von 1919, ZfA, 1992, S. 361 (364); Froscher/Pieroth, Verfassungsgeschichte, S. 270f.; Däubler/Kittner/Klebe/Schneider (Hrsg.), Betriebsverfassungsgesetz, S. 94.; Ramm, in: Gedächtnisschrift für Otto Kahn-Freund, München, 1980, S. 22; Reichold, Sozialprivatrecht, S. 235; Richardi, RdA 1984, S. 88, 90.

101　Naumann, NV-Protokolle Bd. 336, 182. Vgl. Anschütz, Drei Leitgedanken der Weimarer Reichsverfassung, S. 26; Nörr, ZfA S. 364; Froscher/Pieroth, Verfassungsgeschichte, S. 271f.; Reichold, Sozialprivatrecht, S. 235.

102　Däubler/Kittner/Klebe/Schneider (Hrsg.), Betriebsverfassungsgesetz, S. 94.

103　Sinzheimer, NV-Protokolle Bd. 335, Drucks. Nr. 391, S. 393 f..

104　Sinzheimer, Grundzüge des Arbeitsrechts, S. 60, 62.

105　Sinzheimer, Grundzüge des Arbeitsrechts. S. 61「私たちは，人間を社会存在として認知しようとする秩序を，社会的な人的秩序 (*soziale Personenordnung*) と呼ぶことにする。その秩序は，人間を社会的な生存と機能のなかに見出させ，それゆえ，特別な法的な形態を作り出す，という独自の原理によって，法の全体として利益ないし財産秩序とならんで，現れるものである (Sinzheimer, Grundzüge des Arbeitsrechts, S. 61)。」と述べている。

106　Sinzheimer, Grundzüge des Arbeitsrechts, S. 60.

第2節　賃金決定に関する私的自治と事業所自治（Betriebsautonomie）の歴史的発展

団体に影響力を行使する人間の力そのものをもたらす,社会の法を必要とする[107],という。その重要な要素として,労働組合と事業所協議会によって作られる集団的自治が要請される,とする。つまり,特別な社会的な意思のに由来する経済秩序における社会的な結合が重要となるのである[108]。

ここでは,社会的自己決定[109]が契約当事者の具体的な意思とは異なっていることに注意しなければならない。ジンツハイマー博士は,その教科書の中で,社会的自己決定と自己決定の双方の概念の間の区別をしている[110]。社会的自己決定とは,個人の意思の表現なのではなく,社会的な意思と力の表現である,とする[111]。

b)　個人の従属性

可能な限り広範な共同決定権をもつレーテもしくは事業所協議会の包括的な権力の必要性は,使用者と被用者との間の対等でない労働関係であることによる。そうした認識を示す代表的な見解が,ジンツハイマー博士の見解である。ジンツハイマー博士によれば,使用者の優位は,生産手段の存否に関する差異から生じ,財産のない個々の被用者が労働力を使用者のもとに売らざるを得ない,ということに由来する[112]。被用者が,財産の配分につき,極端に均衡のない優位・従属の関係におかざるをえない場合,平等原則が実現できるか,ということが問題になる。労働関係においては,使用者への規整権限の配分が個人の自治を奪うことにつながる[113]。そこで,ジンツハイマー博士によれば,個々の被用者は事業所協議会によって,事業所と労働法の秩序の形成への影響力を行使し,労働契約の機能不全の結果弱体化した個

107　Sinzheimer, Grundzüge des Arbeitsrechts, S. 60.
108　NV- Protokolle, Bd. 328, 1749 (A).
109　ライヒョルト（Reichold）教授は,ジンツハイマー博士の見解に関して,事業所の共同決定秩序を個人の自己決定に還元することは,可能ではあるが,ワイマール憲法の目的に関する当時の支配的な解釈ではない,と述べている。しかし,ジンツハイマーは,純粋な自己決定の具体的な意思に依拠する共同決定システムの論者だったのではなく,協約当事者の集団的な意思によって,または,事業所のパートナーによって根拠づけられる社会的自己決定の論者なのである（Reichold, Sozialprivatrecht, S. 231ff.）。
110　Sinzheimer, Grundzüge des Arbeitsrechts, S. 62.
111　Sinzheimer, Grundzüge des Arbeitsrechts, S. 62.
112　Sinzheimer, Grundzüge des Arbeitsrechts, S. 59f.
113　Sinzheimer, Grundzüge des Arbeitsrechts, S. 145.

人の地位を強化する機会が初めて与えられるべきである，という。集団的な意思が代表される，というレーテのシステムによる被用者保護の考えによって，使用者の一方的な処分権能が制約されることになる。このようにして，ワイマール期には，社会的な権力たる使用者に対抗する集団的自治と社会的自己決定が基礎づけられる。この集団的な自治は，ポットホフ（*Potthoff*）教授によれば，時代の要請であったという[114]。

3　1920年の事業所協議会法78条2号による賃金額に関する共同決定権
　a)　事業所協議会法の制定

1920年2月4日に，被用者の代表である事業所協議会に事業所の共同決定権を認める，事業所協議会法（*Betriebsrätegesetz*（*BRG*））が議会を通過した[115]。この法律は，この法律の制定前に提案されていたレーテに関する提案より後退させ，成立させている。事業所協議会の設置は，20人以上の被用者を持つあらゆる事業場に，強制的な法的な義務として義務づけられた[116]。事業所協議会法は，原則的に，事業所の3つの事項に関する，事業所協定を想定している。使用者によって作成される就業規則（*Arbeitsordnung*），労働義務を具体化する勤務規定（*Dienstvorschriften*），および，賃金その他の労働条件に関する規制，である（事業所協議会法66条5号，75条，78条3号，80条）。このことは，事業所協定は，集団的な規整手段として実質的に承認されたことを意味する。それまでの労働条件に関する使用者の一方的な決定に代わって，労働条件は，対等な当事者として，使用者と事業所協議会との間で交渉されるべきである，という原則が確立したのである。
　b)　賃金及びその他の労働条件に関する共同決定
　　aa)　しかし，賃金及びその他の労働条件に関する共同決定権は，事業所

---

[114]　Potthoff, Die Einwirkung der Rechtsverfassung auf das Arbeitsrecht, S. 4 ff.: これに続けて，「新しい法規と並んで（特に事業所協議会法参照），個々の被用者ではなく，共同体，従業員集団が（事業所協議会を代表し）また労働組合が新しい権利・義務の担い手となるならば，それは，ライヒ憲法の必然的結果なのである（Potthoff, Die Einwirkung der Rechtsverfassung auf das Arbeitsrecht, S. 6）。」と述べている。

[115]　RGBl. S. 147.

[116]　Vgl. § 1, 23, 99 BRG 1920

第 2 節　賃金決定に関する私的自治と事業所自治（Betriebsautonomie）の歴史的発展

協議会法の立法趣意書においては制約されている。事業所協議会の草案は，その指導原理について憲法 165 条の根拠との関係で明示的に次のように述べている。

「労働協約が存在しない限りで，事業所協議会は，賃金及びその他の労働条件に関して参加する被用者の経済的な合意のもとに，関与しなければならない。このようにして，あらゆる労働者に対する均等な条件が作り出され，そして，個々の経営についての統制された経済（geordnete Wirtschaft）が可能になる[117]。」

bb）当時の支配的な学説では，賃金及びその他の労働条件に関して，事業所協定が，協約上の規整がないときにはじめて，規制しうる，とされる[118]。なぜなら，労働組合の必要な機能がレーテ（＝当時の事業所協議会）によって害されてはならないからである。事業所協議会の目的は，その組合の機能を補完することである[119]。1920 年の事業所協議会法 78 条は，この目的のもとにあった。学説では，そもそも事業所協定が，賃金その他の実質的な労働条件（＝給付と反対給付に関わる労働条件）を対象とすることができるか，が争われていた。但し，賃金その他の実質的な労働条件に関する共同決定の可能性については，いくつかの学説が肯定しているにすぎない[120]。

cc）賃金その他の実質的な労働条件に関しては，例外的に，事業所協議会の規整権限が，事業所協議会法において明示的に認められている。これによれば，事業所協議会と使用者は，「出来高およびステゥック給（生産数に応じた給与 Stücklohn）の数式の定立，および，その定立にとって重要な諸原

---

[117] NV-Protokolle Bd. 335, Drucks. Nr. 385, S. 229.
[118] Vgl. Jacobi, Grundlehren, S. 345f., Hueck/ Nipperdey, S. 118, Lotmar, Arbeitsvertrag nach dem Privatrecht des Deutschen Reichs, Bd. 1, 1902, S. 778ff. Sinzheimer, in Verfassunggebende deutsche Nationalversammlung, Aktenstück Nr. 391, S. 394f.
[119] Lambrich, Tarif- und Betriebsautonomie, S. 113; Froscher/ Pieroth, S. 271f.; Anschütz, Drei Leitdanken der Weimarer Reichsverfassung, 1923, S. 26; Reichold, Das Sozialprivatrecht, S. 235; Däubler/Kittner/Klebe/Schneider (Hrsg.), Betriebsverfassungsgesetz, 3. Aufl., Köln, 1992, S. 94; Nörr, Arbeitsrecht und Verfassung, Das Beispiel der Weimarer Reichsverfassung von 1919, ZfA, 1992, S. 361 (364).
[120] 例えば，Kaskel, Arbeitsrecht, S. 62f.

則を共同決定しなければならない」と規定されていた（事業所協議会法78条2号）。出来高給は，事業所協議会と使用者の共同決定に服するというものであった。

dd）　出来高およびステゥック給（生産数に応じた給与 *Stücklohn*）の数式の設定は，しかし，これに対応した協約上の規定がない限りで，共同決定に服する[121]。この法律によれば，「新しい賃金方法の導入（*Einführung neuer Löhnungsmethoden*）」，例えば，プレミアム賃金の数式の設定も，共同決定のもとに行われるべきとされる。これによれば，協約外の賃金に関する共同決定事項は，出来高給の数式と新しい賃金方法の導入の定立に制限されていた。この規定は，現行の事業所組織法87条1項10号・11号の前身の規定であるとみられている。同時に，事業所協議会を手段とした事業所の規整が，労働契約の締結によって保護される契約自治に優先していた。以下では，ワイマールの頃の時代の精神と集団的な規整とがいかなる関係に立つかについて論及する。

4　集団的労働法の優位

a）　社会的基本権の意義

aa）　憲法と事業所協議会法の成立によって，ワイマール共和国の第一段階は終了している。労働法の中心思想は，ジンツハイマー博士によれば，従属性にもとづいて平等を実質的に実現する，事実を考慮した上での法のもとの平等であるとしている。人間が財産の面で実際上必ずしも対等ではない[122]。「財産秩序にとっては，人間は平等で独立しているが，この秩序は，十分なものではない。なぜなら，財産のない人間もいるからである。財産のない人間は，その能力と財産を獲得する手段をもっていない。その生存を確保しようとするならば，強制に服さなければならないのである。このため，法秩序は，平等で独立した個人（*Personen*）を出発点とするのではなく，不平等で従属した人間（*Menschen*）を出発点としなければならない。これによって，公法と私法との間の現存する差異は，労働法との関係では否定され

---

[121]　Flatow/Kahn-Freund, Betriebsrätegesetz, S. 396; Mansfeld, Betriebsrätegesetz, S. 391.

[122]　Sinzheimer, Grundzüge des Arbeitsrechts, S. 59.

るであろう[123]」。また，このジンツハイマー博士によれば，市民法とは異なり，労働法では，抽象的な個人の自由が問題なのではなく，具体的人間の状況が問題なのである[124]。しかし，その自由は，団体によって，または，他の人間との連帯によって，確保されるのである[125]。

bb）19世紀までに発展した自由な秩序は，個人の人格の発展の自由から社会的な脆弱性を十分には考慮しないものであった。ワイマール憲法では，155条1項，161条，163条2項，165条1項において，社会的強者によるさまざまな濫用に対して，社会的基本権（*soziale Grundrechte*）によって，これに対抗する地位を築いている[126]。共同決定制度が憲法上認められたことは，使用者による重要な労働条件の一方的な決定と秩序の代わりに，対等なパートナーとしての事業所協議会と使用者との間での決定が認められている，ということである[127]。このため，事業場の労働条件に関する共同決定制度は，事業所協議会の力を借りて事業場での社会的権力の所有者＝使用者に対抗する，一種の被用者の権利と化すことができるもの，とも理解されうる[128]。

cc）この社会的基本権は，人間の基本的要請と関連する，とされる。この時期獲得した自由に関する思想は，労働法では，私法の法概念で中心にあるリベラルな自由とは，質的に異なる，と理解されている[129]。社会的自由

123　Sinzheimer, Grundzüge des Arbeitsrechts, S. 59.
124　Sinzheimer, Grundzüge des Arbeitsrechts, S. 60.
125　Sinzheimer, Grundzüge des Arbeitsrechts, S. 61.
126　Huber, Deutsche Verfassungsgeschichte, Bd. VI, S. 1082f.; Froscher/Pieroth, Verfassungsgeschichte, 2. Aufl., München, 1999, S. 270; Reichold, Sozialprivatrecht, S. 227.
127　Lehrmann, in Nipperdey, Grundrechte und Grundpflichten III, S. 125, 137ff.; Radbruch, in Nipperdey, Grundrechte und Grundpflichten III, S. 349; Nipperdey, Nipperdey, Grundrechte und Grundpflichten III, S. 349, S. 387; Anschütz, Drei Leitgedanken der Weimarer Verfassung, 1923, S. 26; Sinzheimer, Grundzüge des Arbeitsrechts, S. 59f.
128　Lehrmann, in Nipperdey, Grundrechte und Grundpflichten III, S. 125, 137ff.; Radbruch, in Nipperdey, Grundrechte und Grundpflichten III, S. 349; Nipperdey, in Nipperdey, Grundrechte und Grundpflichten III, S. 349 S. 387; Anschütz, Drei Leitgedanken der Weimarer Verfassung, 1923, S. 26; Sinzheimer, Grundzüge des Arbeitsrechts, S. 59f.
129　Huber, Deutsche Verfassungsgeschichte, Bd. VI, S. 1083; Froscher/Pieroth, Verfassungsgeschichte, S. 270.

は，市民の憲法国家の古典的な像を包含するだけでなく，実質的な意味での社会的基本権をも包含するとされる[130]。つまり，古典的なリベラリズムの要請は，この時期において，実際の生活や経済の諸関係を考慮する社会的な側面によって，補充されているのである。共同決定権は，社会的権力に対する参加権による社会的なデモクラシーなのである。憲法は，この共同決定によって，力の均衡の可能性を結実させたのである[131]。

b) 集団的人間と連帯

aa) ワイマール憲法が労働法の領域において重要な影響を与えたのは，個別的な労働法規に限られない。労働法の想定する人間像にも決定的な影響を与えた。ラートブルフ（*Radbruch*）教授は，個人（*Individuum*）の概念と並んで，新たな人間像，集団的人間（*Kollektivmensch*）が法概念として登場したと述べている。個人的な自由，平等と並んで，具体的で社会的な人間が社会において重要になっているというものである[132]。このことは，カーン・フロイント（*Kahn-Freund*）教授[133]によれば，個人の対等性の代わりに，集団の対等性が重要となり，こうした考えは支配的な法的イデオロギーになったことを意味する，という。

bb) ポットホフ（*Potthoff*）教授によって主張される経営共同体（*Betriebsgemeinschaft*）は共同体思想の現れであり，前述の集団的な労働法を重視する労働法学の流れを汲むものである。その考えは，個人が制度的に社会に組み入れられたもの，と捉えるというものである[134]。個人を労働法の出発点とする労働法学は考えられないものと述べている[135]。契約自由の

130　Froscher/Pieroth, a.a.O., S. 270.

131　Sinzheimer, Grundzüge des Arbeitsrechts, S. 63; Lehrmann, in Nipperdey, Grundrechte und Grundpflichten III, S. 125, 137ff.; Radbruch, in Nipperdey, Grundrechte und Grundpflichten III, S. 349; Nipperdey, in; Nipperdey, Grundrechte und Grundpflichten III, S. 349 S. 387; Anschütz, Drei Leitgedanken der Weimarer Verfassung, 1923, S. 26.

132　Radbruch, Der Mensch im Recht, S. 9, 16; 35, 37.

133　Kahn-Freund, Archiv für Sozialwissenschaft und Sozialpolitik, Bd. 67, 1932, S. 146f.; Ramm (Hrsg.), Arbeitsrecht und Politik, S. 211, 218 参照；さらに Gedächtnissschrift für Kahn-Freund, München 1980, S. 225（245）.

134　Potthoff, Die Einwirkung der Rechtsverfassung auf das Arbeitsrecht, S. 4f.

135　Nörr, Zwischen den Mühlsteinen, S. 6, 241; Reichold, Sozialprivatrecht, S. 240.

原則は，共同決定制度や協約制度のような集団的な規整を手段として，異常なまでに強く制約されていたのであった[136]。ポットホフ教授のように，個人の連帯を前面に出すワイマール期の労働法学は，市民法から別れを告げ，労働法を独自のものとして構想するものであった。

5 小 括

ワイマール憲法においては，レーテシステムによって従業員集団の経済的民主主義を達成することが試みられている。レーテの制度において，参加の形での新しいデモクラシーの形態は，多数決原理とは質的に異なっている[137]。使用者の民主主義的な参加の目的は，使用者と被用者との間の不均衡の排除にあり，個々の被用者が事業所の共同決定によって使用者の優位から保護されることにあった。このデモクラシーは，自己管理（Selbstverwaltung）を意味し，権限の分散を意味していた[138]。「政治的なグループ（州，市町村など）のみならず，経済的なグループが自己管理の権利を有していることは，特に，労働関係の規整について，ワイマール憲法165条によって認められている[139]」というものである。経済社会的なデモクラシーによる国家構造は，レーテのシステムによって補完されるものであり，そして，社会の民主主義化によって，新しいデモクラシーが事業所のレベルで行われるものなのである。

他方で，ワイマール憲法の立法趣意書においては，共同決定を含む社会的基本権が個人の自己決定により基礎づけられるかどうかの問題は，明確に否定されていた。ジンツハイマー博士も，事業場での共同決定，労働者を代表するレーテシステムが被用者の具体的な意思の実現としての自己決定ではないと述べる[140]。社会的自己決定とは，社会の団体の集団的な意思の表現であり，その集団的自治は，ワイマール期には，使用者に対抗する理念として

---

136 Nörr, Zwischen den Mühlsteinen, S. 6, 241; Reichold, Sozialprivatrecht, S. 240.
137 Vgl. 第2章第2節─の1。
138 Potthoff, Die Einwirkung der Rechtsverfassung auf das Arbeitsrecht, S. 4f.
139 Potthoff, Die Einwirkung der Rechtsverfassung auf das Arbeitsrecht, S. 4f.
140 Vgl. 第2章第2節─の2。

捉えていた。

　こうした協約自治と協議会制度に基礎づけられる自治は，常に争いを生じさせる。ライヒ憲法と事業所協議会法によれば，立法の文言によれば，賃金その他の実質的な労働条件は，それが協約に定められない場合のみ，事業所協定の対象となる。当時の学説においても，賃金その他の実質的な労働条件は，それが協約上の規定に存在しない場合のみ，事業所協定の規定は，適法となるというものであった。その目的は，労働組合の任務を労働者の協議会によって置き換えられない，ということにあった。事業所協議会は，労働組合の機能を補充・補完するのみである。レーテの運動をもとに社会主義的なラディカルな運動に歯止めをかけるために，立法者は，妥協として，事業所の共同決定制度を法律上創設し，そして，同時に制約しているのであった。

　ワイマール憲法165条と事業所組織法は，賃金その他の労働条件が集団法的に規整されるとき，契約の自治を制約するものである。このことから，集団的労働法の優位を導いている[141]。ポットホフ教授によれば，「新しい労働法は，集団的な法（*Kollektivrecht*）でなければならない。共同体は，個々の諸関係を扱い，整除する。この個人は，共同体に服し，共同体によって処分されることになる。従業員の活動は，ゲノッセンシャフトによって定められる。個人がその全体の要請に従わないなら，それは，憲法の精神に反し，時宜にかなったものではない[142]。」
　このポットホフ教授の言明によれば，個人は集団に服しなければならない。これは，当時の集団的労働法の優位の思想と契約自治・私的自治の原則の軽視を体現するものであった。ワイマール憲法165条を含む社会的な基本権は，古典的な私法の核心部分の修正ないし変容を迫っている。このため，私的自治の原則は，ワイマール期には，労働法上も後退している，とみられる。これは，同時に，経済法や労働法における私法の危機をすでにこの時期に顕にしていたことを意味している[143]。

---

 141 Nörr, Zwischen den Mühlsteinen, S. 241.
 142 Potthoff, Die Einwirkung der Rechtsverfassung auf das Arbeitsrecht, S. 6.
 143 Nörr, Zwischen den Mühlsteinen, S. 6.

二　ナチス時代の賃金決定に関する共同決定の死滅

a)　レーテのシステムは，国家社会主義の権力の掌握によって短命に終わった。1934年に国家社会主義的な法律，労働秩序法が通過したからである[144]。事業所組織法は，民主主義的な発展を阻害する規定，そして，事業所協議会とその参加を認めない全体主義的な規定によって，置き換えられている。決定的だったのは，経営の指導者としての使用者があらゆる事項について一方的決定権を有するべきである，という統率原理（Führungsprinzip）の導入であった。これによって，労働組合や事業所協議会のような被用者代表は，完全に廃止された。

事業所内で定められる労働条件の形成は，労働秩序法26条以下にもとづいて事業所協議会の関与なく経営の統率者によって規定される，経営規則（Betriebsordnung）によってなされることになった。賃金額は，原則的に事業場のレベルで経営規則によって定められるとされた。事業所協議会の代わりに，その使用者のメンバーが国家社会主義党の同意のもとに選挙される，信義協議会（Vertrauensräte）が構築された[145]。信義委員会は，合意機能や共同決定権を有せず，単なる協議機能しか果たさなかった。集団的自治は，国家社会主義的なレジームによって完全に死滅したのであった。

b)　同時に，この時期の被用者の自由と権利も脅かされている。労働秩序法は，「経営の統率者は，従者団（Gefolgschaft）の福利に配慮しなければならない」と規定する（同法2条2項）。2条2項に規定される配慮義務や忠実義務は，真の事業所共同体を成立させるために不可欠な当事者の本質的義

144　RGBl. I S. 220, 300, 352. この法律について邦語文献としては，後藤清「国民革命途上の労働協約」社会政策時報161号173頁以下，175頁，磯崎俊次「社会政策時報」163号39頁以下，我妻栄『民法研究Ⅰ・私法一般』（1966年・有斐閣）215頁以下，五十嵐清「ファシストと法学者」北大法学論集14巻3・4号合併号24頁以下，26頁以下，吾妻光俊「ナチス労働法と私法理論（二・三）」民商法雑誌11巻2号235号以下，3号（同年）391頁以下，盛誠吾「懲戒処分法理の比較法的研究Ⅰ」一橋大学法学研究13号（1983年）218頁以下，和田肇『労働契約の法理』（有斐閣・1990年）45頁以下。

145　西谷敏『西ドイツ労働法思想史論』（日本評論社・1987年）283頁参照。

務であるとされた。使用者は，経営の統率者に，被用者はその「従者（*Gefolgsleute*）」となっている。忠実ないし配慮義務は，双方的な忠実を義務づける経営共同体（*Betriebsgemeinschaft*）としてとらえられる，労働関係の重要な要素とされた[146]。労働秩序法2条における重要な規定は，それが経営共同体に関係するもので，債務関係には関係するものでない，と捉えられている[147]。その結果，忠実義務・配慮義務も労働契約に付随して生じる義務と捉えられず，むしろ，同法から直接導かれる[148]。

　c）　経営共同体の理論は，労働法と事業所共同体の法的性格を説明し，労働法の法的な目的を保障するために，さまざまな形で主張される[149]。当事者である統率者と従者が共同の利益のために結合するというものである。この理論は，従業員が，経営の目的のもとに労働のプロセスにおける協働へ動機づけようとするものである。

　しかし，使用者と被用者間の労働関係にとっては，反対に，それが階級対立によって象徴づけられるときには，利益対立がその特徴として重要である。使用者と被用者間の労働関係は，この限りでは，共同体ではない。

　さらにより深刻な問題は，個人の利益が，経営の利益のもとに（例えば企業の存続）または集団的な利益，他の被用者の利益のもとに，犠牲になることである。協約外の賃金もその場合の例外ではない。協約外レベルの賃金は，当時，就業規則に類似した経営規則（*Betriebsordnung*）によって定められるべきであるとされている。経営の統率者は，従者団（*Gefolgschaft*）の福利に配慮しなければならないと労働秩序法2条2項が定めるとき，私的自治の原則の後退が顕著となる。なぜなら，被用者の個人的な意思が経営に従属させられるからである[150]。ジーベルト教授によれば，経営共同体や労働法が，

146　Siebert, die deutsche Arbeitsverfassung, 2. Aufl., 1936, S. 38.
147　労働秩序法が個別的労働関係を分解していることに対し，ジーベルト教授によって異議が唱えられている。「労働関係は，民法の総論と債務法から決せられるべきでもものであり，そして，労働秩序法2条によって規整される従業員集団によって，直接その内容を決められるものべきものである。忠実義務ないし配慮義務は，われわれの理解では，すべてのその他の義務を形成する包括的な基本的義務として，現れるのである（Siebert, die deutsche Arbeitsverfassung, 2. Aufl., 1936, S. 38)」。
148　和田肇『労働契約の法理』45頁以下，50頁参照。
149　Hueck/Nipperdey, Arbeitsrecht, Bd. I (1963), § 19 V III, S. 96; Siebert, Arbeitsverhältnis, S. 85ff., 100.

第2節　賃金決定に関する私的自治と事業所自治（Betriebsautonomie）の歴史的発展

労働力とその人格を共同体に組み入れることによって基礎づけられる，としている[151]。集団的な労働法の発展は，連帯による組織思想やデモクラシーの思想として特徴づけられるが，この結果，個人主義的な私法思想が後退するという結果を招いている[152]。これは私法の廃止を意味していた。

三　第二次世界大戦後の共同決定，特に，1972年事業所組織法の改正について

1　1952年の事業所組織法の改正

a)　事業所組織法は，1952年に長い論争の後成立している[153]。事業所組織法の立法のあり方をめぐっては，労働組合と使用者との間でかなり激しく争われた。その論争では，事業所での団体の参加のあり方が問題になっただ

150　Schwertner, Fürsorgetheorie und Entgeltstheorie, S. 79ff.; Wiedemann, Das Arbeitsverhältnis als Austausch-und Gemeinschaftsverhältnis, S. 57; Richardi, Entwicklungstendenzen der Treue-und Fürsorgepflicht in Deutschland, S. 56.

151　Siebert, a.a.O., S. 42.

152　共同体関係において，この法的に重要な概念が問題にならないということを以外に，その実際の存在が疑われる。連帯の共同体というのは虚構性のあるものである。このため，その共同体なるものが経営の共同体に関わるものであるならば，維持されるべきものではないのである。

153　労働法と私法の崩壊期の後，1945年，労働秩序法に代わって，管理委員会法（Kontrollratsgesetz）が成立した。管理委員会法はドイツの領域全体に適用された。事業所協議会の選挙を規定し，その任務，法的地位を保障している。この法律は大綱法（Rahmengesetz）であったことから，州法上事業所協議会法が，ノルトライン・ヴェストファーレン州，ニーダーザクセン州，ハンブルク州以外の旧西ドイツのたいていの州で制定された。事業所協議会の権限は，州法上も，依然として制限されていた（詳細はWlotzke, Günstigkeitsprinzip, S. 115（116）, Reichold, Sozialprivatrecht, S. 360ff.）。事業所協議会は，出来高給ないしステュック給(生産数に応じた給与Stücklohn)の数式，賃金原則の作成，そして一多くの州法では一賃金方法の作成について共同決定しなければならない，と規定されていた。ヘッセン州の事業所協議会法によれば，34条において，事業所協議会は，協約上の規定がない場合，出来高給ないしステュック給の規定，及び，賃金原則の導入（時間給ないしステュック給）を共同決定しなければならない（GVBl. S. 117）ことを規定している。これに対して，賃金・給与に関する事業所協定の締結を禁止する州も存在した（シュレスヴィヒ・ホルツシュタイン州事業所協議会法37条3項 Holzstein, GVBl. S. 169）。共同決定の対象は，ワイマール期の事業所協議会法と異なるものでなかった。州法レベルの事業所協議会法は，1920年の事業所協議会法で規定された66条及び78条2項及び3項を引き継ぐものであった。1952年の同法については，野川忍

けでなく，ドイツ経済の新たなあり方が問題になっている[154]。労働組合側は，あらゆる経済の重要な局面での共同決定を推進することを構想していた。これによれば，経営内または企業の秩序内での共同決定が，労働組合の参加にとっても重要な出発点であるとし，経済のあらゆる局面での経済的デモクラシーを実現しようとしていた。

戦前の憲法と1920年の事業所協議会法が政治的にレーテシステムと社会主義化を志向し，公法上の団体として事業所協議会を設置させたのに対して，使用者側は，1952年の事業所組織法上の事業所協議会を単なる「資本主義的な経済秩序の一手段」として位置づけている。労働組合側は，これに反発し，この時期，大規模なストライキを繰り返している。こうした労働組合と使用者団体との激しい闘いの後，「被用者の福利」を目的としイデオロギー的には中立化された画一的な法律が作り出された。労働組合の提案は，退けられ，その運動は挫折におわったのである。この結果，共同決定権の範囲は制約され，事業所協議会（*Betriebsrat*）の規整権限は，事業所の労働条件の形成への参加（社会的事項），従業員の構成（人事的事項），ならびに，経営構造の重要な変更（経済的事項）に制限された。つまり，使用者の企業の決定の自由が事業場での代表による共同決定からかなり自由なものになったのである。

b） このように成立した法律の妥協的な性格により，事業所協議会の共同決定権はかなり制限されて規定されている。但し，1920年の事業所協議会法と比較すると，1952年の事業所組織法による共同決定権の範囲は，若干明確になり，事業所協議会の共同決定権は新事業所組織法によって若干拡大されている。新法では，1952年まで連合軍の占領下にすでに存在していた州法上の共同決定権を，その新法の56条1項cからhまででみとめている。この規定のうち，出来高給，賃金原則の定立，新しい賃金方法の導入についての規定も，引き継がれた。

協約外賃金に関して，この規定は，当時普及していた出来高賃金を念頭においていた。また，新法で新しく挿入された文言「賃金原則」とは，一定の事業場の課またはグループに対して支払われる賃金のシステム，と当時の学

「賃金共同決定の法的構造（上）（下）」日本労働協会雑誌307号23頁，309号32頁。
[154] 詳細は Reichold, Sozialprivatrecht, S. 370ff.

説では解されている[155]。これに対し,「賃金方法」とは,支払われる賃金制度が経験則上制度化される際の種類と方法である,と解されている[156]。

また,出来高（*Akkord*）とは,労働時間によってではなく,労務の提供にしたがった賃金の上位概念である,と理解される[157]。これに対し,ステゥック給（生産数に応じた給与 *Stücklohn*）とは,既に完成された仕事に対する賃金[158],と解されている。

出来高の数式（*Akkordsätze*）には,事業所組織法56条gの枠内で支払われるプレミアム（*Prämien*）も含まれて理解される。

これらの法制度によって,出来高,プレミアムの協約外給付は,各事業所において共同決定されていた。出来高の賃金原則や賃金方法に関する見解の相違がある場合には,使用者と事業所協議会は,拘束力のある決定のできる調停委員会（*Einigungsstelle* 調停所）を召還できるとされた（50条4項）。さらに,共同決定権は,休暇プランの作成,教育訓練の実行,事業所の福祉施設,懲戒などについてまで認められた。

c) 協約外賃金に関する共同決定権については,出来高とステゥック給（生産数に応じた給与 *Stücklohn*）が1920年事業所協議会法と同様に依然として重要視された。これに対し,成績加給などの新しい賃金形態は,ごくわずかな事業場にしか普及していなかった。出来高とステゥック給（生産数に応じた給与 *Stücklohn*）は当時の主流なのであり,これを対象に,共同決定を通じた法規整も行われていたといえる。

これらについては,労働協約が存しない限りで,共同決定権が事業所協議会に帰属していた。これは,労働協約において賃金・労働時間など実質的労働条件は規定されるべきである,という協約優位の原則の現れでもある。1952年の事業所組織法56条では,基本的に,共同決定権は,実質的な労働条件（賃金・労働時間などの給付と反対給付に関わる労働条件）には及ばず,形式的労働条件（懲戒など事業所の秩序に関わる条件）に制限されている,と判

---

[155] Galperin/Siebert, BetrVG, Rn. 92; Dietz, BetrVG, § 56 Rn. 39; Fitting-Kraegeloh, § 56 Rn. 47.
[156] Galperin/Siebert, BetrVG, Rn. 92; Dietz, BetrVG, § 56 Rn. 40a; Fitting-Kraegeloh, § 56 Rn. 49.
[157] Dietz, BetrVG, § 56 Rn. 36.
[158] Dietz, BetrVG, § 56 Rn. 36.

例は判断していた。つまり，連邦労働裁判所は，1960年の決定において，「共同決定……の前提にあるのは形式的労働条件であって，労務給付とその反対給付，すなわち，労務提供義務と賃金支払い義務に関する，いわゆる実質的労働条件は除外される。」と判示している[159]。

これに対して，反対説も有力であった。反対説は，形式的・実質的労働条件による区別に反対し[160]，形式的労働条件のみならず実質的労働条件についても，共同決定事項となりうると論じている。その論拠として，文理解釈からは，実質的労働条件を共同決定事項から排除するという解釈は導き出されないことをあげている。また，協約自治の尊重という理念もその他の労働協約を優先させる規定（例えば，59条）によって実現されているのであるから，その上，さらに進めて，実質的労働条件を共同決定事項から排除する論理的必然性はないことも，理由としてあげられている[161]。最後の論拠は，非常に説得力がある。事業所組織法上，労働協約が存しない限りで共同決定権が事業所協議会に属する旨の規定があるのであるから，労働協約と事業所協定が競合することが許されない。よって，共同決定事項から実質的労働条件を排除する理由がないというものである。実際，かかる法規定によって，労働協約が存しない限りでしか事業所協定が定められないのであるから，その事業所協定で定められたのが形式的労働条件であれ実質的労働条件であれ，これによって協約自治の原則が侵害されるということにはならないのである[162]。

2 新事業所協議会法

1952年の事業所組織法は，激しい政治的な論争の上に成立したため，その法律には多くの点ですでに60年代終わりには，その妥協の跡が感じられるようになる[163]。事業場の実務は，すでに法律によって定められたものと

---

159 BAG Urt. v. 15. 1. 1960 AP Nr. 3 zu § 56 BetrVG Wohlfahrtseinrichtungen.
160 Herschel, AuR 1967, S. 65ff. (66ff.); Farthmann, RdA1966, S. 249ff. (255); Rumpff, AuR 1969, S. 39ff.
161 Farthmann, RdA 1966, S. 249ff. (255).
162 Herschel, AuR 1967, S. 65ff. (66ff.); Farthmann, RdA1966, S. 249ff. (255); Rumpff, AuR 1969, S. 39ff.
163 BT-Drucks. VI/2729.「法律を事業所の実際と合致させ，事業所の参加の必要性

第 2 節　賃金決定に関する私的自治と事業所自治（Betriebsautonomie）の歴史的発展

は大きく異なっていた[164]。このため，改革の期待が高まっていく。そして，ついに，首相（*Bundeskanzler*）のヴィリー・ブラント（*Willy Brand*）氏は，1971 年 10 月 28 日に政府の声明を出し[165]，事業所組織法を改革することを宣言した。その後に学者らからなる，いわゆる共同決定委員会（*Mitbestimmungskommission*）が組織され[166]，連邦労働社会大臣は，その後，事業所組織法の草案を提出している[167]。

　a）　事業所組織法の改正

　aa）　この政府草案による事業所組織法 87 条 1 項 10 号では，賃金の問題（いわゆる事業所の賃金形成）について，この領域での賃金の一般的な規則・規定が問題になる限度で，事業所協議会の共同決定権は拡大している。草案は，1952 年の事業所協議会法 56 条 g の旧規定を，現行の規定によって補充している。事業所組織法政府草案 87 条 1 項 10 号は，現行法と同様に，次のようなことを予定している。

「事業所協議会は，法的ないし協約上の規定が問題になる限り，次のような事項について共同決定しなければならない［…］
10 号　事業所の賃金形成の問題，特に，賃金の諸原則，新しい賃金方法の導入，適用，及びその変更」

　bb）　この規定は，法律の通過後も変更を加えられることはなかった。事業所組織法 87 条 1 項 10 号からいえるのは，事業所協議会は，賃金の一般的・抽象的な原則に関わる事業所の賃金形成の問題につき，共同決定権を有するということである。これに対し，事業所組織法 87 条 1 項 10 号によれば，賃金および協約外賃金の額は，原則として，――事業所組織法 87 条 1 項 11 号の例外を除き――共同決定に服しない，ということになる。但し，協約上の規定が存しない限りでは，共同決定権は，有力な学説によれば，賃金グループの数，種類，要件，および，賃金ないし評価グループの関係には及びうる，とされる[168]。

　　と合致させる」必要性があったのである（BT-Drucks. VI/2729）。
164　BT-Drucks. VI/2729.
165　BT-Prot. Bd. 71, S. 28f.
166　BT-Drucks. VI/334; さらに，Biedenkopf, RdA 1970, S. 357ff.
167　RdA, 1970, S. 357.
168　Löwisch, ZHR 139（1975）S. 362 und DB 1973, S. 1746. 同様に Richardi ZfA

b) 賃金額に関する共同決定

aa) 事業所組織法87条1項11号の規定は，労働・社会政策委員会 (*Ausschuss für die Arbeit und Sozialpolitik*) の提案によって全く新しく創設されたものである。出来高，プレミアム，または，手数料 (*Provision*) を共同決定義務とする，事業所組織法87条1項11号は，事業所組織法の改正のプロセスにおいて，大きな争点になっていた。

政府草案では，同法87条1項11号は，当初次のようなことが共同決定事項であると規定されていた。

「被用者の個人的な給付によってその額が測定される，労働賃金を規定すること，特に，出来高，プレミアムの数式，ならびに，これらの賃金の算出・算定に重要な基礎を規定すること」

bb) 政府草案87条1項11号は，連邦議会 (*Bundestag*) が同草案を連邦参議院 (*Bundesrat*) に回付するまで，変わることがなかった。政府草案とCDU/CSU の草案は，労働社会秩序委員会 (*Ausschuss für Arbeit und Sozialordnung*) へ回付された。労働社会秩序委員会は，双方の草案を同時に考慮している。その委員会の報告書は，最終的に，「出来高，プレミアムとこれに比較可能な賃金は，その額が被用者の個人的な給付によって測定される限り，金銭要素（賃金額）を含めて共同決定義務とされる」とした[169]。

連邦議会は，1971年11月10日，「労働・社会秩序委員会の文書による報告書に基づいて (*auf Grund des Schriftlichen Berichts des Ausschusses für Arbeit und Sozialordnung*)」，連邦政府によって提出された事業所組織法草案を賛成多数で，可決した[170]。ここで注意されるべきなのは，「労働・社会秩序委員会の文書による報告書に基づいて」と議事録で明記されていることである。労働社会秩序委員会によって提案された11号を含む87条の規定全体

1976, S. 924 und GK-BetrVG（Wiese）§ 87 Anm.139.

[169] これによって思い出されるのは，80年代の連邦労働裁判所の決定である。それによれば，事業所組織法87条1項11号は，その他の賃金形態の場合，賃金額が共同決定事項となるかどうかは，出来高およびプレミアムと比較可能なものでなければならない，と規定するが，その出来高およびプレミアムと比較可能であるとは，被用者の能力を測定しうるものでなければならないと解している（BAG Beschluss v. 13. 3. 1984 AP Nr.4 zu § 87 BetrVG 1972 Provision）。これとの関連で，考慮されるべきなのは，賃金額が，成果を測定されなければならない，ということである。

[170] BT-Prot. Bd. 77, VI S. 8652.

第2節　賃金決定に関する私的自治と事業所自治（Betriebsautonomie）の歴史的発展

が可決したのである[171]。

cc）このようにして，事業所組織法87条1項11号は，連邦議会と連邦参議院で通過した。しかし，これによっても，出来高，プレミアムとこれに比較可能な賃金が，どの程度共同決定義務とされるのか，問題が残された。特に，問題とされたのは，労働・社会秩序委員会に従った規定は，連邦議会の読会の前後に，その文言が変更され，その結果，「その額が被用者の個人的な給付によって測定される限り」という文言が削除された，という点である。

このため，賃金の額が被用者の給付との関係で測定される，という要件が，事業所組織法87条1項11号の共同決定権のために存在すべきかどうかが，明らかにされる必要が生じた。具体的には，手数料または成績加給の額の決定が，事業所協議会の共同決定に服さなければならないかどうか，が問題になる。なぜなら，これらの支払いに当たって，被用者の労務の提供は測定されないからである。

この規定の立法過程からは，87条1項11号は，被用者の給付の測定を，現行法では，もはや必要としない，とも解しうる。なぜなら，政府草案と委員会報告書で明示的に規定されていた「その額が被用者の個人的な給付によって測定される限り」という文言が87条1項11号から削除されているからである[172]。

しかし，こうした解釈は誤りである。政府草案は，「労働・社会秩序委員会の文書による報告書に基づいて」，という言葉を付して，議会において可決されており，この委員会の報告書では，その賃金額は，被用者の個人的な給付によって測定されることを必要とされていたからである。委員会の草案における事業所組織法87条は，つまり，議会の読会で承認され，そして，この規定を含む政府草案が，結果的には，労働・社会秩序委員会の基本的な立場を承認する形で，議会を通過しているのである。「成果に関連した賃金

---

[171] CDU/CSU の反対の提案は，1971年10月11日連邦議会において明白に却下されている（BT-Prot. Bd. 77, VI S. 8652）。

[172] 結果同旨 BAG Beschluss v. 22. 10. 1985 AP Nr. 3 zu § 87 BetrVG 1972 Leistungslohn; BAG Beschluss v. 11. 2. 1992 EzA Nr. 60 zu § 76 BetrVG; BAG Beschluss v. 22. 12. 1981 AP Nr. 7 zu § 87 BetrVG 1972 Lohngestaltung; BAG Beschluss v. 13. 3. 1984 AP Nr. 4 zu § 87 BetrVG 1972 Provision; Hanau, BB 1973, S. 357ff.; Löwisch, DB 1973, S. 1748; GK-BetrVG (Wiese) § 87 Anm. 139.

(事業所組織法87条1項11号)」の要件の審査に当たっては，被用者の給付の測定が要求される，と解釈すべきである。

これによると，成績加給が事業所組織法87条1項11号における「成果に関連する賃金」かどうかという問題が常に提起される。しかし，成績加給が事業所組織法87条1項11号における「成果に関連する賃金」ではないと解される。なぜなら，被用者の給付は，一定の評価の諸原則に従って「評価・判断」され，そこでは主観的な判断をともない，「測定」されるものとは異なるからである[173]。出来高やプレミアム賃金の場合で，例えば，標準時間あたりに一定の物を生産あるいは販売すれば，一定の額の賃金がもらえるという場合，その標準時間を基準に成果を測定でき，主観的な判断は介入し得ない。このような場合に限って，法は，共同決定義務としているのである。これに対し，成績加給は，人事考課の主観的な裁量的な判断をともなった評価結果にもとづいて，支給される。同様のことは，協約外職員または他の成果主義賃金にもいえる。協約外職員または他の成果主義賃金も，一定の判断のメルクマールにしたがって判断されるのであって，測定されるのではない。能力・成果主義賃金の事業所協議会の規整権限が問題になる場合，賃金の測定可能性の有無を問うべきとする，この立法者の意思を出発点に考察されなければならない。あらゆる能力・成果主義賃金（＝協約外賃金）の賃金額が共同決定によって定められる，という一部の学説は[174]，立法者の意思から逸脱している。同様のことは，賃金に間接的に影響しうる賃金規定，例えば，成績加給や協約外職員の賃金額を協約賃金の上乗せ率で規定する賃金規定にもいえる[175]。これらもいずれも，立法者の意思からは，――判例に反して――共同決定事項ではない，と解される。協約外賃金に直接または間接的に影響を与える賃金規定は，前述の要件（測定可能性）をみたさない限り，共同決定事項ではない，と考えられる。

　　dd）　立法者の意思には，実質的な労働条件（賃金・労働時間など給付と反

---

[173] 結果同旨 Hanau, BB 1973, S. 357ff.; Löwisch, DB 1973, S. 1748.

[174] Moll, Mitbestimmung beim Entgelt, S. 228f., 231; BetrVG, §87 Rn. 256, 267 (Klebe); Moritz, AuR 1983, S.107f.; Dorndorf, Der Zweck der Mitbestimmung in Entgeltfragen nach BAG, S.336.

[175] Vgl. BAG Urt. v. 11. 2. 92 EzA Nr. 60 zu § 76 BetrVG 1972.

第 2 節　賃金決定に関する私的自治と事業所自治（Betriebsautonomie）の歴史的発展

対給付に関わる労働条件）が事業所協定によって形成しうるのか，という一定の疑問も生じうる[176]。1972 年のこの改正によって，出来高，プレミアムとこれに比較可能な賃金で，その額が被用者の個人的な給付によって測定される場合に限るとはいえ，金銭要素（標準時間あたりの貨幣要素）を含めて共同決定事項とされた。つまり，賃金額のような実質的労働条件が一部，共同決定義務とされたのであった。

1952 年の事業所組織法（＝改正前の旧法）の 56 条の規定との関係では，判例及び有力な学説において，事業所協議会の共同決定が形式的な労働条件（懲戒など事業所秩序に関わる条件）に制限され，実質的な労働条件には拡張されない，と解されていた[177]。これは，事業所協議会の権限があらゆる労働条件を定めうる労働組合の権限を侵害し，労働組合と使用者が自律的に労働条件を決しうるという憲法上の協約自治の原則が侵害されることになるからである。

1972 年の事業所組織法の CDU/CSU の提案[178]では，こうした危惧から，従来の学説の形式・実質的労働条件の区別を維持しようとし，「賃金が測定しうる労務の提供によって定められるとき，事業所協議会は，その手続きの設定に参加しうる」と規定していたが，その CDU/CSU の提案は受けいれられなかった。実質的な労働条件，例えば，能力・成果給の規定が 1972 年の事業所組織法では一部，共同決定事項とされる，というのは，むしろ，明確にされている[179]。議会は，読会において，事業所組織法が事業所組織法 1952 年の枠内で，実質的な労働条件についての一部（＝旧 56 条 g）に関係しうる，ということを認めているのである[180]。形式的・実質的な労働条件の限界は，1972 年の改正によって，より大きな範囲の共同決定へ，という方向へ動き出したのであった。このため，52 年法から論争のあった形式的・実質的労

---

[176] Kreutz, a. a. O., S. 248.
[177] BAG AP Nr. 3 zu §56 BetrVG Akkord AP Nr. 2, 3, 4 zu § 56 BetrVG „Entlohnung"; Galperin/Siebert, BetrVG, Rn. 18ff.; Dietz, BetrVG, § 56 Rn. 24; Nikisch, Arbeitsrecht, Bd. III, 2. Aufl., 1966 §113 IX 3.
[178] BT-Drucks VI S. 1706.
[179] BT-Prot. Bd. 77 VI S. 8650.
[180] BT-Prot-Bd. 77 VI S. 8649f., 8652. 野川忍「賃金共同決定の法的構造（上）（下）」日本労働協会雑誌 309 号 32 頁以下。

働条件という区別は，放棄されたとみることができる。

これに対して，むろん，賃金の場合，一定の要件が課されているのは既に述べたとおりである。賃金額の「測定可能性」という厳格な要件をみたす場合のみ，賃金の場合共同決定事項が承認される。この程度であれば，立法過程においても，協約自治の原則を侵害しているとはいえない，ということが考慮されていた。

 c) 事業所組織法の基本原理としての企業・事業所自治（*Betriebliche Demokratie*）

 1972年の事業所組織法の改正によって，デモクラシーの原理は，1952年の事業所組織法より明示的に掲げられた。前述したこの改正に先立って出された共同決定委員会（*Mitbestimmungskommission*）の報告書は[181]，事業所の共同決定が民主国家ないし社会国家という理念に属する，と述べている。「自由なデモクラシーにおいては，社会の権力の恣意からの保護が個人の尊厳と自由に沿う必要がある。」この権力は，関係当事者の福利のために行使されるべきものであり，そして，それが必要な程度に制限されるべきものなのである。こうした理念は，企業民主主義ないし事業所民主主義（*betriebliche Demokratie*）と呼ばれる。企業民主主義ないし事業所民主主義は，事業所組織法改正のための議会での当時の連邦労働大臣のアーレント（*Arendt*）氏の言葉にも表れている。つまり，アーレント氏は，「連邦政府は，事業場での一層の民主主義，一層のヒューマニティー（*Humanität*），一層の社会的正義（*soziale Gerechtigkeit*）を実現すべきである」と述べている[182]。企業民主主義ないし事業所民主主義の理念によって，立法者は，従業員集団を代表する事業所協議会が私的自治の原則を実現する組織として捉えたものではないし，集団的なレベルでの被用者の自己決定が実現されると理解していたわけでもない[183]。しかし，1972年の事業所組織法の草案によっては，共同決定が，使用者の決定への参加の機能と，被用者の集団的な意思の集約機能を果たすことを志向している。事業所組織の参加と従業員の意見集約に関わるべきという，このデモクラシーの基本思想は，ワイマール共和国時代の憲法

---

 181 BT-Drucks VI S. 334.
 182 BT-Proto., Bd. 77 VI S. 8664.
 183 反対 Wiese GK Komm Rn. 50（Einleitung）.

における事業所のデモクラシーの考え方に酷似している。ワイマール憲法でのデモクラシーも，事業場において使用者の企業の支配を被用者の代表によって制限することが志向されていたのである。事業所組織法はこうした考えを受け継ぐものといえる。

3 小 括

事業所協議会は，事業所組織法87条1項10号の「事業場の賃金形成の問題」について共同決定しうるとされた。11号によれば，さらに，事業所のパートナーは，労務の提供が測定されうる場合にのみ，賃金額を決定しうるとされた。これが，立法者の立場である。この協約外の賃金に関する事業所協議会の規整権限を基礎づけるために，学説では[184]，従属性が論じられる。労働条件の集団による形成は，使用者に対して個人が弱い力しか有しないという状態から，個人を解放する，というものである。むろん，個人のこうした経済的ないし知的な従属性が，現代の労働関係においても存在しうるかどうか，または，どの程度存在しうるかは，当然に問われなければならない。これについては，次節で検討する。

四 結 論

事業所組織法の目的は，参加の思想によって表されることがわかる。その法の発展過程をみるとき，賃金に関する共同決定事項についての規定は，ワイマール期以来，ほとんど変わっていないことがわかる。これは驚くべきことである。原則として，賃金に関する共同決定事項についての規定は出来高給などを念頭においている。60年代初めには，出来高，プレミアムが，事

---

[184] Däubler, Grundrecht auf Mitbestimmung, S. 3f.; Dietrich, RdA 1995, S. 135; Fabricius, Arbeitsverhältnis, Tarifautonomie, Betriebsverfassung und Mitbestimmung im Spannungsfeld von Recht und Politik, in: FS für Erich Fechner, S. 171 (196), Fastrich, Inhaltskontrolle, S. 187f.; Hromadka, Inhaltskontrolle von Arbeitsverträgen, S. 251 (254); Säcker, Gruppenautonomie S. 92; Söllner, Freiheitliche Züge des Arbeitsrechts, in: Harbusch-Wieck, Marktwirtschaft, 1975, S. 251; Dietrich, RdA 1995, S. 129 (135); Richardi, Kollektivgewalt, S. 1f., 114 f.; Wiedemann, Das Arbeitsverhältnis als Austausch-und Gemeinschaftsverhältnis, S. 11ff.; Veit, Zuständigkeit, S. 47; Wolf, RdA 1988, S. 270 (272).

業場での協約外賃金のもっとも普及した形態であったのに対し、このほかの能力・成果主義賃金は当時はほとんどまれにしか存在しなかった。労働者(Arbeiter) に対する労働のモチベーションを向上させるという出来高、プレミアムの意義は、今日では、小さくなりつつある[185]。例えば、人事にとってより重要なのは、成績加給や手数料のような能力・成果主義賃金である。驚嘆に値するのは、それにもかかわらず、事業所組織法に関する法的な措置そしてその解釈が、ほとんど変わっていないということであった。このため、出来高、プレミアムに関するワイマール期以来の規定によっては、能力・成果主義のさまざまな賃金によって生じた問題が、解決できるかどうかは、疑わしい面もある。

　労働法では、私法の発展は、契約自由の原則を厳格に制限する方向で動いている。保護法は、労働法の私法的な側面を押しのけつつあった。労働法が私的自治の原則を保障するために一般的に適した法領域を意味しているかどうかは、疑われているのである。こうした保護の観点は、民法の第二草案での配慮義務のコンセプトのなかに構築されている。ノー (Nörr) 教授の言葉を借りると、「(事業所協議会によるという) 組織体の思想は、内因的な (endogen) 私法の危機を現している[186]」のである。契約当事者の地位の均衡のため、私法の領域のみならず、労働法の領域においても、いわゆる「社会的私法 (soziales Privatrecht)」という語が用いられる[187]。このことは、私法が経済の社会主義化の道を歩むということを意味するものではない。むしろ、どの程度社会的私法の思想や私法の思想が並列的に存在しうるか、が問われるのである。私法は、現代の法律秩序では、人間の自由と自己決定のため、という目的を有している。それは、個人の利益を契約締結にあたって自ら保護することを個人に委ねる、というものであり、それゆえ、それは、合意された契約内容に対して自己責任が重視されるというものでもある[188]。これ

---

[185] Tondorf, Modernisierung der industriellen Entlohnung, S. 83; Moritz, AuR 1983, S. 97 (101ff.).
[186] Nörr, Milchstein, S. 6.
[187] Reichold, Sozialprivatrecht, S. 187ff., 537ff.; Lieb, AcP (178) 1978, S. 196.
[188] BVerfGE 65, 196 (211); Flume, Rechtsgeschäft, § 1, 1, 2; Larenz, Lehrbuch des Schuldrechts, § 4; Köhler, § 12, 1, 2; Junker, NZA 1997, S. 1306; Picker, NZA 2002, S. 769f.

第2節　賃金決定に関する私的自治と事業所自治（Betriebsautonomie）の歴史的発展

との関係で，事業所協議会の労働条件決定への集団的な参加が，原則的に，個人の自己決定と自己責任の原則へのより多くの干渉を迫る，という方向で進んでいるのである。

第2章 ドイツ法

第3節 事業所自治の原則の正当化

一 事業所自治の原則の私的自治の原則による正当化

1 問題提起

a) aa) いわれるところによれば, 労働条件に関する使用者からの一方的な決定による契約条件の押し付け (*Vertragsdiktat*) から, 被用者を保護すべき関係が存する[189]。事業所協議会の事業所での労働条件形成への参加を可能にすることによって, 個々の被用者は, その使用者への客体化から解放されるとされる[190]。こうした保護の必要性から, 事業所協定による労働条件の形成が実現する[191]。使用者への従属性の結果, 使用者と自己決定の実現への同一の機会を有しない, という被用者の地位は, 一定の理由から処分・管理権能が法的に制限される未成年者や完全に行為能力を有しない者と比較可能である, とされる[192]。この結果, 使用者と事業所協議会の事業所パートナーの事業所協定による規整権限は, 法定代理人による他人決定の制限と対比可能であるとされる[193]。

---

[189] Earthmann, RdA 1974, S. 65 (68); Hönsch, BB 1988, S. 700 (701); Jahnke, SAE 1983 S. 145 (146); Kraft, Anm. AP Nr. 5 zu § 87 BetrVG 1972, Tarifvorrang; Kappes, DB 1986, 1520, 1521; Meisel, Anm. AP Nr. 3 zu § 87 BetrVG 1972 Arbeitszeit; Reichold, Anm. AP Nr. 68 zu § 87 BetrVG 1972 Lohngestaltung; Weyand, AuR 1993, S.7; Wiese, GK-Komm, § 87 Rn. 30.

[190] Vgl. Adomeit, Regelungsabrede, S. 54; Bericht der Mitbestimmungskommission, BT-Druck, VI/334, S. 66ff.; Säcker, Gruppenautonomie, S. 92; GK-Komm Einleitung, Rn. 50 (Wiese); Hueck/Nipperdey, I, S. 25f.; Lieb, Arbeitsrecht, Rn. 11ff.; Nikisch, Arbeitsrecht, I, S. 29f.; Wiedemann, das Arbeitsverhältnis als Austauschverhältnis und Gemeinschaftsverhältnis, S. 11f.; Reuter, 1997, S. 197ff.

[191] ティーレによれば, 被用者は保護に値する存在である。なぜなら, その契約の自由は機能せず, そして, それゆえ, 労働条件の形成要素としての労働契約は, 双方の契約当事者の利益を適切に調整するためには, ふさわしいものではないからである, という。(GK-Komm, 4. Aufl., Einleitung, Rn. 23ff., 37, 39 (Tiele)).

[192] GK-Komm, 4. Aufl., Einleitung, Rn. 42 (Tiele).

[193] GK-Komm, 4. Aufl., Einleitung, Rn. 42 (Tiele).

第3節　事業所自治の原則の正当化

bb)　1972年の事業所組織法の改正にあたって組織された共同決定委員会の報告書によれば[194]、事業所自治は、基本法2条によって保護される被用者の自己決定の帰結と理解される：「それは、内容的には、個人の尊厳の根本的な認識、及び、人間の共同体の基礎としての不可侵の不文の人権、並びに、自由な人格の発展のための権利についての、価値決定である（基本法1ないし2条）。自己決定、人間の尊厳の尊重、参加者の協働・決定に関わる参加による一方的な権力的地位の調整と排除の原則なのである[195]」。共同決定報告書によって主張される見解は、学説では広い承認を得ている[196]。ヴィーゼ（Wiese）教授によれば、共同決定の保護の目的は、被用者の自己決定、人格の発展、尊厳の保護である[197]。これは、事業所組織法2条1項および、75条1項に直接現れているとされる[198]。事業所協議会に帰属する権限は、被用者の自己決定と人格の保護の手段であると理解される[199]、という。ヴィーゼ教授によれば、事業所協議会の参加制度は、このようにして、被用者の保護に資するものであるとされる。

b)　ヴィーゼ教授によれば、この人格の発展の法的側面のもとでは、被用者を事業所における「協働的な主体（mitwirkenden Subjekten）」に転換させることが、重要であるという[200]。形式的な平等の原則が実質的な平等の原則によって労働関係では補われ、個人の自己決定の表現としての契約上の原理が集団法的なレベルで共同決定によって実現するからである、と理解されている[201]。ここで強調されるのは、参加者の決定へ関与する自由によって労働条件が形成されるときに、被用者の従属性が、自ら選択する法的可能性、並びに、自らイニシアティブを発揮する可能性という自己決定性へと転

194　BT-Drucks. VI/334.
195　BT-Drucks. VI/334, S. 65.
196　Wiese, GK-BetrVG, Einl. Rn. 49 ; ders, ZfA 1989, S. 645（650, 655ff.）; Däubler, NZA 1988, S. 857（859）; Hueck/Nipperdey, Lehrbuch des Arbeitsrechts, I, S. 31; Jahnke, S. 863（882f.）; Thiele, GK-Komm, 4. Aufl., Einleitung, Rn. 20; Lambrich, Tarif-und Betriebsautonomie, S. 220f.
197　Wiese, GK-BetrVG, Einl. Rn. 49.
198　Wiese, GK-BetrVG, Einl. Rn. 49.
199　GK-Komm, Einleitung, Rn. 49（Wiese）.
200　GK-Komm, Einleitung, Rn. 49f.（Wiese）.
201　Wiese, ZfA 1996, 439（474）.

化する，と主張されていることである[202]。共同決定思想としての基本思想としては，共同決定により使用者による「他人決定 (*Fremdbestimmung*)」を自己決定へ転換させるために，事業所内の労働条件の使用者側の一方的な決定が，事業所協議会との対等な合意によって排除されるのである[203]。

c) しかし，学説では，事業所協議会とその事業所自治が基本法 2 条に根拠を置くことを否定する見解が増えている[204]。これによれば，事業所自治の原則 (*Betriebsautonomie*) は，一般的な私的自治の原則の表現形式でない。事業所協議会の場合，労働組合と異なり，積極的および消極的団結の自由が構成員に保障されないことから，任意加入を基礎とするものでないからである[205]。このため，事業所協定は，当該被用者の意思によって形成されるものではない，とされる。

厳密に捉えれば，事業所協議会の私的自治的な正当化は，事業所協定の締結が個人の自己決定権の表れとみなされるかどうか，による。その際，考慮しなければならないのは，事業所協議会の私的自治的な正当化が，法律行為に照らして，可能でなければならない，ということである。これによって，問われるのは，事業所協定の基礎が，労働契約の締結にあたって当該被用者の表明される法律行為による意思のなかにみられ[206]，その結果，事業所協定が私的自治的な規整としてみられるかどうか，である。

d) 多くの学説での研究においては，協約外賃金に関する事業所協議会の共同決定の限界を定める試みがなされている[207]。この問題に答えるため

---

202 BT-Drucks. VI/334, S. 66f.
203 Wiese, GK-BetrVG, Einl. Rn. 49; ders, ZfA 1989, S. 645 (650, 655ff.); Däubler, NZA 1988, S. 857 (859); Thiele, GK-Komm, 4. Aufl., Einleitung, Rn. 20; Lambrich, Tarif-und Betriebsautonomie, S. 220f.
204 Aksu, Regelungsbefugnis der Betriebsparteien, S. 62; Kreutz, Grenzen der Betriebsautonomie, S. 66; H. Hanau, Individualautonomie, S. 67; Richardi, Kollektivgewalt, S. 313; Picker, Tarifautonomie in der deutschen Arbeitsverfassung, S. 56f.; ders, NZA 2002, S. 769; Veit, Zuständigkeit, S. 202f.; Waltermann, Rechtsetzung, S. 137.
205 Aksu, Regelungsbefugnis der Betriebsparteien, S. 62; Kreutz, Grenzen der Betriebsautonomie, S. 66; H. Hanau, Individualautonomie, S. 60, 67; Richardi, Kollektivgewalt, S. 313; Picker, Tarifautonomie in der deutschen Arbeitsverfassung, S. 56f.; ders, NZA 2002, S. 769; Veit, Zuständigkeit, S. 202f.; Waltermann, Rechtsetzung, S. 137.
206 Kreutz, Grenzen der Betriebsautonomie, S. 65f.; Richardi, Kollektivgewalt, S. 331.
207 賃金額に関して共同決定権を認めない見解として, Aksu, Regelungsbefugnis der

には，まず，事業所協議会がいかに正当化されるかが明らかにされなければならない。また，事業所協定による法制定権力 (*Rechtsetzung*) が，もっぱら，自治的な正当性または他律的な（例えば，民主的な正当性）正当性に法源を有するのか，が明らかにされなければならない。この節では，労働条件に関する事業所協議会の規整権限の正当性が問われる。

2　法律行為としての事業所協定の締結？

a)　法律行為の構成要素としての意思表示について，支配的な見解によれば[208]，表示の事実，行為意思と並んで，表示の認識を要件としている。それゆえ，問題になるのは，事業所協議会の締結する事業所協定に被用者が服する，ということを，被用者が労働契約の締結の場合に意識し（表示の認識），そして，被用者がそれを表示している（外部への表示の事実），かどうかである。このため，第一に，事業所への規範（事業所協定）への服従の意思（*Unterwerfungserklärung*）が存在するかどうかである。その解釈にあたって重要なのは，事業所協議会のある事業所に入る被用者が，経験則上，事業所協定を考慮に入れているかどうか，そして，被用者が，事業所協議会の規定への服従を意識し，事業所協定が常に直接的かつ強行的に適用されるという事実を意識しているかどうか，である。

これについて考察すると，実際には，被用者は，団体の規約，または，事業所協定に服することを意識してはいない，といえる[209]。さらに，直接的

Betriebsparteien, S. 177ff.; Canaris, AuR 1976, S. 129ff.; Kreutz, Grenzen der Betriebsautonomie, S. 246f.; Hanau, BB 1973, S.353; Löwisch, DB 1973, S. 1747; Picker, Tarifautonomie in der deutschen Arbeitsverfassung, S. 58ff.; ders, „Regelungsdichte und ihr Einfluss auf die Beschäftigung", S. 224, 216f.; ders, NZA 2002, S. 769f.; Reichold, Sozialprivatrecht, S. 543; Richardi, Kollektivgewalt, S. 319f.; ders, MünchArbR, Rn. 42; Siebert, BB 1953, 241（243）; Zöllner, ZfA 1994, S. 432f. 反対にこれを認める見解として Dorndorf, Der Zweck der Mitbestimmung, in Entgeltfragen nach BAG, S. 336; Klebe, in: BetrVG, § 87 Rn. 256, 267; Moritz, AuR, 1983, S. 107f.; Moll, Mitbestimmung beim Entgelt, S. 228f., 231; Möschel, ZRP 1988, S. 52.

208　Flume, Rechtsgeschäft, § 2, 1, 3, 5; Larenz/Wolf, Allgemeiner Teil, § 25 II, III; Brox, Allgemeiner Teil, S. 50; Köhler, Allgemeiner Teil, S. 43, 56f.; Scheren, Allgemeiner Teil, S. 84.

209　Kreutz, Grenzen der Betriebsautonomie, S. 64; H. Hanau, Individualautonomie, S. 60; Veit, Zuständigkeit, S. 174.

かつ強行的な効力を回避する被用者の可能性も存在しない[210]。つまり，事業所組織法77条4項によれば，「事業所協定は直接的かつ強行的に妥当する」と規定され，被用者に事業所協定の効力が直接的かつ強行的に及ぶが[211]，その効力は，被用者・使用者の意思によることなく，生じるのである[212]。これらの効力は，むしろ，被用者の意思に反することすらある[213]。このため，事業所協議会の妥当性と根拠は，被用者の明示的ないし黙示的な意思とは関係がない，ということができる。

これに対して，団体法の観点から議論する学説では，契約の締結にあたってなされる意思表示は，同時に，事業所の労働団体（事業所協議会）への加入の意思表示とみられる，と論じられている[214]。しかし，この見解は，誤りである。事業所に入る被用者が，多くの場合，事業所協定を考慮に入れるものではなく，それらの事業所協定へ拘束される被用者の意思は存在しないのである。事業所協定の妥当性は，当該労働契約上の法律行為に帰することはない[215]。

b) これらの解釈に対して，事業所に入る被用者は，通常，事業所協議会の存在を認識し，その結果，事業所協定が妥当されることを被用者が認識しているのであるから，素人領域での評価においては，これについての被用者の意思は，結果的には否定されない，とランブリッヒ（*Lambrich*[216]）博士は反駁している[217]。しかし，ランブリッヒ博士の捉えるような，事業所の規範の存在に関わる単なる一般的な被用者の認識は，事業所の規範への服

---

210 Kreutz, Grenzen der Betriebsautonomie, S. 64f.; Veit, Zuständigkeit, S. 173.
211 つまり，事業所協定に反する労働契約は無効となり，無効となった部分は事業所協定による，という効力である。
212 Kreutz, Grenzen der Betriebsautonomie, S. 64; Veit, Zuständigkeit, S. 173.
213 Kreutz, Grenzen der Betriebsautonomie, S. 64; Picker, Tarifautonomie in der deutschen Arbeitsverfassung, S. 56f.; Veit, Zuständigkeit, S. 204f.
214 Lambrich, S. 220ff, 224; Ehemann/Lambrich, NZA, 1996, S. 351.
215 Kreutz, Grenzen der Betriebsautonomie, S. 64f.; H. Hanau, Individualautonomie, S. 67; Veit, Zuständigkeit, S. 173, 204f.; Picker, Tarifautonomie in der deutschen Arbeitsverfassung, S. 56f.; ders, NZA 2002, S. 769 ; Reichold, Sozialprivatrecht, S. 543; Rieble, Arbeitsmarkt und Wettbewerb, Rn. 1895; Waltermann, Rechtsetzung, S. 137.
216 Lambrich, Tarif-und Betriebsautonomie, Berlin, 1999.
217 Lambrich, Tarif-und Betriebsautonomie, S. 210.

従のための明示的な意思表示を認めるためには，十分なものではない[218]。このため，特に，素人領域における被用者の意図が，科学的に，被用者が労働契約の締結にあたって表示する法律行為の意思として，みられるかどうかは，疑わしい。私法の領域，特に，法律行為論によって支配される私的自治の原則の枠内においては，ランブリッヒ博士[219]の解釈は，全くなじみのないものである。むしろ，事業所の規範である事業所協定は，その効力の点では，個々の被用者が契約関係に入ることを希望したかどうか，または，その契約関係に入ることに反対したかどうか，とは関わらない[220]。労働契約締結にあたっての労働契約当事者間の合意がその個人の事業所協定への服従まで含むものでないから，事業所協定の妥当根拠は，そのなかに見出すことはできないと解される[221]。したがって，事業所自治は，基本法2条における私的自治の原則の表れと理解することはできない[222]。

3 団体法的な考察 (*Verbandsrechtliche Betrachtung*)

a) さらに，団体法的な観点から事業所協議会の法制定権力が正当化される，という立場がある。例えば，ロイター (*Reuter*[223]) 教授は，労働契約の不完全性を出発点とし[224]，労働契約が継続的な関係であることから，労働契約は，すべての契約条件を予め定められるものではなく，多かれ少なかれ，包括的に他の手段によって予め定めざるをえない，という[225]。しかし，不完全な労働契約が補完・調整されるのは，画一的な契約条件を被用者に受け入れさせることによってなされるべきではなく，効率的な団体組織（事業所

---

218 Kreutz, Grenzen der Betriebsautonomie, S. 66; Veit, Zuständigkeit, S. 176.
219 Lambrich, Tarif-und Betriebsautonomie, S. 210.
220 Kreutz, Grenzen der Betriebsautonomie, S. 64; Veit, Zuständigkeit, S. 173.
221 Kreutz, Grenzen der Betriebsautonomie, S. 66.
222 Aksu, Regelungsbefugnis der Betriebsparteien, S. 62; Kreutz, Grenzen der Betriebsautonomie, S. 66; H. Hanau, Individualautonomie, S. 67; Heinze, NZA 1997, 7; Veit, Zuständigkeit, S. 202; Picker, Tarifautonomie in der deutschen Arbeitsverfassung, S. 56f.; ders, NZA 2002, S. 769; Reichold, Sozialprivatrecht, S. 543; Rieble, Arbeitsmarkt und Wettbewerb, Rn. 1895; Richardi, Kollektivgewalt, S. 309f. (316); Waltermann, Rechtsetzung, S. 137.
223 Reuter, RdA 1991, S. 193.
224 Reuter, RdA 1991, S. 195.
225 Reuter, RdA 1991, S. 195.

協議会）によっておこなわれるべきである，と考えている[226]。ロイター教授は，事業所が職業団体（*Arbeitsverband*）として理解し，それに伴って，事業所と関連づけられた労働契約を（*betriebsbezogener Arbeitsvertrag*）その団体への加入契約として捉えられる，という独自の立場を明確にしている[227]。労働契約の締結が被用者の事業所協定への拘束力を基礎づけるものではないという既述の見解に反して，労働契約が団体への加入契約であり，それが，事業所協定への拘束力を肯定する，というものである。

b）さらに，ロイター教授は，労働法は，売買契約，賃貸借契約，請負契約法とは異なって，従業員の自治を可能にする事業所協定を手段として，労働条件を決定する可能性がある，と指摘する[228]。「事業所自治とは，被用者の利益がそのままの形で調整されるのではなく，集団的な形態で使用者の利益とともに調整されることを意味している[229]。」このため，事業所協定は，その内容に関わる，公正さを理想的に保障しているという[230]。この場合，事業所協定が第一義的な規制手段であると説いている[231]。

c）aa）事業所協議会という強制的団体（*Zwangsverband*）によって被用者が拘束を受けることが，画一的な契約条件によって拘束されるよりも，一層よい契約条件を保障する，とロイター教授は断言している[232]。しかし，このロイター教授の見解には，一定の疑問の余地がある。なぜなら，普通契約約款に関する法規整（民法307条以下）が，労働法的な画一的な契約条件に対しても適用されることから[233]，個々の被用者が，約款利用者の一方的な決定から，裁判上の内容コントロールによっても保護されているからである。さらに，民法305条1項の3は，約款利用者と約款受領者との間の交渉を要求し，連邦通常裁判所の判例によれば，「利用者がその普通契約約款に規定された条項を真摯に提示し（*zur Disposition stellt*），そして，契約当事

---

226 Reuter, RdA 1991, S. 196.
227 Reuter, RdA 1991, S. 196; ders, ZfA 1993, S. 221（226ff., 245f.）.
228 Reuter, RdA 1991, S. 196.
229 Reuter, RdA 1991, S. 197.
230 Reuter, RdA 1991, S. 197.
231 Reuter, RdA 1991, S. 198.
232 Reuter, RdA 1991, S. 198.
233 第2章第6節二参照。

者に対して契約条件の内容に影響を与える真の可能性を伴って，自らの利益を保護する形成の自由を，契約当事者に与えること」[234] が要求されているからである。このようにして，裁判上の内容コントロールによって，使用者の一方的決定の濫用が排除されていることから，使用者の一方的決定の濫用から被用者を保護するために，事業所協議会による保護の制度まで必要とするかどうか，疑問なのである。

bb) ロイター教授の主張への第二の批判点は，公正概念のあいまいさに向けることができる。連邦労働裁判所も，事業所組織法87条1項10号による共同決定が事業所内の賃金正義を保障すべきである，と判示している[235]。これらの道徳的な哲学はその正義概念の明確化に努めているものの，その正義の概念とその利用が，全く内容のない概念であって，これによっては，具体的な判断はなしえない，という問題を残している[236]。公正と賃金正義は，学問的に利用できないばかりか[237]，その限界点の確定が不可能なのである。

cc) また，事業所協議会によって実現される，というあいまいな法的概念「公正」や「賃金正義」によっては，ある従業員の利益と他の従業員の利益とが衝突する，という場合に（例えば，従業員間での週の労働時間の調整の場合に），その利益が他の衝突する利益に優先されるべきなのかどうか，が明らかではない。「公正」・「賃金正義」概念の利用が労働法の解釈に有用に用いられる，とロイター教授はいうが，被用者のどのような具体的な利益が優先されるのかが，明らかではない。このため，これに関するロイター教授の指摘も受けいれられないのである。

dd) さらに，ロイター教授は，事業所組織法上の規制権限が，被用者の労働契約の自由を回復し被用者を保護する重要な手段を提供する，と述べて

---

[234] BGH, NJW 1992, S. 2760.
[235] BAG Beschluss v. 31. 1. 1984 AP Nr. 3 zu § 87 BetrVG 1972 Tarifvorrang; BAG Urt. v. 13. 1. 1987 AP Nr. 26 zu § 87 BetrVG 1972 Lohngestaltung; BAG GS Beschluss v. 3. 12. 1991 AP Nr. 51 zu § 87 BetrVG 1972 Lohngestaltung; BAG Beschluss. v. 14. 2. 1993 AP Nr. 65 zu § 87 BetrVG 1972 Lohngestaltung; BAG Beschluss. v. 19. 9. 1995 AP Nr.81 zu § 87 BetrVG 1972 Lohngestaltung; BAG Urt. v. 9. 7. 1996 AP Nr. 86 zu § 87 BetrVG 1972 Lohngestaltung.
[236] Joost, ZfA 1993, S. 261; Richardi, ZfA 1976, S. 24.
[237] Joost, ZfA 1993, S. 261.

いる²³⁸。ロイター教授は，これによって，労働関係の本質部分，例えば，賃金・労働時間に関して，事業所協議会の規制権限を正当化できると考えている²³⁹。しかしながら，この見解にも問題が多い。なぜなら，事業所協議会の保護機能だけを理由として，事業所協議会が労働条件に関する限界のない包括的な権限を占める，ということにはならないからである。連邦労働裁判所も，被用者の代表としての事業所協議会が被用者に共通した集団的利益（*kollektives Interesse*）のみを取り扱うべきものであって，そして，例外的に，事業所組織法87条1項5号における休暇のケースのような，個々の被用者の利益を扱うべきである，と説示している²⁴⁰。学説における多くの見解によっても，事業所組織法は，該当する被用者内部の利益調整が問題になっているときに限って，使用者と事業所協議会が共同決定しなければならない，と論じられている²⁴¹。被用者の社会的，人格的，及び経済的従属性がさまざまな労働条件に関する事業所協議会の包括的な共同決定権を正当化するものではないのである²⁴²。

4 事業所での他律的な賃金決定

a) 自らの意思に従ってその法律関係を形成する可能性を提供する私的自治の原則は，個人主義の原理として，個々の人間に対し，可能な限りの自由を保障する²⁴³。個人は，その意味で，主観法の主体である。個人は，権利

---

238 Reuter, RdA 1991, S. 195f..

239 Reuter, RdA 1991, S. 196.

240 BAG Beschluss v. 18. 11. 1980 AP Nr. 3 zu § 87 BetrVG 1972 Arbeitszeit; BAG Beschluss v. 2. 3. 1982 AP Nr. 6 zu § 87 BetrVG 1972 Tarifvorrang; BAG Beschluß v. 8. 6. 1982 AP Nr. 7 zu § 87 BetrVG 1972 Arbeitszeit; BAG Beschluß v. 8. 11. 1983 AP Nr. 11 zu § 87 BetrVG 1972 Arbeitszeit; BAG Beschluß v. 27. 12. 1987, AP Nr. 18 zu § 87 BetrVG 1972 Arbeitszeit; BAG GS Beschluß v. 3. 12. 1991 AP Nr. 51 zu § 87 BetrVG 1972 Lohngestaltung（unten C III 3b）.

241 Jahnke, SAE 1983, S. 146; Wiese, GK- Komm, § 87, Rn 30; Farthmann, RdA; 1974, S. 65（68）; Meisel, Anm. AP Nr. 3 zu § 87 BetrVG 1972 Arbeitszeit; Galperin/Löwisch, § 87 Anm. 6ff.; Fitting/Kaiser/Heither/Engels, § 87 Anm. 15; Lieb, Arbeitsrecht, Rn. 761; MünchArbR/Matthes § 324 Rn. 25; v. Hoyingen-Huene, SAE, 1985, S. 298（299f.）; Oetker, SAE 1993, S. 360（362f.）; Wittgruber, Abkehr des Arbeitsrecht, S. 139.

242 Junker, NZA 1997, S: 1308; Picker, NZA 2002, S. 764.

243 Flume, Rechtsgeschäft, § 11, 2.

と義務の主体であり，法律行為による法律関係を形成する能力を有していなければならないし，あらゆる不法に対しても責任をもつものでなければならない。したがって，そのための賃金の問題を規整する適切な手段は，個々の労働契約，一般的労働条件（*Allgemeine Arbeitsbedingungen*），契約上の画一的な規定（*vertragliche Einheitsregelungen*），労働契約上の法制度であるが[244]，事業所協定とは言い難い。

被用者は，事業所協定が自己に妥当するかどうかについて選択権を有しない。事業所協議会と使用者との間で結ばれる事業所協定の効果は，強行的に第三者である被用者に及ぶが（事業所組織法77条4項），被用者は，その事業所協定の効果が強行的に及ぶことを知るものではなく，事業所協議会と使用者との間の労働条件に関する事業所協定の内容が何らかの効果とともに及ぼされることを知るものでもない。このため，事業所協議会と使用者との間で締結される事業所協定は，民法が予定しているような私的自治の原則とは適合していない[245]。

b）事業所の共同決定のそうした秩序が個人の自己決定と自己責任に役立つことがないとすれば，事業所協定の決定方法は，私的自治の原則と自己決定の秩序とは調和しない他人決定秩序であることを意味する[246]。事業所協定による法的な強行法的な効果には，他人決定的な側面が認められるからである。国家は，事業所パートナー（事業所協議会と使用者）に対し，労働条件に関する事業所の形成を規整し秩序づける任務を認めている（事業所組織法87条1項）。事業所協定の規範は，労働契約当事者の意思を考慮しない他

---

[244] これをこえて，ツェルナー（*Zöllner*）教授は，契約は，契約当事者の非対等性にもかかわらず，基本法上保護された自由を実現する，被用者と使用者間の利益調整を可能にすると指摘している（Zöllner, AcP（176）1976, S. 221（240ff.））。

[245] Aksu, Regelungsbefugnis der Betriebsparteien, S. 62; Kreutz, Grenzen der Betriebsautonomie, S. 64; H. Hanau, Individualautonomie, S. 60f., 67; Heinze, NZA 1997, S. 7; Richardi, Kollektivgewalt, S. 313; Picker, Tarifautonomie in der deutschen Arbeitsverfassung, S. 56f.; ders, NZA 2002, S. 769; Veit, Zuständigkeit, S. 202; Waltermann, Rechtsetzung, S. 137.

[246] クロイツ教授が強調した事業所協定についての「私的かつ他律的法律行為（*privatheteronomen Rechtsgeschäft*）」という法的な概念は，事業所協議会のような代表制度が，法律関係を自己決定的に形成する思想に従わないという場合，この限りでは，正しいものと考えられる（Kreutz, Grenzen der Betriebsautonomie, S. 76ff., 98f.）。

律的秩序なのである[247]。ワイマールの立法も，1920年の事業所協議会法ならびに，戦後の事業所組織法の改正も，事業所協議会の参加によってなされる事業場の共同決定を，私的自治の原則による自己決定秩序に従わせる趣旨なのではないのである[248]。これらの立法によっては，むしろ，共同決定権の拡大によって，デモクラシーの思想を事業場のレベルへさらに構築することが試みられていた[249]。共同決定のような他律的な制度は，立法者によれば，事業所の共同決定の拡大によって，事業場をより民主的なものへ，と志向されたものであった。その際，事業所自治と私的自治は，区別して考えなければならないのである。

二　事業所自治の民主性の原理による正当化

1　民主性の原理の基本法上の保障

　従来，学説では，事業所の共同決定が基本法によって基礎づけられるかどうか，について，十分な考察が行われてきた。たとえ，事業所自治は，労働者の集団的な保護を促進するための手段として，他の基本権から導かれるとしても，どのように基礎づけられるかが明らかにされなければならない。

　この点について，ドイブラー(*Däubler*)教授は，共同決定は，単に法政策の要請なのではなく，憲法上の「価値決定」であると述べている[250]。「基本法は共同決定に対する基本権を含むものであり，一時より見看ごされることであるが─それは，立法者や社会的な相手方による，その実現のためさまざまな形態を許容するものである[251]。」さらに，団体組織による積極的な基本権の実現と保護から，事業所組織法の領域においてのみ，活動主体である事業所協議会が権限を与えられるという見解まで存する[252]。

247　Kreutz, Grenzen der Betriebsautonomie, S. 98ff.
248　Vgl. 第2章第2節一5。
249　Vgl. 第2章第2節三3。
250　Kittner, in: Däubler/Kittner/Klebe, BetrVG Kommentar, Einleitung, Rn. 38.
251　Däubler, Arbeitsrecht1, 13. Aufl., Hamburg, 1990.
252　Trümmer (Däubler/Kittner/Klebe, BetrVG Kommentar, § 1 Rn. 5;「一定の社会的紛争領域がこれに対応した基本権の規範領域に秩序づけさせる場合に，その限りで，国は，具体的な法制定権力によって，基本権が機能を果しうるように配慮すべき義務を負う。なぜなら，(…)その組織または手続きは，可能な限り，基本法

第3節　事業所自治の原則の正当化

しかし，もし，このように議論するのであれば，問題は，共同決定制度が基本法から導かれるかどうか，である。つまり，事業所自治の基本権的保護がどのようになされるのか，が明らかにされなければならない。ワイマール憲法においては，165条がレーテ（*Räte*）による共同決定のシステムを規定し，それは企業のレベルだけでなく，経済全体のレベルでも共同決定を可能にしていた。既に述べたように，事業所協議会の権限は，私的自治の原則に基づいて正当化されることはない。これと関連して，憲法が，事業所協議会の参加を手段とした事業場の共同決定と事業所協定の締結に対し，基本法上の保障を享受させるかが，問題となる。ここでは，特に，団結の自由（基本法9条3項）と民主主義に関するその他の基本法上の原理（基本法80条，28条2項など）が重要となる。

2　基本法9条3項団結の自由からの事業所自治の原則の基礎づけの否定
　a)　第一の問題は，協約自治が基本法9条3項による団結の自由が保障されているのと同様に，事業所自治が基本法9条3項による憲法上の団結の自由を享受するかどうかである。基本法9条3項は，個人の自由としての団結と，自らの組織，意思形成の手続き，そしてその行為に関する自己決定を保障している[253]。団結の自由からは，国家的な法形成からの労働者の生活の自由な領域を保障し，特に賃金額を定める協約自治の原則が導かれる[254]。基本法9条3項は，独立した団結による労働者の生活の自治的な秩序を保障する[255]。団結の自由の保障される団体とは，全体の構造からして，社会的な敵対者（*Gegenspieler*）から独立して民主的，継続的に，そして事業所をこえて組織される，労働条件と経済条件のための団体と解される[256]。これ

　　に適合した結果を導き，そして，これによって，人間の自由の実現と参加は基本権を有効に確保する唯一の手段であることが明らかになる。」
253　BVerfGE, 4, 96; BVerfGE, 100, 271; BVerfGE, 103, 293; Pieroth/Schlink, StaatsR II, Rn. 737f.; Jarass/Pieroth, GG, § 9, Rn. 5; Sach, § 9 Rn. 38; 反対 Scholz, Koalitionsfreiheit, S. 51ff.; ders., in: Maunz/Dürig, Art. 9 GG, Rn. 23; Zöllner, AöR 1973, S. 71 (79); Zöllner/Loritz, Arbeitsrecht, § 8 IV 4e.; Kempe, in v. Mangoldt/Klein/Starck, Bonner Grundgesetz, § 9 Rn. 222ff.; Zöllner, AöR, 98 (1973), 71 (77ff.); Richardi, AöR 93 (1963), 243 (265); Picker, NZA 2002, S. 764f.
254　BVerfGE 4, 96,(101f.); 18, 18 (26f.); 19, 303 (312, 319); 28, 295 (304).
255　BVerfGE 4, 96,(106).

にしたがって，事業所協議会は，基本法9条3項の上の定義における団体であるかどうかが問題となる[257]。

b) aa) 第一の要件，団結の主な目的のために必要とされる労働条件と経済条件の擁護という要件は，事業所協議会の場合，満たしていると考える。この要件は，ワイマール憲法159条と異なるところはないと考えられている[258]。基本法9条3項は，従属した労務の提供をなすという条件，または，使用者または被用者としてのその活動に影響力を有するという条件を含むものである。労働経済条件には，賃金や給与の条件，週の労働時間，合理化からの保護，並びに，テクノロジーの影響による労働関係の内容と存続の保護が含まれる[259]。事業所協議会は，その法律上の文言からも，その活動実態からも，いわゆる事業場の労働・経済条件を取り扱っていることに疑いがない。

bb) また，団体の概念は，憲法上の第2の要件として前提とされる。団結が一時的に行われるものでなく，一定の期間行われ，かつ，団体の存続が個々の構成員の交替にかかわることなく存続し，その組織が行為能力のあることが必要である[260]。当然のことながら，疑いなく，事業所協議会については，この要件がみたされる。

c) さらなる要件は，被用者と使用者は原則的には，自由な敵対的な競争において利益対立を担い，そして，利益に即した合意に達すること，である（敵対性の要件）[261]。例えば，敵対する団体に財政的に依存している団体は，憲法上の団体（基本法9条3項）ではない。なぜなら，敵対する団体に依存している団体が，その任務からみて適切とはいえないからである[262]。さらに，労働法または社会法的な領域においてその構成員の利益を主張するために，全体の構造からみて，それが十分に独立していない場合には，ここでいう団体とはいえない。協約自治の原則は，労働生活の意味のある秩序，例え

---

[256] BVerfGE 18, 18 (28); BVerfGE 50, 290 (367f.).
[257] Veit, Zuständigkeit, S. 151ff.; Säcker/Oetker, Grundlagen, S. 52.
[258] Veit, Zuständigkeit, S. 162f.
[259] BAG Urt. v. 3. 4. 1990 EzA Art. 9 Nr. 49.
[260] Veit, Zuständigkeit, S. 162f.
[261] BVerfGE 6. 5. 1964, BVerGE 18, 18 (32).
[262] BVerfGE 4, 96 (106f.); BVerfGE 18, 18 (28).

ば，賃金秩序をつくることをこの枠組みにおいて引き受けるものである[263]。事業所レベルでは，共同決定に際して使用者団体の敵対性の要件をみたさない。労働協約当事者間での労働協約が，敵対的な利益対立と社会的な敵対性の思想に依拠するのに対して，事業所協議会は，パートナー思想と事業所組織法において定められる協働の理念のもとに活動しているのである（事業所組織法2条1項参照）。労働条件と経済条件の保障は，事業所協議会の活動する事業所のレベルでは，紛争と戦いによって達成されるのではなく，合意と協働によって可能になるのである。このため，反対の当事者から独立しているとはいえないのである。よって，事業所協議会は，この要件を欠いている。

d) こうした考察から，事業所協議会の基本法の意味における「団体」ではないとみなされる。これらの考察の背景には，事業所協議会は基本法の意味における団体としての性格を有しない，ということが存する。事業所のパートナーには，本来の意味の自治が与えられるのではなく，労働協約当事者と比較可能な団結の自由も与えられていないのである[264]。つまり，事業所協議会は，労働組合と異なり，私的自治の原則による権限によって存立するものではない[265]。こうしたすべての考察から，事業所協議会は基本法9条3項の意味における団体とはいえないのである。

3　民主性の原理からの事業所自治の正当性

a)　基本法80条は，立法機関が，執行機関へ法制定権を授権できることを予定しており，これによって，立法機関は，法的な命令の宣言を執行機関（行政機関）に授権している。法的な命令とは，執行機関によって発せられる法的な規範であり，実質的な意味での法的な規範であるとされる[266]。しかし，この命令には，使用者と事業所協議会とが事業所組織法にもとづいて

---

[263]　BVerfGE 4, 107.

[264]　Rieble, RdA 1996, S. 151（152）; Aksu, Die Regelungsbefugnis der Betriebsparteien, S. 62; Vgl. Richardi, Gutachten, B12, S. 27ff.; Picker, Tarifautonomie in der deutschen Verfassung, S. 56f.

[265]　Rieble, RdA 1996, S. 151（152）; Aksu, Die Regelungsbefugnis der Betriebsparteien, S. 62; Vgl. Richardi, Gutachten, B12, S. 27ff.; Picker, Tarifautonomie in der deutschen Verfassung, S. 56f.

[266]　Degenhart, Staatsrecht I, 15. Aufl., S. 98. Vgl. v. Mangoldt/Klein/Starck, Bonner Grundgesetz, § 80 Rn. 14; v. Münch/Künig, GG § 80 Rn. 6ff.

被用者の労働条件に関して締結する，事業所協定は，含まれない。さらに，基本法は，私人への法制定権の国家による授権とその行使を妨げている[267]。それゆえ，基本法80条を根拠として，事業所組織（*Betriebsverfassung*）への授権を可能にするものではないと考えられる。つまり，基本法80条1項の解釈からだけでは，法制定権限の国家による授与が基本法上基礎づけられるものであるかどうかという問いに対しては，明確な解決策を提供するものではない[268]。

b) aa) 事業所協議会の規制権限が，基本法28条2項から導かれる自治の原則に，「自治（*Autonomie*）」のための規整権限の授権のための憲法上の根拠として，帰せられるかどうかも，問題になりうる[269]。連邦憲法裁判所は，いわゆる「専門医」事件において，公法上の職業集団に関する条例制定権に関して，基本法秩序のシステムにおいて自治の思想が導入されている，と説示し，そして，「条例制定権の承認は，社会的な勢力をアクティブにする目的のために，意味のあることであり，そして，また，社会的な集団自体に関わる事項の規定で，かつ，専門的に見極めのつく領域において判断しうる事項の規定を，これに相当する社会的な集団に自らの責任で委ねるという目的のため，そして，これによって，規範の設定者と名宛人の距離を短くするという目的のために，有意義なことである」と説示した[270]。公法上の条例制定権の授権は，連邦憲法裁判所の見解によれば，憲法上考えられないことではないと解されている[271]。支配的な見解によれば，基本法28条2項の自治体（地方公共団体）の自治は，さらなる自治の付与を排斥することのできない特別に重要な場合を規定しているにすぎない，と考えられている[272]。しかし，条例制定に関する自治についての憲法上の根拠が事業所自治と事業所協議会の規制権限に妥当するどうかは，既述の連邦憲法裁判所の判例を参照しても，明らかでないままである。

bb) ここで見過ごされてはならないのは，基本法28条2項に根拠づけら

---

[267] v. Münch/ Künig, GG § 80 Rn. 25.
[268] 同旨 Kreutz, Grenzen der Betriebsautonomie, S. 83.
[269] Kreutz, Grenzen der Betriebsautonomie, S. 85; Veit, Zuständigkeit, S. 200.
[270] BVerfG 9. 5. 1972; BVerfGE 33, 125（157).
[271] Kreutz, Grenzen der Betriebsautonomie, S. 85; Veit, Zuständigkeit, S. 200.
[272] Kreutz, Grenzen der Betriebsautonomie, S. 85; Vgl. Veit, Zuständigkeit, S. 200.

第 3 節 事業所自治の原則の正当化

れる自己行政（*Selbstverwaltung*）の原則が基本的には，地方自治体に対して保障されている，ということである。基本法 28 条 2 項は，国家の組織法上，地方分権へと導く，市町村とその他これと類似した機関による下からのデモクラシーを保障しているのである[273]。 むろん，基本法 28 条 2 項は，法制定権限の授権に関して，最終的な判断を下すものではない。しかし，基本法 28 条 2 項は第三者への授権の基礎を決して包含するものではない。このため，基本法 28 条 2 項から導かれる自治の原則が，法制定権限の事業所協議会への授権を憲法上基礎づけるものではない，と考えられる。

cc）さらに，地方自治と事業所自治とは，異なった法制定の形態をとっており，そして，規整の方法や形式，及び内容に関わる主体も異にしている。地方自治の場合，自治の保障の担い手は，自治体である。これに属するのは，むろん市である[274]。これに対して，事業所自治の手段としての事業所協定を締結するのは，使用者と事業所協議会である。つまり，事業所協議会は，地方自治体のデモクラシーの規整手段として基本法上認められた法制度とは，異なる法制度である。このため，基本法上適用のある地方自治の思想（基本法 28 条 2 項）は，労働関係には転用されない。

c）以上のように，基本法を見る限りでは，基本法から導かれる諸原則は，法制定権限の事業所協議会への授権を憲法上基礎づけるものではないと考えられる。それにもかかわらず，さまざまな法分野をみるとき，多様な共同決定の形態をみることができる。例えば，大学（大学大綱法 36 条以下），学校，および，教会の領域での共同決定がその例である。また，経済と労働の領域でも，共同決定の決定様式がとられている（事業所組織法，1976 年共同決定法，モンタン共同決定法）。今日では，共同決定とは，必ずしも憲法上のデモクラシーの枠内で保障される国家法上のものでなく，むしろ，単なる法律上のものである可能性がある。それゆえ，次に，以下では，事業所協議会の権限（共同決定権）が法律によって正当化されるのかどうか，が問われることになる。

---

[273] Degenhart, Staatsrecht I, 15. Aufl., S. 105.; v. Mangoldt/Klein/Starck, Bonner Gundgesetz, § 80 Rn. 14; v. Münch/Künig, GG § 80 Rn. 6 ff. ; Sach, GG § 28 GG Rn. 31, 32.

[274] Jarass/Pieroth, GG § 28 Rn. 16, 17.

4 事業所のパートナーへの法定制定権力の法律による付与

a) 選挙の原理（*Wahlprinzip*）

aa) 集団法的な事業所協議会に対する民主主義的な正統性を与える第一の方法は，選挙権者である被用者による事業所協議会選挙の制度である（事業所組織法14条）[275]。これによって選挙される被選挙権者である事業所協議会の委員は，事業所協議会を組織し，使用者と現実に交渉し，使用者と事業所協定を締結する。投票行動は，ある意思表示を含んでいる。選挙行為によって，個人は，組織決定に参与する意思を表示する。事業所協議会の選挙は，比例性の原則または多数決の原則に従うものである（事業所組織法14条3項）。87条1項によって規整される事項は，こうした法的に民主主義的に正当化されることも論理的には不可能ではないとも思われる。被用者による事業所協議会の選挙は，集団法的な形成可能性に対する民主主義的な正統性を与えると考える見解は存在している[276]。

bb) しかし，こうした正当化の最大の問題は，ある立候補者（個人または集団）が規範の拘束を受ける者（選挙権者）によって選挙されないときには，その集団への正当性が与えられないことにある。選挙によってどのような人を選んだかどうかと関わらず，共同決定権は存在するのである。現実には，その選挙の有無を問わず，共同決定権は法定され，労働条件規整権限は事業所のパートナーである使用者と事業所協議会に与えられている。事業所協議会も，実際，被用者の代表としてその集団的な利益のために―例外的に個人の利益のために―活動している。事業所協議会と使用者との間で共同決定しなければならない共同決定事項は，事業所組織法に定められている。このうち，同法の定める共同決定事項のうち重要な権利として事業所組織法87条1項10号，11号にもとづく賃金に関わる共同決定権がある。規範の拘束を受ける者による選挙を手段とした，こうした正当化は，その際，単なるその選挙の効力要件であって，これだけでは，その集団による規範の妥当性の根拠とはならない[277]。

---

[275] Säcker, Gruppenautonomie, S. 343; Aksu, die Regelungsbefugnis der Betriebsparteien durch Betriebsvereinbarungen, S. 42f., 186.

[276] Biedenkopf, Grenzen der Tarifautonomie, S, 298; Säcker, Gruppenautonomie, S. 343; Aksu, die Regelungsbefugnis der Betriebsparteien, S. 42f., 186.

第3節　事業所自治の原則の正当化

b)　事業所自治の法律による民主的な正当化

aa)　事業所協議会の第二の正当化の手段は，その法律そのもの，事業所組織法，である。学説のなかには，公法上の事業所のパートナー（事業所協議会と使用者）の規範設定権限は法制定権力の国家による譲渡あるいは授権に由来する，と主張するものがある（授権理論 *Delegationstheorie*）[278]。公法において発展した「授権（*Delegation*）」の概念のもとでは，国家の任務遂行のための権限の譲渡と理解されている。授権の場合，憲法上の任務や権限の変動が問題になる[279]。これによれば，国家は，原則として，国家の任務遂行のための権限を譲渡できる，と解されている。上の学説は，国家は，労働条件規整権限を事業所協議会に授権できると，労働法上捉えているのである。さらに，これらの見解を発展させ，ニッパーダイ教授は，「特別な自治」が共同決定権とその任務の付与によって基礎づけられる，と主張している[280]。事業所協定の規範は，（事業所のパートナーの間では）私法上の関係について契約の私法的な形態で締結されることから，（公法でなく）私法に属するというところにこの見解の特徴がある[281]。その特別な自治は，授権された自治，あるいは新たな意味の授権である，と捉えている[282]。

bb)　しかし，事業所協議会の参加権の法的な保障は，本来，国家（あるいは自治体）が有した権限の「授権」として，とらえることはできないと考える[283]。そもそも，国に，国家的責務として，労働条件についての純粋に原初的な決定権限が内在していないからである[284]。このため，本来的に国

---

[277]　Veit, Zuständigkeit, S. 188.

[278]　Bichel, ZfA 1971, S. 181（183ff.）; Adomeit, Rechtsquellenfragen, S. 136ff.; Belling, Anm zu BAG EzA § 620 BGB Altergrenze Nr. 1, 27; E. R. Huber Wirtschaftsverwaltungsrecht II, S. 521; W. Müller, Die Grenze der normativen Gestaltungswirkung der Betriebsvereinbarung, S. 71ff.; Waltermann, Rechtsetzung, S. 115.

[279]　Vgl. Waltermann, Rechtsetzung, S. 116.

[280]　Hueck/Nipperdey, Lehrbuch des Arbeitsrechts, 7. Aufl., Bd. II, S. 1275f.

[281]　Hueck/Nipperdey, Lehrbuch des Arbeitsrechts, 7. Aufl., Bd. II, S. 1275f.; Säcker, Gruppenautonomie, S. 344; Nebel, ZfA（Sonderheft）, S. 41（50）; Fitting/Kaiser/Heither/Engels § 77 Rn. 13.

[282]　Hueck/Nipperdey, Lehrbuch des Arbeitsrechts, 7. Aufl., Bd. II, S. 1275f.

[283]　Triepel, Delegation, S. 23; Scholz, Koalitionsfreiheit, S. 58; Vgl. Aksu, Regelungsbefugnis der Betriebsparteien, S. 90.

[284]　Waltermann, Rechtsetzung, S. 119.

が労働条件について純粋に原初的に有していない権限を使用者と事業所協議会に授権することができるとは考えられない。さらに、この場合に授権説という理論が妥当しない理由として、法治国家において法規範が妥当する要件として、国の監督と法規範の公布が公法上求められるが、事業所協定の場合には、国の監督と規範の公布のいずれも、要件として必要なわけではないこと、また、実際上行われていないことが指摘されている285。この限りで、「授権」理論の試みも、「授権された自治」理論の試みも、失敗に帰している、といえる286。

共同決定が被用者の意思表明とその集約を目的として、使用者の決定への参加機能を果たすために、共同決定権は、法律によって創造され、1972年改正後、この企業民主主義的な事業所協議会という機関による社会的事項の領域での自治を拡大したのである。この自治の特殊な概念は、この論文から明らかなように、ワイマール期とは異なって、憲法上よりどころのない故郷のない概念であるばかりか、何らかの事業所協議会の具体的な権限やその限界を導くわけでない287。

cc）　事業所協定を締結する場合、さらに、自治を論じることができない。事業所協定の規則は他律的なものであり、個々の被用者に対しては、事業所協定は強制的秩序（*Zwangsordnung*）の性格を有する288。なぜなら、被用

285　Waltermann, Rechtsetzung, S. 121f.
286　Waltermann, Rechtsetzung, S. 127; Veit, Zuständigkeit, S. 197, 204; Richardi, Kollektivgewalt, S. 144ff.
287　さらに、「授権された自治」の理論（Hueck/Nipperdey, Lehrbuch des Arbeitsrechts, 7. Aufl., Bd. II, S. 1275f.）には、矛盾がある（Waltermann, Rechtsetzung, S. 119）。この理論によれば、なぜ、国家の高権が私的な権限に転換しうるのか、説明できない。国家によってある権限が委ねられるのであれば、その権限も国家の権限である（Waltermann, Rechtsetzung, S. 119）。国家によって委ねられる法制定力は国家的なものでしかありえないのである。それゆえ、この理論の支持者が一方では、事業所協定の私法的な性格を出発点としながら、同時に、他方では国家の高権の付与を出発点とすることは、矛盾している（Waltermann, Rechtsetzung, S. 119）。
288　Aksu, Regelungsbefugnis der Betriebsparteien, S. 62; Kreutz, Grenzen der Betriebsautonomie, S. 66; H. Hanau, Individualautonomie, S. 67; Heinze, NZA 1997, 7; Veit, Zuständigkeit, S. 202; Picker, Tarifautonomie in der deutschen Arbeitsverfassung, S. 56f.; ders, NZA 2002, S. 769; Reichold, Sozialprivatrecht, S. 543; Rieble, Arbeitsmarkt und Wettbewerb, Rn. 1895; Richardi, Kollektivgewalt, S. 313, 331; Waltermann, Rechtsetzung, S. 137.

者は事業所への帰属のみを理由として事業所協定の秩序に服することになるからである。繰り返し述べたように，事業所のパートナーに対しては，自己の事項の自己規整の意味での自治は認められない[289]。それゆえ，「授権された自治」の理論（*Theorie der delegierten Autonomie*）も，事業所組織法77条4項によって発せられる効果の説明のためには，維持することができないものなのである。

　これに対し，実定法が事業所協議会に関与権と共同決定権を付与することによって保障される事業所自治の概念は，憲法上保障されている私的自治や協約自治のような本来の自治とは，区別される[290]。当該被用者の意思にかかわりなく妥当する事業所協議会の法形成は，主体的な法（*subjektives Recht*）とは関係がないからである。事業所自治は，その法的な形成がかかわる限り，「私的自治の原則や協約自治の原則として国家的な立法的な形成による生産物（*Produkt*）という面が強い。（……）事業所自治の創造とその都度の法的な形成によってはじめて，事業所において存立する力の均衡のために人工的に創造した事業所自治が存立するのである[291]。」

　dd）　事業所自治は，自らの規則が規則の当事者によって自ら創造される，自治を意味しない。事業所組織法が事業所の任務と権限を与えていることは否定できない[292]。これに対し，真の自治は，社会的な共同体の自治として，国家が非国家的な機関に対し自己の事柄について自ら形成させる領域である，と理解される[293]。

　むしろ，事業所のパートナーの権限は，立法者によって創造されたものなのである。このことは，この論文で示した歴史的な事実と一致している。事業所組織法は，1952年の改正と1972年の改正により，事業所協議会に関与権と共同決定権を与えているからである[294]。デモクラシーの本質に根ざして，使用者という社会的権力の専横から個人を保護するために，事業所のパートナーの権限と能力を拡大し，その権限を立法によって拡充しようとす

289　Veit, Zuständigkeit, S. 204.
290　Waltermann, Rechtsetzung, S. 57.
291　Waltermann, Rechtsetzung, S.137.
292　Waltermann, Rechtsetzung, S. 137; Reichold, Sozialprivatrecht, S. 501.
293　Waltermann, Rechtsetzung, S. 56.
294　Vgl. 第2章第2節三 2.

ることが，立法者の意思そのものに他ならなかったことは，すでに上述している[295]。この事実は，共同決定が使用者の決定への事業所での参加を目的としていたとしても変わらないのである。立法者が事業所協議会の権利と義務を事業所組織法の改正によって1952・72年に人工的に作り出したのである。

事業所組織法は，事業所協議会と使用者に対して，事業所での事項を秩序づける任務を委ねる。事業所組織法77条4項の規定によって，事業所協定に対して立法的な効果を付与している（直接的・強行的効力）[296]。この限りで，事業所の規整の領域は国家による授権に基づくものではなく，法が事業所に関わる事項に関して事業所協議会の権限を認めているのである[297]。

ee) 規範の設定者と名宛人の距離を小さくする努力は，デモクラシーの本質の一つである。その規整は，事業所協議会のような法人格に属し，それに服するという，参加の形態によって行われる。このように，民主的な非集権的な方法で，市民は，市民にかかわる領域において権利義務の形で拘束する，規則の決定に参与しうる[298]。確かに，このデモクラシーの形態は，憲法上は，根拠づけることが難しいことは，ここで確認された。しかし，それは，それでも，国家と社会の創造と制限のためのひとつの方法であることには変わりはない。それは国家権力が議会によって制限されるように，使用者の権限が従業員代表によって制限されるのである。労働法は，本来の目的をこえて，被用者の法的地位を強化するために，労働条件を対等に共同して形成させることを試みているのである。この使用者への民主的な参加のモデルによって，使用者の一方的決定の制限が保障されるのである[299]。使用者と

---

295 Vgl. 第2章第2節三2.
296 Veit, Zuständigkeit, S. 201; Waltermann, Rechtsetzung, S. 135 u. 137.
297 Veit, Zuständigkeit, S. 201; Waltermann, Rechtsetzung, S. 129; Aksu, Regelungsbefugnis der Betriebsparteien, S. 99f.
298 Hueck-Nipperdey, Lehrbuch des Arbeitsrechts, Bd. I S. 3ff.; Nikisch, Arbeitsrecht, Bd. I, S. 30f.; Wiese, GK-Komm, Einl. Rn. 50, 53ff.; Säcker, Gruppenautonomie, S. 92f.; Däubler, das Grundrecht auf Mitbestimmung, S. 3f.; BVerfG, NJW 1994, 36（38f.）; Preis, Grundfragen der Vertragsgestaltung, S. 216ff.; Richardi, Kollektivgewalt, S. 1f.; Veit, Zuständigkeit, S. 46f.; Waltermann, Rechtsetzung, S. 66; Bericht der Mitbestimmungskommission, BT-Drucks. VI/1786, S. 31.
299 Hueck/Nipperdey, Lehrbuch des Arbeitsrechts, 7. Aufl., Bd. II, S. 1062f.; Dütz, Ar-

いう支配者が社会デモクラシー的な被用者の代表の参加によって制限されることが問題になる[300]。これこそ立法者の意思でもある。それは、改正当時の労働大臣アルブレヒトによって議会の読会のなかでの「より多くのデモクラシーを」という言葉のなかに、現れている[301]。この限りで、デモクラシーとは、使用者の決定に関わる情報公開と参加を意味している。これに酷似した考えは、連邦労働裁判所の多くの判例における、賃金正義の概念の中にみることができる。そこでは、企業での賃金構造の相当性と透明性を確保するために、事業所組織法87条10項による共同決定が企業の利益にむけられた一方的な賃金の形成から被用者を保護しよう、というものである[302]。

すでに述べたように、事業所協議会の参加によって形作られる事業所協定の秩序は、他律的である。しかし、デモクラシーとは、そもそも、つねに他律的である。憲法と法律にもとづく議会も、その議会の国会議員に対する選挙も、議会と国会議員の十分な民主的な正当性を意味するのであって、個人の私的自治の原則から導かれる個人の自己決定的な規整の決定を意味するのではない。なぜなら、選挙決定に影響を与える意思表明を含んでいるが、実際上その後の政治的決定は、選挙結果によって直接左右されるものではないからである。同じことは、すでに述べたように、事業所協議会についても、いえる。事業所協議会と使用者との間の事業所協定の規範は、強制的秩序の性格を有しているが、法律に依拠する事業所協議会そのものは、繰り返し述べたように、事業所デモクラシーの正当性を有している。従業員代表制度は、他律的な民主主義に根源を持つものなのである。

---

  beitsrecht, 6. Aufl. Rn. 731; v. Hoyningen-Huene, Grundfragen der Betriebsverfassung, in: FS für Stahlhacke, S. 173（174）.

300 Hueck/Nipperdey, Lehrbuch des Arbeitsrechts, 7. Aufl., Bd. II, S. 1062 f.; Dutz, Arbeitsrecht, 6. Aufl. Rn. 731; v. Hoyningen-Huene, Grundfragen der Betriebsverfassung, in: FS für Stahlhacke, S. 173（174）.

301 BT-Drucks VI S. 8664.

302 BAG Beschluss v. 22. 12. 1981 AP Nr. 7 zu § 87 BetrVG 1972 Lohngestaltung; BAG Beschluss v. 31. 1. 1984 AP Nr. 3 zu § 87 BetrVG 1972 Tarifvorrang; BAG Urt. v. 13. 1. 1987 AP Nr. 26 zu § 87 BetrVG 1972 Lohngestaltung; BAG GS Beschluss v. 3. 12. 1991 AP Nr. 51 zu § 87 BetrVG 1972 Lohngestaltung BAG Urt. v. 14. 2. 1993 AP Nr. 65 zu § 87 BetrVG 1972 Lohngestaltung; BAG Urt. v. 19. 9. 1995, AP Nr. 81 zu § 87 BetrVG 1972 Lohngestaltung; BAG Urt. v. 9. 7. 1996 AP Nr. 86 zu § 87 BetrVG 1972 Lohngestaltung.

三　結　論

　事業所協議会と使用者との間で形成される場合の上位の理念に事業所自治 (*Betriebsautonomie*) がある。しかし、共同決定制度とそれを理念として基礎づける事業所自治は、私的自治の原則や協約自治の原則のような本来の自治とは異なって、国と立法による生産物 (*Produkt*) であると指摘される[303]。自治とは、国が、国以外の機関に対して、個人自らの事項を自己規整をさせる行為である、と定義される[304]。これに対して、事業所自治は、その意味での自治ではないのである。なぜなら、規整を当事者（使用者と被用者本人）によって自ら定められるものではないからである。事業所における規制をつくられた事業所自治は、むしろ、人工的に (*künstlich*) 創造された立法による創造物なのである[305]。法律上規定される事業所協議会の権限と任務も、事業所組織法によって創設され具体化されたものにすぎない[306]。事業所の共同決定に関するこの理解は、立法資料にも一致する。つまり、事業所のパートナーの共同決定に関わる権限を、使用者の社会的な濫用からの被用者の保護のために、事業所組織法によって、創造させ拡大させたことは、立法者の意思そのものに他ならなかった[307]。このことから、事業所組織法そのものが事業所協議会と使用者とに対し、労働条件について事業所協定によって形成する権限と任務を与えていることがわかる[308]。この限りで、事業所の労働条件規整権限は、法律が労働条件の規整を事業所のパートナー（使用者と事業所協議会）に命じたことに由来している[309]。何度も述べたように、これについての民主主義の思想の特徴は、被用者の代表者の民主的な参加によって、議会のように、規範の設定者と規範の義務の名宛人との間の隔たり

　　303　Waltermann, Rechtsetzung, S. 137.
　　304　例えば、Waltermann, Rechtsetzung, S. 56.
　　305　Waltermann, Rechtsetzung, S. 137.
　　306　Waltermann, Rechtsetzung, S. 137; Reichold, Sozialprivatrecht, S. 501.
　　307　BT-Drucks. VI/2729. 第 2 章第 2 節三 2 参照。
　　308　Veit, Zuständigkeit, S.201; Waltermann, Rechtsetzung, S. 135 u. 137.
　　309　Veit, Zuständigkeit, S. 201; Waltermann, Rechtsetzung, S. 129; Aksu, Regelungsbefugnis der Betriebsparteien, S. 99f. 第 2 章第 3 節二 4 参照。

第 3 節　事業所自治の原則の正当化

をなくし，使用者の一方的な権限を被用者の代表によって制限する，というところに向けられる。これは，労働法上・法的に人工的に作られた・新たなデモクラシーの特別な形態なのである。この民主主義は，従業員代表選挙といった社会的領域における選挙原則によって正当化されるのではなく[310]，企業民主主義の思想は特別なデモクラシーの形態を構築し拡大する法律（事業所組織法）によって基礎づけられるのである[311]。労働条件に関する事業所協議会の規整権限も，使用者と従業員代表によるこの特別な代表制度によって正当化されるのである。

310　Aksu（Regelungsbefugnis der Betriebsparteien, S. 132）は，事業所協議会選挙によって一定の労働条件に関する規整権限が民主的に正当化されると述べている。

311　Hanau, Arbeitsrecht in der sozialen Marktwirtschaft, S. 1.

第4節　協約外賃金に関する被用者の自己決定の可能性

一　労働市場と私的自治的な契約形成

　a)　労働法は，ハーナウ教授によれば，市場経済の重要な表現形式である契約自由の原則を制限するように，社会的に機能するとされる。使用者による契約の自由の濫用に対する憂慮は小さくなく，契約の自由により大きな裁量を与えるすべての提案は反対にあい，現実に実現されるのはまれである[312]。これに代わって，労働法の領域では，規整のメカニズムが力の不均衡の調整のために形成されている[313]。依然として，被用者保護のための労働法の強行的な規定は，前面に現れているのである。これには，健康保護規定から，解雇保護規定，就業保護（失業対策）の措置まで，多くの包括的な規定が数え上げられる。20世紀以来，契約自由の原則は，労働法や賃貸借法の領域では，制約される方向あるいは認められない方向で考えられてきた。その法的関係の内容が，一定の下限ないし上限に服することもあった。労働法は，あらゆる弊害を除去するために，自由な労働契約のための法を強行法によって補い，制限するものであった。19世紀の初期のリベラリズムでは，低賃金，過度の長い労働時間，不完全な健康保護，児童労働などを生じさせる社会的な不公正が，労働者保護法，協約自治の原則との関係で問題視された。当時は，集団法的規整による私的自治の原則の制限が不相当な法規整であると問題提起されることはなかった。これらは，社会的な不公正を除去するために重要な手段だったのである。

　b)　しかし，今日，労働法の硬直性が高失業の原因となり[314]，ドイツにおける外国企業の投資を妨げているといわれる。経済学者のみならず，法学

312　Zöllner, Sonderbeilage zu NZA, Heft 3 / 2000, S. 1ff.; Hanau, Arbeitsrecht in der sozialen Marktwirtschaft, S. 1.

313　Vgl. Schaub, Arbeitsrecht, § 2 Rn. 1.

314　Hanau, Deregulierung des Arbeitsrechts, S. 5（6, 22）; Kreßel, Einflüsse des Arbeitsrechts, S. 191（202）; Loritz, ZfA 2000, S. 267（271）; Möschel, ZRP 1988, S. 48 ;

第4節　協約外賃金に関する被用者の自己決定の可能性

者も，市場のメカニズムを妨げる労働法自体における私的自治の原則の機能障害を指摘し，その解決のための提案を提出している。これらによれば，例えば，それまで被用者の賃金保護のための重要な手段であった労働協約のカルテルの結合は，現在では，労働供給の市場価格に合致せず，協約によってカルテル化された労働力商品の供給は，後退し，その帰結が失業である，とされる[315]。就業保護の重要な手段として労働法の重要な手段である解雇規整は，就業の障害として機能している，とされる。なぜなら，解雇規整が厳格なため，多くの企業が被用者の採用を控えるからである[316]。これに対して，賃金の高い労働力を削減し採用を増やすために，解雇規整の緩和が主張される。ただし，これには反対も根強く，解雇規整の緩和が就業をふやすことにはつながらない，とする研究もある[317]。しかし，少なくとも，本来は被用者のために定められる法規整が，労働市場での一定の潜在的被用者（＝失業者）に対してネガティブに働く，という国の保護機能のディメリットが問題になっている。

c)　経済学的な視点および労働法的な観点からは，就業を阻害する労働コストの効果が問題視される。疾病の場合，被用者は，労働を提供していないにもかかわらず，その賃金額とは関係なく，6週間100％の賃金の継続支払いを保持しうる[318]。社会法的には，法外の給与を稼ぐサッカー選手の賃金の継続支払い請求権が契約上制限されないことに，疑問を投げかけられてもいる[319]。ここでは，給付と反対給付の均衡が欠けているとの指摘もある[320]。

Picker, „Regelungsdichte und ihr Einfluss auf die Beschäftigung", S. 200ff., 215f.; Zöllner, ZfA 1994, S. 423（424ff., 436f.）.

315　Hanau, Deregulierung des Arbeitsrechts, S. 18f., 20f.; Loritz, ZfA 2000, S. 271; Möschel, ZRP 1988, S. 48, 50f.; Picker, Die Tarifautonomie in der deutschen Verfassung, S. 13ff.; Zöllner, ZfA 1994, S. 423（424ff., 432f.）.

316　Hanau, Deregulierung des Arbeitsrechts, S. 6f; Picker, „Regelungsdichte und ihr Einfluss auf die Beschäftigung", S. 204; Zöllner, ZfA 1994, S. 433ff.

317　Hanau, Deregulierung des Arbeitsrechts, S. 8.

318　Zöllner, NJW 1990, S. 5.

319　Hanau, ZRP 1996, S. 349（351）.

320　Zöllner, NJW 1990, S. 5 ; Hanau, Festschrift der Rechtwissenschaftlichen Fakultät, zur 600-Jahr-Feier der Universität zu Köln, 1989, S. 183（207）. 賃金の継続支払いに関する法で規整される額が100％から80％に減額される法案が1996年10月1日に発効した（BGBl. 1996 I, S. 1476）。しかし，よく知られているように，社会民主

これをこえて，失業の問題に直面して，「高い賃金が失業をつくる」というテーマは，盛んに議論されている。低廉な労働力しか就けない長期の失業者が賃金とパンを受けられるように配慮されている[321]。ムッシェル（Möschel）教授は，すでに述べたように，効率理論の考えをもとに，労働市場での一層の競争とフレキシビリティーを得ることを主張している[322]。集団的な賃金決定の硬直性が自由な市場のプロセスを歪曲している，というものである[323]。労働法の領域では，契約の自由が被用者の保護を理由として依然として広範囲に制約を受けたままである。これらの重要な問題についての結論を急ぐ前に，どの程度，労働法が契約自由の原則を制限しなければならないか，または，どの程度，被用者の保護の正当性があるかを議論しなければならない。

d) 経済社会における私的自治の原則と労働市場をさらに発展させようとする場合，協約外賃金に関する共同決定権の射程範囲も考慮されている。労働法は，市場経済と競争に対する諸制限によって発展してきた。ヴァンク（Wank）教授によれば，ドイツ法の批判者やアメリカの経営者のなかには，ドイツの共同決定のシステムが自由な競争に対する大きな障害となり，すでにそれは，時代遅れになっていると述べるものもあるという[324]。共同決定を含む集団的な法規整が高い賃金をもたらし，市場賃金をこえた賃金が実際に企業によって支払われ，高失業をもたらす，ということを示している。労働法の領域でより多くの競争と自由を要求する場合，共同決定によって定められる閉店時間法だけでなく，共同決定によって定められる賃金制度が問題になる。こうしたなかでは，被用者に対して，自己決定・自己形成的な可能性を制限しつつ共同決定を拡大させ，結局そのつけを消費者・失業者などの弱者に回しているのではないか，ということが問われる。協約外賃金も含め

党・緑の党への政権交代により，賃金の継続支払いの額は，再び，100％に戻されている。

[321] 政府は，2001年にコンビローンと呼ばれる制度を導入している。これによれば，低廉な労働を行う者が社会保険料の支払いに対する補助金を受けることができるとしている。労働市場への大きな変化をもたらすという効果は得られていない。

[322] Möschel, ZRP 1988, S. 48.

[323] Möschel, ZRP 1988, S. 48.

[324] Rolf Wank, Recent Developments of German Industrial Relations and Law, The Monthly Journal of The Japan Institute of Labor, March 1999, S. 94（105）.

第 4 節　協約外賃金に関する被用者の自己決定の可能性

て，自由の核心である個々の被用者の自己決定権への侵害が事業所協議会によって行われることが許されるのか，が争われるのである。

e）こうした問題状況のなか，個人の自己決定および自己責任は，私法の基本的なコンセプトとして今日考えられている[325]。近時，ツェルナー教授は，私的自治的な合意としての労働契約が，労働契約当事者間の利益調整手段となりうると述べている[326]。ツェルナー教授は，個々に交渉された個別的契約を排除するもとで，集団的規整によって労働条件を決することに疑問を提示している。これは，労働契約当事者間で力の差があるという言説に挑む重要な指摘である。これによれば，労働時間のフレキシビリティーについて，個人の必要性と希望に合わせることが重要であるとする[327]。そして，私的自治の原則が企業の自治であるという指摘は誤りであると述べる。「人事経験者なら，誰でも，どれほど頻繁に従業員の希望や必要性が労働法の規範によって考慮されえないかわかるはずである[328]」と。

ユンカー教授によれば，労働関係で重要なのは，協約や共同決定による契約当事者間の力の差の回復なのではなく，市場全体の調和であり，競争の存在である，とされる[329]。労働法は契約の自由を否定するものであるという有名な一文は，いずれにしても，より広範な契約の自由が労働法を否定することになる，と解釈し直さなければならないとする[330]。学説では，このように，契約自由の原則の強化を主張する声が高まっている。ドイツ法では，私的自治の原則は契約当事者の利益を調整できない，労働契約当事者には力の差がある，と述べるだけでは，万人を説得できなくなっている。このため，過去の法的な状況と現在の法状況とを比べることで，私的自治の原則が拡張

325　H. Hanau, Individualautonomie, S. 84; Joost, ZfA 1993, S. 257（278）; Junker, NZA 1997, S. 1305（1306）; Kreßel, Einflüsse des Arbeitsrechts, S. 191（202）; Möschel, ZRP 1988, S. 48 ; Picker, „Regelungsdichte und ihr Einfluss auf die Beschäftigung", S. 209f.; ders ; NZA 2002, S. 762f., 767f.; Richardi, ZfA, 1990, S. 211（242）; Rieble, Arbeitsmarkt und Wettbewerb, Rn. 1887; Wittgruber, Abkehr des Arbeitsrechts, S. 86; Zöllner, AcP 1976（176）, S. 242; ders, JuS 1988, S. 336; ders, NJW 1990, S. 1（7）.

326　Zöllner, AcP 1976（176）, S. 237.

327　Zöllner, ZfA 1988, S. 265（268）.

328　Zöllner, NJW 1990, S. 1（5）.

329　Junker, NZA 1997, S. 1305（1307）.

330　Junker, NZA 1997, S. 1305（1309）.

されるべき領域が存在しないのであろうか[331]と問うことは，今日，労働法では重要な問題なのである。

二　労働関係における被用者の従属性

1　従属性に基づく被用者の保護の必要性

個々の被用者の従属性は，労働法の出発点である，とされる[332]。よく知られているように労働法の理論は，長い間，労働契約の不完全性・虚偽性というものと結びついてきた。労働法の学説においては，経済的・知的な面での使用者の優位が，法的関係を形成するにあたって被用者の自己決定権を害する，と考えられている[333]。このため，契約当事者の均等性を欠いている，とされる。なぜなら，労働関係で得られる収入が通常被用者の存在の基礎をなし，いずれかの使用者との労働関係に入り，またはそれを維持することを余儀なくされるからである[334]。一方契約当事者の長期間劣位・従属した契約上の地位によって私的自治の原則の意義が減殺され，私的自治の原則の妥当の適否が不平等な力の配分によって疑われることから，害された契約当事者の対等性の回復が労働法の任務となるとされる[335]。労働法は，このため，対等性の回復によって特徴づけられる[336]。事業所協議会を労働関係の形成に用いることは，実際上の理由から，失われた被用者の自己決定の能力と対等性を保護し，労働契約の自由を補完し，使用者による契約条件の押し付けを排除することを目的とする[337]。事業所協議会は使用者に比した力のなさ

331　Zöllner, AcP 1976（176）, S. 242.
332　Richardi, Kollektivgewalt, S. 1 ; A. Hueck bei Hueck/Nipperdey, Lehrbuch des Arbeitsrechts, Bd. I S. 3ff.: Nikisch, Arbeitsrecht, Bd. I, S. 30f.
333　Richardi, Kollektivgewalt, S. 1; Hueck/Nipperdey, Lehrbuch des Arbeitsrechts, Bd. I, S. 3 ff.; Nikisch, Arbeitsrecht, Bd. I, S. 30f.
334　Däubler, Grundrecht auf Mitbestimmung, S. 3f.
335　BVerfG, NJW 1994, S. 36（38f.）; Preis, Grundfragen der Vertragsgestaltung, S. 287f.; Waltermann, Rechtsetzung, S. 66f.
336　Waltermann, Rechtsetzung, S. 66.
337　Hueck/Nipperdey, Lehrbuch des Arbeitsrechts, Bd. I, S. 3ff.; Nikisch, Arbeitsrecht, Bd. I, S. 30f.; Säcker Gruppenautonomie, S. 92f.; Däubler, das Grundrecht auf Mitbestimmung, S. 3f.; Preis, Grundfragen der Vertragsgestaltung, S. 287ff; Richardi, Kollektivgewalt, S. 1f.; Veit, Zuständigkeit, S. 46f.; Wiese, GK-Komm, Einl. Rn. 53ff.;

から個人を開放・救済するものである[338]。その際,従業員集団自身を,事業所の労働条件の形成への参加主体にすることが重要となる[339]。事業者協議会の共同決定は,被用者を,自らのイニシアティブで自己の利益を擁護する状態にあるようにする,とされる[340]。これによって,被用者の個人法的なレベルでの地位は,強化される。参加権は,法律にもとづき,被用者の保護と参加のために認められたものなのである。

これに対して,すでに述べたように,19世紀と同様に,事業所協議会による(労働者の)経済的な従属性の克服が必要であるかどうか,被用者が労働契約締結時に典型的に従属しているかどうかが,現在問われているのである。現代の労働法学では,労働法の新しい問題に直面して,被用者の経済的・知的従属性が肯定されるかどうか,労働契約が機能不全に陥るかどうかが,ここで問題になるのである。

2 窮乏化理論と被用者の従属性

a) このように,従業員の代表組織である事業所協議会の参加のもとで形成される事業所協定のような集団的規整は,従来,被用者が使用者に経済的に従属している,という労働法の認識を前提としていた[341]。被用者の経済

Waltermann, Rechtsetzung, S. 66; Bericht der Mitbestimmungskommission, BT-Drucks. VI/1786, S. 31.
338 Richardi, Kollektivgewalt, S. 1.
339 Vgl. Wiese, GK-Komm, Einl. Rn. 50, 53ff.
340 Bericht der Mitbestimmungskommission, BT- Drucks. VI/1786, S. 31.
341 Däubler, Das Grundrecht auf Mitbestimmung und seine Realisierung durch tariflische Begründung von Beteiligungsrechten(以下 Grundrecht auf Mitbestimmung と略す), Frankfurt a. M., 1973, S. 3f.; Dietrich, Grundgesetz und Privatautonomie im Arbeitsrecht, RdA 1995, S. 135; Fabricius, Arbeitsverhältnis, Tarifautonomie, Betriebsverfassung und Mitbestimmung im Spannungsfeld von Recht und Politik, in: Festschrift für Erich Fechner, S. 171 (196); Fastrich, Richterliche Inhaltskontrolle im Privatrecht, München, 1992, S. 187f.; Hromadka, Inhaltskontrolle von Arbeitsverträgen, Festschrift für Thomas Dietrich zum 65. Geburtstag, 1999, München, S. 251 (254); Säcker, Gruppenautonomie und Übermachtkontrolle im Arbeitsrecht, Berlin, 1972, S. 92; Richardi, Kollektivgewalt und Individualwille bei der Gestaltung des Arbeitsverhältnisses, München, 1968, S. 1f., 114f.; Wiedemann, Das Arbeitsverhältnis als Austausch- und Gemeinschaftsverhältnis, Karlsruhe, 1966, S. 11ff.; Veit, Die funktionelle Zuständigkeit des Betriebsrats(以下 Zuständigkeit des Betriebsrats と略す), München, 1998, S. 47; Wolf, Inhaltskontrolle von Arbeitsverträgen, RdA 1988, S. 270

的従属性の存在は，現在のドイツの学説によって主張されることがあるが[342]，そのなかでも，ドイブラー（*Däubler*）[343]，ファイト（*Veit*）[344]両教授らによっていまなお主張される，契約締結の経済的強制（*Ökonomischer Kontrahierungszwang*）の理論が本質的に重要である。つまり，使用者が，生産手段の所有者として，被用者の労働力を一定の条件の下で自由に処分しうるのに対して，使用者と異なり，生産手段と財産を所有しない個々の被用者は，一定の経済的条件の下で，自らの労働力を他人の処分権能のもとで（使用者の下で）売ることを余儀なくされる，というものである[345]。この経済的な締結強制（*ökonomischer Kontrahierungszwang*）は，被用者について，分業によって生産しようとする企業の場合よりも，強く働くと考えられる。このことが，長期にわたって被用者の労働力の提供を余儀なくさせる，というのである。ドイブラー教授は，結果的には，契約自由の原則が自由主義的な思想に反して，他人決定の手段となると指摘している[346]。契約当事者によって，初任給や試用期間の給与のみは交渉される，とする[347]。被用者は，経済的に仕事と職場に依存し，賃金の低下に直面して，それが低下しないよう自らの労働の供給（＝労務の提供）を欠かすことができないため，また，生活水準を拡大させるために，その労働の供給を拡大させることになる。例えば，時間外労働がその例である。被用者は，この搾取の競争（*Unterbietungswettbewerb*）から，転職によって，逃れることができる。また，この不利益を回避しようとする場合には，競争を覚悟せねばならず，一週の労働

---

(272)．

[342] Däubler, Grundrecht auf Mitbestimmung, S. 3f.; Dietrich, RdA 1995, S. 135; Fabricius, Arbeitsverhältnis, Tarifautonomie, Betriebsverfassung und Mitbestimmung im Spannungsfeld von Recht und Politik, in: FS für Erich Fechner, S. 171 (196), Fastrich, Inhaltskontrolle, S. 187f.; Hromadka, Inhaltskontrolle von Arbeitsverträgen, S. 251 (254); Säcker, Gruppenautonomie S. 92; Söllner, Freiheitliche Züge des Arbeitsrechts, in: Harbusch-Wieck, Marktwirtschaft, 1975, S. 251 ; Dietrich, RdA 1995, S. 129 (135); Richardi, Kollektivgewalt, S. 1f., 114f.; Wiedemann, Das Arbeitsverhältnis als Austausch-und Gemeinschaftsverhältnis, S. 11ff.; Veit, Zuständigkeit, S. 47; Wolf, RdA 1988, S. 270 (272).

[343] Däubler, Grundrecht auf Mitbestimmung, S. 3f.
[344] Veit, Zuständigkeit des Betriebsrats, S. 47f.
[345] Däubler, Grundrecht auf Mitbestimmung, S. 3f.
[346] Däubler, Grundrecht auf Mitbestimmung, S. 3.
[347] Däubler, a.a.O., S. 4.

時間の増減に関わらず—賃金の削減に同意せざるを得なくなる[348]。このため，経済的従属性は一定の理論的役割を果たしうる，といわれる[349]。

b) これらの思想は，19世紀のマルクス主義的な思想を基礎に，窮乏化の競争（Verelendungskonkurrenz）という考えのなかで，—法律学的な学説でも—結実させている[350]。労働法の非対等性の理論によって基礎づけられる経済的窮乏化の理論によれば，この従属性理論は労働の需要と供給，およびそれによる窮乏化が関わる，とされる。つまり，使用者による労働の供給の減少は，労働力の供給を増やす結果をもたらし，賃金は，このため，押し下げられ，労働市場における均衡がかなり賃金が下方する点でとられるというものである[351]。これに対し，集団的な規制のカルテル（例えば，労働協約規制によるカルテル）は，被用者を搾取から保護し，競争条件を可能にするものである。このよく知られた考えは，法律学の学説では，多くの支持が得られているが[352]，これらの理論は，現代の労使関係を考慮したうえで，吟味されなければならない。中心的な問題は，ここでは，先に述べた経済的締結強制（ökonomischer Kontrahierungszwang）が事実上現代の労働市場においても考えられるかどうか，であり，また，経済的締結強制が使用者に対する被用者の従属性と労働契約の機能不全をもたらすかどうかである。

3 経済的従属性に対する批判

a) まず，被用者の従属性の理論に対する批判として，好景気の場合や労働力不足の場合に，景気の悪い時期に比べ，被用者の従属性が相対化する，ということが従属性の理論によっては意識的にまたは，無意識的に，見過ご

---

348 Vgl. Veit, Zuständigkeit, S. 46.
349 Veit, Zuständigkeit, S. 47.
350 Veit, Zuständigkeit, S. 46f.
351 Möschel, ZRP 1988, S. 50; Veit, Zuständigkeit, S. 46.
352 Däubler, Grundrecht auf Mitbestimmung, S. 3f.; Fabricius, Arbeitsverhältnis, Tarifautonomie, Betriebsverfassung und Mitbestimmung im Spannungsfeld von Recht und Politik, in: FS für Erich Fechner, S. 171 (196), Fastrich, Inhaltskontrolle, S. 187f.; Hromadka, Inhaltskontrolle von Arbeitsverträgen, S. 254; Säcker, Gruppenautonomie S. 92 ; Söllner, Freiheitliche Züge des Arbeitsrechts, in: Harbusch-Wieck, Marktwirtschaft, 1975, S. 251; Dietrich, RdA 1995, S. 135; Richardi, Kollektivgewalt, S. 1f., 114f.; Wiedemann, Das Arbeitsverhältnis als Austausch-und Gemeinschaftsverhältnis, S. 11ff.; Veit, Zuständigkeit, S. 47 ; Wolf, RdA 1988, S. 272.

第2章　ドイツ法

されている，という点が，指摘される[353]。経済的従属性を基礎づけ，妥当させるには，一定の前提条件を必要とするのである。つまり，経済的締結強制は，職場のポストが欠乏していることと，被用者の職業上または地理的移動性（モビリティー，*Mobilität*）が存しないこと，という前提条件の下で，いえるのである[354]。経済的従属性の理論は，その都度の労働市場での状況を十分に考慮するものではない。生産手段の所有者である使用者は被用者の労働力を一定の条件の下で自由に処分しうるのに対して，財産を所有しない個々の被用者は，一定の経済的条件の下で，自らの労働力を他人の処分権能のもとで（使用者の下で）売ることを余儀なくされる，という，経済的な締結強制（*Kontrahierungszwang*）がはじめから一般に起こりうる，と一般化することはできないし，この限りで，労働契約の機能不全とそこから生じる使用者の一方的決定を断言することは，あまり意味のあることではない。

　b)　さらに，今日の賃金ドリフトは，マルクスによって描かれた現象とは異なっている。事業所の実務では，被用者の必要な専門知識と資格の増加によって被用者の自立が促されている。賃金額，協約外給付の額は，特に，被用者個人の能力に従って支払われている。労働関係の個人化の流れは，ソフトウエアの領域だけではなく，銀行，保険などあらゆる領域でみられる。これによって個別的，集団的労働法そして社会法の領域で，重要なのは，引く手あまたの被用者の増加によって，また，それに応じた被用者の地位の強化によって，被用者の使用者に対する従属性が相対化されていること，である[355]。労働協約のようなカルテルのない領域，たとえば，協約外職員の領域においては，市場の均衡が達成される，という現実が示されている。使用者によって評価された個人の能力やその賃金に関する使用者の提案が，個別的な交渉にあたって，納得のいかない場合には，協約外職員自体も，転職するなどの賃金上昇のための交渉手段を持ち合わせている[356]。これらの種類

---

[353]　Wittgruber, Abkehr des Arbeitsrechts, S. 85; Kreutz, Grenzen der Betriebsautonomie, S. 168; Mitbestimmung im Betrieb, BT-Drucks VI/334, Teil IV, Ziff. 16.

[354]　Kreutz, Grenzen der Betriebsautonomie, S. 168; Wittgruber, Abkehr des Arbeitsrechts, S. 85.

[355]　Junker, NZA 1997, S. 1315; Wittgruber, Abkehr des Arbeitsrechts, S. 84f.; Kreutz, Grenzen der Betriebsautonomie, S: 164f.; Picker, NZA 2002, S. 763.

[356]　Möschel, ZRD 1988, S. 50.

の被用者は，それゆえ，自己の利益の保護と実現のための有効な自己決定の手段を有しているのである[357]。この限りでは，経済的従属性の理論が前提とする，被用者は自己の利益を追求するだけの十分な能力を持っていない，というのは，誤った認識である[358]。不平等の理論は，労働法を取り巻く経済的な諸条件を考慮する場合，すべての事情を考慮するものではないし，経済的な従属性の問題が傾向としては解決されつつあるということを考慮していない，ということがわかる。労働契約当事者の典型的な不均衡の事実は，これらとの関係では妥当しないと考えられる。

4 不平等の理論（*Ungleichheitsthese*）への疑問

a)　これらの議論のみによって不均衡の理論は否定されることはない。さらに，個別契約による私的自治的な形成については，財産や処分権の面での使用者の優位が，第一義的に，生産手段の所有者として法的に保護されている地位から生じる，という有名な議論がある[359]。しかし，法治国家では，使用者と被用者との間の経済的な潜在能力は，重視されない。なぜなら，「金持ちの者が，被用者として稼ぎたいと思い，貧乏な工場の労働者に陥ると，よりよい条件を得ることはもはやできなくなる」からである[360]。もちろん，契約当事者の差異が，一個人の個性やその関係における一契約の内容に影響を与えることは疑いがない[361]。しかし，誤りなのは，一般に収入の差や財産の差が契約内容への影響を与えるという考えである。裕福な者や貧乏な者も被用者として稼ぎを得たいあるいは仕事を得るかどうか，あるいは物を買うか売るかどうか，賃貸人が住居を貸すかは，異なった契約条件をも

---

[357] Möschel, ZRD 1988, S. 50.
[358] Kreutz, Grenzen der Betriebsautonomie, S. 168; Möschel, ZRD 1988, S. 50; Junker, NZA 1997, S. 1315.
[359] Däubler, Grundrecht auf Mitbestimmung, S. 6f.; Fabricius, Arbeitsverhältnis, Tariffautonomie, Betriebsverfassung und Mitbestimmung im Spannungsfeld von Recht und Politik, in: FS für Erich Fechner, S. 196, 198; Veit, Zuständigkeit, S. 49.
[360] Zöllner, AcP 176 (1976), S. 237
[361] Zöllner, JuS 1988, S. 334.「第一に，困難な問題は，このことが，どのような差異について—契約の対象によりさまざまな差異がありうる—いえるのか，第二に，より困難な問題は，どの程度，比較的認識された差異が，法秩序によって考慮されうるか，そして，どのような効果がありうるのか，ということである（Zöllner, JuS 1988, S. 334）。」

たらすのではなく，その他の事情との関係で決まるのである[362]。かつての人間像によれば，個人が企業に対して一般に不能であり無能であるとされるが，現在の経済関係において一般にそうであるかどうかを問わなければならない[363]。契約形成は，被用者を一般に従属しているものと烙印を押すことができないほど，多様である[364]。もし，私法がこのような差異を重視しようとするならば，裁判所は階層の格差をなくすための許可官庁（Genehmigungsbehörde）と化し，民法というよりもかつての東ドイツにおける民法典と化してしまうであろう[365]。個別契約による私的自治的な形成に対しては，使用者の優位が，所有者として法的に保護されている地位の差異から生じるというテーゼは，一般には基礎づけられない。このため，使用者の所有者としての地位が契約の内容形成に影響を与えると断言することはできない。

b）従属性と関連して，生産手段の処分権から，あるいは，所得や財産の差異からも，使用者の優位が導かれる，ともいわれる。しかし，階級の差を除去しようとするこれらの平等原則は，憲法上の平等思想とは異なっている[366]。政治的または歴史的に発展した独特の平等思想が基本法秩序におけるそれと異ならない，というためには，憲法上これらの思想が基本法上保障された平等原則として内在しているといえなければならない。

憲法上の平等原則は，人間がみな同じで同様に自由であること，生まれながらに平等であることを出発点とする。これによれば，実際上平等なものは法的に平等に扱わなければならず，平等ではないものはその事実の特質にしたがって平等でなく扱わざるをえない[367]。これは，基本法上保障された自由と一致する[368]。なぜなら，平等の法的なこの要請は，自由の前提条件だからである。この原理は，原則的には形式的な機会の平等を基礎づけている[369]。むろん，社会国家原理によって平等原則は，この基本法が形式的な平

---

[362] Zöllner, JuS 1988, S. 335.
[363] Zöllner, AcP 1976 (176), S. 231.
[364] Wittgruber, Abkehr des Arbeitsrechts, S. 85.
[365] Adomeit, NJW 1994, S. 2467 (2468).
[366] Däubler, Grundrecht auf Mitbestimmung, S. 6f.; Fabricius, Arbeitsverhältnis, Tarifautonomie, Betriebsverfassung und Mitbestimmung im Spannungsfeld von Recht und Politik, in: FS für Erich Fechner, S. 195f., 198.
[367] BVerfGE, 1, 52. 同様に v. Münch/Kunig, GG § 3 Rn. 11; Pieroth/Schlink, Rn. 436.
[368] v. Münch/Kunig, GG § 3 Rn. 6, 156ff.

等にとどまるものではないというところまで，拡大される。

　ただし，基本法3条1項によって保障される法的な平等原則は，人間の経済的な関係を完全に平等にするところまで要請されない。実質的平等は，法的な基準ではなく，国の目標でしかない。これによって，憲法の決定における事実上の平等実現の手段を定め，それに必要な財政的な手段を与えるのは，立法者である[370]。社会国家原理は，立法者の具体的な義務を導くのではなく，社会国家原理は，基本法が特に基本権（1条3項）または法治国家原理が設定する限界をこえない限りで，平等の生産者（*Gleichmacherei*）となるのである[371]。社会国家原理は，この限りで，法律による具体化によってはじめて平等原則の適用を決定する憲法上の価値である。連邦憲法裁判所は，この不確定な社会国家原理が立法のプログラム規定として指針を示すものであるから，裁判所が平等の生産者（*Gleichmacherei*）として，社会国家原理から，平等原則を拡張する権限はない，と判示する[372]。社会国家原理のような憲法上の平等原則からも，それゆえ，労働法上の均衡の思想は，導かれないのである。労働契約当事者の均衡の思想のような事実上の平等は，基本法3条において保障される平等原則とは区別される。よって，憲法上の平等原則からは，労働法上の均等原則あるいは平等原則が憲法の内在の原理として導かれることはない，と考えられる[373]。

---

[369] v. Mangoldt/Klein/Starck, Bonner Grundgesetz, §3 Rn. 28f.; v. Münch/Kunig, GG §3 Rn. 11; Pieroth/Schlink, Rn. 436, Sach, GG §3 Rn, 58.

[370] v. Mangoldt/Klein/Starck, Bonner Grundgesetz, §3 Rn. 28; v. Münch/Kunig, GG §3 Rn. 11.

[371] v. Mangoldt/Klein/Starck, Bonner Grundgesetz, §3 Rn. 28 は，「平等の生産者は，それが人間の責任感情および仕事の能力を低下させ，これによって，自由で民主的に組織された国家の前提条件が空洞化する，というところまで，及んではならない」とさらに具体的な限界を設定している。類似した指摘には，v. Münch/ Kunig, GG §3 Rn. 10, 11; Sach, GG Rn. 67.

[372] v. Mangoldt/Klein/Starck, Bonner Grundgesetz, §3 Rn. 4 u. 28; v. Münch/Kunig, GG §3 Rn. 11.

[373] 「ドイツの法秩序は，平等と人間の尊厳に強いアクセントを置く実質的自由主義的法治国家への道筋を明らかにしているし，基本法3条は，教育権（*Recht auf Bildung*）の実質的な承認と事業所組織法と鉄鋼・石炭共同決定法における共同決定法の実現まで認めている（Fabricius, Arbeitsverhältnis, Tarifautonomie, Betriebsverfassung und Mitbestimmung im Spannungsfeld von Recht und Politik, in: FS für Erich Fechner, S. 171（196））」というのは，憲法上は考えられないことではない。

5 被用者の知的従属性

a) 連邦憲法裁判所の判例は，多くの法的領域に構造的な従属性が存在することから，普通契約約款との関係で，私的自治の原則の前提条件が確保されるべきであり，このため，普通契約約款の裁判上の内容審査が不可欠である，と説示している[374]。特にこれに類似するのは，プライス（*Preis*）教授が指摘するとおり，画一的な規定や一般的労働条件と呼ばれる，約款使用者の一方的に設定する規定に対する普通契約約款法の諸原則の適用，である[375]。この構造的な従属性のコンセプトと民法・普通契約約款法による裁判上のコントロールは，連邦労働裁判所による一般的労働条件の内容コントロールに服することによって私法秩序が構造改革される限りでは，適切で正しいものである。

しかし，これをこえて，学説では，普通契約約款に対しては，契約当事者の経済的な従属性を理由に，コントロールが必要であると考えているものもある[376]。経済的従属性による被用者の交渉力の弱さが特に，返還条項（*Rückzahlungsklauseln*），算定条項（*Anrechnungsklauseln*），および，独身条項（*Zölibatsklauseln*）など不利益な付随条項（*Nebenbedingungen*）を個人が排除することを不可能にしている，と指摘する学説が現在増えつつある[377]。しかし，この見解には賛成できない。

b) 確かに，条件について交渉し得ない被用者が存在する個々の場合があることは否定できない。被用者が職場に依存し，労働市場が使用者から提

しかし，疑問なのは，共同決定が被用者の財産に関する平等を本当に実現するか，ということである。

[374] BVerfGE 81, S. 242（254f.）=NZA 1990, S. 389.
[375] Preis, Grundfragen der Vertragsgestaltung, S. 287f.
[376] Säcker, Gruppenautonomie, S. 89; Fastrich, Inhaltskontrolle, S. 188; Hromadka, Inhaltskontrolle von Arbeitsverträgen, S. 255; Dietrich, RdA 1995, S. 134f.; Wolf, RdA 1988, 272.
[377] Fastrich, Inhaltskontrolle, S. 188; Dietrich, RdA, 1995, S. 135. ファストリッヒ教授は，労働市場が付随的条件について規整として機能不全に陥っているということを出発点としている。「このことは，特に引く手あまたの被用者がこれらの条件について詳細に交渉しうるし，また，交渉している，という個々の場合があることを，排斥するものではない。しかし，権利は，通常の場合を出発点としなければならない。通常の場合とは，個別的な労働契約の場合の交渉なのではなく，使用者による一方的な労働条件の設定なのである（Fastrich, Inhaltskontrolle, S. 188）。」

供された契約条件からの逸脱の可能性を提供しない，という被用者の経済的な脆弱さは，個々の場合において労働契約の内容形成に影響しうるが，すべての場合にではない[378]。この脆弱さが一般的にあらゆる場合にいえるのではない。被用者が，契約締結にあたって，使用者より典型的に強く依存し従属していると，一般化することはできないのである[379]。連邦通常裁判所の判決には，普通契約約款との関係で，同様の理由から，普通契約約款の作成者の経済的・知的優位性と他方当事者の保護の必要性を意識的に放棄している判決もある[380]。なぜなら，商業取引を行う当事者間の不平等も，ありうるからであり，それゆえ，契約当事者をそのように差異化することは意味があるとはいえないからである[381]。

c) ゼッカー (Säcker) 教授は，標準化された契約が自由な交渉と合意の結果でなく，使用者の一方的決定の結果である場合，契約条件のその定式化の中で経済的従属性が現れるとする。契約締結にあたって，使用者に有利に契約条件が設定・変更され，個々の被用者が使用者によって提示されるその条件を放棄できず，ただそれに賛同するのみであるからであるとされる[382]。確かに，約款作成者によって作られる規定が契約を補ない，または，それが契約にとって代わらせ，そして，これによって，利益を守り契約の内容形成に影響を与える契約当事者の可能性を縮減している。被用者には，使用者を通じて形成された契約規整によって，契約締結の自由のみが残り，契約内容形成の自由はないのである。しかし，ゼッカー教授によって指摘されるこの契約規制の現象とその不利益は，元来知的従属性として考えられてきた契約上の問題そのものである。このため，これが，構造的な経済的な従属性に由来するものであるかどうか，本質的に疑問である。この問題の本質はむしろ，規定の作成者によって立てられた包括的で詳細な規定のために，素人にとって契約条件を吟味することを不可能にすることにあるからである[383]。

---

[378] Dietrich, RdA 1995 S. 135; Wolf, RdA 1988, S. 272.
[379] Zöllner, ZfA 1976 (176), S. 237.
[380] BGH, Urt. v. 7. 7. 1976, NJW 1976, S. 2346.
[381] BGH, Urt. v. 7. 7. 1976, NJW 1976, S. 2346.
[382] Säcker, Gruppenautonomie, S. 93.
[383] 被用者の経済的従属性に関して，使用者の優位性を理由として付随的条件のみ労働市場が機能しないとして，賃金・労働時間のような主たる契約条件と，それ以

d) 使用者と被用者との間の均衡が一般に害されるということを証明できないと，ツェルナー教授が指摘する。これに加えて，被用者がその交渉力のなさのために，付随的な条項のみならず，主たる条項についての交渉の際経済的に従属する，と学問的な要求に沿って証明できないと考える。確かに，画一的な規定があまりに長すぎたり，細かすぎたりするため，被用者は条項の意味を自らの経験から知ることができないといえる。それは，画一的な条項が契約上一般的労働条件や契約的画一的規定によってまたは事業所協定によって定められるかによらない[384]。こうした規定には，被用者の自己決定を保護するための規定の十分な透明性と明解さを欠いているのである。このことは，被用者の選択の自由と決定の自由の制約が被用者の使用者への金銭上の依存に原因を帰する，経済的従属性には，本質的には関係しない。この限りで，その条項の設定者（労働契約では使用者）がその契約条件の不確かさと不透明さを利用し，その結果，契約上条項が他方契約当事者にとって不相当な不利益に導く危険が存在しているからである（知的従属性）。詳細な

外の労働条件である付随的契約条件とを分ける，という学説が増えている（Fastrich Inhaltskontrolle, S. 188; 同種に Dietrich, RdA 1995, S. 135）。付随的契約条件について従属性があるというものである。

しかし，この見解には矛盾がある。こうした自立した個々の被用者が，企業年金など付随的な労働条件について交渉できるのに，賃金・労働時間については，交渉と譲歩によって合意を導くことができないのであろうか。また，賃金や労働時間などについて自らの主張を貫徹しこれを契約に反映できる被用者が，ファストリッヒ（Fastrich）教授の考えるとおり，経済的に従属しているといえるか，という疑問もある。

確かに，画一的な規定があまりに長すぎたり，細かすぎたりするため，被用者は条項の意味を経験から知るという必要な見通し・展望を欠いている。それは，画一的な条項が契約上一般的労働条件や契約的画一的規定によってまたは事業所協定によって定められるかによらない。そうした規定には，被用者の自己決定を保護するための規定の十分な透明性とわかりやすさを欠いている。このことは，被用者の選択の自由と決定の自由の制約が被用者の使用者への金銭上の依存に原因を帰する，経済的従属性の事実には本質的には関係しない。この限りで，その条項の設定者がその契約条件の不確かさと不透明さを利用し，その結果，契約条項が他方契約当事者にとって不相当な不利益に導く危険性が存在しているからである（知的従属性）。これによって，詳細な価格条件や付随的な条件によって個人が異なる契約条件の中での自由な比較と選択をするのを阻害し，個人の選択と決定の自由が阻害されることになる。

384 Preis, Grundfragen der Vertragsgestaltung, S. 287ff.; Hromadka, Inhaltskontrolle von Arbeitsverträgen, S. 255.

価格条件や付随的な条件によって，個人が異なる契約条件の中での自由な比較と選択をするのが阻害され，個人の選択と決定の自由が阻害されることになる[385]。

6　労働契約当事者間での双方的な従属関係

a)　私的自治の原則は，能力による競争がなされる限り，経済秩序における機能を果たせる[386]。競争は，企業にとっては，コストを最小限にしうるとき，もっとも有利になりうる。契約条件を決定しうる提供者がモノポリストであるときには，その独占による権力的な地位から，契約の他方当事者は，自らの決定の結果として，契約を形成する余地がなくなる。なぜなら，他の競争者に対して，独占による優位が顕になるからである。ツェルナー教授は，商品市場での独占についての理論を労働市場へ転用しても，使用者が優位しているとはいえないと述べる[387]。労働市場における契約内容と競争は，他の市場よりも，均衡のとれたものである，とされる[388]。ツェルナー教授は，自動車会社が国際競争から，より長期の労働契約期間を保障し，より有利な条件を提供していた，という70年代の実例を例にとる[389]。

これをこえて，企業は，信頼できる従業員によって無制約に給付に応じてもらうことを確保する目的と，被用者の労務提供へのモチベーション・刺激を与えようとする目的を有している。賃金は，典型的な労働関係では，従業員のモチベーションをあげる手段である，と理解できる。企業は，成績加給

---

[385]　連邦憲法裁判所は，優先的に，私的自治の原則の制限を不可欠なものとしており，結果的には，弱者の保護は，結果的に，法律行為の裁判によるコントロールの拡大へとつながる。しかし，個人の決定の自由が例外であり，これに対し民法による裁判所のコントロールが原則であると考えるときには，この見解は誤まっている。内容審査は，契約自由の原則が害される契約形成・賃金形成の例外的な場合である。なぜなら，人間の自己決定と自己責任がドイツ私法の基本コンセプトであるからである。しかし，個々の被用者の自己決定が個々の場合に，使用者によって排除される，という具体的な事情があるときには，裁判所による内容審査を否定することは困難である。この限りで，協約外賃金システムの規定の作成・適用にあたって，一方的な決定を排除するためには，民法の適用は，必要であり，かつ適切であると考えられる。

[386]　Vgl. Böhm, Wettbewerbe und Monopolkampf, S. 123f.
[387]　Zöllner, AcP 1976（176），S. 238.
[388]　Zöllner, AcP 1976（176），S. 238.
[389]　Zöllner, AcP 1976（176），S. 239.

やさまざまな手数料を手段に賃金に格差をつけることによって，被用者を長期にわたって，企業に拘束しようとするのである。使用者によって提供される労働条件がよくないことを理由に，使用者が被用者を失うという例は，理論の上だけの話ではない[390]。期待の証として能力・成果給を支払い，これによって被用者を企業にとどめようとする使用者は，この限りでは，被用者の労働の供給に依存しているのである[391]。このため，この被用者の労務の給付に企業が依存している事実からは，被用者の一方的な従属性の考えを受け入れることが，もはや認めることができない。むしろ，労働関係は，すでに，一方的な構造的な従属性の状態から，使用者と被用者との間の双方的な依存関係によって特徴づけられる交換関係になっていることを確認しなければならない。それにもかかわらず，一方的な従属性の状態を論じることは，こうした企業の現実を踏まえると，矛盾のあるものであるように思われる。こうした考察から，使用者の優位する地位からも，被用者の使用者に対する一方的な依存性からも，労働法上重要な従属性の理論を導いてはならないことがわかる[392]。同様の給付に対して市場において提供する一方を他の供給

---

[390] Zöllner, AcP 1976（176），S. 236.

[391] これに対して，ロイター教授は（Reuter, ZfA 1993 S. 252），効率賃金（*Effizienzlohn*）の現象から，使用者が，いわゆる事業所特有の人的資本の意義が増していることを理由として，また，解雇保護法を理由として，さらには，事業所組織法上の共同決定を理由として，従業員と競争しなければならない事態を引き起こしている，とする。これに対して，被用者は，同一の理由から，労働関係を解約する武器を行使できる，とする。

[392] 集団的契約，特に，労働協約は，特に，賃金価格を下げないよう，賃金の引き下げ競争から，被用者を保護するといわれる。労働協約による保護は，使用者による賃金減額が行われるリスクをなくすために，必要と考えられている。しかし，一般にそのリスクは小さい。商品・サービス市場における競争条件と個人の労働力としての不可欠性を考慮しても，使用者は，賃金引き下げによるメリットを約束されるものではない。なぜなら，賃金減少によって，競争不能なほどの生産性削減の危険が生じるからである（Vgl. Veit, Zuständigkeit, S. 44）。また，賃金が，協約外職員のみならずその他の従業員との関係でも，景気の悪い時期にも，一窮乏化理論の指摘にもかかわらず一下がらない，というマクロ経済学上の現象がある。1929年の世界恐慌の際にも，実際には，経済学の認識によれば，被用者間の賃金の引き下げ競争は，起こらなかった。これをマクロ経済学では，賃金の下方硬直性と呼ぶ。この賃金の下方硬直性がつねに市場メカニズムに存在する理由は，第一次世界大戦後，アメリカのマクロ経済学者ケインズやその他の経済学者によって説明が試みられている。今日では，賃金の下方硬直性というこの現象は，効率理論によって説明

第4節　協約外賃金に関する被用者の自己決定の可能性

者に対して優位するとみることは，あまり意味のないことであるように思われる。なぜなら，あらゆる企業と私的な供給者との間で契約の自由を拡大させることと均衡理論は矛盾するからである[393]。

　b）　これに対して，当然，企業が上であげたような一定の効率的な行動を維持できず，賃金引下げを余儀なくさせられるのではないか，という反論がありうる。協約外レベルの賃金部分はもともと景気変動への反応を許すものである。そして，このレベルは，常に，フレキシビリティーと景気変動のための調整への道具そのものに他ならないのである。労働契約上の撤回条項によって賃金が平均 20％から 30％減額される場合がある。

　しかし，労働契約上，使用者が賃金の支払い義務のあるとき，一方的にこの義務を解消しうる可能性があるのであろうか。また，賃金の暴利行為とみなされる賃金規整が，個々の場合に，外国人の被用者の場合や，労働協約によって規定される最低限を下回る場合には，適法といえるかは疑わしい。短期の失業の場合や労働市場が良好であるとき，より高い協約外賃金を受けるが，これに対し，労働市場が悪化しているときには，協約外賃金のない低い賃金で満足することもありうる。これらの場合には，使用者は被用者の労務の提供に依存しているとはいえない。この場合，通常の場合と異なり，効率モデルによって自らの利益を守れず，被用者に労働契約の形成を例外的に困難にする。ここでは被用者にとっての危険が存する。労働法学者は，使用者が，例えば，撤回条項（*Widerrufsklauseln*）の行使によって賃金を引下げることがあることや，使用者が協約賃金以下の賃金を支払うことがある，ということを知っている。しかし，同時に労働法学者が知っているのは，この一方的な賃金の削減が労働法によって制約を受けるということである。契約

　　　され，ホワイトカラーの意識にも合致するものとして受け入れられている。能率と生産性，そしてそのため労働に対するモチベーションを下げないために，使用者は，実際には，被用者のモチベーションとモラルを害する，賃金の引き下げや解雇を避けようとするというものである。すなわち，より高い賃金によって，それゆえ，より質の高い労働のモラルと賃金の削減競争の削減によって，被用者の生産性が高まるようとするのである。こうしたことから，労働契約当事者の不均衡理論が懸念しそしてそれが前提とする賃金の引き下げ競争は，従属労働論の主張に反して，一般には起こりにくいものである。この限りで，不均衡理論の認識の大前提が崩れているのである。

393　結果同旨 Zöllner, JuS 1988, S. 335.

条件の変更・削減に対する保護は，民法 315 条および民法 313 条，あるいは，労働協約によって，限界を設定しうる[394]。市場経済では，協約以下の賃金に対しては，良俗違反（民法 138 条 1 項）[395] や労働協約[396] が被用者を保護する機能を果たしうる。これらの市場のわなと齟齬の修正は，依然として，法律と判例によって形成される保護法の役割である。ただし，このことが原則的に私的自治と労働市場が機能不全に陥るということを意味するわけではないことを付け加えておかなければならない[397]。

7　小　括

　伝統的には労働法は，契約を自己決定の結果とみなしてこなかった。それは，交渉と合意による契約内容に関する適切に形成するために必要な，契約当事者間の均衡を欠いているからといわれた。被用者の広範な保護が，立法者の労働保護立法によって，例えば，解雇保護立法，疾病の場合の賃金の継続払い，並びに，母性保護，年少者保護，重度障害者によって保障されることによって，達成しうる。事業所組織法 87 条 1 項によって，立法者は，被用者を対等なパートナーとして使用者の決定に参加するための，有効な手段を提供しているのである。クロイツ教授によれば，19 世紀半ばから極端にリベラルな経済秩序との衝突の中で個人主義化がすすみ，賃金に依存する財産のない者の労働に対する供給が，人口の急増の結果，職場のポストの数に比して，急速に伸びていったという特殊な状況がもともとあったとされる[398]。正確に言えば，19 世紀後半からワイマール期にかけての労働法上の従属性理論が想定する，19 世紀半ばからの飢餓的な低い賃金は，使用者の力の優位によるものではなく，爆発的に増える人口との関係で，生産性が縮

---

[394]　第 2 章第 6 節参照。
[395]　Hanau, MünchArbR, § 60 Rd. Nr. 103; v. Hoynigen-Huene, NZA 1998, S. 1081 (1082).
[396]　LAG Düsseldorf, 23. 8. 1977, DB 1978, S. 165.
[397]　同旨 Zöllner, AcP 176 (1976), S. 242; ders, JuS S. 336; ders, NJW 1990, S. 7; Junker, NZA 1997, S. 1308; Möschel, ZRP 1988, S. 50; Preis, Grundfragen der Vertragsgestaltung, S. 21; Wittgruber, Abkehr des Arbeitsrechts, S. 70ff., 86.
[398]　前ページ参照。Kreutz, Grenzen der Betriebsautonomie, S. 169 は，個別的な労働法が作られる兆候があるなかでの 19 世紀における最大の不法は，特に，飢餓的な賃金と行き過ぎた女子労働と児童労働にあった，としている。

小したことに起因するものなのである³⁹⁹。契約当事者間の経済的な力の差は，労働契約当事者の内容の形成に個々の場合には影響しうる。しかし，それは，事情による。一般に，被用者は使用者に対して従属するというテーゼは，一般化することができない。むしろ，協約自治や事業所自治のような集団的なコントロールのシステムを基礎づけるのに，その従属性のテーゼが十分なものであるかどうかは，疑わしいのである⁴⁰⁰。19世紀以来の歴史的な認識を前提に，今日において，被用者の使用者に対する従属性を指摘し，被用者の生存が職場と仕事に依存している，と断言することはできないのである⁴⁰¹。

三 協約自治の原則

70年代以来，能力・成果主義賃金は，労働協約によっても保障されている。能力・成果主義賃金を導入してきた事業場に近い協約政策（*Betriebsnahe Tarifpolitik*）は，組合員の確保のために行われてきた。仕事に対するモチベーションを向上させるために，能力・成果主義賃金は労働協約当事者間でも合意されているのである⁴⁰²。ここで検討されなければならないのは，協約当事者間の正当性がこうした能力・成果主義賃金制度の規整についても存在するのか，ということである。法解釈上問題なのは，協約自治の原則と

---

399 Zöllner, AcP 176 (1976) S. 231; Vgl. Kreutz, Grenzen der Betriebsautonomie, S. 169; Veit, Zuständigkeit, S. 45.
400 Preis, RdA 1995, 333 (340); Junker, NZA 1997, S. 1305 (1311); Picker, NZA 2002, S. 764.
401 ただし，労働力を売ることによってしか自己の労働による生活を現実に営み得ない労働者が，労働力＝商品をいずれかの所有者（＝使用者）に売ろうとも，生産手段のいずれかの所有者に売らざるをえない地位にあるという構造的な経済的従属性の問題は残る。しかし，商品の交換過程と貨幣経済が残る限り，その意味の従属性の存在は，資本主義，共産主義，社会主義という国家・社会形態の差を問わず，存続しうると考える。
402 (Hrsg.) Hans-Böckeler-Stiftung, Grundsätze zum Leistungsentgelt, S. 43; Zander / Knebel, Leistungsbeurteilung und Leistungszulagen, S. 1ff.; Tondorf, Modernisierung der industriellen Entlohnung, S. 83; Sesselmeier, Arbeitsmarkttheorie, S. 99; Weinberg, Neue Arbeitsmarkttheorien zur Erklärung der Arbeitslosigkeit in Deutschland in kritischer Reflexion, S. 21f.; Bellmann und Kohaut, Betriebliche Determinanten der Lohnhöhe und der übertariflichen Bezahlung, MittAB 1995, S 62 (63f.).

私的自治の原則との関係であり，協約当事者間の規整権限が能力・成果主義賃金制度の規整についても正当化しうるのか，ということである。

さらに，事業所の実務では，成果・能力給制度および人事考課の手続きについて事業所協定で規定されることもある[403]。事業所組織法77条3項および87条1項では，協約当事者の権限が事業所自治の原則によっても制限されないことを規定している。そこで，明らかにされなければならないのは，協約自治の原則と事業所自治の原則との関係である（事業所組織法77条3項および87条1項）。次に続く節では，これらの問題を扱い，まず，協約自治の基礎，協約当事者の規整権限の正当性（1），特に，団結の自由の二重性（2），法制定力の授権（3）を論じ，労働協約による能力・成果主義賃金の形成の実際（4），ならびに，協約優位の原則（5）について論じる。

1 協約自治の基礎

a）aa) 協約自治の原則は，組合員の労働条件と経済条件を強行法的な効力を持った集団的契約によって独立して自己決定的に規制する・使用者と労働組合の権限，と理解される。その内容は，労働組合と使用者が，原則的に，自らの責任によって，国家からの影響力をうけることなく，賃金やその他の実質的な労働条件（*sonstige materielle Arbeitsbedingungen*）について，決定しうる，というものである[404]。協約自治の原則は，国家から独立して自らの事項を形成する管轄・権限を意味する自治概念の核心部分を意味する。労働協約の規範は，この限りでは，原初的な自治規範なのである[405]。

bb) 労働協約を締結する権利は，団結の自由（基本法9条3項）によって保障される。この基本法9条3項は，労働条件と経済条件の保護と促進のために，団体の結成する自由，団体に加入する自由，及び，団体にとどまる自由，この目的のために団体で活動する自由を個人に対し保障している[406]。

---

403 Zander/Knebel, Leistungsbeurteilung und Leistungszulagen, S. 1ff.; Frey/Pulte, Betriebsvereinbarung in der Praxis, 1992, S. 23f.

404 Vgl. BVerfG Beschluß v. 1. 3. 1979 AP Nr. 1 zu § 1 MitBestG.

405 Heinze, NZA 1997, S. 1（7）; Löwisch ZfA 1996 S. 293（296）; Picker, Die Tarifautonomie in der deutschen Arbeitsverfassung, S. 42ff., 45f.; ders, NZA 2002, S. 763f., 769; Richardi, Kollektivgewalt, S. 149（164f.）; Rieble, Arbeitsmarkt und Wettbewerb, Rn. 1889; Zöllner/Loritz, Arbeitsrecht, § 33 IV 3, 4.

団結の活動の自由は，協約によって労働条件を形成する可能性を協約当事者に対し認める，という協約自治の保障を包含する[407]。つまり，団結の自由は，協約自治の原則の制度的保障を含んでいるのである。さらに，協約自治の原則の制度的保障のため必要であるとき，憲法上の争議の自由が，団結の自由によって認められる。

b) aa) 労働協約は，企業での画一的な労働条件を創り出し，これによって，類似した賃金額を生み出す。この労働協約のカルテルはその協約の規範的効力の効果である。これは，労働協約のカルテルが使用者と被用者に対する秩序を形成する機能を発揮することを意味する。被用者の労働条件の協約上の規整は，私的自治的に次のように正当化される。

bb) まず，労働条件に対する協約規範の効力は，その団体への加入によって正当化される[408]。その団体（労働組合）に加入する者は，ひとりであるいは他の被用者と共同して労働条件を決定すべきかどうかを，自由に決定できる。私法的な性格を有する団結の加入がなければ，労働協約は協約の拘束力を受ける者への法制定力もありえないのである[409]。このため，協約規範への個人の拘束は，団体への任意加入によって基礎づけられることから，真に私法的な性格を有している[410]。この限りでは，その団体が締結する労働協約は，従業員の自己決定の保護と促進にも役立っているといえる。労働組合への任意の加入から協約への拘束が生じるとき，協約自治の原則は，憲法上，契約の自由の制限とみられるだけでなく，むしろ，集団的レベルでその契約の自由を拡張しているとみることができる。このことは企業協約にもいえる。ツェルナー教授も，契約自由の原則を基礎として契約条件を形成しているとき，このことがいえると強調している。

協約自治とは前述のように，本質的には，自立してそして国家の制定力か

---

[406] BVerfGE 1. 3. 1979 AP Nr. 7 zu Art. 9 GG.
[407] BVerfG 26. 6. 1991 AP Nr. 117 zu Art. 9 GG Arbeitskampf.
[408] Zöllner, RdA 1964, S. 446; Picker, Tarifautonomie in der deutschen Arbeitsverfassung, S. 44ff.; ders, NZA 2002, S. 768; Rieble, Arbeitsmarkt und Wettbewerb, Rn. 1889; Waltermann, Rechtsetzung, S. 119.
[409] Vgl. Zöllner/Loritz, Arbeitsrecht, § 33 IV 3; Rieble, Arbeitsmarkt und Wettbewerb, Rn. 1889.
[410] Zöllner/Loritz, Arbeitsrecht, § 33 IV 3, 4.

ら独立した規整権限を保障するものと理解されるが，そこで特徴的なのは，国家の後退である[411]。国家から独立した，労働組合と使用者によって創り出される世界こそ，自治にほかならない。その意味で，労働協約は，自由法的な自らの法の秩序を形作るという，自己決定的・自己形成的な本質を有しているのである。

　cc）労働協約は，個々の労働契約に対する直接的・強行法的な効力を有していることから，その規範は私的自治的なものではない，という批判もありうる。確かに，その限りではその効力のみは客観法的なものである。しかし，その法的効力は，例えば，ある労働契約が協約条件を下回るときに，制裁として生じるものであるから，その協約規範の直接的かつ強行法的な効力は「私法的な制裁的な行為（*privatrechtlicher Sanktionierungsakt*[412]）」にほかならないと理解する見解が有力である。さらに，自治的な労働協約というのは，むしろ，集団での規範設定に関する効力要件である[413]。このため，これらの効力の存在を理由に，労働協約の自治的な性格を否定できるものではない。

2　団結の自由の二重的性格

　a) aa)　連邦憲法裁判所は，社会国家原理（基本法20条および19条3項）にもとづいて，いわゆる，団結の自由の二重的基本権（*Doppelgrundrecht der Koalitionsfreiheit*）を認めている。これは，基本法9条3項は，個人の個別的な団結の自由を保障することにとどまらず，団結体の集団的な保護を内包しているというものである[414]。これを団結の自由の二重的性格と呼ん

---

[411] Zöllner, RdA 1964, S. 446; Zöllner/Loritz, Arbeitsrecht, § 33 IV 3, 4; Picker, NZA 2002, S. 768; Rieble, Arbeitsmarkt und Wettbewerb, Rn. 1889; Waltermann, Rechtsetzung, S. 119; Veit, Zuständigkeit, S. 60.

[412] Zöllner, RdA 1964, S. 450.

[413] Biedenkopf, Grenzen der Tarifautonomie, S. 52.

[414] BVerfGE, 4, 96; BVerfGE, 100, 271; BVerfGE, 103, 293; Pieroth/Schlink, StaatsR II, Rn. 737f.; Jarass/Pieroth, GG, § 9, Rn. 5; Sach, § 9 Rn. 38; これに反対の見解として Scholz, Koalitionsfreiheit, S. 51ff.; ders., in: Maunz/Dürig, Art. 9 GG, Rn. 23; Zöllner, AöR 1973, S. 71 (79); Zöllner/Loritz, Arbeitsrecht, § 8 IV 4e.; Kempe, in v. Mangoldt/Klein/Starck, Bonner Grundgesetz, § 9 Rn. 222ff.; Zöllner, AöR, 98 (1973), 71 (77ff.); Richardi, AöR 93 (1963), 243 (265); Picker, NZA 2002, S. 764f.

でいる[415]。

「団体自体に団結の自由の基本権の保護が与えられるという見解は、基本法にもいえる。確かに、組織の承認に関わるワイマール憲法165条1項に対応した明示的な規定にかけている。しかしながら、各州における憲法あるいは労働法上の現存する状態を考慮すると、基本法が社会的パートナーの法的な承認を出発点とすることができることから、団結体自体の基本権的保護は不可欠なものである。[…] 基本法の解釈にとって重要なのは、社会国家について基本権の明示的な表明（基本法20条1項，28条1項1文）である。憲法起草者のこの決定は、ワイマール期に既に社会的な共同体への基本権の拡張を構築した基本権の妥当性を何ら必然的な理由もなく個人に制限することを排除するものである[416]。」

bb）連邦憲法裁判所は、人間の行為の自由の表現形式に属する、団体やその他の連帯の形式で随意の目的で団結することを許すものである、という見解をとっている[417]。他の言葉でいえば、ある者がその労働条件を一人であるいは他人と共同で交渉するかどうかは、個人の自己決定権に属するのである。被用者は、自らにとって利益になると考えるときには、その団結体に属することができる。ドイツ法においては、クローズド・ショップ制度のような組織強制は、基本法上団結の自由に反することから[418]、従業員代表制度とは異なり、労働組合への個人の加入強制は行われない[419]。同様に、使用者にとっても、「（企業間の）共通の行動様式から利益を得るために、その市場での行動（*Marktverhalten*）を互いに調整し、それゆえ、相互に競争することを放棄する[420]」自由も与えられている。ここから明らかになるのは、団結の自由がその本質上個人法的な基本権であるということである。基本法9条3項による団結の自由は、団結する個人自体に基礎をおいたものなのである。団結体に認められる集団的な利益は単に，束ねられた個人の利益の集

---

[415] 西谷敏『西ドイツ労働法思想史論』（日本評論社・1987年）520頁以下。
[416] BVerfGE 4, 96.
[417] BVerfGE 38, 281, 303.
[418] レーヴィッシュ『現代ドイツ労働法』（法律文化社・1995年）41頁。
[419] レーヴィッシュ『現代ドイツ労働法』（法律文化社・1995年）41頁，西谷敏『労働法における個人と集団』（有斐閣・1992年）114頁。
[420] Rieble, Rn. 589.

積に過ぎない。

　cc）　しかし，その本質的な要素は，個人が労働条件と経済条件の向上のために，その意思によって他の者と団体を結成し組織しそれによって活動しようとする，個人の主体的な努力の中にあるのである。団結の自由にとって重要なのは，この限りで，集団結成に向けられた個人の自己決定なのである。これに対して，利害のある被用者と使用者との共同を可能にすることが実際上問題になる場合には，集団化が独自の価値を得る危険は避けなければならない。団結の自由は，個人に積極的または消極的な団結の自由を保護しているが，その結果，例えば，個人を組織強制から保護している。この限りで，基本法9条は，個人の自由権なのである。ショルツ（*Scholz*）教授が指摘しているように，9条3項は自由権を強化する基本法の基礎であって，自由を制限する基礎であってはならないのである。この限りで，二重の性格の見解は，適切ではない[421]。

　b）aa）　連帯の原理（*Solidaritätsprinzip*）を認めることによって，階層闘争的な労働法の考え方がしばしば主張される。集団と個人の限界は，集団的労働法の優位のもとに解釈されてきたし，今でもなお，一部では主張されているが，その結果，集団的労働法の優位が個人の契約自由への否定あるいはそれへのネガティブな判断につながることもあった[422]。個々の被用者の地位が集団的労働法によって本質的に向上されると考えるときには，集団の利益において個人が余儀なく犠牲を負うことも受忍されることすらあった。第二次世界大戦以来，労使関係の個人主義化は，その法的な関係を個人の意思によって規整する，労使関係のプロセスへと変貌させた。使用者に対して，被用者の考えをより実現したいと思うのであれば，ますます，集団と個人が衝突することもあるのである。

　労働法学者であり法制史家でもある，ノール（*Nörr*）教授も次のように述べている。

　「集団主義は，団結しない者の力の喪失をももたらす力の格差から，その

---

[421]　Zöllner AöR 1973, S. 80; Scholz, Koalitionsfreiheit, S. 135ff.; ders, RdA 1970, S. 210; ders, in: Maunz/Dürig, Art. 9 GG, Rn. 23; Zöllner/Loritz, Arbeitsrecht, § 8 IV 4e.

[422]　かつて，例えば，戦後，一定の労働条件の非組合員への適用を使用者に禁止することによって，組織強制が問題になった。

正統性を剥ぎ取とうとするものである。数と合意は（*Zahl und die Einigkeit*）敵対者の優位を解消する。力の格差が逆に，集団的な力が強者に対してではなく，弱者に向けられるならば，上の正当性は，失うものである。集団主義が，個人の無力さに根拠を置くのであれば，それは，個人を抑圧する力の形成のために，振りかざされてはならない[423]」と。

bb）個人が集団に対して犠牲になってはならないことを甘受することは許されない。なぜなら，個人の自由は，ドイツ法の法秩序の核心部分だからである。既に述べたように，その自由は，個人の行為の自由の表現として理解される憲法上の団結の自由を含んでいる。この基本法上の集団的な団結の自由を出発点に考えるとき，団結の自由が，個人法的考えからみて，その個人の自由の核心部分を制限しないかどうか，常に問われなければならない[424]。

3 法制定権限の授権（*Die Delegation von Rechtsetzungsgewalt*）

a）さらに，協約当事者の規範設定権限を説明するために，自治ではなく，その権限が国家の持つ法制定権力の授権に由来する，ということが論拠として持ち出される（授権理論 *Delegationstheorie*）[425]。授権とは，国家のある制度がもつ任務を遂行するための権限を他の機関へ移譲することをさす[426]。授権理論の根拠は，協約自治の原則に関して，国家がその法制定権限を協約当事者に委譲することにあり，このため，協約当事者がそれに委ねられた権限をその名において行使することにある，とみている[427]。これは前記の協約自治の原則を自治から理解する学説に対立している。

b）aa）しかし，授権理論は，適切な見解ではない。なぜなら，国家がそもそも国家に由来しない団結の任務や労働条件規整権限も保有するわけでは

---

423 Nörr, Die Leiden des Privatrechts, 1994, S. 13.
424 Hanau, NJW 1971 S. 1402.
425 Adomeit, Rechtsquellenfragen, S. 136; Gamillschek, AcP 164 (1964), S. 385 (399); Hueck/Nipperdey, Lehrbuch des Arbeitsrechts, II/1 S. 349f.; E. R. Huber Wirtschaftsverwaltungsrecht II, S. 432; Säcker, Gruppenautonomie, S. 243.
426 Vgl. Waltermann, Rechtsetzung, S. 116.
427 Vgl. Adomeit, Rechtsquellenfragen, S. 136; Gamillschek, AcP 164 (1964), S. 385 (399); Hueck/Nipperdey, Lehrbuch des Arbeitsrechts, II/1 S. 349f.; E. R. Huber Wirtschaftsverwaltungsrecht II, S. 432; Säcker, Gruppenautonomie, S. 243.

ないし，このため，国家がもつはずのない権限を協約当事者に授権することもできないからである[428]。また，労働条件と経済条件を規整づけることが本来国家の任務であると自然法的に考えることも，近代法上は不可能だからである。

労働協約法によっては，自治的な規整に対して，法律と同じような効力，直接的かつ強行法的な効力が認められている。これによって，立法者は，自治の領域で形成される規則の実現の一方法を定めるだけである。これは，国家が国家の高権を誰かに委ねるというものではない。私的自治の原則は，付与されるものではなく，国家が，これを追認したものにすぎない。同じことは，協約自治の原則にもいえる。立法者は，私的自治の原則の保障によって，契約当事者に対し，立法者に義務づけられていた任務を授権したわけではない。協約自治の原則もまた同様なのである。

bb）確かに，労働協約の規範的効力は，労働協約法から生じている。つまり，労働協約法4条1項によれば，「労働関係の内容，締結，終了を定める労働協約の法的規範は，労働協約の効力範囲にある協約拘束を受ける者に対し，直接的かつ強行的に適用される」と規定される。しかし，この規定をもって，労働協約の権限が，法律によって授権されたと説明するには，無理がある。労働協約法は，直接的かつ強行的効力によって，法的強制を可能にし，これによって，元来協約当事者に保持されていた労働条件ないし経済条件の形成の可能性を実現しようとするものにすぎない。つまり，労働協約の直接的かつ強行的な効力は，締結された労働協約の条項の実効性をあげるための手段にすぎないのである。協約法の立法者は，これによって，基本法9条3項によって企図される労働生活の自治的な秩序（*autonome Ordnung des Arbeitslebens*）を実現しようとするだけなのである[429]。

以上から，協約の自治の原則は，国家によって付与されるのではなく，協約当事者の意思によって創造されるものである[430]。

---

[428] Waltermann, Rechtsetzung, S. 121.
[429] BVerfGE 4, 86（106）; 18, 18（26）; 28, 295（305）; 44, 322（341）; 44, 322（341）; 44, 322（341）.; Biedenkopf, Grenzen, S. 102ff.
[430] Picker, Tarifautonomie in der deutschen Arbeitsverfassung, S. 21f.

4 成果・能力主義賃金に関する労働協約の実際

a) 多くの労働関係では，協約上の賃金と並んで，その上乗せとして，個別的に交渉されまたは事業所レベルで交渉され決定される協約外賃金が規定される。産業別労働協約において同一産業内での企業間で，賃金の格差が生じるものではないことは周知の通りである。その代わりに，その協約内賃金の上乗せにあたる，追加的な協約外賃金によって，企業間または被用者間での賃金格差が，生じさせられることも，また事実である。協約外の賃金は使用者にとっては景気に対するフレキシビリティーをもたらす決定的な長所があるといわれる。協約外賃金の支払いは同時に，追加的な労務の給付に対するモチベーションをもたらし，そして，使用者の意味における企業環境の改善を可能にするのである。これによって，使用者は，特に有能な被用者にとって，企業への拘束力を強め，企業内での集団に個人間の格差を生じさせようと企てている。

b) aa) 70年代から，協約外の給付や協約外職員について賃金形成すべきことが労働組合の課題となっていた[431]。90年代には，ドイツ最大の労組，金属労組 (*IG-Metall*) は，成果・能力給の問題に対処するため，労働者 (*Arbeiter*) と職員 (*Angestellte*) を対象としてその傘下組合の賃金ないし給与労働協約 (*Lohn-und Gehaltstarifvertrag*) を改定させている[432]。新しい賃金政策に改定することで，変化しつつある企業の企図と経済社会に対応させようとするものである。同時に，90年代には，機能不十分性が叫ばれている事業所協議会の役割に労働組合が援助する政策をとり始めている[433]。これらの90年代にも，金属労組 (*IG-Metall*) の協約政策は次のようなものである。

第一に，協約グループへの被用者の格付け (*Eingruppierung*) を取り上げ，労働組合が協約によってその協約グループの要件の見直し・再定義を行う。

---

[431] Kurz-Scherf, Die Mitbestimmung, 1983, S. 375ff.; Kiausch, AiB, 1988, S. 246f.; Fehrmann und Scholz, WSI Mitteilungen, 1980, S. 367; Schneider, WSI Mitteilungen, 1980, S. 375.

[432] Vlg. E12, IGM GT 1986, S. 68.

[433] 金属労組 (*IG-Metall*) のツヴィッケル (*Zwickel*) 氏は，「事業所協議会がその役割を十分には一度も果たしていない」と述べつつ，「枠組み協約と一般協約は事業所協議会と (…) 被用者のために援助しなければならない」と述べている (Zwickel, Der Gewerkschaftler, 1/1991, S. 12)。

これは，それまで，事業所協議会は，その法的規定にもかかわらず，金属労組（IG-Metall）の認識によれば，十分に協約グループへの格付けについて限定的な役割しか担ってこなかったため，これを改めようとするものなのである。これによって，労働力の内容，質，被用者の教育に応じた公正な格付けを行おうとするものである[434]。

第二に，なすべき労務の給付（*Soll-Leistung*），人員の配置，給付の条件についての合意を図ろうとしている。これを労働協約において行おうとしている。もちろん，成果を厳密に規定することの困難にも直面しているという[435]。

第三に，事業所協議会にいくつかの事業所の問題を解決させるために，労働組合と事業所協議会の役割分担に関するコンセンサスを再認識することを図っている。

第四に，成果給とは関係ないが，協約化される女性が最低の賃金グループに位置づけられることが多く，あるいは女性が低い賃金グループに位置づけられているため，その差別の解消に取り組んでいる。また，労働者と職員の差別の解消にも取り組んでいる。

これらによって，金属労組（IG-Metall）は，失業率の高く実質賃金が減少している時期に，組合員の維持・確保を図っているとされる。80年代，金属労組（IG-Metall）が労働時間短縮・ワークシェアリングによって，雇用の拡大を図ってきたが，これとは異なる手段・賃金政策によって，労働組合員に魅力的な手段を提供しているのである。

bb）一方，化学労組も，さまざまなレベルでの賃金の問題を取り上げている。賃金の格差を縮小するため，成績加給の賃金額の変動額を30％にとどめることを規定している。これは，変動額・格差が著しいときには，労働強化の結果，被用者の身体が危険にさらされるからである。

化学労組では，他方で，協約外給付が，組合員の利益と組合に対する拘束力のための道具として利用されている。賃金上昇の手段としても位置づけられている。一般のホワイトカラーより高い賃金を支給される専門的労働者に対しても，成果・能力主義賃金が労働協約によって給付されている。

---

[434] Tondorf, Modernisierung der industriellen Entlohnung, Berlin, 1994, S. 127.
[435] Tondorf, Modernisierung der industriellen Entlohnung, Berlin, 1994, S. 127.

c) aa) こうしたことから，現在の賃金政策について成果・能力主義賃金との関係では，次のようにいえる。

第一に，協約グループへの被用者の格付け（*Eingruppierung*）の要件の確定を常に試みている。賃金グループへの格付けの要件は，わが国でいう職能給における昇格要件にあたる。賃金の直結する格付け要件を見直すことで，正当な格付け，賃金の正当な保障を可能にしている。ただし，協約内賃金と関わる。

第二に，成果・能力主義賃金のための要件，その額を定める労働協約で定める労働組合がある。この傾向は，これらのドイツを代表する組合に限られず，ドイツ郵便労働組合も使用者団体との間で，成績加給に関する額の定めをおいている[436]。

第三に，特に，変動額についても労働協約に定められる。協約外賃金の額は，集団的契約においてあるいは個別的な労働契約において個々の給付グループの間で変動する。協約外賃金を含めた賃金全体では，6.1％から10.1％変動している[437]。これらの成果・能力主義賃金のレベルでの賃金問題は，70年代と同様に依然として問題であり，協約法の議論の対象にもなっている[438]。成果・能力主義賃金の問題，特に給与の問題に対しては，労働組合と使用者との間での労働協約が規整しているのである。

さらに，興味深いのは，労働組合と事業所協議会の権限の分配である。労働組合と事業所協議会の権限の分配は，事業所組織法87条1項および77条3項において定められる[439]。これは，以下の5において詳細に述べられている。しかし，成果・能力主義賃金の額については，労働協約が規定し，協約上の規定がある限り事業所協定が基本的に規定することはないし，また，規定することは許されない。賃金上昇の手段としても，また，従業員間での賃金格差の縮小の手段としても，労働協約が一定の役割を果たしているので

---

[436] Tarivertrag für die Leistungszulage（Deutsche Post）.
[437] WSI-Mitteilung, 1997, S. 119.
[438] Kurz-Scherf, Die Mitbestimmung, 1983, S. 375ff.; Kiausch, AiB, 1988, S. 246f.; Fehrmann und Scholz, WSI Mitteilungen, 1980, S. 367; Schneider, WSI Mitteilungen, 1980, S. 375.
[439] 毛塚勝利「組合規制と従業員規制の補完と相克」蓼沼謙一編『企業レベルの労使関係と法』（勁草書房・1986年）213頁，221頁以下。

ある。これは，協約の役割が単に人事考課の基準を定めるにとどまらないということを意味している。協約外賃金の政策を通じて，労働組合が経済社会の変化に対応しようとし，労働組合員をとどめようとしているのである。

bb) こうした協約の上乗せにあたる〈協約外の領域〉を労働協約が締結する原因は，いくつか考えられている。

労働協約が産業別に画一的に締結されるのが通常であるため（つまり，自動車産業に属する金属産業の場合，その産業および地域に統一的・画一的な賃金額が定められる。同一産業・地域の自動車産業のA社およびB社との間で賃金の格差が生じない），企業間あるいは被用者間での格差をつけるのが難しいことがあげられる。賃金の格差をさまざまなレベルで達成させることが目的なのである。同時に，使用者の側には，景気によって変動できる部分を作り出したいという企図もある。これによって，賃金のフレキシビリティーを確保しようとするのである[440]。

また，協約外賃金の支払いは，労務の給付に対するモチベーションをもたらし，企業への拘束力を強める。企業内で個人間の格差によって，仕事に対するモチベーションを向上させるのである[441]。

5 事業所組織法による労働協約の優位（協約自治と私的自治の原則の優位）

a) aa) 事業所組織法87条1項は，「法的または協約上の規定が存在しないときは，共同決定権が事業所協議会に認められる」と規定している。この規定の目的は，事業所協定が協約上の権限に抵触する場合，基本法9条3項に基づき，協約自治の原則と協約上の規定の保護を優先することにある[442]。ただし，法的または協約上の規定が存在しないときに限り，その労働条件を事業所協定で規定できる，としている（事業所組織法87条1項）。

これと並んで，事業所組織法77条3項は，協約上の規定が存しないときに，やはり，使用者と事業所協議会との共同決定（事業所協定の締結）を禁

---

[440] Däubler, Tarifvertragsrecht, 3. Auf., Baden-baden, Rn. 575.
[441] Däubler, Tarifvertragsrecht, 3. Auf., Baden-baden, Rn. 575.
[442] v. Hoyningen-Huene/Meier-Kreutz, Mitbestimmung trotz Tarifvertrages?, NZA 1987, S. 793（796）.

第4節　協約外賃金に関する被用者の自己決定の可能性

止している（遮断効と呼ぶ）。事業所組織法77条3項によれば，「労働協約によって規定され，または規定されるのが通常である，賃金及びその他の労働条件は，事業所協定の対象になり得ない」と規定している。

ここで注意されるべきなのは，事業所組織法77条3項が事業所組織法87条1項と異なり，労働協約によって（…）規定されるのが通常である」という文言を挿入していることである。事業所組織法77条3項はこの規定も協約自治の原則を保障し，団結体の機能を保障している。事業所組織法87条1項と77条3項の規定は，共通して，事業所のパートナーの権限を，協約自治の原則を理由に，制限している。これらの規制対象は，互いに重なるものであるが，両者の規定は同一のものではない。その差は，事業所協定上の規定が「労働協約で通常」規定されるものである場合，事業所組織法77条3項によれば，労働条件に関する事業所協定の規制権限は遮断され，認められないというところにある。

「通常規定される」とは，ある事項が少なくとも一度は労働協約の対象であったが，それが将来的にも協約上規定されると推定されるとき，であると理解される[443]。例えば，協約が解約された（その結果，現在協約上の規定が存しない）が，協約の余後効が生じ（労働協約上の規定がその後も存続し）ている場合が，これにあたると解されている[444]。事業所協定によって規定される出来高労働の場合の保養休暇（*Erholungszeiten bei Akkordarbeit*）が解約された賃金枠組み協約（*Lohnrahmentarifvertrag*）に規定されていた場合，連邦労働裁判所は，その規定が通常協約によって規定されるものと判断し，遮断効を認めている[445]。これにより，事業所協定によって保養休暇について当該事業場において定められないことになる。

bb）通常協約で規定される場合，双方の法律上の規定の効力領域には差異が生じる。事業所組織法77条3項は，ある規定が協約で規定される場合には，事業所自治が制限される，と規定している。これによれば，ある規定が協約上の規定に通常規定されるときには，事業所組織法上の遮断効が生じるのである。しかし，事業所組織法87条1項の規定は，さらに，事業所組

---

[443] v. Hoyningen-Huene/Meier-Kreutz, NZA 1987, S. 795.
[444] v. Hoyningen-Huene/Meier-Kreutz, NZA 1987, S. 795.
[445] BAG Beschluss v. 24. 2. 1982 NZA 1987, S. 639.

織法77条3項に対する特別な規定であると解するときには（優先理論），77条3項が適用されない結果となる。

そこで，ある規定が協約上の規定に通常規定される場合にも，共同決定権が認められないかどうかが，判例・学説において争われる。そして，これらの二つの事業所組織法上の規定を整合的に解釈することが重要となる。

b）aa）　連邦労働裁判所は，既にある協約上の規定によって被用者の十分な保護が存在しているときには，共同決定権はないものと解している。事業所組織法87条1項の規定は，さらに，事業所組織法77条3項に対する特別な規定であると解している（優先の原則 *Vorrangprinzip*）[446]。

しかし，この連邦労働裁判所の見解には，賛成しがたい。なぜなら，この見解に従うと，事業所組織法87条1項の規定が，事業所組織法77条3項に対して優先的に適用される結果となる。事業所組織法77条3項は，協約上の規定が通常あるべきときさえ，適用がないことになる。このため，論理的には，協約に現に規定が存しなければ，事業所協定の定めができることになってしまう。この結果，事業所組織法77条3項による遮断効の目的が，事業所組織法87条1項の規定領域には，意味を持たないことになってしまう。実質的な労働条件の場合，遮断効の規定が空洞化してしまうことになる[447]。そこで，ある規定が協約上の規定によって規整されるのが通常であるときにも，事業所組織法77条3項が適用される結果，遮断効が生じ，共同決定権は認められるべきではない（二重の制限理論 *Zwei-Schranken-Theorie*）[448]。

bb）　フロマドカ（*Hromadka*）教授によれば，立法者が，労働組合と事業所協議会の権限の分配を明確にするために，協約上通常規定される場合でも，「その性質上最低労働条件にあたる，協約上の賃金とその他の労働条件に関

---

[446]　Birk, EzA, § 87 BetrVG Initiativrecht, Nr. 2, S. 32; Matthes, MünchArbR, § 327 Rn. 70f.; Reuter, SAE, 1976, S. 17; Säcker, ZfA 1972 Sonderheft, S. 64f.; Weiss, DB 1973, S. 1240（1247）; ders, BetrVG, 2. Aufl., 1980, § 77 Rd. 10; Reuter, SAE 1976, S. 17f.; TK-Löwisch, § 77 Rn. 46; Das BAG, NZA 1987, S. 639.

[447]　v. Hoyningen=Huene/Meier=Kreuz, NZA 1987, S. 797.

[448]　結果同旨Dietz-Richardi, § 77 Rdnr. 180; Fitting-Auffarth-Kaiser-Heither, § 87 Rdnr. 7; Galperin-Löwisch, § 77 Rdnr. 76; Wiedemann-Strumpf, § 4 Rdnr. 280, Wiese, in GK-BetrVG, § 87 Rdnr. 28.

しては」事業所協定の締結を排除させようとしている。労働協約法の制定の審議にあたって、労働組合と事業所協議会が競合している場合、労働組合を優先させた[449]。ワイマール期には、多くの使用者が、労働協約の期間満了を悪用し、事業所協議会と共同して特に労働時間規制について悪化させていた。そして、協約法はこうした事態を阻止しようとしているのである。労働協約法は、「労働協約の期間の経過後、その法的規範は、それが他の条項によって置き換えられない限り、さらに存続する」と規定し（労働協約法4条5項）、いわゆる、労働協約の余後効を予定しているが、これはこうした歴史的な経緯によるのである。事業所組織法77条3項における遮断効も、同様に、この協約自治の保護の思想に由来する。

cc) これに対し、連邦労働裁判所は、協約はないが協約によって通常規定されるとき、これらが共同決定事項であるときには、実質的労働条件についても、労働協約当事者による労働条件に関する自治規整を排除している[450]。しかし、結果的には、連邦労働裁判所は、これらの場合に、協約による労働条件ないし経済条件の規整が、その都度の事業所の特性に指向し経済全体を考慮しない事業所協定上の規定によって、法律以前の議論として一定の意図しない方向へ置き換えられうる、という認識に移行してしまっている。そこからは、事業所協定による共同決定の可能性が拡張されている。これは、立法者の意思に矛盾することを意味する[451]。

dd) 連邦労働裁判所の見解によっては、事業所協議会の地位が強化されることが帰結される。にもかかわらず、連邦労働裁判所は、協約自治に比して事業所自治を強化することを十分に根拠づけるものではない。しかし、事業所協定は、労働協約の期間満了後、規定できるとしたら、結果的には、労

449　Hromadka, DB 1987, S. 1991 (1993).
450　Hromadka, DB 1987, S. 1994.
451　さらに、事業所組織法112条1項によれば、「事業所組織法77条3項は社会計画には適用されない」と規定される。つまり、社会計画の場合には遮断効は生じない。事業所組織法112条1項は、明示的に77条3項の例外をなしている。連邦労働裁判所は、112条1項を考慮して、事業所協定を適用している。しかし、立法者が、77条3項の例外規定として――112条1項4項を社会的計画のために創設したのであれば、こうした明示的な規定のない87条1項は、――判例に反して――特別規定ではないのである。つまり、事業所組織法87条1項が特別規定であるという根拠をあたえるものではないのである。

働条件の変更手段になってしまうことから，その考えには問題が多いのである[452]。根拠のない事業所自治の強化によっては，協約自治の空洞化の危険も生じる。基本法9条3項からは，協約自治の優位の制限のための根拠を与えるものではなく，基本法9条3項は，協約当事者に対し，協約自治の原則を労働条件ないし経済条件を規整する原則的な手段として保障しているのである。以上のことから，労働協約の期間が経過した場合，遮断効が生じ，事業所協定は定められない，と解するのが，自然である。このため，連邦労働裁判所の見解には賛成しがたい。

小 括

協約当事者の法制定権力は私的自治による原則に従うものである。協約自治の原則は，組合員資格を取得することによって，協約への拘束力が根拠づけられることに由来する。協約自治の原則は，団結権が，国家による法制定権力から自由な領域として，労働者の生活に関わる秩序を作り出すことを個人に対し憲法上保障されている。このため，協約自治の原則は，法制定力の権限の授権（*Delegation*）によって基礎づけられるのではなく，憲法上保障されている集団的自治の原則にしたがって，契約による労働条件そして経済条件の規整可能性によって，基礎づけられる。したがって，労働協約は私的自治の規整手段として妥当する。

事業所組織法87条1項と77条3項は，事業所協議会の権限が労働組合の権限に比して劣位する，ということを規定している。協約上の規定が存在しているかあるいは協約が規定するのが通常である場合には，事業所協議会の共同決定は認められないと解される。この限りで共同決定権は後退するのである。このことは，法律のなかで明示的に現れている（事業所組織法77条3項）。そしてその法律で定められた遮断効によっても，協約自治の原則は，事業所自治の原則に対して保護されなければならないのである。これに対して，企業においては，多くの場合，──ときおり，事業所組織法77条3項に違反して──賃金額が定められている。事業所協定は，繰り返しすでに述べたように，他律的な規整手段であるのに対し，協約自治の原則は自治的なも

---

[452] Hromadka, DB, 1987, S. 1991, 1994.

のである。自治的な労働協約上の規整の適用領域は，他律的な事業所協定によって侵害されてはならない。そうでなければ，他律的な事業所協定による集団的な保護は，協約自治の原則と私的自治の原則の空洞化を導くのみだからである。この限りでは，私的自治的な労働協約が他律的な事業所協定によって置き換えられてはならないのである。それは自治という概念への挑戦に他ならないからである。

四　私的自治による賃金形成

1　私的自治の基本法上の保障
a）　私的自治の原則は，連邦通常裁判所の判例によれば，「法律関係を個人の意思に従って自ら形成する」という原則である。基本法は私的自治の原則の基本権を含むものではない。しかし，国家は，私的自治の原則とその枠組みのなかでの規整を原則的に尊重しなければならない。私的自治の原則は，基本法2条1項による一般的な行為の自由の発現である。このような方法で，基本法2条1項は法生活における個人の自己決定として私的自治の原則を保障する。この原則は，基本法によって法秩序に設定され実現する価値として認められている。私的自治の原則の重要な一部分が契約自由の原則である。第一に，個人は，私的自治の原則の領域において，契約を締結するかどうか，誰と契約を締結するか（契約締結の自由）を決定しうる。第二に，その契約の自由の原則によれば，当事者は，その債権関係において，その給付内容を内容上自由に形成しうる（内容形成の自由）。私法的な秩序の基本原則の枠組みにおいて，私的自治の原則は，法律関係の創造的な形成においては，「自己支配」の承認を意味している[453]。19世紀以来，私的自治の原則は，自己決定の手段として理解される限り，その後も，人間の自己決定と自己責任は，私法の構成要素としても，妥当するものである。自己決定と自己責任は契約の自由なくしては考えられない[454]。

こうしたことは，基本権と一致するものである（基本法2条1項，12条お

453　Flume, Allgemeiner Teil des Bürgerlichen Rechts, 3. Aufl. Bd. 2, Berlin, Heidelberg, New York, 1979, § 1, 4.
454　Zöllner, Die politische Rolle des Privatrechts, JuS 1988, S. 329（336）.

よび14条参照)。「基本法12条が自由で必要な領域を認める，職業的な活動は，働く人間の人格的発展に寄与するだけでなく，特に，大部分の市民に対しその生存への経済的な基礎を与える可能性を保障するのである。このために通常必要なのは，一時期または一定期間，『拘束（Bindung）』に入ることなのである。市民法の枠内では，この拘束は，典型的には契約によって行われる。そこでは，双方の契約当事者は交換的にその職業的行為の自由を制限しあうが，それはむろん，条件づけられた反対給付の交換によってである。私的自治の原則と自由な社会秩序の構造要素にもとづいて，契約当事者は，法的関係を自らの責任で形成するのである。契約当事者は，その利益を相当に調整するように，自ら決定し，これによって，その基本法上保護された地位を国家の強制を受けることなく処分するのである。国家は，私法秩序の枠内で行われる規整を原則として尊重しなければならないのである[455]。」

　私法が問題になる限り，憲法は，労働関係を私的自治の原則にしたがって自己決定的に基礎づけ，内容上形成する自由を保障している。ここでは，自己の事柄に関する自己形成と本来の意味での自治が問題になる。この限りで，私的自治の原則は真の私法上の指導原理なのである。しかし，労働法では，被用者が使用者に従属するとの強い懸念があることから，私的自治の原則が経済社会においても妥当しうることを示されなければならないのである。つまり，労働契約において真に自由に形成しうるか，または，個人がその意思に従ってその法的関係を形成しうるかが，実際の経済関係を考慮して，見定めなければならないのである。そこで，マクロ経済学の認識および人事実務の認識を基礎に，法秩序が労働関係において私的自治的な法形成を許すことができるかどうか，以下で考察される必要がある。

　b)　競争は，企業においてはコストの低減への努力において強化される。これは，契約条件が可能な限り不利に形成されるということを意味せず，企業の生産性は下がらないことを前提としている。なぜなら，労働条件が被用者の成果に対するモチベーションを害し，それによって労働の生産性が企業において低下するとき，賃金の低下が企業の収益の増加につながるものではないからである。このため，使用者は，賃金，特に，能力・成果主義賃金を

---

[455]　BVerfGE 8, 274 (328)=NJW 1959, 475; BVerfGE 12, 341 (347)=NJW 1961, 1395; BVerfGE 70, 115 (123).

高く維持することに関心を抱いている⁴⁵⁶。実際上，モチベーションを高める手段として，使用者は市場賃金より高い賃金を実際上支払っている⁴⁵⁷。適切な賃金額は労働契約によっては支払われない，といわれることがあるが，その格言は，上のような効率賃金が行き渡ることによって動揺している⁴⁵⁸。成績加給や手数料，プレミアムのような能力・成果型の協約外給付は，実際の企業の人事実務では，使用者が従業員に対してモチベーションを提供し，被用者に対して仕事の生産性と仕事のモラルをもたらす。ある研究では，被用者は，賃金の差異化を生じさせる能力・成果主義賃金によって，自らが正しく扱われていると感じている，という⁴⁵⁹。他の言葉でいえば，被用者は，個人的に提供された給付に対応した成果賃金を受け取ることで適切と感じているのである⁴⁶⁰。

c）　企業の観点からすれば，「被用者の賃金に関する経済的に適切な決定は，企業主のみが行いうる。企業主は，どの程度その労働力が企業主にとって価値のあるものかどうか，を自らの観点から決することができるからである⁴⁶¹。」市場の機能不全に関する典型的な考え方は，使用者が労働契約を締結するにあたっては，既に述べたように，被用者に対してプレッシャーを受けている，という点を見過ごしている。使用者は，質の高い労働力を可能な限り企業にとどめようとし，これによって，使用者は，企業にとって意味のある教育ある被用者の喪失による損害を最低限にしようとするのである⁴⁶²。

456　Vgl. Sesselmeier, Arbeitsmarkttheorie, S. 99f.; Weinberg, Neue Arbeitsmarkttheorien zur Erklärung der Arbeitslosigkeit in Deutschland in kritischer Reflexion, S. 21.
457　Sesselmeier, Arbeitsmarkttheorie, S. 99; Weinberg, Neue Arbeitsmarkttheorien zur Erklärung der Arbeitslosigkeit in Deutschland in kritischer Reflexion, S. 21f.; Bellmann und Kohaut, Betriebliche Determinanten der Lohnhöhe und der übertariflichen Bezahlung, MittAB 1995, S 62（63 f.）; Möschel, ZRP 1988, S. 48; Zöllner, NJW 1990, S. 4, 6.
458　Vgl. 第2章第4節二の 6 。
459　Sesselmeier, Arbeitsmarkttheorie, S. 99f.; Schnabel, Die übertarifliche Bezahlung, 1994, Köln, S. 16; Weinberg, Neue Arbeitsmarkttheorien zur Erklärung der Arbeitslosigkeit in Deutschland in kritischer Reflexion, S. 21f.; Bellmann und Kohaut, Betriebliche Determinanten der Lohnhöhe und der übertariflichen Bezahlung, MittAB 1995, S. 63f.; Möschel, Arbeitsmarkt und Arbeitsrecht, ZRP 1988, S. 48.
460　Sesselmeier, Arbeitsmarkttheorie, S. 99f.; Weinberg, Neue Arbeitsmarkttheorien zur Erklärung der Arbeitslosigkeit in Deutschland in kritischer Reflexion, S. 21f.
461　Zöllner, ZfA 1994, S. 434.

他方で，被用者は，要求過剰な精神的な労働と優れた給付の結果，より高い賃金を請求できる地位におかれる。伝統的な労働法では使用者に従属する，という被用者も，実際には，使用者の期待にもとづいて，より有利な労働条件を求めることができる。被用者が契約条件の内容に影響を与える実際の可能性を有するという場合，被用者が特に職業上の能力にしたがった「市場力」を有しているのである。被用者自体も，交渉と能力によってその自らの利益を契約内容に関して追求する可能性を有している[463]。この限りでは，契約上の地位の不均衡は存在しない。賃金規整に関する労働契約当事者間で個人の自己決定の可能性が保障されている場合には，事業所協定のような労働契約当事者の私的自治的な契約形成の可能性を害する理由はない[464]。こうした理由から，労働法は，私的自治的な契約形成と市場経済に有利なように今日の経済における規整を現代化しなければならない。

2 共同決定の弾力性？

これに対して，共同決定のような集団的規整は，モチベーションとそれによる生産性を考慮するのが難しい。ツェルナー教授は次のように指摘している。

「労働協約と事業所組織法によって強行法的に設置される事業所の共同決定によって，賃金決定が今日標準化される (*durchnormiert*) ということがもたらされる。この標準化が完全な自由の排除に導き，労働力の生産要素を評価する場合に市場力の弱体化をもたらし，能力賃金制度でない場合，(…) 同一の賃金グループ内で異なった能力を有する被用者間でも，多くの点にお

---

[462] Kreßel, Einflüsse des Arbeitsrechts, S. 195.
[463] 結果同旨 Zöllner, AcP 176 (1976), S. 242 ; ders, JuS 1988, S. 336; ders, NJW 1990, S. 7; Joost, ZfA 1993, S. 276f.; Junker, NZA 1997, S. 1307f.; Möschel, ZRP 1988, S. 51; Hanau, Deregulierung des Arbeitsrechts, S. 22; Picker, „Regelungsdichte und ihr Einfluss auf die Beschäftigung", S. 214; Preis, Grundfragen der Vertragsgestaltung, S. 21; Wittgruber, Abkehr des Arbeitsrechts, S. 84f., 86; H. Hanau, Individualautonomie, S. 87f.
[464] Zöllner, AcP 176 (1976), S. 242; Joost, ZfA 1993 S. 276f.; Möschel, ZRP 1988, S. 51; Hanau, Deregulierung des Arbeitsrechts, S. 22; Picker, „Regelungsdichte und ihr Einfluss auf die Beschäftigung", S. 214; Wittgruber, Abkehr des Arbeitsrechts, S. 84f., 86; H. Hanau, Individualautonomie, S. 87f.

いて市場の弱体化をもたらす。(…) 平等取扱い原則を一層道具化することによって，使用者が差異が設けたいときでも，労働裁判所によって使用者に均等な賃金・手当を形成せざるをえなくさせる[465]」。

　a) 事業所組織法の秩序において，事業所協議会が労働市場における成果に関連した賃金規定とその賃金額の設定について，必要かつ相当な帰結を導けるかが問題になる。しかし，統計によれば，事業所協議会の存在は，事業所での協約外の賃金制度の設定にわずかな役割しか果たしていないのに対して，その代わりに，転職による協約外賃金への影響が顕著であった。これによりわかるのは，共同決定のような集団的決定の制度が労働市場における賃金の向上に十分に機能しない，ということである[466]。協約外の賃金が外部的な要素とくに労働市場の要素によって定められ，共同決定によってではないのである。このため，賃金が団体的性格を有していることから，協約外賃金の規定を含めて事業所協議会での賃金形成が有意義に行われると，ロイター教授[467]が考えるのは，適切とはいえない[468]。ここでは，事業所の実務では個人にモチベーションを与えるモラル維持の手段としての意味を有している，という効率賃金に関する議論の出発点を忘れてはならない。効率賃金にみられる事業所での傾向は，契約形成にあたってのより多くの自由と被用者にとっての自己決定を意味している。というのも，労使双方は，使用者が生産的かつ効率的な被用者の仕事に従属していることから，ストライキ権とロックアウト権のような私的自治的な賃金形成可能性の圧迫の手段を有しているのと同様に，被用者が私的自治的な賃金形成可能性の圧迫の手段を有しているからである。さらに，協約外の賃金が外部的な要素とくに労働市場の

---

[465]　Zöllner ; NJW, 1990, S. 6.
[466]　Bellmann und Kohaut, Betriebliche Determinanten der Lohnhöhe und der übertariflichen Bezahlung, MittAB 1995, S. 73ff.
[467]　Reuter, RdA 1991, S. 196f ; ZfA 1993, S. 251f.
[468]　確かに，個人の賃金は，協約外給付の賃金を含めて，事業所内での同僚の賃金と給付との対比において一般的抽象的な賃金規整のもとで定められる。しかし，既に述べたように，個別的労働法は，労働契約上の画一的な規整（*arbeitsvertragliche Einheitsregelung*）と一般的労働条件（*Allgemeine Arbeitsbedingungen*）による集団的な労働条件の形成の可能性を知っている。共同決定は，他の被用者とある者の給付を比較しうる事実上一般的な規定にしたがって，使用者が賃金の形成を，行えるということのみによって，当然には正当化されることはない。

要素によって影響を受け，共同決定によってではないのである。それゆえ，新しい私法システムが市場指向とはいえない現在の労働法から，賃金額の向上のような労働関係の内容上の形成をめぐって自己決定と自己責任の目的に転換しなければならないということを，考えなければならないのである。

b) 私的自治の原則は，ツェルナー教授によれば，正当な価格決定の基礎であり[469]，そして，一般的な福利のための最大限である[470]。あらゆる法領域における私的自治の原則が重視されなければならず，需要と供給による自由な市場が一般的な福利を増すことに適しているという。労働法は，契約の自由なくしては考えがたいものになっているとされる[471]。契約の自由がないのは，他人決定そのものにほかならない。自己決定権としての私法は，労働法の重要な秩序原理であるべきであるという[472]。労働関係における集団的規整や保護法のような他人決定的な保護のメカニズムを正当化することが試みられるときに，既述のごとく，使用者に対する被用者の経済的な脆弱性を指摘することはもはや難しい[473]。最近50年の労働法と労働市場の変容によって，被用者の従属性が相対化されることを認識しなければならない。事業所協定のように交渉が集団化されると，個人主義化した被用者が，賃金や労働時間のような個人の労働条件の交渉の余地がなくなるからである。自己決定の原則においては，自らの意思にもとづく法的関係を形成させる可能性が想定される。法秩序の重要な原理の一つとしての自己決定の可能性は，労働関係においては，原則的に遮断されることが許されるものではなく，むしろ，促進され，そして，発展されなければならないのである[474]。「集団で

---

469 Vgl. Flume, Rechtsgeschäft, § 1, 6.
470 Zöllner, JuS 1988, S. 335.
471 Vgl. Zöllner, JuS 1988, S. 336.
472 Vgl. Zöllner, AcP 176 (1976), S. 242; ders, JuS 1988, S. 336; ders, NJW 1990, S. 7; Junker, NZA 1997, S. 1307; Möschel, ZRP, 1988, S. 51; Picker, „Regelungsdichte und ihr Einfluss auf die Beschäftigung", S. 195 (214); ders, NZA 2002, S. 762, 766f., 768 ; Wittgruber, Abkehr des Arbeitsrechts, S. 70ff., 86.
473 Zöllner, NJW 1990, S. 4.
474 Zöllner, AcP 176 (1976), S. 242; ders, JuS 1988, S. 336; ders, NJW 1990, S. 7; Junker, NZA 1997, S. 1307; Möschel, ZRP, 1988, S. 51; Hanau, Deregulierung des Arbeitsrechts, S. 22; Picker, „Regelungsdichte und ihr Einfluss auf die Beschäftigung", S. 195 (214); Preis, Grundfragen der Vertragsgestaltung, S. 21; Wittgruber, Abkehr des Arbeitsrechts, S. 70ff., 86; H. Hanau, Individualautonomie, S. 87f.

なく個人こそが憲法の指導原理なのである[475]」。このため，労働法は，個人の自己決定のチャンスが保障されるところでは，共同決定のような集団的権利の形成のために，排除されてはならないのである[476]。

---

[475] Junker, NZA 1997, S. 1318.
[476] Zöllner, AcP 176（1976), S. 242; ders, JuS 1988, S. 336; ders, NJW 1990, S. 7; Junker, NZA 1997, S. 1307; Möschel, ZRP, 1988, S. 51; Hanau, Deregulierung des Arbeitsrechts, S. 22; Picker, „Regelungsdichte und ihr Einfluss auf die Beschäftigung", S. 195 (214); Preis, Grundfragen der Vertragsgestaltung, S. 21; Wittgruber, Abkehr des Arbeitsrechts, S. 70ff., 86; H. Hanau, Individualautonomie, S. 87f.

第5節　共同決定の権限の限界

　a）　事業所協議会による共同決定は，連帯と集団的な利益の保護のための民主的な参加制度である。連邦労働裁判所によれば，事業所協議会の労働条件規整権限（＝共同決定権）が原則的に，従業員共通の集団的な利益を実現するときに，正当化される，と判示している[477]。すでに述べたとおり，被用者の従属性によって基礎づけられる事業所のパートナー（使用者と事業所協議会）の規整権限の正当化の仕方・根拠は，多くの点で現在動揺をみせている。疑問なのは，賃金規整に関する事業所の共同決定権の保護・調整機能が妥当するかどうかである。事業所協議会を正当化する民主制の原則が，必然的な帰結として，成果・能力主義賃金制度とその額の規整に関する権限を正当化することができるかどうかは，明確ではないのである。連邦労働裁判所によってなされる共同決定権限の拡大は，個人の自由の形成可能性を遮断することから，事業所のパートナー（使用者と事業所協議会）の作りだす事業所自治が個々の被用者の自己決定権を阻害する，というリヒャルディ教授の学説と対立することになる[478]。

　b）　契約自由の原則が次第に重要になるにつれて，むろん，どの範囲で，共同決定が，賃金規整に関する相当な利益調整のために必要かつ相当に正当化されるのか，明確でなくなりつつある。他の言葉で言えば，成果・能力給の場合，事業所協議会の参加によってなされる共同決定が使用者の一方的な決定を排除するために，必要かつ適切であるのか，疑問が持たれつつあるのである。前節での論争によれば，どの規整領域なら，集団的な利益が（個人

---

[477]　BAG Beschluss v. 18. 11. 1980 AP Nr. 3 zu § 87 BetrVG 1972 Arbeitszeit; BAG Beschluss v. 2. 3. 1982 AP Nr. 6 zu § 87 BetrVG 1972 Tarifvorrang; BAG Beschlußv. 8. 6. 1982 AP Nr. 7 zu § 87 BetrVG 1972 Arbeitszeit; BAG Beschluß v. 8. 11. 1983 AP Nr. 11 zu § 87 BetrVG 1972 Arbeitszeit; BAG Beschluß v. 27. 12. 1987, AP Nr. 18 zu § 87 BetrVG 1972 Arbeitszeit; BAG GS Beschluß v. 3. 12. 1991 AP Nr. 51 zu § 87 BetrVG 1972 Lohngestaltung（unten C Ⅲ 3b）.

[478]　Richardi, ZfA 1990, S. 211（239）.

の利益に）優先されなければならないのか，そして，その結果，どの程度，事業所協定の締結によって行使される共同決定が個別法的な自治に優先されるかが，明らかでない。そこで，本節では，事業所自治と私的自治の間の限界を策定することに主眼をおくことにする。どの程度であれば，共同決定の存在が労働契約当事者の私的自治の原則を制限することが許されるのかを検討する。規整領域の限界づけは，集団的労働法の重要なテーマの一つとしてみられている。問題は，連邦労働裁判所の説示するように，集団的な利益代表（＝事業所協議会）が，集団的な利益の保護に役立つときに，正当化されるか，というものである。連邦労働裁判所の説示するこのいわゆる「集団的利益論」も，検証すべきことになる。

一 事業所自治の限界基準としての集団的利益（*kollektives Interesse*）

1 賃金構造についての集団的利益

この事業所協議会の労働条件の規整権限が，いかなる範囲で正当化されるか，という問題は，多くの教授資格論文・学位取得論文において今なお挑戦される[479]，ドイツ労働法学上の難問である。この問題について，労働法学のアプローチとしては，単なる制定法の個別的な解釈・立法論より，むしろ，労働市場と労働法の関係，公法や私法の法理など，法源論的に問うのが，ドイツ労働法学の主流である。法源的に実質的に正当化されなければ，事業所協議会の労働条件の規整権限が実質的に基礎づけられないのである。この点について，連邦労働裁判所によれば，事業所協議会の労働条件規整権限は，それが原則的には，従業員共通の集団的な利益を実現するときに，正当化される，と判示している[480]。以下では，この法理をめぐる判例・学説の展開

---

[479] Aksu, Regelungsbefugnis der Betriebsparteien ; H. Hanau, Individualautonomie ; Kreutz, Grenzen der Betriebsautonomie; Veit, Zustandigkeit des Betriebsrats; Richardi, Kollektivgewalt; Reichold, Sozialprivatrecht; Rieble, Arbeitsmarkt und Wettbewerb; Waltermann, Rechtsetzung.

[480] BAG Beschluss v. 18. 11. 1980 AP Nr. 3 zu § 87 BetrVG 1972 Arbeitszeit; BAG Beschluss v. 2. 3. 1982 AP Nr. 6 zu § 87 BetrVG 1972 Tarifvorrang ; BAG Beschluß v. 8. 6. 1982 AP Nr. 7 zu § 87 BetrVG 1972 Arbeitszeit; BAG Beschluß v. 8. 11. 1983 AP Nr. 11 zu § 87 BetrVG 1972 Arbeitszeit; BAG Beschluß v. 27. 12. 1987, AP Nr. 18 zu § 87 BetrVG 1972 Arbeitszeit; BAG GS Beschluß v. 3. 12. 1991 AP Nr. 51 zu § 87 BetrVG

を論じる。

a) 集団的利益の概念（判例）

aa) 連邦労働裁判所の確定した判例は，事業所協議会が共同決定権の行使によって追求できるこれらの利益（集団的な措置によって保護される利益）を被用者の集団的利益（*kollektives Interesse*）[481] と呼んでいる。判例は，従業員の集団的な利益に役立つ限りで，事業所協議会の労働条件の規整権限が正当化される，と繰り返し判示している[482]。

その集団的利益とは，事業所における従業員に共通の集団的な利益をさし（例えば，安全衛生・労働環境に関わる利益），その従業員の利益をこえた「全体的利益」（例えば，一般的な地球環境保護[483]）とは，区別されている。

これに対して，立法過程当初から，共同決定は，個別的措置が問題になる場合で，ある被用者の労働条件がそれらに関わる特別の特質や事情を考慮して規制されることが問題になるとき，排除される[484]。ドイツ法上，共同決定の必要な集団的な措置（例えば，ある被用者の労働条件が複数の他の被用者の労働条件との比較において集団的に形成されるという場合）と共同決定から自由な個別的な措置とは区別されているのである。これによっては，共同決定

　　 1972 Lohngestaltung（unten C III 3b）．

[481]　BAG Beschluss v. 18. 11. 1980 AP Nr. 3 zu § 87 BetrVG 1972 Arbeitszeit; BAG Beschluss v. 2. 3. 1982 AP Nr. 6 zu § 87 BetrVG 1972 Tarifvorrang; BAG Beschluß v. 8. 6. 1982 AP Nr. 7 zu § 87 BetrVG 1972 Arbeitszeit; BAG Beschluß v. 8. 11. 1983, AP Nr. 11 zu § 87 BetrVG 1972 Arbeitszeit; BAG Beschluß v. 27. 12. 1987 AP Nr. 18 zu § 87 BetrVG 1972 Arbeitszeit; BAG GS Beschluß v. 3. 12. 1991 AP Nr. 51 zu § 87 BetrVG 1972 Lohngestaltung（unten C III 3b）．

[482]　BAG Beschluss v. 18. 11. 1980 AP Nr. 3 zu § 87 BetrVG 1972 Arbeitszeit; BAG Beschluss v. 2. 3. 1982 AP Nr.6 zu § 87 BetrVG 1972 Tarifvorrang; BAG Beschluß v. 8. 6. 1982 AP Nr. 7 zu § 87 BetrVG 1972 Arbeitszeit; BAG Beschluß v. 8. 11. 1983, AP Nr. 11 zu § 87 BetrVG 1972 Arbeitszeit; BAG Beschluß v. 27. 12. 1987 AP Nr. 18 zu § 87 BetrVG 1972 Arbeitszeit ; BAG GS Beschluß v. 3. 12. 1991 AP Nr. 51 zu § 87 BetrVG 1972 Lohngestaltung（unten C III 3b）．

[483]　事業所組織法89条は，環境保護（*Umweltschutz*）についての規定を事業所において制定すべきことについての顧慮義務を明示している。しかし，この2001年の事業所組織法改正後新設された同法89条にもとづいて保護される，この環境保護に関する利益は，具体的な被用者の利益をこえた利益として，事業所協議会が果たしうる役割をこえている，と批判される（Reichold, Die reformierte Betriebsverfassung 2001, NZA 2002, S. 857（863））．

[484]　BAG Beschluss v. 18. 11. 1980 AP Nr. 3 zu § 87 BetrVG 1972 Arbeitszeit.

の権限から個別労働契約上の条件の決定が除外される。これが，事業所協議会の一般的な限界なのである。

判例は，このいわゆる「集団的利益」（＝従業員共通の利益）論によって事業所協議会の労働条件の規整権限の限界を画しているのである[485]。

bb）この「集団的利益＝従業員共通の利益」という概念によって，連邦労働裁判所の判例では，事業所協議会の規制権限を画することが試みられている。では，集団的利益＝従業員共通の利益という概念は具体的には，いかなるものと理解されているのであろうか。ここでのテーマでは具体的には，他の被用者との比較が重視される。多くの被用者を対象とした賃金（協約外給付）の算定が同一の基礎にもとづいている場合が例として挙げられている。ある措置の集団的利益は，その措置がもっぱら，個々の被用者に関わる事情のみを考慮して，実行された場合（例えば，ある日の個別被用者の労働時間の延長）[486]，また，多くの被用者に対して類似した措置があるがこれらに内的な関連性のない場合，否定されている[487]。

b）「集団的利益」をめぐる学説における論争

aa）ドルンドルフ（*Dorndorf*）教授は，連邦労働裁判所の見解に従い，共同決定の規制領域を定めることを試み，さらに，この集団的利益という概念を具体的に分析している。従業員集団の集団的利益とは，「事業所の秩序及び事業所での被用者の行為の問題（事業所組織法87条1項1項）」[488]，「休憩時間を含めた一日の労働時間の開始と終了，ならびに，個々の週日への労働時間の配分（同条1項2項）」，ならびに，「賃金の時間，場所，支払方法

---

[485] BAG Beschluss v. 18. 11. 1980 AP Nr. 3 zu § 87 BetrVG 1972 Arbeitszeit; BAG Beschluss v. 2. 3. 1982 AP Nr. 6 zu § 87 BetrVG 1972 Tarifvorrang; BAG Beschluß v. 8. 6. 1982 AP Nr. 7 zu § 87 BetrVG 1972 Arbeitszeit; BAG Beschluß v. 8. 11. 1983, AP Nr. 11 zu § 87 BetrVG 1972 Arbeitszeit; BAG Beschluß v. 27. 12. 1987 AP Nr. 18 zu § 87 BetrVG 1972 Arbeitszeit; BAG GS Beschluß v. 3. 12. 1991 AP Nr. 51 zu § 87 BetrVG 1972 Lohngestaltung（unten C III 3b）. さらに，共同決定が，事業所協議会によって代表される従業員集団の状況が何らかの方法で改善されうるときに，意味がある。その改善は，個々の場合やある一定の時点ではなく，数々のケースの平均で比較的長い期間において期待されるものでなければならない。この意味で，共同決定は集団的な利益に役立つものでなければならない，と判例は説示するものなのである。

[486] GK-Komm BetrVG, § 87 Rn. 15.

[487] BAG Urt. 22. 9. 1992 AP Nr. 56, 60 zu § 87 BetrVG 1972 Lohngestaltung.

[488] 懲戒の問題である。

（同条1項3号）[489]」の労働条件に関して，肯定される，としている。その理由として，その利益の充足のために集団としての従業員集団によるほうが有利であり，かつ，従業員集団の利益は共同決定権によってよりよく改善されうることをあげている[490]。 事業所組織法87条1項10号による能力・成果に関連した賃金の場合，給付の要件を定める一般的な規則を策定し，ある被用者の労働の提供と他の被用者のそれを比較することが不可欠であることから，能力・成果主義賃金の場合にも，集団的利益を肯定できると述べている[491]。ドルンドルフ教授は，事業所の賃金額の水準，特に賃金の平均水準に対する従業員集団の利益が存在すると捉え，事業所組織法87条1項10号の共同決定権の場合に，集団的利益を肯定している[492]。

さらに，成績加給や協約外職員の場合の賃金の規則を作成する場合で，例えば，パーセンテージの形式で（例えば，成績加給のときに協約に上乗せする率の形式で）その規則を作成する場合，事業所組織法87条1項10号による共同決定権に委ねられるとする。「従業員集団は，個々の給付額の金銭的評価と，（……）賃金の差異化に対する給付基準の決定に参加できるように，共同決定権が保障されなければならないのである[493]。」協約外給付の場合，労働条件の規整に対する事業所協議会の参加は，個別的な賃金正義（*Lohngerechtigkeit*）の理念によって正当化され，そして，使用者の一方的な賃金形成から被用者の保護を考慮しなければならないとされる[494]。これによっ

---

[489] 例えば，いつ，どこで，支払うか，また，振込みまたは現金払いで支払うか，などの事項である。

[490] Dorndorf, Zweck und kollektives Interesse bei der Mitbestimmung in Entgeltfragen, S. 331.

[491] Weyand, AuR 1993, S. 1, 7.

[492] Dorndorf, Zweck und kollektives Interesse bei der Mitbestimmung in Entgeltfragen, S. 331. 但し，これは判例の立場に反する。

[493] Dorndorf, Zweck und kollektives Interesse bei der Mitbestimmung in Entgeltfragen, S. 336.

[494] BAG Beschluss v. 22. 12. 1981 AP Nr. 7 zu § 87 BetrVG 1972 Lohngestaltung; BAG Beschluss v. 31. 1. 1984 AP Nr. 3 zu § 87 BetrVG 1972 Tarifvorrang; BAG Urt. v. 13. 1. 1987 AP Nr. 26 zu § 87 BetrVG 1972 Lohngestaltung; BAG GS Beschluss v. 3. 12. 1991 AP Nr. 51 zu § 87 BetrVG 1972 Lohngestaltung; BAG Urt. v. 14. 2. 1993 AP Nr. 65 zu § 87 BetrVG 1972 Lohngestaltung; BAG Urt. v. 19. 9. 1995, AP Nr. 81 zu § 87 BetrVG 1972 Lohngestaltung ; BAG Urt. v. 9. 7. 1996 AP Nr. 86 zu § 87 BetrVG 1972 Lohngestaltung.

て，事業所協議会の，協約外給付の賃金額に対する間接的な影響可能性が与えられると理解されている。

bb) これらの連邦労働裁判所の判例とそれに従う学説は，さまざまな観点からの批判を受けている。リープ (Lieb) 教授は，重要な労働条件に対する事業所協議会の規制権限が集団的な利益を考慮して正当化される理由に対して，使用者は，一般的な賃金の規定を設定する段階では，被用者の給付を他の被用者の給付とを比較するものではない，と述べている[495]。ドルンドルフ教授らが，成果・能力主義賃金の規程の場合，給付の要件を定めた一般的な規則を策定し，ある被用者の労働の提供と他の被用者のそれを比較することが不可欠であることから，その場合にも，集団的利益を肯定できると述べているのに対し，リープ教授は，一般的な賃金の規定を設定する段階と具体的にその規定を適用する場合を分けているのである。つまり，一般的な賃金規程を使用者が定めようとするときには，使用者によって一方的に定められ，特に，複数の給付を比較することが問題になるわけではなく，それを適用するという段階になって初めて，複数の被用者の能力・成果の比較というのが問題になると考えるというものである。したがって，給付の要件を定めた一般的な賃金規則を策定するときには，集団的利益というのは問題にならず，それについての事業所の規制権限は正当化されない，と考えるのである[496]。

さらに進んで，ヴィトグルーバー (Wittgruber) 博士は，従業員全体の集団的利益とある従業員個人の利益が対立することもあり，必ずしも，両者の利益・意思が合致することがない，そして，複数の被用者が一緒にボートに乗るわけではない（共同で運命をともにするわけではない），と述べている[497]。このため，判例や学説による事業所協議会の権限の拡大は，基本法2条1項，12条によって保障される契約の自由が，何ら正当な理由もなく，侵害される結果を招くだけである，と説いている[498]。こうした理由から，これらの学説は，判例の掲げる「集団的利益」論に反旗をひるがえしている。

---

[495] Lieb, SAE 1993, S. 114, 117.
[496] Lieb, SAE 1993, S. 117.
[497] Wittgruber, Abkehr des Arbeitsrechts, S. 136.
[498] Wittgruber, Abkehr des Arbeitsrechts, S. 136.

2 事業所協議会の利益調整

a) aa) 利益の調整は、使用者と被用者との間でなされるものではなく、被用者間においてなされている。例えば、Ⅰ．従業員間で週の労働時間を個々の日に配分する場合（事業所組織法87条1項2号）及び、Ⅱ．賃金形成の場合（事業所組織法87条1項10号及び11号）、被用者の利益を調整するためには、二つの方法がありうる。それは、第一に、使用者と被用者との間で個々の労働契約の締結によって(1)、あるいは、第二に、使用者と事業所協議会との間で（任意的）事業所協定を締結することによって(2)、である。(1)の解決方法によると、使用者が個々の被用者との面談の後に、使用者が複数の被用者間の利益調整を行うとしても、被用者間の利益調整のための使用者と被用者との間での交渉の場合に、力の優位が存在しうることが危惧される。特に、事業所協議会のない事業所の場合、Ⅰの労働時間の個々の週日への配分の場合、被用者間の利益が労働契約によって調整されるとき、より問題になる。事業所協議会のない事業所の場合に、被用者間での利益が衝突するとき、最終的には、使用者が（一方的に）その諸利益を調整することになる。その場合、個々の被用者の希望や意思が充足されるかどうかは、わからない。また、その場合、そのある個人の利益が反映されるか、あるいは他の従業員の利益が反映されるか、それとも、単に企業の利益が優先されるかも、わからないままである。しかし、(2)の事業所協議会の規整手段によった場合、事業所協議会が個人の利益を反映させ、他の従業員の利益と調整しようとするならば、その個人の意思が間接的ながら反映されることがありうる。被用者間の利益を調整しようとする場合（週の労働時間等被用者間の利益対立を調整する場合）、(2)の事業所協議会によるほうが(1)の使用者による調整よりも、一層被用者間の利益を調整しうる。ここで、特筆すべきなのは、ここで問題になるのが、被用者間の利益の対立であって、使用者と被用者との間の利益対立ではない、ということである。

このため、個人の意思や利益を出発点としても、その意思や利益が他の従業員の利益と衝突の可能性がある場合、事業所協議会は、その「利益代表」および「利益調整」のため、十分に機能しうる。事業所協議会が、第三者として、他律的に複数の従業員間の利益を調整しうるのである。個人の自己決定や利益を出発点としても、国や社会の中で、他の個人との関係で、自らの

利益や意思が制約せざるをえないことは，基本法・私法との関係でも予定されている（比例性の原則[499]）。事業所という社会のなかでの，従業員個人の利益と他の従業員の利益との利益衝突の調整の問題を解決する手段として，事業所協議会の労働条件の規整権限は正当化されうる。つまり，従業員代表である事業所協議会の労働条件規整権限は，従業員個人の利益が他の従業員の利益との利益衝突の調整の必要性が生じる問題領域について，例えば，週の労働時間配分などの問題について，正当化されると考えられる[500]。

bb) もちろん，個人の個別的な利益が事業所協議会によっては直接的には反映されない結果，個人の利益が，集団的利益に服し，または，事業所協議会の集団的な決定に服することになる，という危惧・批判がありうる。しかし，この批判は，適切なものではない。事業所協議会は，実務においては，多くの被用者の利益が関わる週の労働時間の配分を計画するとき，集団的なこれらの被用者の利益を反映した規定（週の勤務表）をつくるために，個々の被用者の希望を聴取し，そして，各々の情報を交換し，個々の被用者とのコミュニケーションを図ることで，被用者間の利益・意思を調整している。事業所協議会は，被用者の希望の調整によって，例えば，労働時間について，多くの被用者に関わる週の労働時間を計画し，組織しているのである。これは，事業所協議会が，個々の被用者の希望とは別に，これらの事項を一方的に規整している，というわけでない。事業所協議会が被用者の自己決定権の実現を顧慮していない，というのは，これらの場合に限っては，実務からは，離れたものである，と指摘できる。

cc) 実際には，むろん，被用者間の利益を調整する場合，個々の被用者の利益・意思が他の被用者の利益・意思と衝突することから，その個々の被用者の意思・利益は完全には実現しない。例えば，ある被用者Aがある月曜日に労働したいというときで，他の被用者Bもその月曜日に労働したいときに，火曜日にこのうちのいずれかが労働しなくてはならない場合，月曜日に労働したいという両者の意思は必ずしも実現しない。この限りで，共同決定

---

[499] 比例性の原則とは，基本権を制約する手段・目的が必要かつ適切なものでなければならない，とする憲法上の原則である（ピエロート／シュリンク『現代ドイツ基本権』(法律文化社・2001年) 94頁）。

[500] 結果同旨 Aksu, Regelungsbefugnis der Betriebsparteien, S. 171, 178; Müller-Franken, Eingriffen in die Rechtsposition des einzelnen, S. 244ff.

のシステムは，二つの意味を持っているといえる。個人の自己決定権は，一方で，事業所協議会による情報交換やコミュニケーションによっては，間接的にしか実現しない，ということを意味する。他方で，事業所協議会の参加によって使用者の一方的な決定の領域は，制限され，その結果，個人の地位は強化される，という意味を持っている。事業所協議会が従業員間の集団的な利益に役立つとき，事業所協議会の規制権限が正当化されると判例がいうのは，事業所協議会が，個々の被用者間の互いの利益を調整する，と限定されてはじめて，正しいと支持できる。つまり，判例のあいまいな概念は上のようにモディフィケート（修正）されなければならないのである。共同決定の本質は，事業所におけるさまざまな利益を調整し，「代表（*Repräsentation*）」の形態で連帯的かつ集団的な利益を保護する，という民主主義的な参加にある。そうだとすれば，被用者間の利益と希望が，利益調整への参加によって調整されるとき，事業所協議会は，集団的な利益という概念によって，正当化されるものなのである。

b) aa) 以上の場合と厳格に区別されなければならないのは，Ⅱ．賃金形成の場合である。Ⅰの場合とⅡの場合は区別されなければならないのである。事業所組織法87条1項10号による賃金の規整の場合（例えば，協約外賃金の要件を定めるとき），使用者は，多くの場合，一定の雛型にもとづき，協約外賃金額を画一的かつ体系的に定める。この場合，被用者の個々の事情は考慮されない[501]。なぜなら，使用者は，ある被用者の労務の提供と他の被用者のそれを後になって比較できるように，成果・能力主義賃金に関わる一定の要件と効果を考慮した極めて一般的抽象的な規則を定めるからである[502]。リープ教授は，一般的な賃金の規定を設定する段階と具体的にその規定を適用する段階を分けていたのを想起しなければならない。つまり，一般的な賃金規程を使用者が定めようとするときには，特に，複数の給付を比較することが問題になるわけではなく，それを適用するという段階になって初めて，

---

[501] Jahnke, SAE 1983, S. 146; Weyand, AuR 1993, S. 7; Wittgruber, Abkehr des Arbeitsrechts, S. 129.

[502] 成果・能力主義賃金は，事実上——使用者による一方的な決定によって，または，使用者と事業所協議会によって，——事業所での規則として規定された後，後になってから，賃金規定の具体的な個々の適用が問題になる。事業所での週の労働時間規定などをつくる場合，個々の利益を調整した後，事業所の規則を作る。

複数の被用者の能力・成果の比較というのが問題になるのである。つまり，給付の要件を定める一般的な賃金規則を策定するときには，複数の被用者の能力・成果の比較というのが問題にならず，個人の意思を反映・集約したりしないのである[503]。このとき，事業所協議会は複数の個人の意思を調整したりもしない。むしろ，事業所協議会と被用者との間での情報の交換やコミュニケーションがないまま，個々の被用者の意思とは無関係に，使用者によって一方的に（一般的抽象的な）賃金規定が定められる。Ⅱの賃金形成の場合（事業所組織法87条1項10号），事業所協議会の規整権限は，利益調整を理由とした正当化ができないのである。

この場合，週の労働時間のときのように，実際の利益・意思を反映し個々の事情を考慮して，規則を定めるということが問題になるのではない。そうではなく，ほとんど個々の事情を予め基本的に考慮せず，一般的な規則を作ることが問題になるのである[504]。強調されなければならないのは，このような賃金規則が個々の希望とは無関係に形成されているということである。多くの被用者に関わる規定は，一般的な労働条件（*Allgemeine Arbeitsbedingungen*）によってまたは画一的な契約条件（*einheitliche Vertragsbedingung*）と呼ばれる使用者によって一方的に定められる規則によって，規整されているのである[505]。こうした画一的な契約条件を形成する場合，被用者間の利益対立は，後退し，その結果，事業所協議会のような第三者機関によって，対立・衝突する利益を具体的に調整する必要性が存在していない。使用者によって形成された契約条件の画一化が問題の前面に現れ，例えば，その条項が普通契約約款の場合のように不透明なものになることがあるのである[506]。規定の作成者が，その策定した規則を規則の適用者に対し不利益に適用されてはならない，ということも，問題視されるのである。個人の請求権が問題になる一般的な労働条件（*Allgemeine Arbeitsbe-dingungen*），または画一的な契約条件（*einheitliche Vertragsbedingung*）による契約条件の画一化が問

---

[503] Lieb, SAE 1993, S. 117.
[504] この場合，賃金の形成に関する被用者間の利益対立は，週の労働時間規定を策定する場合とは異なって，その対立を解消・調整しなければならないというほど，あまり顕著なものではない。
[505] Wiese, GK-Komm, § 87 Rn. 24; Jahnke, SAE 1983, S. 145（146）.
[506] Zöllner, JuS 1990, S, 333.

題になる場合，裁判所によって行われる内容コントロール（*Inhaltskontrolle*）（民法307条以下）による修正が個人の保護に役立つか，それとも，個人の自己決定の可能性を遮断するもとで，事業所の参加にもとづく共同決定が，望ましいか，という問題が顕在化することになる。

bb）Ⅱの場合（賃金規則を作成する場合）の問題点は，事業所協定の方法での事業所の参加が（＝(2)），賃金の形成にあたって個人の自由な意思形成を完全に排除・遮断した形で，行われる，という点にある[507]。賃金の場合，事業所協議会の強制団体的性格が顕著に表れることから，集団法的な共同決定は個人の私的自治的な契約形成を意味するものではない。実際，従業員個人の利益と事業所協議会によって保護される従業員全体の利益は，同一なものではない[508]。例えば，後に述べるように，一定年齢を対象とした個人の社会的な給付（企業年金）のみが――他の被用者の利益が削減されないにもかかわらず――，事業所協議会の同意のもとに，削減される場合が典型的な例である。個々の被用者の利益が従業員全体の利益に従属することは，個人の集団に対する新たな従属性が事業所協議会による事業所の規則の形成の場合に危惧される場合，特に問題である[509]。この限りで，賃金の領域での事業所協議会の規整権限の正当性は，疑わしいものであることがわかる[510]。

cc）ドルンドルフ教授は，事業所組織法1項10号の場合（協約外賃金の規整の場合）にまで被用者の「集団的利益」の存在を肯定し，これによって事業所協議会の賃金に関する規制権限を肯定する[511]。労働条件としての賃

---

[507] Vgl. Aksu, Regelungsbefugnis der Betriebsparteien, S. 62; Jahnke, Tarifautonomie und Mitbestimmung, S. 140; Joost, ZfA, 1993 257（276）; Konzen, ZfA, 1985, S. 489; Kreutz, Grenzen der Betriebsautonomie, S. 64; Hanau, NZA 1993 S. 817（820）; H. Hanau, Individualautonomie und Mitbestimmung, S. 69f.; Heinze, NZA 1997, S. 5; Picker, Tarifautonomie in der deutschen Arbeitsverfassung, S. 56f.; Richardi, Kollektivgewalt, S. 309f.（316）; Veit, Zuständigkeit, S. 184; Waltermann, Rechtsetzung, S. 135（137）.

[508] Wittgruber, Abkehr des Arbeitsrecht, S. 99.

[509] Aksu, die Regelungsbefugnis der Betriebsparteien, S. 180; Heinze, NZA 1997, S. 5f.; Wittgruber, Abkehr des Arbeitsrecht, S. 99.

[510] 以下の学説は理由の差はあれ，結果同旨。Aksu, Regelungsbefugnis der Betriebsparteien, S. 62; Kreutz, Grenzen der Betriebsautonomie, S. 66; H. Hanau, Individualautonomie, S. 67; Heinze, NZA 1997, 7; Veit, Zuständigkeit, S. 202; Picker, Tarifautonomie in der deutschen Arbeitsverfassung, S. 56f.; ders, NZA 2002, S. 769; Reichold, Sozialprivatrecht, S. 543; Rieble, Arbeitsmarkt und Wettbewerb, Rn. 1895; Richardi, Kollektivgewalt, S. 309f.（316）; Waltermann, Rechtsetzung, S. 137.

第 5 節　共同決定の権限の限界

金構造の正義は，賃金規整の規定が集団的な行為によって形成されうる場合，集団的利益を意味するというものである[512]。その上で，集団的利益という概念によって事業所協議会の権限の限界を画そうとする，この学説は，共同決定による賃金額に対する直接的な影響可能性のみならず，または，間接的な影響可能性を認めている[513]。これに対し，連邦労働裁判所は，協約外賃金に関する賃金額につき共同決定義務があるものではない，と一致して常に判断しており（直接的影響可能性の否定）[514]，賃金額に対する共同決定の間接的な影響可能性が承認されているにすぎない。

その上，ドルンドルフ教授の上の結論は，協約外賃金の額は共同決定権の範囲外である，とする 1972 年の事業所協議会の改正法の立法者の意思と矛盾している。事業所協議会の権限は，「社会的事項」に関して，1952 年および 1972 年の改正の立法者によっては，集団的利益という概念とは無関係に，拡大されてきた。1972 年の改正法の立法者は，そもそも，事業所自治の射程を，10 号の賃金規程（*Entlohnungsregelung*），賃金手続き（*Entlohnungsverfahren*），及び 11 号の「出来高・プレミアムの金銭要素（*Geldfaktor*）」の例外的な場合に，制限する意思であった[515]。立法者意思との衝突をもたらす結論は，避けなければならない。

判例及び学説の一部によって主張される「集団的利益」は，事業所協議会の権限の限界概念としては，事業所組織法の明確な立法者意思と比べて，明解なものとはいえない。賃金領域については，「集団的利益」という立法者に想定されていなかった概念によっては，事業所協議会の権限は，正当化されないと考える。このため，賃金以外の領域について，従業員代表である事業所協議会の労働条件規整権限は，従業員個人の利益が他の従業員の利益との利益衝突の調整の必要性が生じる問題領域について，例えば，週の労働時

511　Dorndorf, Zweck und kollektives Interesse bei der Mitbestimmung in Entgeltfragen, S. 331, 336.
512　Dorndorf, Zweck und kollektives Interesse bei der Mitbestimmung in Entgeltfragen, S. 336.
513　Dorndorf, Zweck und kollektives Interesse bei der Mitbestimmung in Entgeltfragen, S. 336.
514　BAG Urt. v. 21. 8. 1990 NZA 1991, S. 434, 436; BAG Beschluss v. 13. 3. 1984 AP Nr. 4 zu § 87 BetrVG 1972 Provision.
515　第 2 章第 2 節三の 2 参照。

間の配分などの問題について，正当化されると考えられる。しかし，この集団的利益の概念によっては，賃金の問題に関する事業所協議会の規整権限までは正当化されないことがわかる。

二　事業所自治の射程範囲

　前記の通り，集団的利益の概念によっては，賃金の問題に関して事業所協議会の規整権限は正当化されない。賃金の問題に関する個別的な労働契約と集団的な事業所協定の権限の問題は，学説では常に争われている。事業所協議会の労働条件規整権限を限界づける概念としては，集団的利益の他に，形式的労働条件と実質的労働条件という区別がある。これは，第2章第2節三の1のところで，52年法の下において主に立てられた限界概念である。形式的労働条件とは，懲戒・安全衛生などの労働条件を指し，実質的労働条件とは，賃金・労働時間など重要な労働条件を指す。ここでより興味深い問題は，事業所の共同決定が賃金の問題に関する権限を有するかどうか，どの程度有するかどうか，という問題に関して，こうした区別が現行法においても正当化されるかどうかが焦点となる。そこで，ここでは，形式的または実質的労働条件を区別して共同決定の領域を定める法理が中心的な問題となる。

1　形式的労働条件への事業所協議会の規制権限の制限
　a）aa）　いかなる範囲で労働条件が事業所協定（*Betriebsvereinbarung*）によって規定されるべきか，それとも，労働契約上の規整によって規定されるべきか，という労働法上重要な問題については，伝統的には，事業所協議会の規制権限は形式的労働条件（懲戒・安全衛生など事業所の秩序に関わる条件）に制限され，その権限が実質的な労働条件（給付と反対給付に関わる賃金・労働時間など）には及ばないといわれている[516]。カナーリス（Canaris）教授は，事業所協議会の任務から，内在的な制限を設定し[517]，形式的労働条

---

[516]　BAG AP Nr. 3 zu § 56 BetrVG Akkord AP Nr. 2, 3, 4 zu § 56 BetrVG „Entlohnung"; Galperin/Siebert, BetrVG, Rn. 18ff.; Dietz, BetrVG, § 56 Rn. 24 ; Nikisch, Arbeitsrecht, Bd. III, 2. Aufl., 1966 § 113 IX 3 ; Canaris, AuR 1966, 129ff.

[517]　Canaris, AuR 1966, S. 131f.

件と実質的労働条件とを区別し、実質的な労働条件が、被用者に不利に事業所協議会によって形成されてはならない、と述べている。形式的労働条件の場合、被用者の保護の目的に重大な価値が置かれる。この限りで、事業所協議会の形成は必要かつ適切であり、適法なものとなる[518]。カナーリス教授は事業所自治と協約自治を区別する。事業所協定は、被用者の任意または私的自治的な基礎に基づく合意ではなく、その被用者の利益を保護するものである[519]。これに対して、労働組合への加入は、その規整権限へ入ることを正当化する。消極的な団結の自由は、協約上の規制から離れたい個々の被用者に対して保障されている。協約規整に入りたい者は、組合に加入することによってその規範の拘束を受け入れられるのである。このため、協約自治の原則は、個人の地位を法秩序に従った有効な方法で保護していると説く[520]。これに対して、事業所協定は、団結の自由（特に消極的団結の自由）がないことから、被用者が事業所協定に服する場合、そこには私的自治的な正当化を欠いている[521]。リヒャルディ（Richardi）教授も、労働契約上の規制権限を維持させ、事業所協定（Betriebsvereinbarung）が実質的な労働条件について（被用者に不利に）形成してはならない、という認識に至っている[522]。カナーリス教授と同一の結論に達している。

　bb) クロイツ（Kreutz）教授も、事業所協定による実質的な労働条件の規整権限を原則的に違法であると述べる。事業所のパートナー（事業所協議会と使用者）の規整権限の限界は、その保護の目的（Schutzzweck）や秩序形成の目的、という二つの事業所協議会存在の目的から明らかになる内在的な制限から、明らかになるという[523]。クロイツ教授は、個々の被用者の保護の必要性があるかどうかを判断するにあたって、実質的および形式的労働条件を区別して考察し[524]、事業所協定が適法とされる前提要件は、各々の場合について、被用者に有利な事業所の規整（つまり、事業所協定）が形成さ

---

[518] Canaris, AuR 1966, S. 131f.
[519] Canaris, AuR 1966, S. 139.
[520] Canaris, AuR 1966, S. 139.
[521] Canaris, AuR 1966, S. 139f.
[522] Richardi, Kollektivgewalt, S. 320; ders, MünchArbR, § 240 Rn. 41.
[523] Kreutz, Grenzen der Betriebsautonomie, S. 246ff.
[524] Kreutz, Grenzen der Betriebsautonomie, S. 247f.

れ，保護の目的を果たせるかどうかで，決せられると述べている。懲戒の場合のように形式的労働条件の場合，例えば，使用者の労務指揮権が行使されるため，個々の被用者の保護の必要性が肯定され，この限りでは，事業所協議会の規制権限が認められるとされる[525]。これに対して，実質的労働条件の場合，その事業所協定の規整が当該被用者の意思に反することもあり，その場合被用者にはもっぱら負担となるだけであることがあるから，事業所協定は，保護の目的・機能を失うと指摘する[526]。

また，懲戒などの形式的労働条件の場合，事業所協定の秩序形成の目的に即すことになる。これは，有給休暇を取得する場合に被用者間の休暇を調整するために作成される休暇の原則の作成（*Aufstellung allgemeiner Urlaubsgrundsätze*）または，休暇計画（*Urlaubsplan*）と健康保護（*Gesundheitsschutz*）にもあてはまる[527]。この限りで，形式的労働条件に関しては，事業所協議会の規整権限が肯定される。被用者は，実質的な労働条件の場合，事業所協定上の規定が被用者に負担となるから，それらは禁止され，無効であるとされる[528]。

b）aa）　基準として，ここでは，法律には規定されない形式的および実質的労働条件の概念が立てられている。法律の文言によれば，実質的な労働条件が，—例外的ではあるが—事業所協定によって事業所のパートナーによって形成されることまで予定されている。事業所組織法は，「事業所の秩序及び事業所での被用者の行為の問題（事業所組織法87条1項1号）」，「賃金の時間，場所，支払方法（同条1項3号）」，「賃金形成（同条1項1号，3号，10号ないし11号）」によって，労働時間と賃金の請求権について，一部その規制権限を認めている[529]。1972年の事業所組織法改正で，実質的労働条件の一部に事業所協議会の権限が及ぶことを立法者が明確にしている[530]。第2章第2節三の2でみたように，1972年の事業所組織法改正で，労働時間の一時的な短縮ないし延長，および賃金形成に関する金銭要素が導入された。こ

525　Kreutz, Grenzen der Betriebsautonomie, S. 247.
526　Kreutz, Grenzen der Betriebsautonomie, S. 247.
527　Kreutz, Grenzen der Betriebsautonomie, S. 234.
528　Kreutz, Grenzen der Betriebsautonomie, S. 246f.
529　Heinze, NZA 1989, S. 41（45）.
530　Vgl. 第2章第2節三2。

のため，実質的労働条件についても，一部，共同決定事項とされたのであった。このため，カナーリス・クロイツ・リヒャルディ三教授の見解は適切とはいえない。これらの見解は，現行の趣旨・規定に合致しないのである。

1972年の改正法によって共同決定権の拡張が法的に基礎づけられないと考えられるならば，事業所組織法によって設定される制限を憲法上疑わしいと考えることが，唯一の解釈の方法である。つまり，法律が違憲であるという論法である。しかし，カナーリス・クロイツ・リヒャルディ三教授は，労働条件に関する事業所協議会の規整権限の制限を憲法違反とまでは，考えていない。

bb) リヒャルディ教授は，さらに，事業所協議会の規整権限の制限を基本法によって設定されると捉えている[531]。この制限は，基本権の保護の要請機能（*Schutzgebotsfunktion*）とそこから生じる国家の保護義務（*Schutzpflicht*）から明らかになる[532]。国家は，基本法で保障される協約当事者と事業所のパートナーに対する法益を保護しなければならないとする[533]。こうしたことから，リヒャルディ教授も，現行法下においても，事業所協定（*Betriebsvereinbarung*）が実質的な労働条件について（被用者に不利に）形成してはならない，と解している[534]。

cc) しかし，この見解にも従えない。基本法のカタログを見る限り，事業所自治が憲法上内在したものとみることはできない[535]。つまり，リヒャルディ教授が説くような事業所のパートナーの保護義務を基礎づける基本法上の根拠に乏しいのである。

結局，現行法の下では，事業所協議会の保護機能（と秩序機能）について憲法上も法律上も十分な根拠があるものではないのである[536]。このため，

---

[531] Richardi, MünchArbR, § 240, Rn. 42, 47.
[532] Richardi, MünchArbR, § 240, Rn. 42, 47.
[533] Richardi, Kollektivgewalt, S. 319f.; ders, MünchArbR, § 240, Rn. 42.
[534] Richardi, Kollektivgewalt, S. 320; ders, MünchArbR, § 240 Rn. 41.
[535] Vgl. 第2章第3節一および二1から3。
[536] クロイツ教授によって認められた事業所協議会の保護機能に対して，ライヒョルト（*Reichold*）教授は，事業所協議会の法的地位とその構造が把握されるときには，保護法のドグマ（＝解釈）だけでなく，自由権のドグマ（解釈）が問題になるとしている。：「個人で交渉されない合意が，普通契約約款法（＝現行の民法典）によって，――古典的民法とは異なり――厳格な内容審査に服することになっている，

カナーリス・クロイツ・リヒャルディ教授の見解に反して，事業所協議会の規整権限の限界づけの根拠である事業所協議会の保護機能という理由づけは，十分な根拠のあるものではない。

c) 最後に，事業所協議会の秩序機能が問題になる。歴史的に考察すると，事業所の共同決定はもはやその秩序維持の目的を有するものではない。営業法134条aの規定の廃止によって，就業規則制定に関する使用者の公法上の義務が消滅したことによって，法制度上挿入される対等な共同決定の先駆者であるワイマール期の就業規則は，本来の秩序維持機能を消滅させている[537]。クロイツ教授は，ある規定が，多様な被用者に関わることから，それが均等で画一的な労働条件を形成させられる，と述べる。労働法は，労働契約上の画一的規整 (*arbeitsvertragliche Einheitsregelung*) と一般的労働条件 (*Allgemeine Arbeitsbedingungen*) を知っており，これによって，均等で画一的な労働条件を達成しうる（事業所協定ではなく）[538]。一般的で画一的な規整は他の規整手段によっても規整可能であり，必ずしも，共同決定でなければ秩序目的が果たせないというものではない。

2 共同決定の保護の目的 (*Schutzzweck*)

a) 被用者の保護は，一般に，被用者の団体，事業所協議会によって実現するとされる。共同決定の正当性については，民主主義的な事業所協議会が賃金の領域で使用者の一方的決定の排除のために適切な形態であるかどうか，という問題が提起されている。学説では，特に，繰り返し述べたように，使

というのは，契約法の実定法化が顕著になっているということである。それにもかかわらず，現代契約法の解釈は，保護法のドグマ（＝解釈）になったのではなく，自由権のドグマ（＝解釈）のままにとどまっているのである。事業所の組織 (*Betriebsverfassung*) においては，外部的制限（事業所組織法75条の法的ないし内容コントロール，事業所組織法77条3項，87項1項）と契約法の付随性にもとづく事業所自治による利益制限をこえた，包括的な保護の目的・考量は，必要とされない（以上，条文以外の括弧内は筆者の注）。」と述べている（Reichold, Sozial-privatrecht, S. 535）。ここでいう，契約法の付随性とは，事業所自治・事業所協議会は，自由権のドグマから，労働契約の付随義務が生じる限度で，機能すべきである，とライヒョルト教授独自の（事業所協議会の規整権限に関する）限界概念である。

537 Aksu, Regelungsbefugnis der Betriebsparteien S. 155.
538 Wittgruber, Abkehr des Arbeitsrechts, S. 88.

用者の一方的決定の排除のための事業所の共同決定が労働法の保護の目的にかなうものであると理解される[539]。協約外給付との関係で，連邦労働裁判所は，共同決定が使用者の利益に向けられた賃金形成から，または，恣意的な賃金形成から，保護されるべきであるという，共同決定権の保護の目的 (*Schutzzweck*) を説示している[540]。この共同決定の「保護の目的 (*Schutzzweck*)」ないし「保護機能」という概念が，学説では，共同決定権の範囲の確定のために重要な機能を有する[541]。

b) 重要な問題は，協約外のレベルで，どのような事項について，事業所協議会が被用者の保護のため必要かつ相当に代表しうるか，という問いによって，具体化する。その場合，いかなる法規整が実際上，保護の目的達成のために適切かということが問題になる。その労働法上の解決の糸口の考察は，その問題状況と労働契約当事者の利益状況を把握してはじめて可能になる。いかなる共同決定の決定領域が可能であるのか，または，労働契約の機能領域がいかなる範囲で被用者の保護のため必要かつ適切であるのか，それは，労働契約当事者の利益状況によるのである[542]。そこで，協約外の賃金規整の場合の労働契約当事者の具体的な利益状況が明らかにされなければならない。

c) 労働契約当事者の問題状況ないし利益状況は，実務では典型的に問題

---

[539] Hueck/Nipperdey, Lehrbuch des Arbeitsrechts, Bd. I S. 3ff., 1062ff.; Nikisch, Arbeitsrecht, Bd. I, S. 30ff.; Wiese, GK-Komm, Einl. Rn. 50; Säcker, Gruppenautonomie, S. 92f.; Däubler, das Grundrecht auf Mitbestimmung, S. 3f.; Preis, Grundfragen der Vertragsgestaltung, S. 216f.f.; Richardi, Kollektivgewalt, S. 1f., 110; Veit, Zuständigkeit, S. 46f.; Waltermann, Rechtssetzung, S. 66; Bericht der Mitbestimmungskommission, BT-Drucks. VI/1786, S. 31.

[540] BAG Urt. v. 13. 1. 1987 AP Nr. 26 zu § 87 BetrVG 1972 Lohngestaltung; BAG GS Beschluss v. 3. 12. 1991 AP Nr. 51 zu § 87 BetrVG 1972 Lohngestaltung; BAG Beschluss v. 14. 2. 1993 AP Nr. 65 zu § 87 BetrVG 1972 Lohngestaltung; BAG Beschluß v. 19. 9. 1995 AP Nr. 81 zu § 87 BetrVG 1972 Lohngestaltung; BAG Urt. v. 9. 7. 1996 AP Nr. 86 zu § 87 BetrVG 1972 Lohngestaltung.

[541] むろん，経済的従属性に無批判に立ち戻るだけでは，すでに論じたように，現代の労働法においては，もはや万人を説得できない。

[542] ここで特に問題なのは，なにが，特に，事業所外の成果・能力主義の賃金との関係で使用者の一方的決定の問題であるかということであり，そして，使用者の一方的な決定の問題状況とこれに応じた利益状況がどのようなものであるのか，ということである。

になりうる，三つの問題領域があると考えられる。
1．使用者によって導入された成果ないし能力主義賃金において，最低賃金が場合によって保障されないとき（最低賃金の保障）
2．使用者によって予定される被用者に対する画一的な賃金規整が，被用者が市場の条件を互いに比較できないというほど，透明なものでないとき（契約条件の透明性）
3．撤回条項の行使によって，使用者が人件費を削減するために，協約外条項を一方的に削除するとき（賃金削減）
次の部分では，これら1から3の利益状況の場合に，共同決定権が保障されることが被用者保護のため必要かつ適切か，という観点から考察される。

三　賃金領域における共同決定の機能への疑問

1　最低限のミニマム

a)　協約外賃金については，使用者が協約賃金への上乗せの手当という形で支払われる。しかし，協約による賃金（最低賃金）がない場合もある。また，被用者が組合に加入しないため，協約賃金（最低賃金）がない場合や，手数料規定について，定額制（*Fixum*）が規定される場合がある。しかし，これらの最低賃金や定額制の規定がないまま，成果主義・能力主義賃金が支給されるとき，被用者の経済的社会的生活が不安定にならざるをえない。手数料規定において，実務において通常支払われる生存の最低限のための定額制が規定されない場合，被用者の経済的ないし社会的生活が不安定なものになる[543]。このため，伝統的な労働法が果たす社会的保護が協約外賃金の最低限を保障するために下限を設定することが要請される[544]。

b)　aa)　しかし，ここでは，代表組織としての事業所協議会が，生存のミニマムまたは生活水準に対する従業員の利益を代表することに，適しているか，という疑問がある[545]。通常は労働協約当事者（使用者団体と労働組合）が協約賃金によって生存のミニマムまたは生活水準を確保している。集団的

---

[543]　Vgl. LAG Hamm Urt. v. 16. 10. 1989 ZIP 1990, S. 880.
[544]　Joost, ZfA 1993, S. 262.
[545]　Joost, ZfA 1993, S. 262.

第 5 節　共同決定の権限の限界

規整の保護の目的は，労働協約当事者がその労働協約において一定の賃金と給付グループにしたがって，賃金を規制する場合に，労働者の生存の最低限を保障しようとする要請は，みたされているといえる。このため，集団的な規整の保護の目的は，協約当事者が労働協約において賃金規定を規整し，これによって生存のミニマムまたは生活水準を協約の枠内で保障するときに，実現すると考えられる[546]。事業所協議会は，こうした役割を果たしているとはいえない[547]。事業所協議会が賃金に依存する個々の被用者の生存を保障しえないということである。

　bb）これに対して，私法上は価格条項の場合，良俗違反（民法138条）が問題になりうるし，価格の付随的な条項の場合（*Preisnebenabrede*）民法307条以下の適用が問題になりうる。つまり，給付と反対給付との間の著しい不均衡は，良俗違反（民法138条）になりうるが，最低限を保障しない賃金も，良俗違反になる[548]。連邦労働裁判所も，給与の最低限を定めない手数料に関する合意を良俗違反であると判断した[549]。協約のあるなしに関わらず，私法がミニマムまたは生活水準をその枠内で保障しているのである。

2　契約条項の透明性

　a）さらなる問題は，契約自由の原則が，重要な労働条件について不透明な条項によって害される，という問題である。実務において，協約外賃金の200ユーロから500ユーロが明示的な規定なく変動する契約上の規定がある[550]。さらに，サービス業のある企業では，手数料支給の目的・額・該当する従業員の対象が規定されることなく，手数料（*Provision*）の10％から20％が月ごとに変動する，賃金規程が規定されている[551]。多くの企業では，賃金の個人差をもたらす給付が，その規定が不透明なまま支払われている。手数料ないし成績加給の規定が，使用者によって予定される画一的な規定が

---

[546]　同旨 Wittgruber, Abkehr des Arbeitsrechts, S. 108f.
[547]　Joost, ZfA 1993, S. 262.
[548]　Richardi, MünchArbR, § 14 Rn. 63.
[549]　BAG Urt. v. 10. 10. 1990 NJW 1991, S. 860.
[550]　LAG Niedersachsen, Beschluss v. 25. 2. 1980, EzA Nr. 12 zu § 87 BetrVG Lohn u. Arbeitsentgelt.
[551]　Vgl. Rotenburg in dem Dienstleistungsindustrie.

被用者に対して形成されるならば，労働契約当事者の選択の自由が，契約条項の不透明さによって危険にさらされることになる。なぜなら，被用者の選択の自由は，被用者が不透明な条項によって異なる企業の契約条件を比較することができないことから，制約されてしまうからである。

b) 事業所協議会と使用者によって締結されまた実行される規定が結果的に透明なものであるかどうか，を連邦労働裁判所が考慮しているとはいえない，とヨースト（*Joost*）教授は指摘する[552]。また，「共同決定的による規定も必ずしも透明なものではない[553]。」それゆえ，事業所の共同決定は，賃金条項の不透明性による契約当事者の濫用を排除するには，適切とはいえない。

3 賃金の引下げ

a) 事業所協議会の賃金などの労働条件規整権限を正当化する根拠としては，使用者の一方的な決定から被用者を保護する，という事業所協議会のもつ保護機能が指摘される[554]。なかでも，事業所協議会が従業員の賃金を向上させる，という機能が期待される。しかし，仮に，賃金規整として，事業所協議会の関与を肯定した場合，それが単なる事業所協議会による労働条件の他律的決定に転ずる可能性がある。この場合，事業所協議会が，企業の利益を代弁するだけの機関に転ずる危険性もないわけではない。そこでは，被用者を保護するという機能が事業所協議会に実際上期待できるとは限らない。さらに，事業所協議会は，出来高・プレミアムその他の能力・成績型賃金額について共同決定しうる，と事業所組織法において定められているにもかか

---

[552] Joost, ZfA 1993, S. 263.
[553] Joost, ZfA 1993, S. 263.
[554] BAG Urt. v. 13. 1. 1987 AP Nr. 26 zu § 87 BetrVG 1972 Lohngestaltung; BAG GS Beschluss v. 3. 12. 1991 AP Nr. 51 zu § 87 BetrVG 1972 Lohngestaltung; BAG Beschluss v. 14. 2. 1993 AP Nr.65 zu § 87 BetrVG 1972 Lohngestaltung; BAG Beschluß v. 19. 9. 1995 AP Nr.81 zu § 87 BetrVG 1972 Lohngestaltung; BAG Urt. v. 9. 7. 1996 AP Nr. 86 zu § 87 BetrVG 1972 Lohngestaltung; Hueck/Nipperdey, Lehrbuch des Arbeitsrechts, Bd. I S. 3ff., 1062ff.; Nikisch, Arbeitsrecht, Bd. I, S. 30ff.; Wiese, GK-Komm, Einl. Rn. 50; Säcker, Gruppenautonomie, S. 92f.; Däubler, das Grundrecht auf Mitbestimmung, S. 3f.; Preis, Grundfragen der Vertragsgestaltung, S. 216ff.; Richardi, Kollektivgewalt, S. 1f., 110; Veit, Zuständigkeit, S. 46f.; Waltermann, Rechtsetzung, S. 66.

わらず（事業所組織法87条1項10号，11号），統計によれば，事業所協議会の存在は，協約外賃金を含めた賃金を定めるにあたって，事業所においてわずかな役割しか果たしていない。これに代わって，外部労働市場において転職によって積極的に被用者の受け取る賃金全体（労働移動の結果行われる協約の格付けの上昇による協約賃金のアップも含めて）が上昇している，という事実も明らかにされている[555]。つまり，労働市場において，共同決定のような集団法的なシステムは，従業員の賃金を向上させ，使用者の一方的な決定から被用者を保護する，という目的のためには役立っていないことがわかる。このため，使用者の一方的な決定から被用者を保護するという事業所協議会の理念は，協約外賃金との関係では，実際上実現されていないと考えられる。したがって，こうした観点から，事業所協議会の賃金に関する労働条件規整権限を正当化することはできないと考えられる。

b) また，勤続10・25・40・50年の従業員対象の功労手当が画一的な契約によって定められていた場合に，使用者が，経営危機を理由として，事業所協議会の同意のもとで事業所協定を新たに締結し直し，勤続10年の従業員対象の功労手当のみを全額カットしたという事件において，連邦労働裁判所大法廷は，「集団的有利性の比較」という法理を用いて，事業所協議会の同意のもとにこの手当を削減した場合で，その新規定（事業所協定上の手当規程）において従業員全体の利益が集団的・全体的に不利益になっていない場合には，その個別的な削減は違法ではない，という判断枠組みを提供している[556]。

しかし，この大法廷の決定には多くの疑問が提示されている。第一に，この事件では，従業員代表である事業所協議会が，常に個人の利益を保護する組織でありえず，その事業所協議会が手当カットを正当化する手段に転じているからである。第二に，この大法廷の決定の結果，個人の利益（勤続10年の従業員対象の功労手当が保障されるという利益）が集団的な利益（勤続25・

---

[555] MittAB 1995, S 73ff.
[556] BAG GS Beschluß v. 16. 9. 1986 AP Nr. 17 zu § 77 BetrVG 1972. この決定を紹介・分析するものとして，野川忍「就業規則と労働条件」東京学芸大学紀要3部門（社会科学）44集1頁（13頁）以下，大内伸哉『労働条件変更法理の再構成』224頁以下。

40・50年の従業員対象の功労手当が保障される，という他の従業員全体の利益）のもとに犠牲になる結果を招いているからである[557]。一般的に，経営の危機の場合に，賃金や付加手当を削減しなければならない場合や企業・従業員全体の利益を考慮しなければならない場合があったとしても，問題は，個人の手当が契約によってすでに「約束」されているにもかかわらず，なぜ，その事業者協議会という第三者との関係で行った「削減の約束」（事業所協定）が，個人を拘束するかどうか，という点にもある[558]。このようにして，従業員代表である事業所協議会が，第三者として，個人の利益の削減を肯定しうるかが問われるのである。こうした理由から，この判例を支持しない学説は多い[559]。このため，この大法廷判例は，付加的な手当に関する事例であり，賃金・労働時間などに対して同様に適用されるべきではない，とリヒャルディ教授は述べており[560]，また，この大法廷判例は，すでに90年代に判例変更されたとみる連邦労働裁判所の判事もいる[561]。この事件は，事業所協議会が，個々の従業員に対して負の機能を果たした重要な証左であり，また，それは，事業所協議会が，常に個人の利益の代弁者ではなく，その個人の利益を削減することに貢献しうることを示している。同時に，被用者個人にとって「他律的」にしか関与できない事業所協議会の負の側面をここにみ

---

[557] Blomeyer, Das kollektive Günstigkeitsprinzip- Bemerkung zum Beschluß des Großen Senats des Bundesarbeitsgerichts vom 16. 9. 1986, DB 1987, S. 634（637）; Zöllner/Loritz, Arbeitsrecht, § 7 II 2b.

[558] 大法廷は，本件において，本来の意味における有利性の原則（集団的規定より有利な契約を有効とする原則）を拡大させ，「集団的な有利性の比較」という原則を定立し，その事後に締結された事業所協定の効力は無効ではないと判断している。これに対しては，有利性の原則を曲解していると批判されている（Belling, Das Günstigkeitsprinzip nach dem Beschluß des Großen Senats des Bundesarbeitsgerichts vom 16. 9. 1986, DB 1987, S. 1888（S. 1888）; Blomeyer, Das kollektive Günstigkeitsprinzip, DB 1987, S. 634; Hromadka, Änderung von Arbeitsbedingungen, RdA 1992, S. 234（248）; Joost, Ablösende Betriebsvereinbarung und Allgemeine Arbeitsbedingungen, RdA 1995, S. 7（18ff.）; Richardi, Der Beschluß des Großen Senats des Bundesarbeitsgerichts zur ablösenden Betriebsvereinbarung, NZA 1987, S. 185（187）; Zöllner/Loritz, Arbeitsrecht, § 7 II 2b.）。

[559] Belling, DB 1987, S. 1888; Blomeyer, DB 1987, S. 636f.; Hromadka, RdA 1992, S. 248; Richardi, NZA 1987, S. 185（187）; Zöllner/Loritz, Arbeitsrecht, § 7 II 2b.

[560] Richardi, MünchArbR, § 12 Rn. 32.

[561] Mathes, MünchArbR, § 327 Rn. 86. これに対して，この大法廷判決を維持した決定としては，BAG Beschluß v. 7. 11. 1989 EzA § 77 BetrVG 1972 Nr. 34.

ることもできる。この点をみても，事業所の委員会の目的である，使用者の一方的な決定から被用者を保護するという理念は，協約外賃金との関係では，必ずしも妥当しているとはいえない，と考えられる[562]。

四 事業所の賃金形成に関する私法的なドグマの可能性

1 市民法と労働法の統一的な解決方法

ここで述べられた協約外賃金に関する規整手段をめぐる三つの問題は（第2章第5節三の1から3），労働法に特有の問題ではない。その可能で適切な解決策は，特に，私法の枠内では，約款規整や良俗規定（民法138条）のなかにも見出される。15年の間に現行の市民法を包括的かつ迅速に変えた良俗規定と普通契約約款法に関する法理論にもとづいて，―賛否はあるものの―労働法においても，同様の一歩を踏み出すのが適切である[563]。つまり，私法における思考方法が労働法でもパラレルに考慮されなければならない。特に，プライス（Preis）教授が述べているように，普通契約約款の類似の規則が労働法上妥当するのは，当然である[564]。内容コントロールは，私法の枠内での現象として，多様な法領域での共通の基本構造を有している[565]。その際，民法と普通契約約款に関するルールの適用は，協約外賃金システムの設定と適用に当たって使用者の一方的決定を排除するためには，必要かつ適切である。70年代以来，連邦労働裁判所は，契約上の画一的な規整（vertragliche Einheitsregelung）について，普通契約約款と類似した裁判所の審査を行ってきた[566]。労働法は，市民法に対して，独特の規範を持った独特の法領域ではないので，機能不全となっている共同決定に代わって，普通契約約款に関する内容コントロールの適用も含めて民法の一般的な原則を労働法に適用させることが重要なのである。

---

562 Wittgruber, Abkehr des Arbeitsrechts, S. 86, 102f., 116f.
563 Preis, Grundfragen der Vertragsgestaltung, S. 226.
564 Preis, Grundfragen der Vertragsgestaltung, S. 226., 274ff.
565 Vgl. Fastrich, Inhaltskontrolle, S. 8.
566 Vgl. BAG Urt. v. 7. 1. 1971 AP Nr. 12 zu § 315 BGB; BAG Urt. v. 13. 5. 1987 AP Nr. 4 zu § 305 BGB Billigkeitskontrolle; BAG Urt. v. 9. 6. 1965 AP Nr. 10 zu § 315 BGB.

2 市場秩序における共同決定

a) 市場経済と事業所協議会による共同決定の不一致

先に述べた第2章第5節三の1から3の考察から，共同決定は，協約外賃金の最低賃金と透明性並びに賃金アップを保障するのに，適していないことがわかる。また，既に述べたように，事業所の賃金が，特に市場要素によって影響を受けるもので，事業所の共同決定によって影響を受けないものではない。ここで，示されるのは，事業所協定がホワイトカラーの賃金保護に不可欠なものではない，ということである。事業所のパートナー間でなされる共同決定は，市場に指向した効率的な賃金形成とはなじまないものである[567]。賃金に向けた需要と供給の調整の目的には，労働契約ではなく，労働市場における共同決定が機能不全に陥っているということができる。共同決定は，労働市場における賃金上昇の目的には，十分に機能しないのである。

b) 不完全な市場の透明性

市場経済は，完全な市場の透明性の確保と，特に，需要者と供給者の包括的な価格情報の達成によって，可能になる。市場の機能不全は，逆に，一方当事者の契約の価格と条件に関する，情報の不完全性から発生する。事業所の実務では，共同決定は，情報権（*Informationsrecht*）の行使（事業所組織法80条2項）によって情報の欠損を排除できるものではない。ここで考慮しなければならないのは，市場の不完全な透明性による市場の機能不全が排除されるのか，それとも，悪化するのか，ということである。多くの企業では，事業所協定や任意の事業所協定によって，成果・能力主義賃金の要件，対象などについて，実際上複雑に規定され，その結果，個々の被用者が当該規定を理解することも不可能な程度になっている。実際には，当該被用者がどのような根拠に基づきどのような種類の能力・成果主義賃金を，どのような成果との関連で支給を受け，そして，いかなる額が支給されるかについて，知ることができない状態にある。これとの関係では，事業所協議会の保護機能が，個人の自己決定権の保護に寄与するかどうかが問われなければならないし，また自己決定権がむしろ排除されるのかが，問われなければならない。この限りでは，不透明な条項からの被用者の保護が，ほとんど不可能になっ

---

567 Zöllner, ZfA 1994, S. 432.

ているのである。市場の透明性は，本来，協約外賃金に関する価格条項などによって保障されなければならない。契約条項は，価格および給付に近いものであればあるほど，透明なものでなければならないはずである[568]。協約外賃金の額とその条件に関する情報の不足とその欠損と関係する，完全な市場の透明性は，事業所協定によっては，保護されないのである。

c) 事業所協議会と調停委員会（Einigungsstelle）の規制権限の限界

共同決定の限界は，調停委員会の機能的限界からも生じる。事業所組織法87条2項において，「1項による事項について合意が成立しないとき，調停委員会が決定する」と規定され，事業所協議会と使用者との交渉が不調に終わり，共同決定できないとき，労使同数からなる調停委員会がその事業所の紛争を調停する。調停委員会の長には裁判官が任命されることが多い。ハーナウ教授は，調停委員会の裁定に適した範囲は，「経営学，労働科学」などによって客観的に算定できる，出来高賃金などの賃金を学問的に「確定」「算定」できる場合に，限られる，と述べる。これに対し，賃金額や賃金構造は，本質的に，科学的に算定される性質のものでなく，交渉によって決定されるものである[569]。そのふさわしい範囲をこえて，賃金を「交渉」によって決定すべき通常の賃金（例えば協約賃金および協約外賃金）については，第三者である調停委員会が定めるべきではない，という[570]。そして，事業所協議会と使用者とが交渉不調のときまで考慮して，賃金額が共同決定事項ではない，と指摘している[571]。レービッシュ教授も，労働組合と使用者は，「協約交渉」においては，経済全体の発展，生産性，インフレ率，企業の収益などを考慮して，賃金額を「交渉」するのが通常であるが，これらの要素まで考慮しなければならない賃金決定まで，事業所の紛争を解決するだけにすぎない調停委員会（Einigungsstelle）に行わせることは，「要求過剰」であると説いている[572]。

さらに，使用者と事業所協議会が合意に至らない場合に決定する調停委員

---

[568] Koller, Festschrift für Steindorf, 1990, 670, (686); Preis, Grundfragen der Vertragsgestaltung im Arbeitsrecht, S. 422.
[569] Löwisch, DB 1973, S. 1747; Hanau, BB 1973, S. 353ff.
[570] Hanau, BB 1977, S. 353.
[571] Hanau, BB 1977, S. 353; Löwisch, DB 1973, 1747.
[572] Löwisch, DB 1973, S. 1747.

会は，企業の責任を負わず，そしてその決定と結びついたリスクを負わない。ここでは，「市場経済と事業所協議会による共同決定との不調和（*fehlende Konformität von Marktwirtschaft und betriebsrätlicher Mitbestimmung*）」があらわになっている[573]。この観点からも，調停委員会と事業所協議会の規整権限の限界が明らかになる。調停委員会の調停と共同決定に賃金決定を委ねることは，行き過ぎであるといえる。このため，こうした観点からも，事業所協議会の賃金に関する労働条件規整権限を正当化することはできないと考えられる。

　共同決定は，その決定に大きな時間を費やす，また，事業所協定の条項は余後効がなく解約されうる，という不利益がある。さらに，問題なのは，事業所の共同決定が構造的にドイツ法の私的自治的な秩序と一致しないという点である。なぜなら，個々の被用者が，事業所協定の直接的かつ強行的な効力に，事業所に所属することを理由に服するからである。これによって，その労働条件についての被用者の決定の自由は，事業所組織法87条1項10号および11号の事業所の共同決定によって排除される。このことは，協約外給付の賃金形成にも関わる。なぜなら，成績加給や手数料のような成果に依存した賃金に関わる規制にさいして，個人の契約形成と決定可能性へのチャンスは，利用されないままだからである。

3　賃金に関する事業所の共同決定の限界

　a)　事業所の共同決定は，判例によれば，賃金形成の抽象的一般的な原則だけに関連すべきことになる。学説でも，これに従い，共同決定は，賃金グループの数，種類および要件に制限される[574]。共同決定権は，事業所組織法87条1項10号によれば，配分的正義を保障し，それゆえ，公正な（*gerecht*）賃金額を保障するというものではなく，個々の賃金グループの適切な関係を保障するだけである，とする[575]。つまり，協約外職員や成績加

---

[573] Zöllner, Arbeitsrecht und Marktwirtschaft, ZfA 1994, S. 423 (434).
[574] Richardi, BetrVG Komm, Rn. 814; Wiese, GK- Komm, Rn. 915.
[575] BAG Beschluss v. 21. 8. 1990 NZA 1991, S. 434 (435); BAG Beschluss v. 30. 1. 1990 AP Nr. 41 zu § 87 BetrVG 1972 Lohngestaltung; BAG Beschluss v. 16. 7. 1991 AP Nr. 49 zu § 87 BetrVG 1972 Lohngestaltung; BAG Urt. v. 20. 8. 1991 AP Nr. 50 zu § 87 BetrVG 1972 Lohngestaltung.

給に関して個々の給与グループ間に差異を与えること、例えば、賃金額に協約賃金への上乗せ率で差異を作り出すことは、事業所のパートナー（事業所協議会と使用者）の共同決定義務に属する、とされる[576]。また、賃金の上昇の仕方を示すプレミアムないし手数料のカーブも共同決定義務があると判断されている[577]。これら連邦労働裁判所の判断をまとめると、つまり、賃金額に対する共同決定の間接的な影響可能性は、承認されているといえる。

これに対して、連邦労働裁判所は、協約外賃金に関する賃金額につき共同決定義務があるものではない、と一致して常に判断している[578]。これによれば、賃金額に対する共同決定の直接的な影響可能性は、否定されているのである。

しかし、賃金額に対する共同決定の直接的影響可能性と間接的な影響可能性という判例による区別は、解釈上、非常にテクニカルな区別になっている。賃金額に対する共同決定の直接的な影響可能性と間接的な影響可能性がいずれにせよ、自己決定秩序に一致するものでもない。契約当事者の決定の自由への侵害は、一般的に事業所組織の任務ではないのである。すでに述べたように、共同決定の権限は、労働契約当事者間の協約外給付に関して私的自治的な契約形成の可能性の遮断を許してはならない。事業所の共同決定権は、それが被用者の自由を侵害しない限りで、認められるべきである、とする1972年の事業所組織法改正法の立法者の意思に一致する。事業所組織法の改正のための委員会、労働社会秩序委員会（*Ausschluss für Arbeit und Sozialordnung*）は、当時、事業所組織法87条1項10号の枠内では、個々の労働契約当事者の決定に影響を与えてはならないということを確認している。全体主義的な共同決定を立法者は望んでいないのである[579]。

さらに、最終的には、成績加給の場合の協約賃金に対する上乗せ率、手数料のカーブなど、賃金コストへの間接的な影響可能性のある事項についての

---

[576] BAG Beschluss v. 21. 8. 1990 NZA 1991, S. 434（435）; BAG Urt. v. 20. 8. 1991 AP Nr. 50 zu § 87 BetrVG 1972 Lohngestaltung.
[577] BAG Urt. v. 21. 8. 1990 NZA 1991, S. 434, 436; BAG Beschluss v. 13. 3. 1984 AP Nr. 4 zu § 87 BetrVG 1972 Provision.
[578] BAG Urt. v. 21. 8. 1990 NZA 1991, S. 434, 436; BAG Beschluss v. 13. 3. 1984 AP Nr. 4 zu § 87 BetrVG 1972 Provision.
[579] Dietrich, Betriebliche Altersversorung, 1976, S. 23; Vgl. Hanau, BB, 1977, S. 353.

共同決定義務の存否のみが問題になる。しかし，これらについても，同様の理由から，事業所組織法87条1項10号によって認められるべきものではない[580]。なぜなら，それは，立法者の意思にも私的自治の秩序にも反するからである[581]。

---

[580] 反対 BAG Urt. v. 21. 8. 1990, NZA. S. 434；BAG Urt. v. 13. 3. 1984, AP Nr. 4. zu § 87 BetrVG 1972, Provision; Dorndorf, Zweck und kollektives Interesse bei der Mitbestimmung in Entgeltfragen, in: FS für Däubler, Frankfurt am Main, 1999, S. 327 (332); Moritz, AuR, 1993, S. 97 (108)．

[581] 使用者と事業所協議会は，賃金決定の一般的抽象的原則（*abstrakt-und generelle Grundsätze*）について，例えば，協約外給付については（成績加給や協約外職員の賃金について），賃金グループの数，種類，要件を共同決定しなればならないかどうかは，いまだ未解決な問題である。例えば，アメリカや日本では，成績評価（＝人事考課）についての，賃金グループの数，種類，要件を詳細に定める，人事実務が存する（Zander/Knebel, Leistungsbeurteilung und Leistungszulagen, S. 1ff.）。その場合，賃金グループの詳細な要件は，ドイツにおける労働協約や事業所協定のような集団的な規整によることなく，定められている。これは，成績評価のシステムが集団的規整なくして機能していることを意味している。多くの先進国では，使用者は，有能な労働力を企業にとどめる努力をしている。今日なお，被用者に仕事に対するモチベーションを与えようとすることは，その目的とされている。このことは，アメリカ，ドイツ，日本で共通にいえる。すでに述べたように，使用者は，被用者の労務給付に依存しているのである。このため，使用者は，常に，成績評価によって被用者の仕事に対するモチベーションを下げないように努め，被用者を公正に扱おうとしている（Zander/Knebel, Leistungsbeurteilung und Leistungszulagen, S. 3f.）。業績評価が共同決定によって行われるか，それとも，使用者によって定められるかは，大事な問題ではないように思われる。なぜなら，業績評価は被用者に対し仕事に対するモチベーションを向上させるものにすぎず，使用者も被用者を公正に扱わなければならないからである。もし，そうだとすれば，賃金グループの要件が，不透明な規整の形成可能性への憂慮を理由として，または被用者に使用者に対する従属性を理由として，共同決定義務とされることは，基礎づけられないと考える。さらに，被用者は実際上，業績評価における賃金グループの要件（つまり，評価の要素）をみるチャンスがない。なぜ，成績評価のシステムが私的自治的に行われないのか，疑問がもたれる。こうしたことから，使用者と事業所協議会が，協約外賃金に関して賃金グループの数，種類，要件（評価の要素）は，（例えば，成績加給，または，協約外職員の給与）について共同決定しなければならないものでないことがわかる。このことは，──プレミアムについては賃金上昇の仕方を表すカーブを決めるが──プレミアムのカーブにもいえる。このため，事業所組織法1項10号の存在意義が疑われるところである。その正当性を欠くのである。このため，賃金グループの要件や賃金額は，共同決定義務を負わないと解される。この点で，賃金決定の一般的抽象的原則（*abstrakt-und generelle Grundsätze*＝ここでは，賃金グループの数，種類，要件，協約賃金へ上乗せする賃金率，プレミアムのカーブ）が共同決定義務を負うとする，連邦労働裁判所の判断は，疑わしいように思わ

b）　事業所組織法87条1項11号で定められる事業所協議会の事業所の共同決定権は、出来高・プレミアムと比較可能でない場合でも、成果・能力主義賃金にまで拡大できるという趣旨ではない。ここでは、いかなる範囲で、賃金の領域における事業所協議会が規整権限を有しているか、という問題に関わっている。既に述べた通り、事業所組織法は、事業所協議会と使用者に対して、事業所の事項を規律する任務を委ねているのである[582]。そして、その事業所の組織へ委ねようとする、事業所組織法の立法者の意思は、賃金額が被用者の給付を測定することで定られうる場合に、出来高・プレミアムと比較可能な賃金であり、共同決定事項となる、という点にあり、そして、その結果、この程度であれば、原則的には、企業の決定の自由を害するものではない、という点にある。立法者は、これらの事項が、賃金に関して、企業の決定の自由の領域への影響を与えることなく、事業所協議会の共同決定が認められる、と考えたのである。そうである以上、賃金額が被用者の給付を測定することで定られる場合に、出来高・プレミアムと比較可能な賃金である以上には、共同決定権は拡張されてはならないと考えられる。このことは、成果主義賃金（*erfolgsabhängiges Entgelt*）にもいえる。以上から、賃金額に対する共同決定の直接的なおよび間接的な影響可能性いずれも、否定されるべきであると考える。

五　小　括

　事業所協定の集団的な規整の正当性とその制限がここでは考察された。これらの正当性と制限は、集団的な規整の内在的な私法的な根拠に基づく。協約自治と事業所自治は、個別契約上基礎づけられる給付の約束に関する労働条件の保護と促進のための法制度である。労働協約による法制定力も、私法的な原則にしたがう。法律行為によって基礎づけられる集団的な労働協約への拘束は、組合員資格の自由な獲得によって、私的自治的に正当化される。労働協約による法制定力は、基本的に、団体の構成員に対してのみ認められ

　　　れる。
[582]　第2章第3節二4参照。

る。基本法による団結の自由は，労働組合が個々の被用者の意思に従うという，自治的な自己扶助を目的としている。ピッカー教授が指摘しているように，団結の自由は，リベラルな資本主義の自由への道のりとして発展してきた。労働組合は，市場力の形成によって従業員が集団的なレベルで交渉しうるようにする，カルテルの力を有しているである。この限りで，市場経済において団結の自由は，市場に条件づけられた被用者の自由の保障のための手段なのである。

これに対して，事業所の共同決定は，私的自治的に正当化されるものではない。労働協約と異なり，事業所の組織は，客観法にしたがう。客観法とは，「法的な法規の全体[583]」をさし，法規そのものを意味する。そこで問題になるのは，事業所協定による個人の意思への侵害が正当化されるかどうかであった。ここでは，事業所協議会が協約外賃金に関して規整権限の正当性が問題になる[584]。個人の意思を侵害する事業所協議会は，それによって代表される被用者の労働条件が何らかの形で向上するときには，意味がある。これとの関連では，一方的に使用者の利益に向けられた賃金の形成から個々の被用者を保護することによって，この他律的な秩序が個々の場合に正当化される（保護機能)，と指摘されている。しかし，この事業所協議会の保護機能による正当化の試みは，失敗に終わっていることがこの節で明らかにされた（第5節三1－3)。協約外の賃金との関連では，連邦労働裁判所によって立てられた「事業所協議会による保護」という概念は，内容のない空虚な概念なのである。共同決定が被用者の具体的な利益の保護や集約に役立たないのであれば，事業所協議会の共同決定権によっては，事業所協議会の強制的団体の性格が強化され，個々の被用者の自己決定が押しのけられ，または，それが集団のために制限されてしまう結果を招くのみである。共同決定は，この限りでは，もはや個々の被用者の保護のための制度ではなく，単なる不必要な後見のためのメカニズムでしかなくなるという結果を生み出す。このため，賃金に関する労働関係の規制権限には共同決定が適さないということがいえる[585]。この代わりに，使用者の一方的決定による矛盾を排除するた

---

583 Tilch/Arloth, Deutsches Rechts-Lexikon, Bd. 2（G-P)，München, 2001, S. 3076.
584 Aksu, Regelungsbefugnis der Betriebsparteien, S. 171, 178; Müller-Franken, Die Befugnis zu Eingriffen, S. 244ff.

めには，私法上の裁判所によるコントロールが重要となる（民法138条，307条以下，315条）。

---

585 結果同旨 Richardi, Kollektivgewalt, S. 320; Reichhold, Sozialprivatrecht, S. 546.

第6節　協約外のレベルでの裁判上のコントロール

　今日の企業では，一般的労働条件（*Allgemeinen Arbeitsbedingungen*），または，画一的規整（*Einheitsregelungen*）と呼ばれる，使用者によって一方的に設定される規定・規則によって，多くの場合，成績加給（*Leistungszulage*）または，手数料（*Provision*）のような能力・成績型賃金のシステムが規定されている。これらの協約外賃金に関する抽象的な賃金原則の設定（要件・額の設定など）は，当該被用者の給付が他の被用者と比較して判断されうるように，画一的に他の被用者にも適用される。その場合，個別的に交渉されない条件（一般的労働条件，または，画一的規整）が，使用者の押し付けによって一方的に（被用者に不利に）形成されるという事態に陥るおそれがある[586]。大量に作成され利用されるこれらの契約条件は，当事者に対し，私的自治の原則に必ずしも合致しない契約の解消も可能にしている。この使用者の契約内容に関する広範な自由を制限するために，労働裁判所は，手数料（*Provision*）と呼ばれる賃金を含めて賃金の強行的な下限の問題と取り組んでいる[587]。プライス教授[588]とファストリッヒ教授[589]は，この労働法における問題を中心的な問題として教授資格論文において取り上げ，契約条件が一方当事者に不利な効果を規定される場合に，裁判所の内容審査が可能である，という結論を導いている。被用者が定型化された契約条件を放棄しようとする場合に，不相当な契約条件を前にして，すぐれた教育や富をもっていることが，保護の必要性を喪失させるものではない[590]。さらに，有能な法学部卒業の学位取得者も，労働契約の締結にあたって，「本質的に定式契約とは異なる契約条件を実現するチャンスもほとんどないのである[591]。」人

---

[586] Fastrich, Richterliche Inhaltskontrolle im Privatrecht, S. 187; Hromadka, Inhaltskontrolle von Arbeitsverträgen, S. 258.
[587] Vgl. LAG Hamm Urt. v. 16. 10. 1989 ZIP 1990, S. 880.
[588] Preis, Grundfragen der Vertragsgestaltung im Arbeitsrecht.
[589] Fastrich, Richterliche Inhaltskontrolle im Privatrecht.
[590] Vgl. Preis, Grundfragen der Vertragsgestaltung, S. 287f.

的範囲，要件，効果について，契約当事者にとって不透明でまたは良俗に反する契約条項が存在する場合には，私の考えでは，普通契約約款規整の利用，または，良俗 (*guten Sitten*) 規定の適用が，必要であり，そして，それが新たな個別的労働契約法のあり方と合致するものであると考える。この節では，この問題を扱い，特に，良俗違反の裁判上のコントロール（民法138条1項）および，変更の留保のコントロール（民法309条の4），ならびに，透明性の原則（民法307条1項の2）を個別的なケースとの関係で論じる。

一　良俗 (*gute Sitten*)

労働法における契約上の内容審査には長い伝統がある。内容審査は，民法307条および315条と並んで，本質的には，特に，民法138条に従う。民法138条1項は，「良俗に反する法律行為は無効となる」と規定する。民法138条によって，労働協約レベルの最低賃金を下回る「飢餓的賃金 (*Hungerlöhnen*)」，または，手数料の定額部分がない賃金「飢餓的手数料 (*Hungerprovisionen*)」が無効とみられるかどうかが，判例及び学説において近時争われている。よく知られるように，公正な賃金 (*gerechter Lohn*) は存在しない。労働賃金について契約自由の原則が妥当する。ただし，契約内容に関する自己決定的な自由も，ある法律行為が良俗に反するところで（民法138条），終了する。「良俗」法理による諸制限が提供されているのである[592]。しかし，判例では，その際，一般に，「公正かつ正当な考えをなすあらゆる人の礼儀感」という法理が形成されている[593]。このことは，しかし，その都度の裁判官の感情が決定的な判断要素になるということを意味する。こうした判例による民法138条の「良俗」概念がほとんど内容がないに等しい，という批判にもかかわらず[594]，労働裁判所の判例では，かかる「主観

---

[591]　Preis, Grundfragen der Vertragsgestaltung, S. 287; その根拠は，プライス教授によれば，使用者が被用者の経済的ないし知的従属性を利用しているところにある (Preis, Grundfragen der Vertragsgestaltung, S. 287)。

[592]　BAG Urt. 22. 11. 1973 SAE 1975, S. 127 (129); LAG Köln Urt. v. 24. 4. 1990 BB 1990, S. 634.

[593]　BAG Urt. v. 1. 4. 1976 AP Nr. 34 zu § 138 BGB.

[594]　Staudinger, § 138 Rn. 15, 17; MünchKomm (BGB), § 138 Rn. 112, 113 (Meyer-

的な要素」が良俗違反の判断に要求されている[595]。良俗違反は，内容の定かではない概念であり，具体化が必要とされる法的な概念である[596]。この節では，使用者と被用者との間でなされる法律行為の形成に，「良俗」法理が介入できるのかどうか，そして，どの程度介入できるかを，解明したいと考える。成果・能力主義賃金との関係では，契約条項が「飢餓的賃金（*Hungerlöhnen*）」，または，手数料の定額部分がない賃金，「飢餓的手数料（*Hungerprovisionen*）」が無効とみられるかどうかが問題になる。

1 「公正かつ正当な考えをなすあらゆる人の礼儀感（*Anstandsgefühl aller billig und gerecht Denkenden*）」

a) 良俗の内容については，判例によれば，「公正かつ正当な考えをなすあらゆる人の礼儀感（*Anstandsgefühl aller billig und gerecht Denkenden*[597]）」が定める。「公正かつ正当な考えをなすあらゆる人の礼儀感」については，規範な観点が起点と考えられなければならないとされる。そして，憲法裁判所の判例によれば，この出発点は，国民が文化的な発展過程での一定の時期で達成されるもので，それが憲法に位置づけられる価値の観念（*Wertvorstellung*）の全体のなかで形成されるものである，とされる[598]。

b) しかし，この判例によると，良俗の判断に当たって倫理，道徳が参照されることになる，という問題がある[599]。さらに，誰がどのように，「公

Maly）.

[595] Vgl. BAG Urt. v. 10. 10. 1991 NJW 1991, S. 861; LAG Heidelberg, Urt. v. 12. 9. 1957 BB 1958, S. 7; LAG Hamm, Urt. v. 16. 10. 1989 ZIP 1990, S. 880.

[596] MünchKomm, § 138 Rn.11（Meyer-Maly）.

[597] BGHZ 10, 228, 232; BGHZ 20, 71, 74; BAG Urt. v. 1. 4. 1976 AP Nr. 34 zu § 138 BGB. この訳については，鹿野菜穂子「ドイツの判例における良俗違反」椿寿夫・伊藤進『公序良俗違反の研究』（日本評論社・1995年）138頁，林幸司「ドイツにおける良俗論と日本法の公序良俗」同書152頁，大村敦志『公序良俗と契約正義』（有斐閣・1995年）235頁参照。このほか，これらの議論については，広瀬清吾「ナチス法学と利益法学（一・二）」法学論叢91巻3号1頁，5号1頁，中村哲也「ナチス民法学の方法的分析（上）（下）」法学41巻4号70頁42巻1号59頁などがある。

[598] BVerfGE, 7, 198, 206.

[599] MünchKomm（BGB），§ 138 Rn. 12（Meyer-Maly）; Staudinger, § 138 BGB, Rn. 13（Sack）.

正かつ正当な考えをなすあらゆる人の礼儀感」の内容を定めるのか，という問題を抱えることになる[600]。この考えでは，民法の規定で予定される「良俗違反」の法概念がいつのまにか，「道徳」に置き換わってしまう[601]。

また，良俗違反の判断に当たって，社会道徳が重要である，という解釈は，民法の起草者の考えに沿うものでない。民法の第一草案が，「良俗および公の秩序（*öffentliche Ordnung*）に反する法律行為は無効である」と規定していたのに対し，第二草案においては，道徳風俗と関わる「公の秩序（*öffentliche Ordnung*）」というメルクマールが，無効事由の射程範囲を不確定にするとの理由から，削除されている[602]。これに対して，「良俗」規定は存続することになった。しかし，良俗違反への非難として「良俗」違反が問われるとしても，同様の趣旨から，それが道徳的な要求に転化してはならないと解される。また，良俗違反の条項が道徳規範を参考にすることでは，一定の条項が良俗違反であるかどうかについて，明確な限界をもたらさないと考えられる[603]。

---

[600] Standinger, § 138 BGB, Rn. 13（Sack）, Vgl. Sack NJW, 1985, S. 761（763）.
[601] 今日では，社会は，基本的な価値の大きな転換点にあるとされている（MünchKomm, § 138 BGB Rn. 17（Mayer-Maly））。価値の変化によって，かつて良俗違反とみられた行為が，民法 138 条の現在の裁判では，すでに疑わしいものになっている（MünchKomm, § 138 BGB Rn. 17（Mayer-Maly））。価値基準のヒエラルキーが絶対化されることはありえないのである。
[602] Prot. I, 258（Mungdan I, 725）. Vgl. Flume, Rechtsgeschäft, § 18, 1.
[603] フルーメ教授は，良俗違反が直接法律行為の内容から生じるというのではなく，法律行為の諸般の事情から生じる，と捉えている。それは，法律行為の内容，動機，目的から明らかになるとする（Flume, Rechtsgeschäft, § 18, 3; Larenz, AT, § 4 II）。少なくとも，主観的な観点としては，行為者が良俗違反が生じるという事情を知っていることが必要である。それは，行為者がその行為が良俗違反であると考えている必要はない。邦語文献として，これらの要件の客観化の理論については，宮崎公男＝岡久幸治「西ドイツの簡素化法およびシュットットガルト方式について（一・二・完）」判例時報 917 号 3 頁・918 号 3 頁（1977 年）。大村敦志『公序良俗と契約正義』（有斐閣・1995 年）253 頁。特に，138 条 2 項の 1976 年の主観的要件の緩和についての改正については，大村敦志『公序良俗と契約正義』（有斐閣・1995 年）242 頁参照。また，主観的要件の緩和を宣言したものに，いわゆるベンダー判決がある（OLG Stuttgart NJW 1979, S. 2409. これについても大村敦志『公序良俗と契約正義』（有斐閣・1995 年）242 頁）。

2 動態理論（*Bewegliche Theorie*）

a) ヴィルブルク（*Wilburg*）教授は，これと類似した問題を損害賠償法において克服するため，1941年に，損害賠償法の領域において，責任が存するか否かの判断に当たって，多くの要素の集積が重要となる，という認識を示した。これは，損害賠償の違法性判断に当たって，基本的な価値が重要となるというのではなく，むしろ，多くのネガティブな要素の集積が決定的な判断要素となる，というものであった。動態理論（*Bewegliche Theorie*）の登場である。これは，簡略に言えば，次のようなものであった。

1. 侵害や危険になる他人の法益の要求
2. 支配領域や利益領域，それゆえ，責任者の領域で生じた損害の発生
3. この領域での欠損（*Mangel*）の存在。この欠損は，補助者の誤りから物の欠損まで含む。
4. 保険の可能性に関する参加者の財産の衡量[604]。

これらの要素が動態システムにとっての重要な例とされた。

問題となるのは，この動態理論が良俗違反の要件に転用できるか，ということである（民法138条1項）[605]。動態理論の良俗違反の審査への転用を肯定する見解は，あるひとつの事情自体が，良俗違反の非難の対象となるではないとする。それは，事実上，多くのネガティブな要素の結びつきから，契約の良俗違反が生じるのである，とされる[606]。

---

[604] Wilburg, Die Elemente des Schadensrechts, Marburg, 1941.
[605] Staudinger BGB, § 138 Rn. 57ff.（Sack）; MünchKomm, § 138 Rn. 21ff.（Mayer-Maly）.
[606] Staudinger BGB, § 138 Rn. 58（Sack）; MünchKomm, § 138 Rn. 21（Mayer-Maly）. 現在は，連邦通常裁判所は，良俗違反が直接法律行為の内容から生じるというのではなく，法律行為の諸般の事情から生じる，と解している。それは，法律行為の内容，動機，目的から明らかになるとする（BGHZ 107, 92（97））。連邦労働裁判所は，連邦通常裁判所と学説に従い，良俗違反が直接法律行為の内容から生じるというのではなく，法律行為の諸般の事情から生じる，と捉えている。それは，法律行為の内容，動機，目的から明らかになるとする。良俗違反の認識または加害の目的は必ずしも必要とされない。連邦労働裁判所の判例によれば，「良俗違反は，例えば，賃金条項が被用者に不可避的に生じた損失への分担を予定している場合で，それに対して使用者による何らの反対給付もない場合に，生じうる（BAG Urt. v. 10.

第6節 協約外のレベルでの裁判上のコントロール

しかし，この動態理論には，賛成し難い。この理論では，なにがネガティブな要素であると理解されるのか，という点について結局，不明確なままである。ある要素を否定的に評価するためには，つまるところ，ある価値判断が必要とされる。動態理論は，本来は，価値判断や道徳的な要素を法的評価に入れることに反対であった。しかし，良俗違反の判断に当たって，最終的に，ある事実や要素に否定的な評価を加えるのでは，結局，同じことである。つまり，循環論法がここでみられるのである。

b) こうした議論の状況の中で，いかに良俗違反を評価するかが問われることになる。しかし，民法138条の良俗違反の判断について，少なくとも，良俗違反が，基本権からの要請への違反から明らかになる，という解釈の道は残されているように思われる。第一に，基本法の基本的な決定が民法138条のような一般条項を通じて架橋されることによって，その基本的な価値が民法へ放射しうるからである[607]。第二に，基本法上の価値は，連邦憲法裁判所の判例によれば，客観的な価値秩序の諸要素として，すべての法領域，少なくとも，労働法にも通用するからである[608]。いかなる法的評価をするに当たっても，基本法の基本的な態度を否定することまではできない。むろん，その基本権の限界点が問われるようなケースや，基本権と基本権が衝突するようなケースでは，こうした判断も困難を極めることになるが，そうでない限りは，基本権は，民法と労働法の領域では，良俗の具体化の特に重要な手段となりうる，と考えられるのである。

3 賃金条項の良俗性

a) 契約自由の限界

ドイツ法の法秩序では，法的な関係の規整が個人の自己決定と意思に委ねられる，という私的自治の原則を建前としている。良俗規定を考慮した労働契約における上限・下限の設定は，憲法の良俗規定への放射を考えても，私

---

10. 1991, NJW 1991, S. 861）。」その際，連邦労働裁判所の決定は，「全体的な評価として，使用者が被用者の弱い立場を過度に利用しようとしているかどうか，ならびに，被用者が使用者の経営のリスクないし経済的リスクを負担するかどうか」を考慮している（BAG Urt. v. 10. 10. 1991, NJW 1991, S. 861）。
[607] BVerfGE 7, 206; BVerfGE 24, 278, 282; BVerGE 34, 269, 280.
[608] BGH Urt. v. 28. 4. 1986 NJW 1986, S. 2944.

的自治の原則による法秩序とある種の緊張関係をもたらす。市民は，私的自治の原則にもとづいて，使用者との間での自己が形成した労働契約上の合意にもとづいて，精神的ないし肉体的な労働の結果，より高い賃金を請求することができるはずである。被用者と使用者は，手当を含め，労務の提供と賃金について合意し，特に，個々の被用者は，使用者によって設定された給付条件を労働契約の締結に際して受け入れているのである。これらは，原則的には，契約自由の原則によって保障される裁量の範囲内にある[609]。しかし，その際，これらの私的自治の原則による法秩序の形成を考慮しても，重要なのは，その合意が良俗に反して無効であるかどうかである。

裁判官には，民法138条などの解釈の手段が与えられている[610]。学説では，憲法が国家に対し労働法の形成のために設定する，使用者の裁量の上限と下限を，契約の自由の枠内でも設定できる，と指摘されている[611]。労働裁判所の裁判例には市場の賃金の半分に相当する賃金を下回ることは良俗に反し許されないとするものもある[612]。ローリッツ（*Loritz*）教授は，成果賃金の下限として，実質賃金の最大10％下回る賃金を違法であると説いている[613]。

---

[609] 例えば，トップの有能な被用者に対する疾病の場合の賃金継続保障が議論される（Vgl. BAG Urt. v. 22. 3. 1973 EzA zu § 620 BGB; BAG Urt. v. 26. 4. 1985 AP Nr. 91 zu § 620 BGB Befristeter Arbeitsvertrag）。現行の賃金継続支払い法によれば，疾病のため労務を提供できない被用者に対しては，原則的に，疾病の場合，100％賃金が認められることになる。100万マルクも稼ぐサッカーのトッププレーヤーが疾病のため労務を提供できないとき，100％の賃金保障が必要なのかどうか問題となり，それを契約上制限できるか，という問題となる。ハーナウ（*Hanau*）教授は，極めて高い請求額にもかかわらず，契約の自由を制限することは相当ではない，と述べ，かかる契約の自由の制限は，疑わしい方法での制限である，と述べている（Hanau, Deregulierung des Arbeitsrechts, S. 22）。「労働法は，大方，被用者の利益に資するものであるが，それは，従業員に選択させその選択を実現するための契約の形成を，禁じる根拠と正当性はない」，という的確な見解を提示している（Hanau, Deregulierung des Arbeitsrechts, S. 23）。むろん，賃金の支払い請求に関する私的自治的な拡張を説くハーナウ教授の見解は，一般に成果・能力主義賃金についても妥当すべきである。これが原則論である。

[610] Preis, Grundfragen der Vertragsgestaltung, S. 176; Reinecke, NZA Heft 3/2000, S. 32; Fastrich, Inhaltskontrolle, S. 186.

[611] Dietrich, RdA 1995, S. 134.

[612] RAG 23. 20. 1935, RAGE 16, 35, 37; BAG 11. 1. 1973, DB 1973, 727; LAG Berlin, 17. 7. 1961 DB 1961, 1458; LAG Köln 5. 2. 1986, § 2 BeschFG Nr. 1.

[613] Loritz, AuA 1997, S. 224（226f.）.

第6節 協約外のレベルでの裁判上のコントロール

ハム・ラント裁判所も，連邦憲法裁判所の決定に従い[614]憲法上の社会国家原理から良俗違反を問いうる，と説示し，その上で，最低限の給与保障が必要とされることを理由として，労働契約が良俗規定（民法138条）に反し，無効である，と判断している[615]。個人（被用者）は，基本法の発効により，社会的な面での最低限を使用者に対して要求でき，その結果，使用者は，契約条件における給与規定が存続保障として，また，継続性の保護（*Kontinuitätsschutz*）として，最低限の保障を有していなければならない，と説示している。その上で，裁判所は，手数料条項が，相当な収入の保障（*angemessener Einkommensgarantie*）がある限りで，適法となるのであるから，こうした保障のない当該契約条項を良俗に反し，無効であると判断している[616]。

b) 協約外賃金の良俗違反

それでは，いかなる場合に，憲法秩序を考慮して良俗違反を問いうるのであろうか。一般論としては，私法領域においては，ある契約当事者による搾取の状況と強制的な状況が問題になる場合，疑いなく，憲法上保障された契約の自由が，例外的に，良俗違反を理由として，裁判上制限を受ける，と考えられている[617]。そうした理論は，憲法的な価値を参照しても，十分説得力をもっていると考えられる。フロマドカ（*Hromaka*）教授は，a) 使用者が過度に被用者の人権を侵害し，これによって，使用者の意のままに被用者を労働させる場合，b) 使用者が被用者の行為の自由を制限し，労働時間の決定を委ねる場合，c) 使用者が被用者に十分な反対給付なくリスクを課す場合には（上記のハム・ラント裁判所のような事件[618]），良俗違反の限界点を

---

[614] BVerfGE 5 85-, 198.
[615] この事件では，従業員ではなく企業の業績にもとづいて給与が変動する給与規定が規定されており，そこでは，給与の定額制（固定給）が規定されていなかった。このため，定額でない給与規定が良俗に反し無効かどうか争われた（LAG Hamm, Urt. v. 16. 10. 1989, ZIP 1990, S. 880 (887))。
[616] ArbG Hagen 24. 6. 1987 NZA 1987, S. 610. Wank, Arbeitnehmer und Selbständige, S. 264f.
[617] 例えば，MünchKomm, § 138 BGB Rn. 17 (Mayer-Maly).
[618] ArbG Hagen 24. 6. 1987 NZA 1987, S. 610. Wank, Arbeitnehmer und Selbständige, S. 264f.

こえる，と述べる[619]。

こうした観点から，成果・能力主義賃金との関係で良俗違反をとらえることができるように思われる。成果・能力主義賃金との関係で良俗違反といえるかは，連邦労働裁判所の判例によれば，一般に被用者が不利に交渉されたか，また被用者が認識可能なように交渉されたかどうか，あるいは，契約の締結時に被用者が弱対化した地位にあるかどうかを判断基準としている[620]。しかし，継続的債権関係である労働契約においては，連邦労働裁判所の判例が判示するような具体的な交渉過程のみが重要となるのではなく，労務の提供に当たっての強制の状況の有無がむしろ重要である。労務の提供，期間，身体的および精神的要求の程度が考慮されなければならない。

このため，ある法律行為は，被用者に要求される命令，仕事の量，ならびに，成績に対するプレッシャーが，能力・成績給との関係で，良俗違反となり無効となる場合があると考えられる。仕事に対するノルマが過剰またはほとんど達成不可能であるとき，かつ，身体的また精神的仕事のノルマを課すことによって，使用者が，その行為の自由を著しく侵害しているときは，良俗違反となりうると解される。その理由は，使用者によって要求される労務の提供が，被用者の労務の提供に対するプレッシャー，時間外労働，仕事のテンポの速さにつながり，それが，結果的に，場合によっては，従業員の身体的または精神的な健康阻害を生じさせるからである。それゆえ，例えば，成果・能力主義賃金である協約外手当が定められる場合に，使用者から要求される被用者の売上額の実現が不可能である場合，契約自由は制限され，良俗規定に反する，と解される[621]。これは，要求された仕事のノルマを企業において被用者が何とかみたしたが，逆に，次の年に，―多くみられるように―，成果給の契約条項によって仕事のノルマが上司によって引き上げられた場合が，その一例である。さらに，手数料条項が，被用者が売上を上げることができないノルマを規定している場合，その賃金の合意は，無効である[622]。なぜなら，そうでなければ，仕事についての過剰なノルマやそれに

---

[619] Hromadka, RdA 1992, S. 240.
[620] Vgl. BAG Urt. v. 10. 10. 1990 NJW 1991, S. 861.
[621] BAG Urt. v. 10. 10. 1990 NJW 1991, S. 861.
[622] BAG Urt. v. 20. 6. 1989 NZA 1989, S. 843. Vgl. LAG Berlin Urt. v. 3. 11. 1986, AP

起因する精神的プレッシャーのため，精神的または身体的な障害をもたらすおそれもあるからである[623]。外交員である被用者が，客観的にみて，担当の顧客によっては，予め前払いされた手数料額に相当するノルマを達成できない場合には，良俗違反となる[624]。

c) „飢餓的賃金 (Hungerlöhne)" と „飢餓的手数料 (Hungerprovision)"

成果能力主義賃金において，最低限の給与が個々の被用者に対して十分に保障されないかあるいは全く保障されないケースがある。事業所における職場と仕事が被用者とその家族にとっての経済的な基礎をなすにもかかわらず，場合によっては，手数料における定額制による最低賃金の保障が，労働契約上の賃金規整において，定められないことがある。最低限の給与が保障されないことで，被用者の生活と福利が害される結果を招くおそれがある[625]。このため，給付と反対給付の不均衡を是正するために，成果・能力主義賃金に対して，良俗規定が制限を課し（民法138条），私的自治の原則が制限を受けることになる。

手数料の定額制が，労働契約において定められない場合，最低限の給与が保障しない契約上の合意は，相当とはいえない。なぜなら，成果の未達成の場合に，被用者の手数料の定額が保障されないとき，前述の通り，被用者とその家族にとっての経済的な基礎を脅かすからである。この限りでは，飢餓的手数料（Hungerprovision）は，合意された賃金と提供される労務の提供が不均衡であると考えられる。このことから，飢餓的手数料（Hungerprovision）は無効である，という労働裁判所の判断には，説得力があると思われる[626]。

協約外職員についても同様の最低限の給与規整が必要である。協約の最高位のグループと協約外の最低位グループとの賃金格差を保障することで，通

Nr. 14 zu 65 § HGB.

[623] Vgl. LAG Berlin Urt. v. 3. 11. 1986 AP Nr. 14 zu 65 § HGB.

[624] LAG Berlin Urt. v. 3. 11. 1986 AP Nr. 14 zu 65 § HGB.

[625] 法は，商法59条および64条において，定額の給与が定められることを出発点としている。法が，その他の場合について企業に依存する被用者をその保護の対象から除外するというのはありえない。対価について，労働法上の保護の水準が下がることがあってはならないのである。

[626] LAG Heidelberg Urt. v. 12. 9 1957 BB 1958 S. 7; LAG Hamm Urt. v. 16. 10. 1989, ZIP 1990, S. 880.

常，協約外職員の最低賃金を保障することがよくみられる。こうした方法で，通常，協約内職員の上位にある協約外職員の最低賃金が保障されるのである。

こうした合意が締結されるのが通常であるにもかかわらず，人事実務では，それを怠る場合がある。連邦労働裁判所は，この格差の額について，事業所協議会の共同決定権を否定している[627]。今日の判例の立場では，この格差については共同決定によるコントロールができない状況にあるのである。この結果，労働者の経済的な生活を脅かすおそれがあることから，こうした問題は重大な問題となる。このため，手数料の領域のみならず，協約外職員の賃金の領域においても，主たる給付の核心部分としての賃金の最低限が保護されるべきことになる。このため，協約の最高位のグループと協約外の最低位との間の格差が保障されないとき，その条項は，良俗違反と判断される。

二　標準化・画一化された労働契約条件への約款ルールの適用

1　債務法改正前の内容コントロールの労働法への適用可能性

かつて問題になったのは，普通契約約款法[628]が労働法への適用を排除していたことであった（普通契約約款法23条）。同法が制定される当時，同時に，労働契約法の草案作りが進行中であった。普通契約約款法の立法者は，被用者の同様の保護を享受する立法が作られるとの期待から，普通契約約款法の適用範囲から労働法を除外したのであった[629]。このため，普通契約約款法の規整は不要となるはずであった[630]。ところが，普通契約約款法の発効の

---

[627] BAG Beschluss v. 21. 8. 1990 NZA 1991, S. 434.
[628] ドイツの普通契約約款法については，河上正二『約款規制の法理』（有斐閣・1988年），山本豊「付随的契約条件における自律と正義（一・二・完）」法学44巻3号88頁・4号42頁，石原全「西ドイツ『普通契約約款法規制に関する法律』について」ジュリスト637号149頁，高橋弘「普通契約約款と消費者保護」法律時報47巻10号106頁，五十嵐清「諸外国における消費者（保護）法―西ドイツ」『消費者法講座　1 総論』（日本評論社・1984年）183頁などを参照。
[629] Dietrich, RdA 1995, S. 135. Vgl. Regierungsbegründung, BT-Drucks, 7/3919, S. 41 zu § 11 Abs. 1 des Entwurfs. これについては Preis, Grundfragen der Vertragsgestaltung, S. 241f.
[630] 普通契約約款法の立法趣意書においても「労働法の領域では，不相当な契約条件からの弱い契約当事者の保護は，今日，強行法と集団的な特別な合意のシステムのネットによって実現されている。この領域でも不相当な条件からの保護の改善が

第6節　協約外のレベルでの裁判上のコントロール

直後，労働法典委員会は立法作業を終了し，議会に提出されたものの，その契約草案は議会を通過しなかった[631]。こうして，法の欠けつが生じたのであった。

しかし，この立法のプロセスが普通契約約款の規整の基本思想の適用を排除するものでない。その法的な基礎は，学説では，民法242条の信義則におかれるとされた[632]。判例も民法134条（良俗の規定），242条，315条（公正な裁量）の規定を適用し，法の欠けつの解決を図っている[633]。

2　債務法改正後の内容コントロールの労働法への適用可能性

a)　債務法の現代化法は，2002年に，普通契約約款法の諸規定に変更をほとんど加えることなく，これらの規定を民法典に挿入した。そして，ついに，民法は，約款規制の労働契約への適用を認めた。連邦参議院は，普通契約約款法の23条の除外が適切であるかを審査し，民法310条4項の1は，労働協約，事業所協定，雇用上の合意（*Dienstvereinbarungen*）は，普通契約約款に対するコントロールに服さないが，民法305条以下の規定は労働契約に適用される，と明示的に規定した[634]。旧普通契約約款法23条1項の法の欠けつは，民法の改正によって立法的な解決を見たのであった。

b)　新しい民法典は，普通契約約款法の多くの規定を民法305条ないし310条に挿入している。民法305条1項の1によれば（＝旧普通契約約款法1条），「約款とは，多数の契約のために予め定型化されたすべての契約条項で，一方の契約当事者（約款利用者）が，他方契約当事者に対して，契約締結の

必要なように思われるのであるから，特別な立法措置が労働法の領域で取られるべきである（BT-Drucks. 7/3919, S. 41)」と述べられている。これは，定型化された契約条件からの保護が労働法でも必要であることを示し，普通契約約款法がこうした保護が労働法の領域で行われることを排除するものでないことを示している。

631　Preis, Grundfragen der Vertragsgestaltung, S. 243f.
632　Zöllner, RdA S. 153（158ff.); Wolf, RdA 1988, S. 270（271ff.); v. Hoyningen-Huene, Billigkeit, S. 156; Preis, Grundfragen der Vertragsgestaltung, S. 224, 226f.; Fastrich, Inhaltskontrolle, S. 187f.
633　例えば，BAG Urt. v. 7. 1. 1971 AP Nr. 12 zu § 315 BGB; BAG Urt. v. 13. 5. 1987 AP Nr. 4 zu § 305 BGB Billigkeitskontrolle. BAG Urt. 6. 9. 1995 AP Nr. 23 zu § 611 BGB Ausbildungsbeihilfe; BAG Urt. 24. 11. 1993, NZA 1994, S. 759.
634　Palandt, Gesetz zur Modernisierung des Schuldrechts, Ergänzungsband zur Palandt, Bürgerliches Gesetzbuch, 61 Aufl., München, 2002, § 310 BGB, Rn. 51.

際に提示するものをいう。」また，労働法では，不意打ち禁止の原則の適用が問題になる。民法305条cのII（＝旧普通契約約款法3条）では，「約款中の条項が，諸般の事情ことに契約の外形からみて，約款利用者の契約相手方がそれを考慮することを要さないほどに非慣行的である場合には，当該条項は契約の構成部分とならない」と規定する。この不意打ち禁止の原則は，当事者が条項を知りえず，または，事情によっては規制を考慮できない場合，妥当することになる。また，民法307条3項の1（＝旧普通契約約款法8条）以下の内容コントロールは，労働契約に適用されることになる。なかでも，民法307条3項の1（＝旧普通契約約款法8条）は，価格条項に対しては，裁判上の審査が及ばないと解される。なぜなら，価格は，通常，裁判所が定めるべきものではなく[635]，市場力と競争によって定められるべきものであると解されるからである[636]。さらに，新民法典は，従来判例法によって認められてきた透明性の原則（*Transparenzgebot*）を明文化した。これによれば，定型化された契約条件が可能な限り，明確で，透明なものでなければならない（民法307条1項の2）。ある契約条件が透明性の原則に反するときには，無効となる[637]。

c) 何十年もの間，定式化された条項に基づいて，協約外賃金は定められてきた。多様な賃金条項の結果，濫用的で透明でない契約条項が協約外賃金の場合にもみられるようになった[638]。知的な従属性が現代の契約社会では，契約当事者に思慮が欠けるというところにあるのではなく，むしろ，約款利用者が法律家の援助のもとに判例と格闘しながら，契約条件の中にわなをつくることのなかにあり，他方の契約当事者（＝消費者，または，被用者）がそのわなに気がつくことができないところにある[639]。定式化された労働契約条件も，理解しづらく形成され，経験からでは意味内容を認識できないほど

---

[635] Palandt, Gesetz zur Modernisierung des Schuldrechts, Ergänzungsband zur Palandt, Bürgerliches Gesetzbuch, 61 Aufl., München, 2002, § 307 BGB, Rn. 59.
[636] Canaris, NJW 1987, S. 609（613）.
[637] Palandt, Gesetz zur Modernisierung des Schuldrechts, Ergänzungsband zur Palandt, Bürgerliches Gesetzbuch, 61 Aufl., München, 2002, § 307 BGB, Rn. 55.
[638] Dietrich, RdA 1995 S. 135; Säcker, Gruppenautonomie, S. 88; Fastrich, Inhaltskontrolle, S. 187.
[639] Preis, Grundfragen der Vertragsgestaltung, S. 287f.

に及んでいる[640]。それに加えて,消費者ないし被用者の知的従属性のみが重要なのではなく,契約締結時にその規定全体を僅かな時間で見通すことが難しい,という問題もあるのである[641]。こうしたなか,個人にとって不利で不透明な条項から,その個人を約款に関する法のルールなどによって保護することが必要とされるのである。労働法,特に,成果・能力主義賃金との関係では,透明性の原則が重要であると思われるので,これについて敷衍し,その成果・能力主義賃金への具体的な適用を考察する。

3 透明性原則の基本思想

a) 透明性原則の意義

透明性の原則は,80年代より,連邦通常裁判所(*Bundesgerichtshof*)の判例によって,内容コントロールの基準として,発展してきた。特に,私法における価格条項と価格に影響する付随条項(*preisbeeinflussende Nebenabrede*)について,市場における契約条件の透明化に重要な役割を果たしてきた。同原則は,現行法では,民法307条1項の2において明文化されている。透明性原則は,約款利用者(=約款作成者)によって定型化された契約条件(*vorformulierte Vertragsbedingungen*)が,明白・適切(*richtig*)・明確,可能な限り透明なものでなければならない,というものである。一方契約当事者は,その形成への直接的な影響を与えられないからである。契約条項が,ある契約当事者にとって十分に明らかに認識可能でなく,その契約当事者に不利な影響を与える場合,その契約条項は,民法307条1項の2に反すると解される[642]。定型化された条件が契約当事者の真に一致した意思によるものでないからである。透明性原則に反する条項は無効である[643]。透明性原則は,法に不案内な平均的な市民が,ある条項の不利益な効果について法的な助言を受けることなく理解できるように,普通契約約款を作成すべきことを作成者=利用者(*Verwender*)に対して義務づけている[644]。

---

640 Hromadka, Inhaltskontrolle von Arbeitsverträgen, S. 256.
641 Köndgen, NJW 1989, S. 943(947).
642 Ulmer AGBG Einleitung Rn. 37.
643 BGH 106, 49, 259, NJW 1996, S. 1408.
644 BGH, NJW 1999, S. 2279.

b) 透明性の原則の保障による市場の透明性

透明性の原則は，契約締結に際して，権利義務を期待・予測可能な程度に約款の受領者に認識させる可能性を与える，というところに，その理論的な基礎がある。普通契約約款が相当とはいえないのは，約款利用者（*Verwender*＝約款作成者）がその条項を不明確に規定し，紛らわしくさせる場合である。利用者が情報提供義務を果たすものでないからである。透明性の原則には，民法が普通契約約款を市場の一層の透明性を確保すべきであり，これによって契約条件をめぐる企業間の競争に刺激することに配慮すべきである，という考えに基礎をおいている[645]。不透明で不確かな条項の場合，契約の当事者は，その契約条件を他の企業の契約条件と比較することができない。自由な競争は，自由に，利用者の競争相手（競争企業）のより有利な条件との選択をしうる場合に，はじめて，成り立ちうる[646]。連邦通常裁判所は，抵当手数料事件判決において，クレジットの経験のない顧客に価格やその条項の（不利な）効果が，追加的な情報提供によって，明らかになるように，消費貸借の条件を形成することを，透明性原則が要求する，と判断している[647]。このため，重要なのは，透明な条項が規定されている場合，受領者にとって他の企業との価格の比較が可能になることである。約款利用者は，その受領者が法律学的に約款の契約条件が特別な説明なくして理解できるように，約款の契約条件を形成しなければならない[648]。普通契約約款法の目的は，契約条件の透明性，比較可能性を高めることにあり，これによって，契約条件をめぐる競争を刺激することにある。透明性の原則は，価格の透明性を高める目的に資し，これによって，契約条件に関する市場での条件の比較を可能にする。

4 協約外の賃金規整についての透明性（*Transparenz übertariflicher Entgeltsregelungen*）

a) 同様に，賃金，特に，協約外賃金においては，使用者によって形成さ

---

[645] Köndgen, NJW 1989, S. 946f.
[646] Köndgen, NJW 1989, S. 946.
[647] BGH Urt. 24. 11. 1988 NJW 1989, S. 224.
[648] BGH Urt. 17. 1. 1989 NJW 1989, S. 583.

れる約款類似の労働法上の画一的な規整または一般的な労働条件について，透明性を図ることが要請される。前述の透明性の原則と同様の理論が労働契約法の領域，特に，協約外給付の領域にも適用されるのは，当然である。透明性の原則が労働法において，市民法とは異なり，適用されない理由はないのである[649]。法律は，使用者に対し，不明確な契約上の規整から利益をあたえることを許すものではない。この市民法上の基準に照らして，使用者によって付与される能力ないし成果賃金は，明白・適切（*richtig*）・明確，可能な限り透明なものにされなければならない。そうでなければ，被用者は，条項について知りうる機会を逸し，契約締結に際して，条項についての情報が欠如することになるからである。

b) 能力・成果給の額が，使用者によって定型化される条項によって変動し，または，これによって（どの給付に対していかなる額を給付されるのか）不透明となる場合に，透明性の原則により，違法となることがある，と解される。成績加給，または，手数料の賃金額が，使用者によって規定される画一的な規整によって変動する場合，その条項の不透明さによって，労働契約当事者の決定の自由，特に，被用者の決定の自由を制限してしまうからである。被用者が，透明な条項によって市場の条件をそれぞれ比較し，その利益を実現できないときには，自己決定の実現のための被用者の選択の自由が制約されるのである。この問題に関連して，経済学では，労働へのモチベーションのための協約外賃金の額があまり変動しないように設定することが推奨されている[650]。法律学的には，協約外賃金を透明にすることで，この経済学の学説を置き換えることが重要となる。

5 成績加給とその他の能力・成果給の場合の透明性の原則

民法307条1項の2に基づく透明性の原則は，成績加給の設定と変更に適用可能である。給与グループと賃金額を定める場合，事情によっては，その

---

[649] Preis, Grundfragen der Vertragsgestaltung, S. 326, 422; ders, Erfurter Komm. § 611 BGB 230 Rn. 558; Picker, Anm. AP Nr. 107 § 611 BGB Gratifikation; Hromadka, Inhaltskontrolle von Arbeitsverträgen, S. 262.

[650] Hrsg. v. Hans- Böckeler-Stiftung Grundsätze zum Leistungsentgelt, S. 43; Zander/Knebel, Leistungsbeurteilung und Leistungszulagen, S. 145f.

賃金額に関して不透明さが生じることがある。成績加給が，上乗せされる率，または，賃金額で定められる場合，明解さを多くの場合欠いている。成績加給の範囲の不透明さは，上乗せされる率，または，変動する賃金額による大きな差額を理由に，透明性の原則の最低限に反することがありうる。なぜなら，給与額の大きな部分の変動が被用者にとっては計算不可能であり，また，期待・予測不可能なものである，と捉えられるからである。成績加給において，成績によるある賃金の変動部分が，全体の 30 パーセントに達する場合，それは，経済学的に，疑わしいだけでなく，法律学的にも，不透明な規定によって被用者の期待・予測可能性を奪っている。これは，契約締結に際しての重大な情報の欠けつを意味している。一般には，成績加給を定める場合，全体に比して変動部分が 30％であることが，透明性の原則との関係で，違法であるとみられる。同様のことは，協約外職員の給与の場合，成果給（*erfolgsabhängige Entlohnung*）の場合にもいえる。以上から，成績加給の額が 200 ユーロから 500 ユーロに明示的な規定なく変動する，というケースが問題になるが[651]，この場合，民法 307 条 1 項の 2 による透明性に反し，違法であると解される。統計によれば，ドイツの協約外賃金を含めた賃金全体では，平均，6,1％から 10,1％変動しているとされるから[652]，成績加給におけるこれを著しくこえる賃金率の変動は，場合によっては違法視されると考えられるのである。

6　手数料（*Provision*）

手数料の設定の場合も，賃金規整は透明でなければならない。実務において，手数料が定められるか，手数料のどのような種類が定められるのか，そして，複数の手数料制度がいかなる関係に立つのかが，賃金規程に規定される[653]。手数料制度において，ある一定の行為の終了によってある一定の点数が与えられると，定められるとき，その点数は明確なものでなければならない[654]。

---

[651]　LAG Niedersachsen, v. 25. 2. 1980, EzA Nr. 12 zu § 87 BetrVG Lohn u. Arbeitsentgelt.
[652]　WSI-Mitteilung, S. 1997, S. 119.
[653]　Vgl. BAGE 29, 103, 111.

また，手数料の上昇の仕方はグラフにするとあるカーブを描く。これも賃金の計算方式である。この手数料のカーブがどのように定められるかも，透明性の原則（民法307条1項の2）に基づき，明白・適切（*richtig*）・明確，可能な限り透明なものでなければならない。

これに対して，ユーロの額で直接手数料の額が定められる場合がある。企業が売上げを伸ばせば伸ばすほど，手数料の額は，事実上，高くなるように設定されるのである。契約法的な観点によっては，かかる手数料規制にも透明性の原則が適用されることになる。そうでなければ，手数料の額が，その規制が適用される被用者にとって，認識可能なものでなくなるからである[655]。

これに対し，手数料の額が問題になる場合，連邦労働裁判所の判例によれば，それは共同決定事項ではないのである。その結果，賃金額は，事業所協議会（*Betriebsrat*）または裁判所のコントロールを受けないことになる。本書では，これに対して，被用者がその給付によって得る手数料の額についての規整は，透明性の原則を充足するものでなければならないと考える。事業所協議会ではなく，裁判所の審査に服すると考えるのである。すでに述べたように，手数料の額のうちの変動部分の額は認識可能でないとき，被用者にとっては予測可能性がないから，それを救済する必要があるのである。このため，例えば，手数料のうち，全体の給与に比して，手数料による変動部分が30％である場合，透明性の原則により，成績加給を定める場合と同様に，違法であると解される[656]。透明性と明確性は，手数料条項との関係でも与えられなければならないのである。

三　協約外給付の撤回・削減

1　問題の所在
a）　近時，契約の実務において，労働契約がある給付を約束し，そして，

---

[654] BAGE 13. 3. 1984 E45 208, 220f.
[655] ある手数料制度がユーロを定めることによって約款のように定型化されている場合，透明性の原則がその手数料規整に及ぶと解される（§ 307 I 2 BGB）。
[656] Vgl. Rotenburg in dem Dienstleistungsindustrie.

同時にその給付の撤回・変更の可能性を留保する，という方法がとられている。これを撤回・変更の留保（*Widerrufs-und Änderungsvorbehalt*）という。ハーナウ教授とプライス教授によれば，協約外賃金を含むすべての手当（*Zulagen*）のほぼ70％が留保されている。「自由に使用者によって撤回されうる」という撤回条項（*Widerrufsklausel*）が，労働契約において，または，使用者によって一方的に規定される画一的規定や一般的労働条件と呼ばれる条項において，規定される。撤回の留保条項の95％は，特別な給付ないし手当として，自由に撤回される条項として規定される。賃金規整のフレキシビリティー（*Flexibilisierung der Entgeltsregelungen*）は，70年代以来，撤回留保や変更留保という労働条件の調整手段によって拡張されてきた。つまり，経営状況などに応じて賃金をフレキシブルに減額させることを可能にしてきたのである。ドイツにおける賃金減額の最も重要な手段であった。連邦労働裁判所は，協約賃金の19 ― 31％にあたる成績加給を撤回することを適法であると判断した[657]。また，給与全体の15％を占める手数料の撤回[658]，さらには，給与全体の20％を占める販売部門対象の手数料の撤回も[659]，適法と判断している。

　労働条件の引下げが許されていない労働協約の硬直的なカルテル的な結合と比して，ドイツにおける賃金決定についてこれほどのフレキシビリティーが協約外給付の撤回・変更を手段として確保されているのは，驚嘆に値する。それが連邦労働裁判所によっても承認されているのである。契約条項または使用者によって形成される条項の撤回・変更によるドラスティックな協約外賃金の削減からの保護は，協約や事業所協定などの集団的な保護の対象にもなっていない。そこで，特に深刻な問題になるのは，労働契約当事者間の主たる給付の決定・削減が撤回・変更留保条項を通じて使用者に委ねられることが，私的自治の秩序と精神にかなうものか，という問題である。この問題は，使用者の恣意的で随意な裁量に従った，賃金の撤回・変更が，適法とみなされるかどうか，またどの程度であれば適法とみなされるのか，という問題である。プライス教授は，連邦労働裁判所の判断によって，労働契約の主

---

[657] BAG Urt. v. 13. 5. 1987 AP Nr. 4 zu § 305 BGB.
[658] BAG Urt. v. 21. 4. 1987 AP Nr. 34 zu § 2 KSchG 1969.
[659] BAG Urt. v. 7. 10. 1982 AP Nr. 5 zu § 620 BGB Teilkündigung.

たる債務である賃金の構成部分が侵害されることは、重要な問題である、と述べており、こうした撤回・変更を容易に認める判例に異議を唱えている[660]。ここで明らかでないのは、いかなる法的な根拠によって、こうした労働契約上の主たる給付の削減が不適法とみなされるかどうか、ということである[661]。

b) 契約上疑問なのは、賃金がいつでも撤回しうるという条項が期待可能性の要請（民法308条4項）と透明性の原則の要請（民法307条1項2）を充足するか、という問題である。透明性の原則は価格と給付を定める条項を含むすべての条項に及ぶ[662]。協約外給付の撤回・削減の根拠と程度が不透明であるならば、被用者にとっては、いつどの程度一方的な撤回や削減がなされるか予見可能でない。撤回の留保が普通契約約款に対する規整の要請・現行民法の要請をみたすかが問われるのである。

2 普通契約約款規制の撤回・変更条項への適用

a) 労働法上は、民法の適用に基礎を置く相当性のコントロール（*Angemessenheitskontrolle*）が広まっている。ファストリッヒ教授[663]やプライス教授[664]は、連邦労働裁判所の判例の分析をもとに教授資格論文を作成している。そのなかで、どの程度、普通契約約款に関する裁判上の内容コントロールが労働法において適用されるかを詳説している。ファストリッヒ教授は、普通契約約款法の基本原則の労働法への適用を正当性回復の理論に依拠した。これは、かつて、ナチス時代にシュミット・リンプラー教授が契約自由の回復のために内容コントロールを必要とすると論じた理論であった。ファストリッヒ教授によれば、連邦労働裁判所も、使用者と被用者との間の非対等性から契約締結の正当性がないということによって、内容コントロールの必要性を根拠づけている。この場合、画一的な契約規制と一般的な労働条件について民法の内容コントロールの正当性がないことの補充を行おうと

---

660 Preis, Anrechnung und Widerruf über- und außertariflicher Entgelte, S. 892.
661 Preis, Anrechnung und Widerruf über- und außertariflicher Entgelte, S. 892.
662 MünchKomm, AGBG § 9 Rn. 32.
663 Fastrich, Richterliche Inhaltskontrolle im Privatrecht.
664 Preis, Grundfragen der Vertragsgestaltung im Arbeitsrecht.

している，という[665]。

b) 連邦通常裁判所は，変更の留保を普通契約約款法 9 条（現行民法 307 条 1 項の 2）違反であるとし，変更の留保の要件，範囲，態様（Modalitäten）を可能な限り具体化し透明なものに形成しなければならない，と説示している[666]。利用者（＝約款作成者）の変更の留保は，私法上，透明性の原則から，特別な理由のある場合に有効とみられる。これに付け加えて，連邦通常裁判所の説示するとおり，要件の可能な限りの具体化・確定化が必要なのである[667]。

同様のことは，労働契約法，特に，協約外賃金にもいえる。利用者（＝約款使用者）の提示する労働条件は，それが透明性の原則に沿うものでないとき，それは契約一方当事者（＝被用者）に不利益に変更されたもので，不相当である，と解される。ある協約外給付が契約実務において自由に撤回しうると宣言される，撤回の留保も，場合によっては，透明性の原則によって要求される契約条項の具体化がなされたといえないことがあり，このため，透明性の原則のミニマム（最低限）に反するものと解されることがありうる[668]。そこで，これらの留保は，特別の理由のあるもので，有効とみなされなければならない。また，それが計算しうる場合でなければならないのである[669]。

3 　民法 308 条 4 号の適用

a) 　ある給付に特別な理由[670]がなければならない，または，撤回の留保が明解に形成されなければならない[671]，という解釈が行われている。これは，前述の透明性の原則の適用による提言である。こうした解釈の方向は，民法的な観点からだけでなく，労働法的な観点からも，正しい方向である。透明性の原則が労働契約法において，特に，協約外給付にも適用されるとい

---

[665] Fastrich, Inhaltskontrolle, S. 178ff., 188.
[666] BGH Urt. 7. 10. 1983 BGHZ 89, 226（211）; BGH Urt. v. 26. 11. 1984 BGHZ 93, 29 （47）.
[667] BGH v. 21. 12. 1983, BGHZ, 89, 206（211）; BGH v. 26. 11. 1984, BGHZ, 93, 29.
[668] Preis, Anrechnung und Widerruf über-und außertariflicher Entgelte, S. 909.
[669] Preis, Anrechnung und Widerruf über-und außertariflicher Entgelte, S. 907.
[670] Hartung, DB 1979, 1275（1277）.
[671] Henssler, SAE 1988S. 165（165）.

第6節　協約外のレベルでの裁判上のコントロール

う論理は通用するように思われる。しかし，変更・逸脱が他方当事者に期待・予測できない場合には，民法308条4号によって無効とする裁判上のコントロールが既に存在する，ということを見逃してはならない。行き過ぎた撤回・変更条項は，いずれにしても排除されなければならず，このため，契約の当事者は期待・予測し得ない給付の変更を甘受しなければならないものではないからである。

そして，透明性の原則の適用との関係では，民法308条4項は，透明性の原則の特別な規定であると解釈できる。この結果，民法308条4項は，透明性の原則（民法307条1項の2）の適用を不要とする。特別規定が優先的に適用される限りでは，給付の変更に関する民法308条4項による期待・予測可能性が保障されなければならないことになる。これによって，利用者（＝約款作成者）が約束された給付を変更またはこれを逸脱・撤回する権利を条件づける，普通契約約款は，無効である。この規定によって，利用者（＝約款作成者）は，他方当事者の期待可能性を考慮することなく，契約を解消してはならないことになる[672]。

この議論は，使用者によって提供される労働契約上の主たる給付に属する協約外賃金の領域にもいえる。被用者が期待・予測できるとされるのは，変更・撤回の要件・範囲が十分に具体化され，当該条項が給付と反対給付の均衡を阻害しない変更を予定する場合である。しかし，条文の規定がそのまま約款に規定され，利用者（＝約款作成者）によって給付の変更が重要な理由から行われ，それが顧客に期待できるというだけでは，十分ではない[673]。留保される種類・根拠，程度が認識される場合には，適法とみなされる[674]。賃金額の場合には，削減の根拠と程度が示されなければならない。そうでな

---

[672] 変更の留保の場合，「契約当事者が反対の当事者の僅少な給付を認め，同時に反対給付が完全に履行されることになる。これによっては，給付と反対給付が著しく害されうる」と解されることがある（Münch, § 10 Nr. 4 AGBG, Rn. Nr. 45)」。

[673] OLG Hamburg, NJW-RR 1986, 1440.

[674] 顧客に期待し得ない変更の根拠と程度が，多くの場合予見可能ではなく，普通契約約款においてそれらが，常に具体的かつ終局的に記載されないことがありうる。このため，正当な根拠と期待しうる程度についての制限を――取引一般にという制限と同様に――認識されている場合に，約款利用者が，まだ記載の余地のある（変更の余地のある）条項を作成しているだけで，違法性を認めるには十分である（Staudinger, § 10 Nr. 4 ABGB Rn. 6.）。

ければ，撤回・変更の条項は，違法である[675]。

　b) 被用者の側からみて，契約の変更の要件及び範囲が十分に明確でない場合に，条項の適法性は疑わしいものになる。例えば，協約賃金の19%ないし31%にあたる協約外給付を削減する場合は，違法である[676]。また，撤回条項の行使による，給与全体の20%[677]あるいは15%[678]の手数料削減のように，主たる給付の重要な部分の侵害は，違法である疑いがある。主たる給付の重要な部分の侵害は，反対当事者にとって期待・予測できるものでなければならない[679]。いずれの場合も，いかなるパーセンテージで協約外給付が削減されるかが重要である[680]。

4　普通契約約款法上の規則による内容コントロールの限界

　a) 上記の方法で，撤回・変更の留保条項を具体化し透明化することが試みられる。私法の領域で認められた原則が労働契約の実務に転用されることになる。これによって，民法による撤回・変更の留保の内容コントロールが労働法でも重要な位置を占めることができる。

　ところが，これによって，おおざっぱにいえば，撤回・変更の留保条項の規定は，変更の留保の要件，範囲，態様（*Modalitäten*）を期待・予測可能な程度に規定さえすれば，適法になる，ということになる。しかし，使用者が契約上の撤回・変更の留保条項を十分に具体的なものにすれば，なすべき十分なことをしたといえるのであろうか。協約外賃金のような賃金の構成部分のうちどのくらいの額が，撤回・変更の留保条項の行使に当たって，引き下げられるのか，内容コントロールによっては，事前の審査（＝期待・予測可能性のチェック）はできるが，事後的に審査することができない。

---

[675]　Zöllner, NZA 1997, S. 126.
[676]　BAG Urt. 13. 5. 1987 AP Nr. 4 zu § 305 BGB Billigkeitskontrolle.
[677]　BAG Urt. v. 21. 4. 1987 AP Nr. 34 zu § 2 KSchG 1969.
[678]　BAG Urt. v. 15. 11. 1995 AP Nr. 20 zu § 1 TVG Tarifverträge Lufthansa.
[679]　民法308条4号によっては，労働契約の主たる給付としての協約外の賃金額が，予め目的と額について厳密に定められることなく，削減される場合には，違法であると解される。
[680]　ツェルナー教授は，企業が例えば，一定の被用者のグループに対し，その他のグループより50%以上多く支払う場合，その多く支払われた賃金分のうちの30%の賃金の削減も，違法の疑いがある，と述べている（Zöllner, NZA 1997, S. 127）。

第6節　協約外のレベルでの裁判上のコントロール

　使用者が協約賃金の 10％ の額にあたる成績加給を取消し・撤回しうるものとして給付しているとしよう。この場合，給付撤回の目的は，企業の危機的な状況においての，賃金のフレキシビリティーと収益性を確保することにある。また，期待・予測可能性の要件（民法 308 条の 4）はみたされているとする。企業は，経済的に危機的な状況にはないが会社の経営を立て直そうとしているに過ぎない。もしそうだとすれば，企業は事実上，成績加給の撤回権をこの条項にもとづいて協約賃金の 10％ の額で行使しうるのであろうか。くり返し述べると，この場合，要件，範囲，態様が期待・予測されうるので，民法 308 条の 4 で要求される期待・予測可能性の要件は満たしている。事前の内容コントロールでは何も問題ない。しかし，その条項を行使する際，その要件，範囲，態様（必要性など）の点で問題がないか，事後的に審査される必要はないのであろうか。

　ここで，ツェルナー（*Zöllner*）教授が内容コントロールと区別するいわゆる行使のコントロール（*Ausübungskontrolle*）が問題になる[681]。行使のコントロール（*Ausübungskontrolle*）とは，使用者の具体的な措置が相当性（*Angemessen*）の枠内にあるかどうか，についての裁判上の事後のコントロールである[682]。さらに，協約外賃金の額は，民法 307 条による内容審査に服さない。民法では，民法 307 条 3 項の 1 によっては価格に関する契約条項（価格条項）は審査されない，ということに見解の一致がみられる[683]。なぜなら，公正・適切な価格とは，市場経済の秩序のなかで原則的に，市場と契約によって定まるものであるからである。このことは，協約外手当の撤回の場合にもあてはまる。ここでは，行使のコントロールだけが問題になるのである。

　b）　法律と集団的な規整によって生じた労働法の規制の硬直化の問題は，80 年代以来，労働関係または労働のフレキシビリティー（*Flexibilisierung der Arbeitsbeziehung*），さらには，労働法の規制緩和の問題として，激しい論争を展開させた。これとの関係では，労働協約の代わりに事業所協定の締結を許す，労働協約上の開放条項の行使が，現代労働法の議論において重要

---

[681]　Zöllner, RdA 1989, S. 161.
[682]　Zöllner, RdA 1989, S. 161.
[683]　BGH 106, 46, 116, 119, NJW 1999, S. 864.

な意味をもつようになっていた[684]。高い協約賃金とそれを保障する硬直な協約からの逃走が90年代より，使用者団体からの使用者の脱退によって行われるようになっている。撤回・変更の留保も，高い協約賃金とそれを保障する硬直な協約から逃れる一手段であった。これによっては，使用者の一方的な決定が個人の自己決定の基礎を脅かす危険も顕在化していた。協約外賃金の引き下げを審査するために，行使のコントロールが必要なのは，こうした理由によるのである。その行使のコントロールは，民法315条によって可能となる。

5　民法315条の適用可能性

a）　撤回・変更の留保による協約外給付の削減は，公正の要請（*Billigkeitsgebot*）と対峙することにもなる（民法315条）。「(1)契約締結者の一方当事者によって給付が決定される場合，給付が公正な裁量にしたがって決定されたことが疑われる（……）(3)決定が公正な裁量によって行われる場合，それが公正に適う場合にのみ，その決定は他方当事者を拘束する。決定が公正に従うものでない場合，その決定は判決によって行われる。」民法315条はいわゆる一方当事者による給付決定権を許容している。それが許容されるのは，契約当事者間である給付に関する決定が行われることが合意され，そして，誰にその決定権が帰属するかを合意されている場合で，かつ，契約当事者間での事前の合意により，一定の事項について一方当事者が事後的にその内容を形成することが許される場合である。むろん，私法や労働法の領域で，そのような自由裁量が「随意に」許容されるわけではない。使用者がある給付の撤回または削減を留保した場合，これらの形成権は，公正な裁量に従って（*nach billigen Ermessen*）行使されなければならない[685]。裁判所は，一方当事者による決定が公正な裁量に従ったものかを判断しうることになる。

---

[684] Hanau, Deregulierung des Arbeitsrechts, S. 23; Möschel, ZRP 1988, S. 48; Picker, Die Tarifautonomie in der deutschen Arbeitsverfassung, S. 58f.; Zöllner, ZfA 1988, S. 265（275f.）.

[685] BAG AP § 242 Ruhegehalt-Unterstützungskassen AP Nr. 6 zu § 611 BGB Lohnzuschlägen. 土田道夫『労務指揮権の現代的展開』（信山社・1999年）128頁，160頁以下，大内伸哉『労働条件変更法理の再構成』（有斐閣・1999年）222頁，緒方桂子「ドイツにおける成績加給制度と法的規整の構造」季刊労働法190号149頁。

判例においては，撤回・変更の留保の多くの場合に，被用者に有利に民法315条の直接適用ないし類推適用が行われている[686]。平均的な労務の給付をこえた給付に対してプレミアム（*Prämie*）を支払ってきた企業がそのプレミアムを削減したという事案において，連邦労働裁判所は，民法315条を適用している[687]。12ヶ月の給付プレミアム（*Leistungsprämie*）を使用者の裁量で3分の1にまで削減した事案でも，連邦労働裁判所は，民法315条での「公正な裁量」の審査に従ったものかどうかを判断している[688]。フロマドカ（*Hromadka*）教授とハーナウ教授も，撤回の留保の場合に民法315条の適用が問われる法状況では，包括的な裁判所のコントロールが行われ，その結果，賃金のフレキシビリティーが制限される，と述べている[689]。ゼルナー教授も，価格決定に対しても，契約が使用者に民法315条によって給付決定権が与えられうる，と述べ，契約の対等性（*Vertragsparität*）が阻害される場合，条項の内容コントロール・内容審査が必要であると説いている[690]。

b)　法制史的には，契約の給付と反対給付が撤回留保のような契約条項によって撤回しうるかどうかについては，民法の起草者の意思は，不明確である。民法の第一草案は，現行の315条に相当するその353条において，ある決定が撤回し得ない，と明示していた。しかし，給付の撤回可能性についてのこの規定が第二草案において削除されたために[691]，その規定が撤回を許す趣旨で削除されたものなのか，あるいは，反対に，その撤回が許されな

---

[686]　BAG Urt. v. 7. 1. 1971 AP Nr. 12 zu § 315 BGB; BAG Urt. v. 13. 5. 1987 AP Nr. 4 zu § 305 BGB Billigkeitskontrolle; BAG Urt. v. 21. 4. 1987 AP Nr. 34 zu § 2 KSchG 1969 ; BAG Urt. v. 7. 10. 1982 AP Nr. 5 zu § 620 BGB Teilkündigung ; BAG Urt. v. 15. 11. 1995 AP Nr. 20 zu § 1 TVG Tarifverträge Lufthansa; Söllner, Münchner Komm, Rn. 28f. zu § 315 BGB; Schwertner, Anm zu BAG Nr. 40 zu § 242 BGB Gleichbehandlung.
[687]　BAG Urt. v. 9. 6. 1965 AP Nr. 10 zu § 315 BGB.
[688]　BAG Urt. v. 16. 3. 1982 AP Nr. 5 zu § 87a HGB.
[689]　MünchArR, § 60 Rd. Nr. 103（Hanau）; Hromadka, Inhaltskontrolle von Arbeitsverträgen, 1999, S. 251（263ff.）.
[690]　Söllner, MünchKomm, 2. Aufl. Rn. 33 zu § 315 BGB.
[691]　ゼルナー教授は，第一草案における給付決定の非撤回性の規定が撤回されたことから，「315条2項が形成の宣言（*Gestaltungserklärungen*）についての非撤回性の形態をなす」としている（Söllner, MünchKomm, 2. Aufl. Rn. 19 zu § 315 BGB; Vgl. Böttcher, Gestaltungsrecht und Unterwerfung im Privatrecht, 1964, S. 6ff., 33; Herschel, AuR 1965 S. 54; Mayer-Maly, RdA 1965, S. 362.）。つまり，これらの見解は，撤回し得ないと解しているのである。

177

いのが当然であるからその規定が削除されたのか，未解明のままになっている。

c) 問題は，さらに，1976年の普通契約約款法の制定前に形成された民法315条に基づく公正コントロール（*Billigkeitskontrolle*）が，普通契約約款法の制定後も，解釈論として必要なものとして存続されるべきなのかどうかである。ツェルナー教授は，多くの学説に反して，公正コントロールの一定の意義を認めるものの，この民法315条の「公正」の概念の意義が労働条件を審査するために，明確でないことを問題視している[692]。

しかし，契約の一方当事者の撤回条項の行使は，民法315条による給付決定権の要件を充足するときには，公正なものとみなされる（民法315条）。なぜなら，民法315条3項によれば，使用者によってなされる決定（例えば撤回）が公正の審査に服し，これによって，契約の一方当事者の給付決定権に対する制限が設定されるからである。保護のための思想は，契約の内容の一方的な形成の制限としてこのようにして現れるのである。既に述べたように，普通契約約款に関する法規制（現行の民法307条以下）による内容コントロールが存在し，変更の留保に関して，内在的な限界を設定しているが，裁判所は，その撤回・変更留保条項に含まれる価格に関する条項を内容審査できないからである（民法307条3項の1＝旧普通契約約款法8条）。これに対し，民法315条は，撤回・留保を価格を含めて審査できる。このため，この場合，約款規整に対する民法307条以下の内容審査は，公正審査（民法315条）に比べて，優れているとは必ずしも言い切れないのである。

d) 民法315条の適用の代わりに，ツェルナー教授は，撤回条項に対して，「誠実による拘束（*Treuebindung*）」による審査に服すると述べる（民法242条＝信義則）[693]。しかし，ツェルナー教授自身も認めるように，民法315条は，基準・要件の点で，「誠実による拘束（*Treuebindung*）」による審査と変わらない。プレイス（*Preis*）によって提案される契約形成の相当性（*Angemessenheit der Vertragsgestaltung*[694]）によっても同様の結論になる。

民法315条は，契約のすべての点について合意することを予定せず，いく

---

[692] Zöllner, RdA 1989, S. 158.
[693] Zöllner, NZA 1997, S. 125.
[694] Preis, Grundfragen der Vertragsgestaltung, S. 180.

つかの点を留保し，それを後の決定に委ねることも予定している。民法315条による事後の審査は，撤回・変更が契約留保される場合の裁判上の審査に適している[695]。なぜなら，撤回・留保は，民法315条の審査による場合，価格条項を含めて，民法307条の約款に対する内容審査と異なって，厳格な裁判上の審査に服するからである。このため，わざわざ，民法315条の代わりに（規範内容のより不明確な）民法242条（信義則）を適用したうえで，民法315条と同様の要件をそのもとで課すような，論理の回り道をする必要がないのである。民法315条の公正の思想から逸脱しているかどうかの審査で十分である。したがって，撤回・変更留保の場合に公正審査が適用されるべきである，と解される。

6　行為基礎の喪失理論の否認

a)　新しい民法は，批判にもかかわらず[696]，判例及び学説によって発展した行為基礎の喪失理論を明文化した（民法313条）。行為基礎の喪失理論は，立法前から，錯誤の問題とならんで，当事者の契約の自由を制限する法律構成であった。連邦労働裁判所は，1986年9月16日の決定によって，使用者が行為基礎の喪失を理由として社会的給付の削減や撤回を要求しうる限りで，労働条件の引下げの適用が認められる，と判示している[697]。民法313条の意味における行為基礎の阻害（*Störung der Geschäftsgrundlage*）が契約の解消をもたらすものではなく，本質的には，単に変更のある事情に適合させること（*Anpassung an die veränderten Umstände*）をもたらす。民法313条1項によれば，具体的な場合に，契約上または法的なリスクの配分を考慮しても，契約条件を変更しないことが一方の契約当事者に期待できないときは，変更の結果不利益な影響を受ける当事者は，契約の調整を請求しうる。こうした契約条件の新たな調整が，不可能であるか，または一方当事者に期待できるものではないとき，契約の解除を宣告できる。継続的債権関係については，

695　Söllner, MünchKomm, 2. Aufl. Rn. 19 zu § 315 BGB.
696　Flume, Rechtsgeschäft, § 26; Beuthien, Zweckerreichung und Zweckstörung im Schuldverhältnis; Brox, Einschränkung der Irrtumsanfechtung, 1960, S. 178ff.; Willoweit, JuS 1988, S. 840; Nicklisch, BB 1980, S. 948ff.
697　BAG GS Beschluss v. 16. 9. 1986 AP Nr. 17 zu § 77 BetrVG 1972.

解除権の代わりに，解約告知権が認められる。そうだとすると，民法のこの規定がとくに労働法において適用できるか問われることになる[698]。

 b) しかし，これについて，労働契約条件の撤回・変更の場合への行為基礎の喪失理論の適用は，否定されるべきであると考える。すでに述べたように，撤回条項または変更条項による使用者の一方的な決定の危険性は，被用者の経済的に従属した地位をさらに脅かすことのなかに看取できる。被用者が使用者に従属していることから，撤回条項または変更条項による賃金削減に代わる手段・オールタナティブを実際上被用者にはないからである。被用者の従属性は，契約条件の向上のために，いま有している職場を放棄するか，新しい職場に移る選択を迫られることになる[699]。被用者は，さらに，事情によっては，使用者をかえ，転職しなければならないだけでなく，これにともない，ときには，現在有する生活環境・場所まであきらめなければならない。解雇を迫った上での賃金切り下げは，実質上，解雇されるか，それとも，賃金の切り下げをのむかという厳しい選択を迫ることになり，被用者の自己決定が実質的に狭まることになってしまう。

 通常の場合，マクロ経済学の効率理論の示すように，協約外賃金を定める場合，被用者を事業所にとどめるために，よりよい条件を可能な限り提供している。しかし，実際には，使用者が，賃金減額によるモチベーションの減少と生産性の減少を計算に入れることができず，このため，解雇の代わりに撤回権または変更権の行使によって賃金の減額を試みる場合がある。この賃金切り下げの場合のみ，マクロ経済によって考慮される効率モデルは機能しないことになる。使用者が撤回条項または変更条項の法状況を自己の有利に利用する危険がある。連邦労働裁判所は，使用者が賃金条件の変更を留保したうえでこの変更を受け入れる場合，変更解約告知は無効となる，と説示している。その理由として，こうした変更は，これと関連して労働関係の存続の危険があるため，不相当であることがあげられている[700]。同様のことは，

---

[698] この法律構成の労働法への適用については Ascheid, Änderung der Geschäftsgrundlage und wirtschaftliche Notlage, in Hromadka, Änderung von Arbeitsbedingungen, 1990, S. 109. 反対 Hromadka, RdA 1992 S. 258.

[699] Säcker, Gruppenautonomie, S. 88; Wolf, RdA 1988, S. 272; Hromadka, Inhaltskontrolle von Arbeitsverträgen, S. 256; Fastrich, Inhaltskontrolle, S. 187; Dietrich, RdA 1995, S. 135.

行為基礎の喪失にもいえると考える。民法313条によれば，契約当事者の再交渉と調整が失敗に終わった場合，解除または解約告知が宣告される。使用者が，解約告知できる可能性をもちつつ，契約条件の変更を被用者に迫ることができる。そうだとすれば，被用者は，事実上，その変更をのむか解約告知を受ける以外の選択肢を有しないことになる。また，不利益な変更を受け入れるとしても解約告知されるという脅威の下で，被用者はその受け入れの要否についての判断をしなければならない。その場合，被用者は，実質的には，さまざまな契約条件の間での賃金条件の比較と選択の可能性が排除され，被用者の選択・決定の自由が排除されることになる。こうした結論は受け入れられない。このため，行為基礎の喪失理論の適用は，労働契約条件の撤回・変更の場合には排除されると解される。

7 「公正」の判断基準

こうした考察から，民法315条が，普通契約約款規制や行為基礎の喪失論の実定法化にもかかわらず，依然として，適用されると考えられる。そこで，問題になるのは，何をもって「公正」と捉えられるか，である。判例によれば，給付決定は，常に，契約の構成部分の利益状況を衡量する公正な裁量に従うべきである，という問題である[701]。撤回・変更の留保の行使に当たっては，協約外賃金の引下げの急迫性，引下げの程度，範囲，ならびに，他方当事者の信頼の程度などを考慮しなければならない。これによれば，使用者によって保障される協約外給付の撤回は，客観的理由がある場合，許容される。これは，例えば，300人の従業員のうち，10人から12人を対象に，何らの根拠もなしに手当を完全な範囲で撤回した，という場合が問題になりうる[702]。

さらに，差し迫った緊急の場合とそうでない場合とは区別されるべきである。ツェルナー教授によれば，契約条件の撤回・変更の適法性は，「更生手続きの裁判官への入り口の前であるのか，タイムラー・ベンツによる吸収合併後であるのか[703]」で異なっている。これは，つまり，破産・更生手続き

---

[700] BAG Urt. v. 28. 4. 1982 AP Nr. 3 zu § 2 KSchG 1969.
[701] Vgl. BAG Urt. v. 13. 5. 1987 AP Nr. 4 zu § 305.
[702] BAG Urt. v. 13. 5. 1987 AP Nr. 4 zu § 305 BGB.

寸前であるのか，それとも，吸収合併・組織再編であるのかによって，適法性が異なってくる，というものである。

使用者が解雇や会社の清算をさけるために，契約条件の撤回・変更を行う場合には，使用者は，労働条件の他の可能な調整手段（労働時間短縮・配転・操業短縮等）を利用する義務があると考える。なぜなら，第一に，使用者によって主に引き起こされたこれらの経済上の危険・リスクが一方的に被用者に課されることは，何ら理由がないからである。第二に，使用者によって一方的に行われた撤回・変更の留保の条項の行使は，労働法の重要な原理である私的自治の原則と矛盾するからである。このため，使用者は，原則として，個々の被用者とは関係のわずかな経営上のリスクを過重に被用者に負担させないように，労働時間の短縮や配置転換などの労働条件の他の可能な調整手段を講じなければならないのである。これらの要件を考慮して，適法性が判断されなければならない。このように解すると，協約賃金の 19 — 31%にあたる成績加給が撤回されることは，場合によっては適法とはいえない場合があると考える[704]。また，給与全体の3分の1を占める手数料の撤回も同様である[705]。300人の従業員のうち，10人から12人を対象に，何らの根拠もなしに手当を完全な範囲で撤回した，という場合も，違法であると解される[706]。

こうした行使のコントロールとしての公正審査は，事後的に，実際に問題になった賃金引き下げの理由，動機の十分性を審査でき，かつ，被用者にとってより負担の少ない他の労働条件調整手段の利用の有無を判断できる，という他の法理（透明性の原則，期待・予測可能性の要請など）にはないメリットを提供できる，と考えられる。

---

[703] Zöllner, ZfA 1988, S. 281.
[704] BAG Urt. v. 13. 5. 1987 AP Nr. 4 zu § 305 BGB.
[705] BAG Urt. v. 6. 9. 1965 AP Nr. 10 zu § 315 BGB.
[706] BAG Urt. v. 13. 5. 1987 AP Nr. 4 zu § 305 BGB.

第 7 節　むすびにかえて——ドイツ法についての終章

　以上のように、ドイツにおける能力・成果主義賃金制度の法体系と実務、および、法的論争を考察・検討してきた。これらの成果主義・能力主義賃金制度をめぐる個別法的・集団法的な問題には、先進国に普遍的で共通の問題を抱えていることがわかる。

一　市場経済秩序における賃金形成

　a)　90 年代アメリカ、イギリス、オランダにおいて、失業率を下げる経済のダイナミックな経済的な発展がみられたことが知られている。ドイツの労働法者フロマドカ教授は、その原因は常に同一であるという。労使関係における個人の自由な領域の拡大、労働に対するモチベーションの向上、解雇規整の見直しにあったと指摘する[707]。解雇法制のみならず高賃金の保障が、かえって失業率を高める労働市場の働きを有する、という指摘は、先進国共通に、たえることがない。とりわけ、ドイツ法においては、賃金をめぐる法規制の硬直性がマクロ経済学的な観点または労働法学的な観点からたえず指摘される。協約規整の規制緩和との関係でも[708]、協約外賃金を削減するだ

---

[707]　Hromadka, Zukunft des Arbeitsrechts, NZA 1998, S. 1 (3).
[708]　80 年代から 90 年代には、賃金規整（特に協約規整）の規制緩和という標語のもとに、産業別労働協約を締結する使用者団体に加入する限り、例えば、いかなる自動車メーカーも画一的に同一の協約賃金を支払わなければならないか、現在の産業別の協約賃金部分を企業別協約によって定めることは許されないか、という点を焦点に、マクロ経済学的にまたは労働法学的に考察された。企業の業績・収益を考慮できないその産業別の協約賃金が、外国企業のドイツへの投資を抑え、ドイツ企業の他の EU 諸国への進出を加速させたという点も背景となっていた。このドイツにおける規制緩和に関する日本語の文献としては、和田肇「ドイツ労働法の変容」日本労働法学会誌 93 号 53 頁、西谷敏「ドイツ労働法の弾力化論（一・二・三）」大阪市立大学法学雑誌 39 巻 2 号 1 頁・42 巻 4 号 185 頁・43 巻 1 号 1 頁、荒木尚志『雇用システムと労働条件変更法理』（有斐閣・2001 年）150 頁、160 頁以下、柳屋孝安「労働市場の変化とドイツ労働法」日本労働法学会誌 87 号 35 頁。また、アメリカ規

けの賃金のフレキシビリティーでは足りないと認識する使用者団体が中心となって，アメリカ並みの自由な労働市場が指向された。現行の制度では，疾病の場合賃金が継続的に100％支給されなければならないが，しかし，その制度にもとづいて，被用者による賃金額の差を考慮することなく，常に100％支払わなければならないか否かも，これと同様のコンテクストのもとに議論された[709]。例えば，被用者とみなされる高額のプロ・サッカー選手がけがで休職した場合にも，疾病の場合の賃金の100％保障の法規整が及ぼされるべきか，論争の対象の一つになった。賃金規整の硬直性が「自由な市場のプロセスの歪曲[710]」を生み出しているといわれるドイツの労働市場において，賃金規整に関する「市場に指向した労働法制を」「個人の自己決定に応じた，より多くのフレキシビリティーを」という要求は，規制緩和の議論に限らず，しかも，使用者団体の主張に限らない幅広い層から，労働法学上も支持されている[711]。それは，個別・具体的な場合にみられる（使用者に対する）被用者の従属性の存在にもかかわらず，人間の自己決定と自己責任が憲法と私法の基本原理だからである[712]。そこでは，被用者を保護のない

制緩和の議論として，中窪裕也「労働法の規制緩和と弾力化―アメリカ」日本労働法学会誌93号121頁。

[709] この点に関して，労働法における市場形成の可能性を70年代より主張するツェルナー教授は，給付と反対給付の均衡を欠いていると指摘している（Zöllner, Der kritische Weg des Arbeitsrechts zwischen Privatkapitalismus und Sozialstaat, NJW 1990, S. 1 (5))。

[710] Möschel, ZRP 1988, S.48.

[711] Joost, ZfA 1993, S. 278; Junker, NZA 1997, S. 1306; H. Hanau, Individualautonomie, S. 84; Kreßel, Einflüsse des Arbeitsrechts, in: Klaus Schmidt (Hrsg.), Arbeitsrecht und Arbeitsgerichtbarkeit, Festschrift zum 50-jährigen Bestehen der Arbeitsgerichtsbarkeit in Rheinland-Pfarz Neuwied, 1999, S. 191 (202); Möschel, ZRP 1988, S. 48 ; Picker, „Regelungsdichte und ihr Einfluss auf die Beschäftigung", in : Regulierung-Deregulierung-Liberalisierung, Tübingen, 2001, S. 195 (209f.); ders; NZA 2002, S. 762f., 767f.; Richardi, Kollektivvertragliche Arbeitszeitregelung-Mitbestimmung durch Kollektivnorm oder Regelung der Arbeitsbedingungen für ein rechtsgeschäftliches Dienstleistungsversprechen?, ZfA 1990, S. 211 (242); Rieble, Arbeitsmarkt und Wettbewerb, Rn. 1887; Wittgruber, Abkehr des Arbeitsrechts, S. 86; Zöllner, AcP 1976 (176), S. 242; ders, JuS 1988, S. 336; ders, NJW 1990, S. 7.

[712] Junker, NZA 1997, S. 1309; H. Hanau, Individualautonomie, S. 84; Rieble, Arbeitsmarkt und Wettbewerb, Rn. 1886ff.; Wittgruber, Abkehr des Arbeitsrechts, S. 86; Zöllner, JuS 1988, S. 336.

状態に置くことなく、自由な意思形成・市場形成が可能になる、ドイツ労働法の新たなあり方が模索されているのである[713]。

b) 既述のドイツ法における能力・成果主義の理論的展開も、決して、「高賃金が失業を作り出す」という、経済学的にもいまだ不確かな言明に依拠して、「賃金コストの削減の道筋」を明らかにしようとするものではない。また、需要と供給のメカニズムに委ねれば、労働市場の問題を解決できる、という古典学派的な解決策を指向するものでもない。つまり、実際の経済関係を考慮した何らの根拠もなしに、労働法上も、自己の意思にもとづいて自己の利益を擁護し維持する、という自己決定秩序の確立や個人の自立がすでに労働法の領域においても可能である、と早急な結論を出してはならないのである。市場経済と私的自治の原則が十分に機能しうることが、実際の経済関係を考慮して明らかでないならば、労働法は、これらの市場メカニズムに委ねることも難しいのである。つまり、ここで重要なのは、労働法学的には、第一に、個人の労働力の不可欠性から出発して、個人が自己の賃金を自らの意思と責任で形成しうるかどうか、が鍵となる、ということである。それは、労働契約秩序が経済的な関係を考慮しても、機能しうる、という労働契約の規制権限の正当性が求められることを意味する。第二に、「市場の失敗」を救う労働法の役割がいまなお、求められるということも重要な事実なのである。

二 成果・能力主義賃金の私的自治的な形成と「効率賃金理論」

a) そこで、本書では、その労働契約の規整権限の正当性との関係で、私的自治の原則が、マクロ経済学における効率モデル[714]および企業の実務と

---

[713] Zöllner, NJW 1990, S. 5; Hanau, Deregulierung des Arbeitsrechts-Ansatzpunkte und verfassungsrechtliche Grenzen, erweiterte und aktualisierte Fassung eines Vortrages, gehalten von der Juristischen Gesellschaft zu Berlin am 19. Februar 1997, Berlin, New York, der Gruyter, 1997, S. 24.

[714] 樋口美雄『労働経済学』294頁、小池和男『仕事の経済学』87頁。Bellmann und Kohaut, Betriebliche Determinanten der Lohnhöhe und der übertariflichen Bezahlung, MittAB, 1995, S 62 (63f.); Schnabel, Die übertarifliche Bezahlung, S. 16; Weinberg, Neue Arbeitsmarkttheorien, S. 21f.; Zöllner, NJW 1990, S. 1 (4f., 6); Mös-

対応関係にあることを示した。すでに指摘した通り，使用者が，モチベーションの向上のために，被用者に対して期待に応じた賃金を提供し，よりよい労働条件を提供しようとする。すなわち，より高い賃金を提供することによって，あるいは，より質の高い労働モラルの維持と賃金の引き下げ競争の削減によって，被用者の生産性を高めようとするのである。このため，こうした被用者は，転職によってより賃金を請求しうる地位にあるだけでなく[715]，労働のモラルとモチベーションを高めようとする使用者の期待の証として，より高い賃金を受け取ることのできる地位にあると考えられる[716]。こうした論理に依拠する重要な理由には，こうした理論・モデルがホワイトカラーの意識にも合致するものとしてホワイトカラーに受け入れられていることがあげられる[717]。こうした現実をふまえて，労働法秩序においても，原則的に，能力・成果主義賃金関係をめぐって，個人がその意思と責任によって法律関係を自ら形成する，という私的自治の原則の妥当しうる領域の拡大が考慮されなければならないのである[718]。日本法においても，職場における縦社会の人間関係，外部労働市場が整備されない企業社会の現実を考慮しても，こうした新たな私的自治的な労働関係の形成は，「新たな労働法のあり方」の視座の一つを指し示すものである，と考える。

　b）　しかし，現在のドイツの労働市場を考えても，こうした自由な労働市場の形成にはいくつかの障害が存在し，例外的に，私的自治の原則の支配する法秩序が機能しえない場合がある。つまり，市場のわなが克服されなけ

---

chel, ZRP 1988, S. 48.

[715] 日本法において，同様の観点から，労働法を「労働市場での労働者の取引行為（交渉）をより円滑に機能させるために諸種の支援制度を用意する法体系」と体系化する学説として，菅野和夫・諏訪康雄「労働市場の変化と労働法の課題」日本労働研究雑誌418号2頁。さらにこれを発展させた見解として，荒木尚志「労働市場と労働法」日本労働法学会誌97号55頁以下，80頁以下。これに対し，外部労働市場の危険性を指摘した学説として，鎌田耕一「外部労働市場と労働法の課題」日本労働法学会誌97号83頁以下，水町勇一郎『「労働」「市場」と「法」』日本労働法学会誌97号99頁，101頁。

[716] 第2章第4節四1参照。

[717] Lambrich, Tarif-und Betriebsautonomie, S. 146. このほか，日本語文献としては小池和男書評「なぜ不況期に賃金は下がらないのか（T. F. ビューレイ）」日本労働研究雑誌484号90頁。

[718] 第2章第4節四1参照。

第7節　むすびにかえて——ドイツ法についての終章

ればならないのである。

　aa）　第一に，市場の機能不全は，——契約約款においてよく生じるように——契約の価格と条件に関する情報の不十分さによっても生じるのである。市場経済と完全競争は，完全な市場の透明性によって達成されるからである。そこで，自由な労働市場の確立には，透明な労働市場の形成が要請される。

　bb）　この限りで，本書では，能力・成果主義賃金制度をめぐる従属性の問題として，現代の被用者における知的従属性の存在をすでに指摘している。そこで，その問題を克服するために，ある条項が（労働契約や就業規則に基づく条項が）正確・確定的で可能な限り明白・明瞭なものでなければならない，という原則，透明性の原則を確立すべきことが述べられている。この透明性の原則は，ある条項が，その条項の意味やそれによる不利益を十分に被用者にとって法的に認識できないように，規定されている場合，その条項を優位に形成する使用者が，その法的効果を有利に利用できないようにするものである。

　cc）　透明性の原則は，賃金額が著しく変動する場合に（例えば，今年の被用者の成果により来年の賃金額が月6000ユーロから12000ユーロまで変動しうると規定される場合に），これらを違法とみなし，契約関係の「ガラス張りの透明性」を確保し，過度な成果主義社会の形成に歯止めをもたらそうとするものである。先進国に共通する能力・成果主義賃金額の透明性に関わる問題（特に，賃金の変動額に関わる問題）は，このようにして解決されうる。

　c）　第二に，自由な労働市場は，供給者と受給者の労働市場の独占的な不公正な（公の秩序に反する）価格形成を妨げることも前提条件となる。

　aa）　企業が上述のような効率性と労働力の不可欠性を十分に考慮しないとき，例えば，能力・成果主義賃金の最低賃金を形成しない場合や，また，被用者の生命・健康を害するほど，過度なノルマや長時間労働によって，その提供する労働力を不相当に利用・処分しようとする場合が考えられる。これらの場合に，私的自治の原則が例外的に制限され，公序良俗にもとづいて無効とすべきである（民法134条），と考えられる。

　bb）　能力・成果主義賃金制度のもとで，例えば，職務の目標の達成を要求するあまり，企業または事業所のために，要求過剰なまたはほとんど不可能な職務の達成（ノルマ）を要求する場合，その被用者を保護する必要があ

る。典型的なケースとしては，身体的または精神的に要求過剰なまたはほとんど不可能な職務を達成したにもかかわらず，その職務の達成目標が来年度さらに向上させられ，その条項にサインを求められるような場合が通常問題になる。一定の売上げに対し支給される手数料（*Provision*）の賃金規定において，被用者の達成し得ない売上げが要求されるとき，その条項が公序良俗に反して無効になるという連邦労働裁判所の判例[719]がある。これは，手数料の賃金関係においてのみ適用されるべき原則ではなく，広く一般に，達成不可能な職務の達成が要求されるときに，これを無効と判断すべきであることを可能にする原則であると考えられる。これらの場合は，一般に，被用者の生命・健康・人格を害するおそれのあるという被用者個人の自由の侵害を意味し，公序良俗違反の限界をこえるものとして違法視することが必要であると考える（民法134条）。成果主義賃金制度が導入される場合に，こうした法理の形成は，もっとも危惧される成果・ノルマの要求の行き過ぎを不可能にし，使用者によってもたらされる過剰で不公正な被用者間の競争を不可能にするのである。自由な労働市場は，これらの手段によって被用者の行為の自由を侵害する事態まで許容するとは考えがたいからである。

d）　私的自治の原則に基づく私法秩序によって正当化されないのが，従業員代表である事業所協議会が使用者との間で締結する，事業所協定の法規範である。事業所協議会による賃金制度の決定・関与は，個人が認識し得ないところでその個人の労働条件が決定されてしまうことを意味するからである。事業場での事業所協定の規範は，個々の被用者にとっての他律的・強制的秩序としての意味しか有しない。

aa）　こうした事業所協議会の規範は，私的自治の原則や自己決定権によってではなく，むしろ，デモクラシーの原理によって正当化される。沿革的にも，ワイマール憲法において，事業所協議会の前身であるレーテ（*Räte*）が労働条件を規整しうる機関として憲法上規定されたとき，そのレーテは，デモクラシーの原則によって基礎づけられると当時の起草者は構想していた[720]。これは，学説において，国民が国民代表である議会への代

719　BAG Urt. v. 10. 10. 1990 NJW 1991, S. 861.
720　NV-Protokolle Bd. 335, Drucks. Nr. 385, Entwurf eines Gesetzes zur Ergänzung des Artikels 34 des Entwurfs einer Verfassung des Deutsches Reiches, S. 230.

表の選出によって国家権力を制限するように,従業員の代表からなる事業所協議会が使用者を制限する,という企業内デモクラシー(*Betriebliche Demokratie*)の思想にあたる[721]。しかし,間接民主主義制において,議会が国民の自己決定に基づいて直接的に機能するのではないのと同様に,企業内デモクラシーについては,事業所協議会も,個人の自己決定に基づくものではない。デモクラシーの本質は,他律的な決定に対する「参加(*Teilhabe*)」にあるのである。

bb) これを前提にすると,これらの他律的な決定的な性格を考慮して,事業所協議会(*Betriebsrat*)の労働条件の規整権限の限界点が定められるべきである,ということになる。したがって,従業員代表組織の労働条件の規整権限(共同決定事項)は,被用者個人の自己決定を阻害するその強制秩序的または他律決定的な性格に照らして,国または社会において,被用者の自己決定が阻害されることが正当化される範囲に,制限される,と考えられる。ドイツの学説では,現代の賃金関係において,被用者の使用者に対する従属性の有無が揺らいでいる現在[722],従業員代表組織という集団的権力による個人の自己決定の制限が正当化される理由が見出しがたいと考えられる。このため,既述の通り,ドイツの有力説では,原則的に,その共同決定事項は,賃金額などの中核的部分にまで及んではならない,と考えられている。戦後50年にもわたる事業所協議会(*Betriebsrat*)の労働条件の規整権限の制限に関わる,ドイツ法における理論的展開は,過半数代表制度や労使委員会制度など労働組合に代わる組織の権限の拡大を模索する日本法において,一層慎重な検討を要することを意味している。なぜなら,立法によるこれらの組織の権限の拡大は,他人決定秩序の範囲の拡大を意味し,賃金決定における個人の意思の集団的権力への埋没を意味するからである。

e) これにかわって,能力・成果主義賃金制度が一般の被用者などを対象としている場合,労働協約が,ドイツ法においては,集団法的に能力・成果主義賃金規定を形成していくことに寄与している。70年代より,ドイツの労働組合は,その組織の拡大のために,能力・成果主義賃金制度について使

721　Wiese, GK Komm Rn. 50(Einleitung).
722　Zöllner, AcP 176(1976), S. 231; Kreutz, Grenzen der Betriebsautonomie, S. 169; Veit, Zuständigkeit des Betriebsrats, S. 45; Junker NZA 1997, S. 1311.

用者との間で企業協約を締結し，その結果，その組織基盤を確保している[723]。失業率が高く実質賃金が減少している時期に，組合員の維持・確保を図っているとされる。80 年代，金属労組（*IG-Metall*）が労働時間短縮・ワークシェアリングによって，雇用の拡大を図ってきたが，90 年代には，協約外賃金の政策によって，労働組合員に労働組合の魅力を提供しているのである[724]。能力・成果主義賃金制度との関係では，評価の基準，賃金の額，変動額が規定されている。ドイツ法においては，クローズド・ショップ制度のような組織強制は，基本法上団結の自由に反することから[725]，従業員代表制度とは異なり，労働組合への個人の加入強制は行われない[726]。このため，個人の主体的な労働組合への加入・参加によってのみ，労働協約のカルテルによる労働条件の規整が可能となる[727]。その点が，事業所協議会とは決定的に異なっている。ドイツでは，能力・成果に応じて形成されるべき賃金秩序が，労働協約によって，主体的に形成されるよう努力されているのである。

---

[723] Vgl. Fehrmann und Scholz, Probleme und Ansatzpunkte der gewerkschaftlichen Interessenvertretung von Angestellten in Leistungsfunktion, WSI-Mitteilungen 1980, S. 367.

[724] Vgl. 第 2 章第 4 節三の **4**。

[725] レーヴィッシュ『現代ドイツ労働法』（法律文化社・1995 年）41 頁。

[726] レーヴィッシュ『現代ドイツ労働法』（法律文化社・1995 年）41 頁，西谷敏『労働法における個人と集団』（有斐閣・1992 年）114 頁。

[727] Rieble, Arbeitsmarkt und Wettbewerb, Rn. 1889.

第3章　日　本　法

第1節　年俸制とわが国の労働市場・企業社会の特質

一　年俸制の位置づけと契約法理の欠如

a)　年俸制度が導入される以前の従来の賃金制度である職能給制度は，建て前では，労働者の職業的能力の評価を前提としながらも，基本的には，学歴を中心とした労働者の潜在的能力に着目する制度であった。このため，人事考課も加味されるが，基本的には年齢，家族構成などが考慮され，個人の能力や成果とは関係の薄い要素が賃金の算定にあたって基本的には重要視された。つまり，職能給制度は，潜在的能力に着目する制度でありながら，その当初の制度目的とは異なって，年功的な運用がなされてきたのであった。そこで，こうした年功的要素を排除し，個人の能力・成果という顕在化した要素によって賃金を決定するのが近時多くの企業で導入される年俸制である[728]。その成果主義賃金制度とは，労働者と使用者間の合意により設定された目標の達成度の評価を通じて成果を測る制度と理解され[729]，上司などによる労働者の評価，人事考課によって決定される賃金の構成要素が賃金全体または一部にまで拡大している。この人事処遇制度の変化は，勤続年数を考慮した集団的・画一的管理から個人の能力・成果による「個別的管理」へという，変化とみられる[730]。「労働者個人の能力を重視」し，「効率的で創

---

[728]　以上について，毛塚勝利「賃金処遇制度の変化と労働法学の課題」日本労働法学会誌89号6頁参照。

[729]　毛塚勝利「賃金処遇制度の変化と労働法学の課題」日本労働法学会誌89号6頁。

[730]　石井保雄「人事考課・評価制度と賃金処遇」日本労働法学会『講座・21世紀の

造的な働き方を促し[731]」，その成果に見合った処遇を行うことを目的とするものであった。

b) しかし，その年俸制の運用は一様ではない。年俸制には，現在，労働者の業績・成果が賞与にのみ反映される場合から，年俸制の年俸額全体または一部が労働者の業績・成果に応じて決定される場合まで，さまざまな形態がある[732]。

人事考課は，定期昇給，ベースアップの個人的配分，一時金などの額の決定においても重要な役割を果たしている。人事考課は，査定の幅と基準などが定められるが，査定する者の主観性と裁量は否定しがたい。労働者の過去一定期間における職務遂行度を評価する「業績考課」と職務遂行上求められる職務遂行能力をはかる「能力考課」および仕事に対する意欲や態度をみる「情意考課」からなっているからである[733]。

しかも，能力の評価や査定は従来使用者の裁量事項として理解され，不当労働行為や男女の差別救済法理以外の法的救済手段が乏しかった。年俸制の範囲がボーナスの支給のみならず，賃金本体にまで及ぶとすれば，従来人事考課などの問題に，賃金差別事件を除いて法的に介入できなかった労働法法理の不十分な部分が改善されることをも意味している。これに対し，使用者の評価行為は裁量ではないとし，「客観的評価基準に基づき，適切な評価を行い，評価結果とその理由を労働者に開示，説明する」という「適正」評価義務が新たに主張される[734]。現在，査定結果である評価を公開している企業は，56.9％にものぼっており[735]，評価の公開・開示を求める上述の学説が，一定の役割を果たしてきたとみることができる。

労働法第5巻』（有斐閣・2000年）124頁（127頁），盛誠吾「人事処遇の変化と労働法」民商法雑誌513頁（515頁）。

731　盛誠吾「人事処遇の変化と労働法」民商法雑誌515頁。

732　廣石忠司「日本企業における賃金・処遇制度の現状」日本労働法学会誌89号27（35頁），同「日本企業における賃金・処遇制度の課題」季刊労働法185号56頁，盛誠吾「年俸制・裁量労働制の法的問題」日本労働法学会誌89号53頁（56頁）。石井保雄「最近の賃金処遇の動向と人事考課をめぐる法的問題」日本労働法学会誌89号100頁も，使用者が人事考課を公正に行う義務を主張され，野田進「能力・成果主義賃金と労働者の救済」季刊労働法185号75頁も適正査定義務を，土田道夫「能力主義と労働契約」季刊労働法185号17頁は公正評価義務を主張しておられる。

733　石井保雄「人事考課・評価制度と賃金処遇」125頁。

734　毛塚勝利「賃金処遇制度の変化と労働法学の課題」日本労働法学会誌89号22頁。

二　思想的基盤の欠如と連帯の欠如

わが国における成果主義賃金制度の導入以前，以後を通じて，これらの契約法理と集団法的法理を思想的に基礎づけようとする試みがほぼ見られない。経営者の説く，賃金の個別管理という言葉に躍らされ，これを基礎づけたりあるいは逆に対抗する確固たる労働法思想を説く努力に乏しいように思われる。日本的経営の変化に対応する労働法の基本コンセプトが欠如し，これをただちに確立する要請が日本法には存在しているのである。また，近時，年俸制の動向に対抗して労働組合によるこうした集団法的な規整が重要な団体交渉実務のテーマになりつつある[736]。外部的労働市場の構築に伴う雇用の保障，作業量と要因配置，また，成果を果たすための過剰な労働を防ぐための労働時間規制，残業規制，さらに，過度な業務に伴うストレス，労働災害を防止するためのストレスマネジメントなどの労働安全衛生管理，などが労働組合に期待される[737]。しかし，わが国の労働組合の取り組みは，こうした面からの社会的サポートにまでは及んでいない[738]。多くの場合，企業のイニシアティブによって導入される能力・成果主義賃金制度を労働組合が追認するのが典型的な団体交渉実務であり，それをより労働者側のイニシアティブによって社会的にサポートするという発想はまだ乏しいように思われ

---

[735] 平成15年度版労働経済白書（日本労働研究機構・2003年）290頁。

[736] たとえば，NTTは，「年齢賃金」と「職能賃金」を組み合わせた現行の基本給部分を圧縮し，評価方法も「業績」と「業績達成に向けた行動」にもとづく評価に改めるが，その際，NTT労組は，中央委員会で，年功を重視した現行賃金制度から成果・業績を重視した新しい賃金制度の導入を全会一致で決めている（朝日新聞2000年12月14日）。とくに，労働条件の個人処遇化のディメリットを克服するためには，協約自治の枠内において，労働協約などの集団的規制によって，最低賃金の保障，労働契約における契約条件の開示，異議申立てのサポート，などが，全労働者を対象に規制することが求められる（熊沢誠『能力主義と企業社会』（岩波書店・1997年）199頁参照）。

[737] 熊沢誠『能力主義と企業社会』200頁。

[738] ドイツの産業別労働組合において，少なくとも，労働協約が，専門的労働者や協約外職員を除いて，およそ最低限70％の最低賃金を産業別に横断的に保障し，場合によっては，個別の労働組合と使用者による労働協約が成績の評価基準，能力・成果主義賃金の賃金額（成績加給や手数料）まで包括的にルール化・規定している（例ドイツ郵便労働協約など多数）のとは，対照的である。

る。

三　日本型年俸制の特異性

1　長期雇用と転職しない労働者

　能力・成果主義賃金制度との関係では，ヨーロッパの労働市場にはみられない日本型の労働市場の特質と企業社会の特質が明らかになる。まず，第一に，ヨーロッパの労働市場と企業とわが国のそれらとを比較するとき，技能，経験，専門的能力をもとに企業間を移動することを前提として自己の労働条件を交渉し向上する労働者がきわめて少ない。わが国で年俸制の対象となる多くの労働者は，有能な人材ほど企業内での教育訓練，大学院教育などを通じてその職業能力を獲得し，比較的高額な賃金，生活の安定性と長期の雇用が保障されている。将来における企業内でのキャリア形成，昇格，昇進の可能性が与えられ，企業に入社して以来，企業を転々と移動することなく，出向，転籍，引退するまで，欧米では考えられないほどの長期にわたる雇用が保障されている。つまり，日本型年俸制で想定される労働者は，多くの場合，外部労働市場での労働移動を前提にした労働者ではなく，外部労働市場という出口を持たない，企業内に位置づけられ，そしてその中で育成される労働者なのである。これらの労働者，日経連のレポートにおける基幹的労働者に相当する労働者とは[739]，自己決定と自己責任に裏打ちされた欧米の労働者とは異なり，さまざまな観点からの法的集団的なサポートが必要とされると考える。これらの標準的なサラリーマンを対象として年俸制が導入されていることに，わが国の年俸制の特徴がみられる。

2　ノルマと労働時間の過酷さ

　また，第二に，ドイツなどヨーロッパのそれと大きく異なる日本の企業社会の特質は，途方もない労働時間の長さと仕事に課せられたノルマの膨大さのなかにある。とくに，ノルマは，実態としては長時間労働の根本的原因であるとされている[740]。生命保険会社での団体生保年間150億円，大手地方銀

---

[739]　日本経営者団体連盟『新・日本的経営システム研究プロジェクト報告・新時代の「日本的経営」』1995年。

第 1 節　年俸制とわが国の労働市場・企業社会の特質

行での 2 ヶ月 3 億円，大手ホテルでの年 4 億円の契約，といったノルマのすさまじさと膨大さは驚嘆に値するであろうし，これに伴って予想される精神的圧迫とストレスはもはや想像するのも難くない[741]。また，自動車産業でのセールスにあたって，ノルマを達成するため，自己の裁量での価格をディスカウントし，会社の規定価格と実際の購入代金との差額を会社・サラ金に対する借財にし，その借財が自己の借金として雪だるまのように増えていく，といった事実は，ノルマと企業に束縛された労働者の実情の一端を物語っている[742]。日本の経営者が長時間労働の是正やゆとりの増加に改善を見せつつも，実態として長時間労働の根本的原因であるノルマの軽減や見直しには至っていない。これらの裁量労働制，ノルマ，年俸制が三位一体になって，労働者に降りかかるとき，それらは，身体的な健康障害，ストレスの原因になるであろうし，場合によっては過労死などを引き起こす直接的な原因にもなるであろう。このため，労働時間制度のみならず，ノルマとそれと結びついた過重な成果を求める賃金制度の規整（能力・成果に応じた賃金額の上限と下限の規整）について日本の企業社会において法的にないし集団法的に改善が求められる。

3　賃金額の変動幅と降格

a)　ドイツにおける能力・成績主義賃金は，協約賃金に上乗せされる賃金であり，産業別労働協約は，ある産業部門，例えば，自動車，鉄鋼などの金属部門において，画一的で統一的な賃金の条件を定め，最低賃金をなしている。産業別労働協約が賃金全体の 95％から 60％を定めている。このため，能力・成績主義賃金の額は，協約上の賃金に上乗せ額であり，その額は協約上の賃金に上乗せされることはあっても，協約上の賃金を下回ることは，原則的に許されない[743]。つまり，成果能力主義賃金額が変動したとしても，

---

[740]　熊沢誠『能力主義と企業社会』97 頁以下，107 頁。
[741]　熊沢誠『能力主義と企業社会』98 頁。
[742]　熊沢誠『能力主義と企業社会』100 頁以下。
[743]　最近，新しい州において（旧東ドイツ地域において），失業率が高いことから，協約賃金を下回る安い賃金を与えられる代わりに──緊急な例外的な状況──，ポストが与えられることがある。しかし，これは，旧西ドイツにおいて，70 年代後半から存在する成果・能力主義賃金とは異なっている。

賃金額が協約上の賃金より下方へ減額されないのである。

b) これに対し、日本企業の成果・能力主義賃金は、変動額が定められ、前年度に比べて新年度の賃金額が下回ることがある。最低賃金として固定給も定められないこともある。このため、例えば、グローバル化のなか激しい国際競争にさらされる電機産業S社においては、課長職以上を対象とした年俸制の導入により、最大で年間500万円も成果により変動することがある[744]。株式上場を果たした金融業を営むT社では、前期のように、ノルマ未達成の場合、降格に伴う賃金減額がありえて、従前の賃金より半分になることもあったとされる[745]。この企業での過酷なノルマ、早朝から深夜・土日に及ぶ仕事量、終電に間に合わずサウナで仮眠する日々、営業職の本人とは関係のない債務保証額4800万円、という過酷な業務[746]からは、ノルマ未達成の場合の高額な賃金減額を伴う降格が、いかに労働者にストレスと体への負荷を課していたかがわかる。むろん、賃金額の減額幅が著しい例は、一般によくみられる形態とはいえない[747]。しかし、例外的とはいえ、こうした賃金減額幅が大きい場合、さまざまな弊害が考えられる。

c) これら賃金減額との関係では、使用者のもとで、労働者が労働せざるを得ないことから、生産過程において労働者が従属するという人的従属性が問題とされようし、それに限らず、契約の形態をとらずに使用者の一方的なイニシアティブのもとに賃金額が形成されることから、契約の自由が確保されない、ということも問題とされよう。このように日本企業の成果・能力主義賃金において、変動額が定められ、前年度に比べて新年度の賃金額が著しく下回る場合、労働者のモラル・労働意欲のダウンも必至となる。労働生産性を高め、労働者のモチベーションの向上のために導入される年俸制も、場合によっては、その所期の目的が達成されず、反って、降格に伴う著しい賃金減額により労働者の労働意欲を下げ、生産性が上がらないばかりか、労働者の不服を増大させ、訴訟に到るケースも少なくない。また、賃金に依存し

---

[744] 労働法律旬報1546号68頁労働情報。
[745] 労働法律旬報1548号70頁労働情報。
[746] 労働法律旬報1548号70頁労働情報。
[747] 平成15年度版労働経済白書286頁。これによると、賃金減少率が5％未満と答える企業が全体の61.5％と最も多い。これに対し、30％以上と答える企業はわずか全体の1％にすぎない。

て生活する労働者が，降格に伴う著しい賃金減額によりその経済的生活を脅かされる，という結果も招く。降格に伴う著しい賃金減額が可能になる点が日本的特色であり，これを制限する法理が必要であると考える。

第2節　年俸制の導入と学説の形成

一　適正評価義務と集団的決定

a）　年俸制など成果主義賃金制度は，従来型の賃金決定から個人的成果や業績に対応した個別的決定へという賃金制度の大きな変化という認識のもとに，第92回労働法学会のテーマになっている[748]。成果主義賃金制度が，国際競争の激化，賃金コスト削減の必要性，ホワイトカラーの生産性を背景として，多くの日本企業でも導入・普及しつつあるなか，従来までの法理を超えた賃金固有の問題に対応する賃金法理の確立が求められるという問題意識のもとで，法理論・賃金実務などの多面的な研究と提言が行われた。そのなかで，毛塚教授は，労働契約関係において，個人の職業的能力の価値に重視し，労働者の法的保護に値する職業的能力を尊重配慮すべき付随義務を導き，適正評価義務[749]，職能開発協力義務[750]，を帰結している。提言の中心の一つをなす，適正評価義務とは，職業的能力の評価を，「1．客観的評価基準に基づき，2．適正な評価を行い，3．評価結果とその理由を労働者に開示，説明する義務」と定義される[751]。客観的評価をめぐっては，その適正さをチェックする制度的保障として労使構成の評価委員会も求められるが，最終的には，司法的審査のなかで適正かどうかが審査されるべきであるとしてい

---

[748]　毛塚勝利「賃金処遇制度の変化と労働法学の課題」，廣石忠司「日本企業における賃金・処遇制度の現状」，盛誠吾「年俸制・裁量労働制の法的問題」，石井保雄「最近の賃金処遇の動向と人事考課とめぐる法的問題」，山崎文夫「退職金・諸手当・福利厚生制度の変化と法的問題」以上，「賃金処遇制度の変化と法」日本労働法学会誌89号。

[749]　毛塚前掲論文21頁。

[750]　毛塚前掲論文20頁。

[751]　人事情報の開示義務については，信義則に基づく付随義務という構成（毛塚前掲論文22頁）以外に，「成果主義賃金や目標管理制度の採用に伴い，使用者が当然に引き受けることに同意した義務」という説がある（盛前掲論文65頁）。同様の結論について，石井保雄「人事考課・評価制度と賃金処遇」97頁，土田道夫「能力主義賃金と労働契約」季刊労働法185号9頁）。

る。上記の人事情報のコントロールをめぐる問題は，もともと，ドイツ法との比較法的考察から，個人情報保護の観点から人事情報の開示，訂正請求権が認められるべきである，と従来から学説では主張されていたものであるが[752]，それを新たに年俸制との関係で再構成しようとするものである。さらに，毛塚教授は，同時に，昇給・昇格における法的救済も重視され，昇給・昇格を充足するか否かが，適正に評価すべき契約上の義務を使用者が履行する行為であるから，昇給・昇格も司法的に審査されることになると主張される[753]。集団法的には，有利性原則の見直しが求められ，「市場によって左右される」賃金を画一的な法理からの逸脱を認める可能性を示唆され[754]，さらには，企業別組合と従業員代表機能を整序し，過半数労働組合が従業員代表としてこれら労働者層の利益代表の役割を果たすことを提唱されている[755]。

b) ついで，年俸制の決定については，年俸制の導入に当たっては，そもそも，労働者の同意を要すると，学説では主張されるほか[756]，同学会報告のなかで，盛教授は，年俸制の趣旨・目的より，成果実績の評価が適切になしうるものであることが要請されることから，一定の地位にある管理職や，業務の性質上，時間の厳格な管理や時間に基づく賃金決定が客観的に適当で

---

[752] 横井芳弘「労働者の情報開示請求権と人事記録閲覧請求権」横井芳弘編『現代労使関係と法の変容』（1988年・頸草書房）407頁，角田邦重「労働関係における労働者の人格的権利の保障」季刊労働法143号25頁，山田省三「職場におけるプライバシー保護」日本労働法学会誌78号33頁，盛誠吾「雇用・職場とプライバシー」ジュリスト増刊「情報公開・個人情報保護」239頁，拙稿「労働関係における人事記録と個人情報保護」中央大学大学院研究年報25号33頁，拙稿「ドイツにおける人事情報の閲覧・訂正・削除請求権の法的検討」労働法律旬報1392号31頁，拙稿「書評・職場における自立とプライバシー」日本労働研究雑誌438号52頁。

[753] 前掲論文23頁。同様の結論について，日本労働法学会報告において，盛前掲論文64頁および石井前掲論文100頁。さらに，毛塚教授は，適正評価義務を契約上の義務として構成することで，昇給・昇格について立証負担が軽減されるとしているが（前掲論文23頁），安全配慮義務と同様に，契約上の付随義務となると当然に立証責任が軽減されることについては疑問がある。

[754] 毛塚前掲論文18頁。

[755] 毛塚前掲論文18頁。このほか，苦情処理や調停的紛争処理手続きを整備する必要性が主張されている（毛塚前掲論文18頁，盛前掲論文63頁，石井前掲論文100頁）。

[756] 盛前掲論文68頁62頁，土田前掲論文19頁。

はないような専門的業務に限られる，と年俸制度の導入・適用範囲にも的確な制限を加えている[757]。学説では，さらに，西谷教授が「あまりに広い範囲での決定・変更（年俸の変動幅，引き下げ幅）の権利を使用者に認めるような制度は，労働者の同意があっても，公序良俗に反するがゆえに無効」と述べられている[758]。同様に，年俸制の引き下げについて，一定の制限が加えられると解する学説が多くみられるが[759]，適切な解釈であると考えられる[760]。

c) これらの学説によって，これまで法的に介入しにくいと考えられていた法領域に，人事情報の開示などの請求により，客観的かつ透明性のある賃金制度や人事考課制度を設計運用することが可能になるとともに，昇格・承認における法的救済を受けることが容易になりうる。これらの法理は，能力の評価や査定が従来は使用者の裁量事項として理解され，法的救済手段の乏しかった法的な状況を打開する法理として理解されうる。特に，昇給・昇給制度を前提とする職能制度を残したまま，年俸制などの能力・成果主義制度が導入されているわが国の賃金制度の現状を考えると，昇給・昇格に関してこうした法理を提供することは，新たな法的可能性を労働者に与えるという意味がある。また，従来の賃金の社会的な意味につくことなく[761]，賃金をあらたに労働者の職業的能力の価値と位置付けているところにも，賃金の意

---

[757] 盛前掲論文68頁。

[758] 西谷敏「労働条件の個別化と法的規整」29頁。

[759] 盛前掲論文68頁。年俸額の引き下げについては，事前に合理的な最低保障ないしは引き下げ限度が設定されるべきであるとし，具体的には，前年度に比して10％程度と述べているが，適切な解釈であると考えられる。この他，土田前掲論文19頁。

[760] ただし，盛前掲論文68頁がこれらの極端な年俸額の引き下げを許容しない点には賛成できるとしても，盛前掲論文67頁が，「引き下げが行われるのは，年俸額が労働者の成果や業績に基づいて決定されることのほか，そのための評価方法や手続，評価の結果が年俸額に反映されるための基準などが，予め労使間で合意されていることに求められる」とする点には若干の問題があると思われる。年俸制に基づく賃金の支払い，評価方法，手続，評価の結果などの点について労働契約当事者間において合意が存在するというのであれば，むしろ，その合意に反した賃金額の引き下げは不可能になる，というのが，私的自治の原則の建前であるはずである。

[761] 従来の賃金の社会的な意味について，毛塚教授は，「1．労働者とその家族の生存を支える生計費　2．労働者の肉体的精神的負担に対する代償　3．労働者の自由時間の喪失に対する代償」と捉えている（前掲論文19頁）。

味をめぐる視点の転換も見られる。

二　学説の問題点

a)　年俸制の問題に対して，法的には，一．個人の成果や業績に関する評価システムにつき情報の開示を求め評価の納得性・公正さを求める方法（情報開示請求権など）と，二．賃金規整が不公正（公序に反しないなど）・不透明でないことを求める方法，というアプローチがありうる。学会報告グループのアプローチは，主に，一の点に主眼を置いているといえる[762]。もちろん，評価の開示の重要性とその研究の卓越性は現在疑うことが困難であるとしても，このアプローチには，労働者の能力，成果の適正評価の問題を裁判

---

[762] 毛塚前掲論文18頁，盛前掲論文63頁，石井前掲論文100頁。この他，この学会報告以後のわが国の学説も，同様の問題意識を有している（西谷敏「労働条件の個別化と法的規整」24頁，村中孝史「個別的人事処遇の法的問題点」日本労働研究雑誌460号28頁，土田道夫「能力主義賃金と労働契約」季刊労働法185号6頁，野田進「能力・成果主義賃金と労働者の救済」季刊労働法185号65頁，唐津博「使用者の成果評価権をめぐる法的問題」季刊労働法185号38頁，藤内和宏「年俸制の法律問題（上）（中）（下）」労働法律旬報1516号20頁，1517号107頁，1519号44頁。また，東京大学社会科学研究所の社会科学研究（50巻3号）において「ホワイトカラーの働き方と処遇のゆくえ」という特集が組まれ，法律学経済学の分野から多角的な研究が行われている（荒木尚志「裁量労働制の展開とホワイトカラーの法規制」3頁，玄田有史「ホワイトカラーの処遇変化と団塊世代の影響」35頁，高橋伸夫「未来傾斜型システムとホワイトカラーの働き方」55頁，守島基博「ホワイトカラー・インセンティブ・システムの変化と過程の公平性」81頁，佐藤博樹「成果主義と評価制度そして人的資源問題」101頁）。中村和夫「解題・賃金処遇調査・報告」労働法律旬報1391号21頁参照。アメリカ・イギリスの賃金処遇については，三柴丈典「FLSAにおけるWhite-color Exemption」労働法律旬報1391号43頁，守島基博「米国ホワイトカラーの賃金処遇制度をめぐる最近の動向」労働法律旬報1391号32頁，山田省三「イギリスにおけるホワイトカラーの賃金処遇の法理」労働法律旬報1391号48頁参照。

また，土田道夫・山川隆一編『成果主義人事と労働法』（日本労働研究機構・2003年）のうち，特に，八代充史「成果主義人事の実態と今後の課題」同書1頁，山川隆一「成果主義人事と減給・降格」同書125頁，水町勇一郎「成果主義と賃金制度」同書153頁，土田道夫「成果主義人事と人事考課・査定」同書51頁，石井保雄「成果主義人事と昇格・昇給」同書91頁，小畑史子「成果主義と労働時間管理」同書173頁，村中孝史「成果主義と解雇」195頁，大内伸哉「成果主義の導入と労働条件の変更」同書223頁，逢見直人「成果主義と労使関係」同書281頁，を参照した。

所に持ち込んでしまい，その結果，法解釈とは相容れない評価の適正を，法解釈を任務とする裁判所に担わせてしまう，という根本的な問題点が内在している。つまり，結果的に，開示の問題を除外すれば，裁判所が労働者の能力，成果について適正な評価が正しかったかどうか，という法解釈以外の新たな裁判所の権限を認めることに他ならないが，それは裁判所には困難な任務である。ドイツにおいて，70年代評価を争い審査する訴訟や労使の試みが存在したが，その後はあまりみられなくなっているのも，わが国においてこの種の訴訟が増えないことも，偶然ではないように思われる。これに対して，本書では，二の成果主義賃金規定が不公正（公序に反しないなど）・不透明でないことを求める方法，つまり，公序良俗の法理，契約約款の法理を用いて，あらたな訴訟の手段を提供しようとするものである。

　b）　同時に，集団法的に，成果主義賃金制度との関連で，過半数代表[763]・労使委員会に労働者層の利益代表の役割が期待される，と提言されている。企画業務型裁量労働制について「労使委員会」という新設の制度に対し「委員による決議」が認められている。学説においては，この労使委員会制度については，労使参加型規制を新たに創設しているとの期待もあり，学説上盛んな議論が展開されている[764]。

　最大の問題は，この現行法で規定される過半数代表者制度や労使委員会制度の賃金領域への拡大は，団体交渉，労働協約を通じた賃金などの規整権限

---

[763] これは，労基法などに「当該事業場に，労働者の過半数で組織する労働組合がある場合においてはその労働組合，労働者の過半数で組織する労働組合がない場合においては，労働者の過半数を代表する者」との文言がある。このことから，このような事業場の労働者の過半数を代表する労働組合を過半数組合，労働者の過半数を代表する個人を過半数代表者，合わせて双方を過半数代表と呼んでいる。

[764] 花見忠「労働基準法改正の意義」季刊労働法189号2頁，角田邦重「労働基準法の改正と今後の課題」労働法律旬報1450号4頁，14頁，毛塚勝利「職場の労働者代表と労使委員会」ジュリスト1153号57頁，野川忍「変貌する労働者代表」『岩波講座現代の法12巻・職業生活と法』(岩波書店・1998年) 103頁，小嶌典明「働き方の変化と労基法改正」ジュリスト1153号31頁，下井隆史「一九九八年労基法改正の意義と問題点」ジュリスト1153号22頁，盛誠吾「新裁量労働制の要件」労働法律旬報1488号8頁，浜村彰「労使委員会による労使協定に代わる決議」労働法律旬報1488号38頁，新谷眞人「労働者代表制と労使委員会」季刊労働法189号27頁，小嶌典明「裁量労働と成果主義」季刊労働法185号26頁，青野覚「労使委員会」労働法律旬報1488号28頁。

を有した，労働組合との権限との抵触をもたらすおそれを生じさせ[765]，その原理である協約自治の原則との限界を画する必要性をもたらす，というところにある。それと同時に一層深刻な問題は，過半数代表者制度のような集団による規制と労働者個人の自由との関係である。労働組合とは異なり団結の自由が保障されずストライキ権もない過半数代表者・労使委員会の権限の拡大は，その過半数代表・労使委員という第三者が，労働者個人の能力と成果にかかわる賃金を決定してしまう，という結果を招き，その結果，逆に，個人が全く自己の賃金の形成にかかわり得ない，というジレンマを生み出すことになる。こうした右の学説の提言には，事業場において過半数代表者（もしくは従業員代表）として選任される第三者に（老若男女を問わず），自己の経済的な社会的生活に関わる賃金を任せるだけの信頼があるといいうるかどうかという，本質的な疑問がある。そうした第三者による賃金の決定は，自らの意思に基づいて法律関係を形成する，という私的自治の原則にしたがった契約形成の可能性を法律によって遮断することを意味する[766]。これらの団体と使用者との間で締結される協定と，労働者個人と使用者との間で締結される労働契約との間の労働条件規整手段の限界点が，私的自治の原則という法思想を考慮したうえで，明らかにされなければならないのである[767]。21世紀の労働条件規整を考えるうえで，年俸制は，少なくとも4半世紀は，その中核的な役割を果たすであろうから，個別法的および

---

[765] 毛塚勝利「職場の労働者代表と労使委員会」ジュリスト1153号61頁。

[766] Richardi, Kollektivgewalt und Individualwille bei der Gestaltung des Arbeitsverhältnisses, München, 1968, S. 316, 385; Heinze, Wege aus der Krise des Arbeitsrechts, NZA, 1997, S. 1 (5); Kreutz, a.a.O., S. 74; Hanau, Die Entwicklung der Betriebsverfassung, NZA, 1993, S. 817 (820); Waltermann, Rechtsetzung durch Betriebsvereinbarung, 1996, Tübingen, S. 141; ders, NZA, 1996, S. 357 (360); Picker, Die Tarifautonomie in der deutschen Arbeitsverfassung, in: Tarifautonomie-Informationsgesellschaft-globale Wirtschaft. Band 37, Köln, 1997, S. 113 (141); Aksu, Die Regelungsbefugnis der Betriebsparteien durch Betriebsvereinbarungen, 2000, Baden-Baden, S. 62, 141.

[767] 偉大な労働法学者ニキッシュの言葉に「集団的全体的利益からの労働者個人の自立が試みられなければならないが，(…) 双方の異なる形成の原理，個人主義と集団主義がひとつの意味のあるシンテーゼに結合されなければならない。」という言葉がある。この言葉は，まさに，集団的労働法と個別的労働法の限界を画さなければならない，この賃金形成のありかたをめぐるこの問題領域にも妥当しているといえる (Nikisch, das Arbeitsrecht, 3. Aufl., 1961, §51 5 (S. 33f.))。

集団法的課題（労働組合・従業員代表の可能性と限界）を克服することが必要なのである。

三　賃金減額と降格

　学会報告の後，年俸制の導入する企業の増加に伴い，賃金減額（および降格）を予定する企業が増加した。職能給では，既述のように，職務遂行能力（実際には勤務年数と人事考課で決められる）に応じて，資格とその中でのランクがそれぞれ等級化されている。資格の上昇としての昇格，資格の中でのランクの上昇としての昇給とがある。そして，その逆の場合として，資格の下降としての降格，資格の中でのランクの下降としての降級がある。後に述べるように，賃金減額される対象となる従業員の割合も高くなく，その減額される額も低いのが一般である。しかし，職能資格制度のもとで年俸制が導入されるときに，降格の場合を含め賃金減額される額が著しい額にわたる場合がある。例えば，Ｓ社も管理職を対象に年俸制を2002年に新たに導入したが，その年間500万円も成果によって賃金を変動させており，変動額は決して小さいものとはいえない[768]。金融業Ｔ社では，ノルマが達成される労働者の成果によって賃金の減額される割合が，半分にもわたっている[769]。賃金の減額される割合が半分にわたる降格は，過重なノルマとあいまって，労働者にストレスとなってふりかかっていたとされる[770]。

　こうしたなか，年俸制における賃金規定が裁判で争われるようになる。年俸制における降格・賃金減額が本格的に争われたのは，ハクスイテック事件である。この事件では，年俸制においてＡからＦの６段階の評価を予定し，標準以下の実績しかあげられない「Ｃ評価」が続く場合，平成15年度以降当初の金額を若干下回るという場合で，かつ，約８割の社員について8200円から93000円の幅で賃金が上昇し，２割の社員について900円から13500円の幅で賃金が減少するという場合であった。大阪地裁は，こうした年俸制を規定する給与規定に，「合理性があり，かつ必要性がある」と判断してい

---

[768] 労働法律旬報1546号68頁労働情報。
[769] 労働法律旬報1548号70頁労働情報。
[770] 労働法律旬報1546号68頁労働情報。

る[771]。

　アーク証券事件では、一年俸制ではないものの一、前記の通り、降格した場合、諸手当を含め改定前の賃金額の約三分の一へ減額される、という制度へ人事規則を改定する場合において、東京地裁は、これは就業規則の改定の問題であるとし、裁判所は、かかる人事（就業）規則の変更について「高度の必要性」が存しないと判断した[772]。

　勤務態度の不良・仕事上のミスを理由とした降格が行われることがある。デイエフアイ西友事件では、社長のスペシャルアシスタントとして労働契約にもとづき年俸制で雇用され、その後配転されバイヤーとして就労していた期間雇用の労働者が、新部門で商品の勉強に熱心でないこと、上司の指示を聞かず暴言・口答えがあったこと、仕事上のミスがあったことから、784万円から421万円に降格・賃金減額された、という事案において、東京地裁は、労働契約によって労働契約当事者が拘束されるとき、「懲戒処分としての減給処分がなされる場合においては、（……）使用者において一方的に賃金額を減額することは許されない」と説示し、使用者による一方的な賃金の減額措置が無効であると判断した[773]。

　年俸制の事件ではないが、広島高裁は、昇給が争われたマナック事件において、「１審被告が３級該当者の人事評定において一次評定及び二次評定によりなされたランク付けと最終評定及び二次評定によりなされたランク付けのそれとが相違している件は１審原告を除いて１件しかないことが認められることからすると、常務会の審議において一次評定及び二次評定の評定結果を評価替えした理由は、郷分事務所事件及び会長室事件やその直後の１審原告の対応を理由として行われたと推認するほかはなく、このことは、人事評定機関を前年４月１日から当年３月31日までと定めた人事考課規定に反するし、また、他に一時評定及び二次評定の評定に基づくランクＣをランクＥに評価替えすることを相当とすべき事実があったと認めるに足りる証拠もないから、この期における１審被告の昇給査定には裁量権を逸脱した違法があるというべきである。」と判断している[774]。平成７年に郷分事務所事件と呼

771　大阪地判平12・2・28労働判例781号43頁［ハクスイテック事件］。
772　東京地判平12・1・31労働判例785号45頁［アーク証券事件］。
773　東京地判平9・1・24労働判例87頁［デイエフアイ西友事件］。

ばれる経営陣を批判する事件があり，会長室に呼び出され言動を慎むように注意を受けた（会長室事件）が，これらの事件から平成7年の人事評価が評点がDとされ最終評点でEとなったことには，本件裁判所は「裁量権の逸脱はない」と判断している。しかし，平成8年にもう一度，同事件を持ち出し，1次評定および2次評定がCであったにもかかわらず，最終ランクがEとなったのは，同事件などを主な理由としているとして，裁判所は，昇給査定には裁量権を逸脱した違法性を判断しているのである。この事件に対し，人事考課＝職業能力の評価行為は，かかる義務の履行行為と解することができ，少なくとも，人事考課の基準や方法が制度化されている場合には，適正・公正に評価行為を行う労働契約上の義務を認めることに困難はないはずである，と論じられている[775]。

　従来の学説では，年俸制における賃下げが極端な場合，「引下げが明示されなければならない[776]」と解されていた。菅野教授も，職能資格制度では，「（降格は）職務をかえないままでの賃金引下げ措置であり，就業規則の明示の根拠と合理的理由なしにはなしえないと思われる。」と述べるのにとどまっている[777]。

　このように裁判例を見ると，学説が問おうとする適正な評価が問題になったのは，年俸制との関係ではまだ現れていないことがわかる。むしろ，ハクスイテック事件およびアーク証券事件のように，aa）年俸制を導入した場合の制度設計の適法性が問題となるケースと，デイエフアイ西友事件のように，bb）制度の具体的な適用，ここでは，降格・賃金減額が問われるケースが中心である。

---

[774] 広島高判平13・5・23［マナック事件］。また，本件では監督職（管理職）からの降格が争われている。広島高裁は，「監督職として下位従業員に対する指導力が要件とされていることからみて，（…事務所や会長室での暴言が，）組織において部下を指導する上で職場内の秩序維持等にも責任をもつ能力もまたその該当能力を有するか否かの判断において重要な要素となる」と説示し，当該降格を違法でないと判断している。

[775] 毛塚勝利「人事考課―マナック事件」菅野和夫・西谷敏・荒木尚志編『別冊ジュリスト労働判例百選〈第7版〉』（有斐閣・2002年）72頁。

[776] 盛誠吾「人事処遇の変化と労働法」民商法雑誌119巻4・5号513頁（538頁），石井保雄「人事考課・評価制度と賃金処遇」『講座21世紀の労働法第5巻』（有斐閣・2000年）（124頁）141頁。

[777] 菅野和夫『新雇用社会の法』（有斐閣・2002年）156頁。

aa) 年俸制を導入した場合の制度設計の適法性が問題となるケースでは，年俸制を導入した場合評価によって賃金額の減額される幅が大きいことが違法となりうるかどうか，その制度の適法性が問題になっている。ハクスイテック事件およびアーク証券事件いずれの事件も，就業規則の改定の問題が争点になっている。制度の目的，賃金減額の幅などが適法性と関連して問題になろうが，その違法性の判断基準が理論的に必要となる。その場合，年俸制が導入される場合に，一般に賃金格差が生じるのはやむをえない場合もある。それがいかなる限度で違法となるか，一般に普及している年俸制での賃金の変動幅などを労働経済学，統計などを考慮して，判断する必要がある。特に，問題は，制度としてその賃金格差が著しい場合，次の1年の賃金額が著しく不確定となることである。賃金額が不明確なのである。同時に，これによって，賃金の減額される割合が著しく大きい場合，その減額幅は，要求されるノルマとあいまって，それを意識して働く従業員にとっては，精神的なストレスの原因となり，また，肉体的な健康障害となるおそれさえある。

また，判断基準のみならず，違法性の根拠も，法理として明らかにされなければならないが，これに対する学説は，十分に形成されているとはいい難い。

bb) 制度の具体的な適用が問題になり，降格・賃金減額が具体的に行われる場合がある。その場合，勤務態度の不良・仕事上のミスを理由とした降格が行われることがある。年俸制は，労働者の業績・成果に応じて従業員に賃金処遇する制度なのであるから，従来の賃金制度と比して，業績・成果と資格・級との関係は一層密接なものとなる。そうだとすれば，勤務態度の不良・仕事上のミスを理由とした降格の場合，その降格が違法とされる根拠，程度が一層問題になる。

以上から，学説では，aa) と bb) を問わず，「賃金規整が不公正（公序に反しないなど）・不透明でないことを求める方法」について，裁判上争われているにもかかわらず，違法の根拠，程度（判断基準）が十分に明らかにされていないことがわかる。ハクスイテック事件において，裁判所によって，就業規則の「合理性があり，かつ必要性がある」と判断され，アーク証券事件では，人事（就業）規則の変更について「高度の必要性」が存しないと説示されるのにとどまっている。デイエフアイ西友事件においても，784万円か

ら421万円へ大幅な降格・賃金減額をなすことを正当化できない，と判示されている。このため，理論としては，個別的判断をこえた一般的な法理・判断基準の形成が求められることになる。翻って考えると，公正な価格は，市場のなかで原則的に定まるもので，裁判所は価格形成に関与すべきではない。裁判所は賃金のコントロール（*Lohnkontrolle*）をするところではない[778]。このため，賃金規定の目的，方法，その帰結などが中心的に問われるべきであり，賃金額はその一要素でしかないのである。したがって，これらを中心に問題とする中核的な思想・法理が必要なのである。ここでは，公序良俗規定，約款法理が手がかりになると考えている。

統計によれば，年俸制を導入する日本企業でも，その賃金の制度設計において，労働者の能力・成果に関する評価次第で賃金をアップ・維持するという場合がほとんどで，賃金を減額することまで予定されないことが多い[779]。つまり，年俸制導入後の賃金減額が頻繁に行われている，という印象とは異なり，実際には賃金減額は，例外的にしか，行われていない。しかし，前述のT社のように，成績次第で賃金の5割も下がる降格もありうる。労働者の受ける経済的不利益の程度も著しい上に，降格処分の可能性自体が労働者の身体的ないし精神的な健康を害するおそれさえ懸念される。このため，労働法としては，例外的に行われる合理的理由のない賃金減額のみを「制約」する必要があると考えられる。これらを総合すると，年俸制の賃金減額が特に，年俸制において，労働者の経済的生活を脅かすばかりか，労働者の生命・健康にも関わることから，成果主義賃金制度のもとでの賃金減額・降格を制約する法理論が求められることになる。

778　Canaris, NJW 1987, S. 609 (610).
779　労政時報3276号29頁。

第3節　労働法における私的自治の原則

一　私的自治の原則と労働者の自己決定

1　問題提起

a)　現在，自立した労働者の台頭を背景に，労働者が使用者と個別的に交渉できる自由主義的な労働法の法制度を創造することが基本的に必要であると考えられている[780]。それは，労働法がとらえる労働者像の変容を伴い，その典型的な労働者像は，従来の使用者に従属し保護を必要とする労働者の像から，自らの主体的に判断し行動する「自由で自立した労働者」の像へと変容すべきである，とされる。保護よりも自己決定と自己責任こそ，自由主義的な私的自治の原則を基本原則とする今日の法制度に適合すると理解されている。能力・成果主義賃金との関係でも，その賃金の拡大が「労働に際しての裁量の拡大[781]」であるとし，他人決定性が後退し自己決定の幅が拡大すると指摘する見解もある[782]。土田教授は，「成果・能力主義賃金の下では，労働の具体的内容・方法・態様の決定を労働者の自主的決定に委ねるとの合意の成立を認め，それによって使用者の労務指揮権を制約すべきである[783]」

---

[780]　土田道夫「能力主義賃金と労働契約」季刊労働法 185号6頁（16頁），菅野和夫・諏訪康雄「労働市場の変化と労働法の課題」日本労働研究雑誌 1066号2頁（6・8頁），菅野和夫「労働市場と労働法のテーマをどう見るか」日本労働法学会誌97号109頁，道幸哲也『職場における自立とプライヴァシー』（日本評論社・1995年）163頁，同「業務命令権と労働者の自立」法律時報66巻9号38頁，土田道夫「労働者保護法と自己決定」法律時報66巻9号56頁（57頁），大内伸哉「労働保護法の展望」日本労働研究雑誌470号32頁（33頁）。今日において，これに慎重な立場をとる重要な見解として，片岡曻『労働法(1)第3版』（有斐閣・1993年）59頁，横井芳弘「市民社会の変容と労働法」季刊労働法198号2頁（9頁以下），三井正信「労働組合と労働者の自己決定」法律時報66巻9号66頁（72頁以下），角田邦重「団結権と労働者個人の自由」日本労働法学会誌77号138頁（147頁）。

[781]　土田道夫「能力主義賃金と労働契約」季刊労働法 185号6頁（16頁）。

[782]　土田道夫「能力主義賃金と労働契約」季刊労働法 185号16頁。

[783]　土田道夫「能力主義賃金と労働契約」季刊労働法 185号16頁。

と述べつつ,特に,研究職については,「成果・能力主義賃金制度においては,一般労働者よりも労働者の自己決定権(労働条件の対等決定)を尊重した労働契約法理が要請される」と述べる[784]。研究者のみならず,外資系企業などの労働者は,同様のことがいえると考えられる。しかし,これに対しては,「個別『管理』においては,使用者側の意思が基本的に貫徹され,労働者の『合意』が単なる形式にとどまる[785]」という,契約の自由に対する懐疑も,依然として根強い。このため,問題の重点は,こうした自己決定のルールに適合する労働者層,労働条件が,存在するかどうかということであり,またそれらが存在するとすれば,どの程度の範囲であるかということである。日本的労働市場の特質に対応する労働法の基本コンセプトが必要とされる現在,成果主義賃金制度をめぐる問題領域は,私的自治の原則とその限界,つまり,労働者の従属性の問題を考察することも必要となる。

　b) ここで,成果・能力主義賃金制度との関係で,労働法における法原理を明らかにするのは,次の二つの実際上の理由にもとづく。

　aa) まず,第一に,賃金の個別管理という問題と個人主義の関係である。

　日経連(現日本経団連)は,今後の雇用形態として,長期継続雇用という立場にたつ長期蓄積能力活用型グループ,必ずしも長期雇用を前提としない高度専門能力活用型グループ,期間雇用など多様化した雇用形態に対応した柔軟型グループに分類したうえで[786],長期蓄積能力活用型グループについては,職能給と年齢給の二本立てを構想しながらも,年俸制の適用もありうるとし,高度専門能力活用型グループについては年俸制の適用を考慮し,賃金の個別管理・個別化を提唱している[787]。賃金の個別管理・個人化はむろ

---

[784] 土田道夫「能力主義賃金と労働契約」季刊労働法185号17頁。但し,土田教授は,成果・能力主義賃金制度が一般労働者を対象とした場合,「労働条件交渉に際して,使用者に対して交渉力が劣ることには変わりがない。成果に応じた高い労働条件(賃金,休日,休暇水準等)を得られず,使用者が決定する労働条件に服さざるを得ないこと,これら処遇に不満を抱いても,解雇を恐れて需要さざるをえないことは,しばしばみられる現象である」(前掲論文季刊労働法185号17頁)と指摘している。

[785] 西谷敏「『個人主義』の意味について」労働法律旬報1370号4頁。

[786] 日経連 新・日本的経営システム等研究プロジェクト報告『新時代の「日本的経営」』(日経連・1995年)4頁,32頁。

[787] 前掲書『新時代の「日本的経営」』39頁。

ん，ただちに，労働者個人による賃金・労働時間管理を意味しない[788]。日経連のいう賃金の個別管理とは，従来職能給制度のもとで画一的に年齢に応じた賃金管理を行っていた賃金制度を改めて，非画一的な賃金制度＝賃金の個別管理という意味での個別管理を求めるという意味にすぎない。しかし，本来は，年俸制という賃金は，使用者からみれば，単なるコストの配分の問題であっても，従業員の側からみれば，自らの意思と行為に基づく職業活動の結果として個人の能力と成果を賃金によって反映されたい，という個人主義的な意思と願望のあらわれである。賃金が個別的に管理されるという意味での個別化は労働法上あまり意味のあるものではないが，問題の焦点は，年俸制が，個人が自己の責任と決定に基づく賃金決定を行う，という労使関係への契機となりうるか，という点である。つまり，個人の能力・成果に着目した年俸制度への賃金制度の変容が，賃金法理，特に，労働法における自己決定権に影響を与えうるかが問われることになる。むろん，ここでただちに想起されるのは，労働法においては，契約の自由が形骸化したものにすぎず，労働関係においては経済的従属性が労使関係においては現れる，という従属性の問題である。そこで，ここでは，経済的従属性の本来の意義と，現代の年俸制度との関係での経済的従属性の有無，そして（それに代替しうる？）自己決定権の意義が問われることになる。

　bb）　第二に，ここで労働法の理念を問題にする理由は，既述の通り，過半数代表者制度・労使委員会制度，または，従業員代表制度との関係にある。年俸制について，裁量労働制に関する労基法の改正にあたって導入された労使委員会には，「賃金・労働時間その他の当該事業場における労働条件に関する事項」を調査・審議する権限が付与されている。裁量労働法制は，「事業の運営に関する事項についての企画，立案，調査及び分析の業務」を行うホワイトカラーに導入されることがあり，その裁量労働制の対象となる労働者と年俸制の対象となる労働者は重なることが多い。また，年俸制が「賃金決定基準から労働時間という要素を排除」する制度であるという意味ももち，裁量労働制が労働時間規制の適用を除外する制度であることから，年俸制と裁量労働制がともに，内的に連動し，成果に基づく賃金決定を可能にするこ

---

[788]　西谷敏「『個人主義』の意味について」労働法律旬報 1995 年 1370 号 4 頁。

とになるため，裁量労働制の適用のある労働者について，年俸制が問題になりうる。だからこそ，裁量労働制の導入に伴い設置される労使委員会の権限が，どの程度のものであるのか，また，それを支える法原理とはいかなるものであるのか，が問題になりうる。

2 私的自治の原則の意義

本来，私的自治とは，個人の意思にしたがった法的関係を形成する，という原則である[789]。個人の契約自由の形成過程における私的自治の原則は，特別な憲法上の規定によってすでに制限されない限り，憲法秩序のなかにおいて憲法12・13条による個人の一般的人格の発展の具体化として保障される。憲法12・13条は法的生活における個人の自己決定として私的自治を保障するのである。個人は，私的自治の領域においては，物や人を対象として法的関係を形成すべきかどうか，そしていかなる法的関係を形成すべきかを決定し得る（契約締結の自由）。この契約自由の原則によれば，債権契約のそれらの契約当事者は，自ら義務を負う給付を内容上自由に決定することができる（内容形成の自由）。私法秩序の基本原則の枠内において，私的自治の原則とは，その限りにおいて，「自己による支配（*Selbstherrlichkeit*）[790]」を承認することにほかならない。これらの契約関係は，基本的には，私的自治の原則のもとで契約当事者の法律行為のみによって原則的に規定されるべきであるから，公序良俗に反する場合（例えば，賃金の最低限を保障されない場合）強行法規に反する場合など特別な場合を除いて，契約の自由が原則的には保障されるべきであろう[791]。契約の自由を制限するあらゆる国家的介入は必要とされないし，むしろ避けられるべきであろう。労働協約当事者（使用者と労働組合）にも，自らの事項について国家からは独立した領域を意味する，

---

[789] 例えば，星野英一「現代における契約」同『民法論集第三巻』（1972年・有斐閣）10頁以下。

[790] Flume, Allgemeiner Teil des Bürgerlichen Rechts, Bd. 2, Rechtsgeschäft, 3. Aufl, 1979, § 1 (9, 10).

[791] 野田教授は，これとは反対に，「(年俸制のような成果主義賃金について合意し，)毎年新たな合意のもとで更改または再締結されているのであるから，それによる賃金の減額について労働者の救済を論じる余地はない」と述べておられる（野田進「能力・成果主義賃金と労働者の救済」季刊労働法185号75頁）。

自治が保障される。労働協約当事者が国家・第三者から自由に労働条件を形成しうるという，協約自治は，特に，賃金とその他の労働条件について国家から自由な領域において，自らの主体的な意思と責任においてその秩序を形成することを可能にする。つまり，協約自治は自己形成（Selbstgestaltung）の重要な部分をなしているのである。労働法の思想として，私的自治の原則が，経済的，知的な従属性の存在ゆえに，機能し得ない，あるいは自己決定は，労働法ではありえないと考えられてきた。それゆえ，上述のことが言えるために重要なことは，労働法の領域において，自己の意思を実現し，そしてその自己の利益を擁護し維持するための自己決定秩序の確立が，真に不可能であるのかどうか，そしてどの程度その確立が困難であるのかということである。つまり，個人の労働力の不可欠性から出発して，労働者が自己の賃金を自らの意思と責任で形成しうるかどうか，が鍵となる。労働契約秩序が経済的な関係を考慮しても機能しうる，という私的自治による労働契約法上の規制権限の正当性が必要なのである。

二　労働市場と賃金法理

1　年俸制の導入と従業員のモチベーション

　年俸制等の成果・能力主義賃金制度は，着実に進みつつある。その制度導入の背景としては，経済のグローバル化，国際競争，経営環境の改善のみならず，生産性のアップ，労働者のモチベーション向上の要請があげられる。こうした年俸制に対しては，むろん，年俸制，査定の強化，裁量労働制などの個別管理が，労働者のストレス・健康阻害を生み出す結果を招く，という懸念は当然にありうる。

　しかし，年俸制が導入される前，働き盛りの中堅層の労働生産性の低さ，それにもかかわらず，同年代の従業員やそれより若い従業員が，その中堅層と同じ質・量の仕事にかかわらず，同レベルあるいは低い賃金を保障されることに対する不満，不公平感が，年俸制導入の最大の動機であったことは，見逃してはならない。年功序列制は，労働者の意欲と成果が十分に賃金処遇へ反映されない，という意味で不公平な制度であると捉えられていたのであった。このため，年俸制への移行は，職能制・年功序列制のもとでの賃金

の不公平感を是正し，意欲とモチベーションの湧く人事制度へ変貌させ，労働者の能力とモチベーションに報いる制度に変容させる意味を持っていた。年俸制のもとでは，企業は，従業員のモチベーションを高めるため，成果・能力にふさわしい処遇をしようとするものであった。このため，賃金の社会的意味も，労働者とその家族の生活を支える生計費，職業的能力の価値という意味のみならず[792]，モチベーションを高めるという意味を持っていると考えられる。

2 効率理論と成果・能力主義賃金制度

こうしたモチベーションと市場との関係を解明するのが，効率理論である。マクロ経済学における賃金カーブと関わる重要な理論には，1．インサイダー・アウトサイダー理論，2．囚人のジレンマ，3．効率理論などがある[793]。1と2の理論は，団体交渉など集団的規整と解雇規整と主に関わり，年俸制など成果・能力主義賃金制度と直接関わるのは，効率理論である。

その効率理論とは，次のような理論である。賃金をドラマチックに引き下げることで，労働者のモチベーションをそぎ，労働生産性をかえって下げることになる。このため，使用者は，労働者の賃金，特に，能力・成果主義賃金を一定程度にとどめようと努める[794]。この結果，使用者は，労働者の賃金，特に，賃金が一定程度に高く維持される，というものである。

こうした関係はもちろん，成果主義賃金制度でこそ，妥当すると考えられる。効率性を重視する賃金は，労働者と労働者のグループに対して労働生産性と仕事のモラルをもたらす感情を提供する。これによって，賃金は原則として下がらず，むしろ，維持ないし向上するからである。

モチベーション向上の手段としての賃金の特質から，使用者は，実際上，ドイツでは，市場賃金よりも高い賃金を支払い，要求された以上を労働者に対して提供している，とされる[795]。ドイツでも，成績加給，手数料などの

---

[792] 毛塚勝利「賃金処遇制度の変化と労働法学の課題」日本労働法学会誌89号12頁。
[793] 樋口美雄『労働経済学』（東洋経済新報社・1996年）293頁以下。
[794] Bellmann und Kohaut, Betriebliche Determinanten der Lohnhöhe und der übertariflichen Bezahlung, MittAB, S. 63f.; Schnabel, Die übertarifliche Bezahlung, S. 16; Weinberg, Neue Arbeitsmarkttheorien, S. 21f..

成績に指向した協約外賃金は，企業の実務では，使用者が事業所における従業員に対してモチベーションを高めるため，普及している。日本でも，労働者の能力とモチベーションに報いるため，年俸制を普及させている。こうした理論は実際の実務，従業員の意識と一致するかどうかの慎重な検討が必要であるが，小池教授によれば，こうした効率理論の賃金ドリフトの理解は，「ほとんどのビジネスマンが考える筋に沿う」と指摘される[796]。こうしたいわゆる効率モデルも，社会学的な調査によってこの賃金理論の説明が適切かどうか，後付けされており，ある研究によれば，労働者は，個人的に提供された給付に対応した成果賃金を受け取ることで，適切な処遇を受けたと感じると報告される[797]。これは，上の効率理論がリアリティを持っていることの証左なのである。

そして，賃金関係においては，効率理論にしたがった市場形成によって，労働者の個人の自由が獲得できると考える。労働市場の需給の変動と労働契約法理を接合することが可能なのである。それは以下のようになる。

3 効率理論と私的自治の原則

a) 私的自治の原則は，現代では，マクロ経済学における効率理論[798]および企業の実務と対応関係にある[799]。それは一般論としては次のようになる。企業は常にコストを可能な限り最小限にするように行動する。多くの企

---

[795] Weinberg, Neue Arbeitsmarkttheorien zur Erklärung der Arbeitslosigkeit in Deutschland in kritischer Reflexion, S. 21f.

[796] 小池和男書評「なぜ不況期に賃金は下がらないのか（T. F. ビューレイ）」日本労働研究雑誌484号（2000年）89（90頁）。

[797] Sesselmeier, Arbeitsmarkttheorie, S. 99f.; Weinberg, Neue Arbeitsmarkttheorien zur Erklärung der Arbeitslosigkeit in Deutschland in kritischer Reflexion, S. 21f.

[798] 樋口美雄『労働経済学』（東洋経済新報社・1996年）294頁，小池和男『仕事の経済学』（東洋経済新報社・1991年）87頁。Bellmann und Kohaut, Betriebliche Determinanten der Lohnhöhe und der übertariflichen Bezahlung, MittAB, 1995, S 62 (63f.); Schnabel, Die übertarifliche Bezahlung, 1994, Köln, S. 16; Weinberg, Neue Arbeitsmarkttheorien zur Erklärung der Arbeitslosigkeit in Deutschland in kritischer Reflexion, Marburg, 1999, S. 21f.; Zöllner, Der kritsche Weg des Arbeitsrechts zwischen Privatkapitalismus und Sozialstaat, NJW, 1990, S. 1 (4f., 6); Möschel, Arbeitsmarkt und Arbeitsrecht, ZRP, 1988, S. 48.

[799] 小池和男書評「なぜ不況期に賃金は下がらないのか（T.F. ビューレイ）」日本労働研究雑誌484号90頁。

業は，成果主義賃金によって，実際上，実務において，労働者の能力，モチベーションを出すことに努め，期待の証として高い賃金を保障しようとする。なぜなら，有能なあるいは比較的有能な労働者の損失は，企業にとっての損失を意味するからである。このため，労働者間の報酬の違いによって，企業は，労働者を長く拘束しようとする目的を有している[800]。支払われる賃金は，労働と単に交換関係に立つのではなく，企業内に刺激を与える必要性と一定の関係がある[801]。だからこそ，賃金は，生計費としての社会的な意味や労働者の職業的能力の価値として捉えられるだけではなく[802]，この限りで，モチベーションを高めるための手段として考えられる。これらの事実は，彼の期待の表れとして高い成果給を支払い，企業に労働者をとどめようとする使用者は，労働者の労働の提供に依存している，ということを帰結する。つまり，労働者のみが一方的に従属しているという考えを受け入れることがもはや不可能になる。むしろ，労働関係は，すでに，労働者の一方的な構造的な従属性の状態から，使用者と労働者との間の双方的な依存関係によって特徴づけられる交換関係になっているのである[803]。企業が労働者の能力と成果に依存しているにもかかわらず，一方的な従属性・依存性の状態を論じることは，こうした企業の現実を意識的にまたは無意識的に考慮していないように思われる。これらの考察からわかるのは，この限りでは，使用者の力の優位に対する労働者の経済的従属性の存在を指摘する従来の労働法学理論が，現代の成果主義賃金関係では，そのまま妥当するとは必ずしもいいがたい，という事実が存在している[804]。このため，先進国の現在の労働関係に

---

[800]　樋口美雄『労働経済学』（東洋経済新報社・1996年）294頁。

[801]　Sesselmeier, Arbeitsmarkttheorie, S. 99f.; Schnabel, Die übertarifliche Bezahlung, 1994, Köln, S. 16; Weinberg, Neue Arbeitsmarkttheorien zur Erklärung der Arbeitslosigkeit in Deutschland in kritischer Reflexion, S. 21f.; Bellmann und Kohaut, Betriebliche Determinanten der Lohnhöhe und der übertariflichen Bezahlung, MittAB 1995, S. 63f.

[802]　毛塚勝利「賃金処遇制度の変化と労働法学の課題」日本労働法学会誌89号12頁。

[803]　Reuter, die Lohnbestimmung im Betrieb, ZfA, 1993, S. 224; ders; Individualautonomie, Betriebsautonomie und Tarifautonomie, RdA, 1991, S. 193 (197); Veit, a.a.O., 48ff.

[804]　ただし，労働力を売ることによってしか自己の労働による生活を現実に営み得ない労働者が，労働力＝商品をいずれかの所有者（＝使用者）に売ろうとも——生産手段のいずれかの所有者に売らざるをえない地位にある，という意味の構造的な

第3節　労働法における私的自治の原則

おいて，または，わが国の将来的な労働関係においても，私的自治の原則が拡大しうる余地が存在しうると考えられるのである[805]。

b)　以前より，賃金を保障するための交渉手段として労働組合はストライキ権と協約交渉権限を有している。しかし，現代では，使用者は，事業所にとって重要な質の高い労働力の喪失を最小限にするように行動する一方で，これとは反対に，実際には，質の高い給付の結果，労働者は，より高い報酬（あるいは報酬の維持）を要求できる立場にある[806]。つまり，現代における成果・能力主義の賃金関係では，労働者は，交渉に際して，効率性・仕事のモ

経済的従属性の問題は残る。しかし，商品の交換過程と貨幣経済が残る限り，上の意味の従属性の存在は，資本主義・共産主義という国家・社会形態の差を問わない。

　労働者の経済的従属性の存在は，労働法においては多くの学説によって支持される。労働法では，上の契約の自由が形骸化する，というのは，もちろん，労働者が使用者に経済的に従属する，と考えられているからである。なかでも，階級的従属性の論拠が重要である。経済的従属性の内容は次のようなものになる。

　それは，労働力を売ることによってしか自己の労働による生活を現実に営み得ない労働者が，労働力＝商品を――生産手段のどの所有者に売ろうとも――生産手段のいずれかの所有者に売らざるをえない地位にあるというものである。その上，生産手段の所有者である使用者の統制のもとで，労働者が労働せざるを得ないことから，生産過程において使用者に労働者は従属する。1) 契約締結過程＝流通過程における労働者の従属性，2) 生産過程における従属性とがあり，上の二重の意味において，労働者は使用者に従属せざるを得ない，とされ，個人の自由なる意思の基づく労働が従属すなわち不自由に転化する，と理解される。

　このうち，本文の効率理論の主張によっては，1) の従属性ゆえに契約の自由が形骸化する，という意味の従属性が軽減ないし相対化されることになる。

　これとともに，3) 労働者の階級的従属について，資本によるその労働力の購入＝売買が労働力の価値を超える価値（剰余価値）を生み出す労働者についての従属として，捉えられる。資本蓄積こそ産業予備軍をも含めて労働者階級の絶対的窮乏化を必至ならしめるものであり，ここに労働市場＝流通過程における階級的従属が具体化される。この価値が増殖している過程（生産過程＝価値増殖過程）が，労働力の自由なる売買という法形式をとることから，価値どおりに労働力商品を売られない。この 3) の意味の従属性も軽減ないし相対化されるのではないかと推察される。

　ただし，ここで述べたように，いずれかの所有者（＝使用者）に売らざるをえない地位にある，という意味の構造的な経済的従属性の問題は残る。

　後に述べるように，能力・成果主義賃金の場合，2) の人的従属性の問題も残ると考える。これについては，第3章第3節の**3**で述べる。

[805]　Zöllner, Privatautonomie und Arbeitsverhältnis, AcP, 1976 (176), S. 221 (242).
[806]　Takahashi, Die Lohnbestimmung bei leistungs-und erfolgsanhängigen Entgelten im Spannungsfeld von Privatautonomie und Kollektivautonomie（以下 Lohnbestimmung と略す），Tübingen, 2003, S. 101f. 本書第2章第4節**四 1**

チベーションを重視する使用者に対して，期待の証として支払われる賃金について，自らの意思を交渉と合意によって追求しうる交渉手段を有するのである。この限りでは，契約当事者間の不均衡は生じない。賃金規整に関して労働契約当事者間の自己決定の可能性が存在する限り，労基法上の労使協定のような集団的な規整は特別必要とされないのである。これらの理由から，労働法は，今日の経済においては，私的自治的な契約形成と市場経済のために現代化されなければならないのである。こうしたホワイトカラー賃金制度の実際の運用をふまえれば，能力・成果主義賃金制度においては，ホワイトカラー個人がその利益を自ら主張・擁護できる地位にあるのではないか，といえる[807]。つまり，労働契約当事者は，労働契約にもとづいて，自らの利益を主張しうる立場にあると考える。

c) これに対して，労働者が労働契約にもとづいて，自らの賃金を使用者と交渉した場合，賃金が下がるのではないか，という懸念がありうる。しかし，ドイツでは，マクロ経済学の認識によれば，使用者は，むしろ，現実には，市場賃金よりも高い賃金を支払っているという事実があり，そして，ホワイトカラーの賃金は高いと評価されていることから，こうした懸念は払拭されうる[808]。また，年俸制を導入する日本企業でも，その賃金の制度設計において，労働者の能力・成果に関する評価次第で賃金をアップ・維持するという場合がほとんどで，賃金を減額することまで予定されないことが多い。また，賃金減額が年俸制において予定されても，その対象となる労働者は，病欠・無断欠勤などの場合に限られる，とされたりする[809]。賃金減額とな

---

[807] Takahashi, Lohnbestimmung, S. 170. この効率賃金理論は，協約賃金の規制緩和との関係で私的自治原則の拡大のために，もともとは労働法学上も参照されていた（Möschel, ZRP 1988, S. 48）。しかし，これは，労働者のモチベーションを重視する能力・成果主義賃金（ドイツでは協約外賃金）において，妥当すると考える。

[808] Weinberg, Neue Arbeitsmarkttheorien zur Erklärung der Arbeitslosigkeit in Deutschland in kritischer Reflexion, S. 21f. 労務管理論，あるいは，実際の実務においても，能力・成果主義賃金制度に関して，賃金が減額される事業所での労働者の割合は，1割にも満たない。逆に，有能な労働者は，その能力や成績を理由に，実際上要求された成果に見合った賃金を請求することができる。事業場にしめるそうした有能な労働者の割合も少ないものであるが，1割から3割弱となっている（Zander/Knebel, Leistungsbeurteilung und Leistungszulagen, S. 100ff.）。その他の多くの労働者は，若干の賃金上昇を請求しうる関係に立つ。

[809] 例えば，いち早く年俸制を導入した大手電気機器メーカーF社。

る評価が適用されるケースは原則的にまれである[810]。多くの場合，職能制の枠内での日本型年俸制は，成果・能力に応じた賃金上昇・維持が問題になり，賃金減額まで予定しているアメリカ型年俸制ではないということは強調されなければならない。このため，モチベーションを重視した年俸制が導入されたとしても，賃金が引き下がるというのは，むしろ原則的な場合ではない。労働経済白書によれば，蓄積型賃金の（最低評価の者の）減少率は，管理職の場合，61.5％の企業が5％未満となっており，最も多く，管理職以外を対象としても，65.4％の企業が5％の賃金減少額となっている。これに対し，30％以上賃金を減少させる企業は，管理職の場合，全体の1％，管理職以外の場合で，全体の0.6％にすぎない[811]。むろん，成果・能力次第で，同一賃金グループ（職能資格）において賃金が引き下がる賃金制度が導入された場合，その賃金制度の合理性は就業規則の合理性判断の中で，その合理性に疑いが生じる。

　d）しかし，個別的な場合には，使用者が誤ったあるいは不適切な計算から，賃金を引き下げようとするのではないか，という反論がありうる。第一に，賃金グループ（職能資格）における資格の引下げを意味する降格の場合が実際ありうる。第二に，就業規則の変更による年俸制度のもとでの賃金額の変更がありうる。鉄鋼大手M社は，仕事の成果に応じて賃金を決める成果主義の導入により賃下げを行ない，賞与を業績連動型にするなどして賃金の1割を削っている。

　賃金グループ（職能資格）における資格の引下げが賃金の減額を結果的にはもたらす以上，その降格についての法理の確立が不可欠になる。これについては，後述する[812]。また，年俸制導入・変更に関わる就業規則の作成・変更の問題の考察が必要である。さらに，就業規則の合理性の一内容として経営側と労働組合との交渉経過が考慮され，その交渉は連合傘下の組合でも，就業規則の改定に伴う組合の参加が重要視されているが，年俸制導入・変更に関わる就業規則の作成・変更の問題をめぐっても組合の参加が一層求められよう。これと並んで，労働協約がその賃金の引き下げから依然として個々

810　その例に大阪地判平12・2・28労働判例781号43頁［ハクスイテック事件］。
811　平成15年度版労働経済白書286頁。
812　第3章第6節の2参照。

の労働者を擁護する役割を果たしうるとも考えられる。

しかし，これらの保護のためのさまざまな措置が必要なのは，あくまで例外的な個々の場合に限られるのであって，一般に労働市場や労働契約が機能しない，というわけではないのである[813]。平成不況においても，新規採用，転籍・出向，事業所または店舗の統廃合，残業規制をめぐって，労使交渉が顕著に増えており，賃下げ，一時休業，解雇が思いのほか少ない[814]。雇用を守り賃金を維持しようとする日本の労働組合の特色が伺われると同時に，賃金切り下げ・首切りにより，モチベーションの減退を防ごうとする経営側の努力もみられる。

自己決定秩序を建前とする私法秩序においては，組合関与などの保護措置が必要とされるのは，むしろ，例外的な場合に限られるのであるから，従属労働論を唱えて保護措置が原則的に必要であると説くのは，むしろ，原則と例外が逆転している[815]。法規整や集団法的規整による個人の保護が必要とされるのは，あくまで，個人の意思形成の可能性という最も基本的な自由が形成されない場合に限られ，しかも，法規整や集団法的規整は，その個人の自己決定権の可能性を害さないように，形成されなければならないのである。そうでなければ，過保護で後見的な保護法によって，自由な市場の形成可能性と個人の自己決定の可能性が阻害されることになるからである。

三　私的自治の原則の障害とわが国の契約社会・企業社会の現状

1　現代における知的従属性

a)　こうしたわが国の自由な契約関係と労働市場の確立には，しかし，いくつかの障害が指摘できる。かつて，あらゆる契約関係において知的な従属性が懸念され，暴利行為との関係において，保護に値する者として知的薄弱，

---

[813] Zöllner, AcP 176 (1976), S. 242; Junker, Individualwille, Kollektivgewalt und Staatsintervention im Arbeitsrecht, NZA 1997, S. 1305 (1308); Möschel, ZRP 1988, S. 52; Preis, Grundfragen der Vertragsgestaltung im Arbeitsrecht, Neuwied, 1993, S. 21; Wittgruber, Abkehr des Arbeitsrechts, S. 70ff., 86.

[814] 連合総研『労働組合の未来』（財団法人連合総合生活開発研究所・2001年）94頁。

[815] Vgl. Junker, NZA 1997, S. 1318.

精神薄弱などが想定され，これらの一般より脆弱な市民の保護を想定して公序良俗の規定が置かれた。現代では，むろん，知的な従属性とは，民法のかつての暴利行為が想定しているような，契約当事者が愚かで無能であるであるということを前提にするものではない。これらの画一的な条項は，個人の自己決定をするための十分な透明性とわかりやすさを欠いているのである。ここでは，詳細な価格条件や評価基準によって異なる契約条件の中での個人の自由な比較と選択が阻害され，その限りで個人の選択と決定の自由が阻害される，という点に本質的な問題がある。統一的・画一的な賃金条件が確立されるところが問題なのである。このため，主たる給付の領域における給付額や給付の要件について，労働法などあらゆる私法領域にわたって「ガラス張りの透明性」が要請されるのである。その上，わが国の企業社会の特殊性である，日本人のメンタリティーの問題や縦社会の人間関係の問題も，労働条件の形成に当たり，上司などの提案を拒否しにくい深刻な問題をもたらしている。このため，労働者の自己決定を促進，保護する見地から，これらのあらたな知的従属性の問題を排除し，透明な契約関係を確立する，新たな契約法制のありかたが求められるのである。

　b)　さらに，能力・成果主義賃金制度は，労務の提供と労働者の自由に関する，いわゆる人格的従属性にも関わる。人格的従属性とは，使用者の組織，命令下での労働力の提供に伴って，労働者が自らの意思決定，生命，健康に対する自由を失う，というものである。ドイツなどヨーロッパ社会と異なる日本の企業社会の特質の一つである，上述のような途方もない労働時間の長さと仕事に課せられた膨大なノルマが，「成果主義」賃金とむすびつくとき，その労働者に対しては，一層の労働時間の増加，ストレス・責任の過重をもたらし，労働者の意思決定，生命，健康を損なう結果を招きかねない。その能力・成果に応じた賃金額が年ごとにあるいは月ごとに著しく変動する場合には，その一定の成果の要求を満たすため時間外労働や過重な量やテンポの労働をもたらし，身体的，心理的な健康障害の原因にもなりうる。こうした意味で，わが国の企業の場合，労働者が労務の提供を自らの人格を伴って行うことによって，労働者の生命，身体しばしばその人格の侵害の危険が生じうる（人格的従属性）。そこで，法的には，その賃金額が年ごとにあるいは月ごとに変動する場合に，労働契約の諸制限を設定する労働法制が問題に

なる。つまり，使用者によって要求される法外なノルマの達成によって可能となる成果の目標や契約額を違法視する法理の確立が必要となる。同時に，協約自治の枠組みにおいて，同様の組合規制での取り組みも求められよう。

2　賃金規定の透明性の確保

a)　職能資格制度のもとで年俸制が導入されるときで，評価が何段階か（4～6段階，例えば，最高A―最低F）を予定した人事考課制度において，一定以下の低い評価がなされたとき賃金が下がる場合でかつその評価の与えられる労働者の割合が多い場合，モラルダウン・士気の低下は避けられない。つまり，企業は人事考課制度において賃金が下がる評価（E・Fのときに）の適用される労働者の割合を5割などと定めるとする。そのときには，労働者のモチベーションが低下するばかりか，労働者の側からみてもそのストレス・肉体的・精神的な負担はかなりのものになることが予想されるのである。金融業T社和解事件がこの場合であった。この場合，実際に評価が低い場合，賃金減額が5割にもわたり，労働者の受ける経済的不利益の程度も著しい。上記の通り，労働者が労働せざるを得ないことから，生産過程において労働者が従属するという人的従属性が問題となるし，これに限らず，契約の形態をとわずに使用者の一方的なイニシアティブのもとに賃金額が形成されることから，契約の自由が確保されない，ということも例外的に問題となる。

b)　そこで，この場合に，信義則にもとづいて，契約当事者の賃金関係を透明にしなければならない義務があると解し，能力・成果給の給与額が，使用者によって定型化される条項（例えば，就業規則や人事規則）によって，変動し，または，これによって（どの給付に対していかなる額を給付されるのか）不透明となる場合，透明性の原則により，違法になる，と考える。このように，透明性の原則が成果・能力主義賃金との関係で妥当する実質的な理由は，成果・能力主義賃金の額が，使用者によって規定される画一的な規整によって，変動する場合，その条項の不透明さによって，労働契約当事者の決定の自由，特に，労働者の決定の自由が制限されてしまうことから，その決定の自由を保護しなければならない，というところにある。この限りでは，労働者が，透明な条項によって市場の条件をそれぞれ比較し，その利益を自ら実現できないときには，自己決定の実現のための労働者の選択の自由が例

外的に制約されるため，その自由の保護の必要性が生じるのである。

　上のように賃金減額が問題になる場合で，労働のモラル・モチベーションダウンも予想され十分な理由がなく，使用者が労働者の不利益を負担させるだけの合理的な理由がなく，かつ，賃金減額をうける労働者の割合が多い場合で（金融業T社和解訴訟のように例えば，5割にもわたっている場合），労働者の受ける経済的不利益の程度も著しい場合，何らの理由なく労働者の受けるべき利益を害したものと考え，これを透明性の原則違反と考える。また，就業規則において，同様に，一定以下の低い評価がなされたときの賃金が下がる場合で，かつその評価の与えられる労働者の割合が著しく多い場合，就業規則における当該規定の必要性・相当性がないと解し，その規定の合理性がないと解する。これらの場合，労働者のストレス・精神的な面での不利益や健康を害するおそれもあり，これらの生命・健康に関する利益にも副次的には関わるものと考えられる。こうした法理は，従来これらの問題に対して考慮されていなかったのと比して，労働者の（経済的）不利益の大きい著しい賃金減額・降格が問題になるケースに，これを許容しないという意味を持っている。

　なお，労基法は，労働契約の締結にあたって労働条件を明示することを使用者に義務づけている（労働条件明示義務，労基法15条1項）。これは法律が使用者に対し労働条件の明示を義務づけたものにすぎず，その明示しなかった場合の義務違反は，私法上の効果を生じさせるものでない。労基法は，実際の労働条件が明示されたものと相違する場合に限り，労働者に労働者の即時解除権が発生し（労基法15条2項），さらに，就職のために住居を変更した労働者が，契約解除から14日以内に帰郷する場合には，使用者がその旅費を負担する（同条3項），と規定する。しかし，これらの規定を理由に争われたケースは稀有に等しく，これらの規定の実効性にも疑問がある[816]。また，年俸制との関係で賃金額が変動する場合に，労働条件明示義務を問題とする学説もない。本書ではこれとは異なり，私法上労働条件の透明性を問おうとしているのである。

　c）　職能資格制度のもとで年俸制が導入されるときに，評価が何段階か

---

[816] 法は労働条件が不明確であった場合を規定していない。

（4～6段階，例えば，最高A－最低F）を予定した人事考課制度において，——一定以下の低い評価が与えられる労働者の割合が限定されていても，あるいは，それが無限定な場合であったとしても——，降格の場合を含め賃金減額される額が著しく額にわたる場合，同様に，モラルダウン・モチベーションの低下が考えられる。上記金融業T社和解事件のように，企業は人事考課制度において賃金が下がる額が5割などと定める場合がそれである。通常，日本能率協会マネジメントセンターの調査によれば，年収の変動部分は，通常，部長職クラスで「12.0％～－11.3％」，課長職クラス「11.80％～－11.4％」，係長などの監督職者クラスで「9.4％～－8.4％」となっている[817]。しかし，通常の場合と異なって，賃金の格差・変動額をさらに大きくする企業がある。前述の上記金融業T社和解事件の場合は極端な場合である。しかし，守島教授によれば，格差が拡大すれば，インセンティブ効果は疑わしい，とされる[818]。経済学上，賃金を下げた場合，生産性が低下すると理解されているからである[819]。効率理論によっても，労働者のモラル・モチベーションの低下をもたらす賃金減額は避けられるべきであると考えられるから，こうした企業の行動には経済的合理性がないことになる。このため，著しい賃金減額を生じさせるほど賃金の格差を生じさせるのは，モチベーション・生産性を高めるためであるという企業の主張には合理性が疑われ，そうしたことを理由にして規則や契約に賃金減額規定をおくことには，必要性と相当性を欠くといえる。これは，効率モデルから生じる内在的制約ともいえる。さらに，その場合も，労働者のモチベーションが低下するだけでなく，労働者の肉体的・精神的な負担も著しいものと考えられる。

　d）　これらの場合，信義則によって基礎づけられる透明性原則に反すると解し，許されないと解される。就業規則において，同様に，一定以下の低い評価がなされたときの賃金が下がる場合で，かつその減額の程度が著しい場合，就業規則における当該規定の必要性・相当性がないと解し，その規定の合理性がないと解する。このため，上記金融業T社和解事件のように，降格の場合を含め，賃金が減額される額が5割にもわたる場合，契約法上，透

817　日本能率協会マネジメントセンター『HRM調査・研究報告書2000』
818　守島基博「企業内インセンティブ構造の大きな流れ」賃金事情2378号44頁。
819　大橋勇雄「効率賃金仮説」日本労働研究雑誌513号16頁（18頁以下）。

明性の原則違反で許されないものと解する。従来，労働法学では，年俸制における賃下げが極端な場合，「モラールの低下を招く」うえに，単なる「コスト削減や間接的な退職勧奨の手段にもなりかねない[820]」ことから，「引下げが明示されなければならない」と指摘されていた[821]。しかし，これをこえて，ここではモラルダウン・モチベーションの低下が予想される著しい賃金減額の場合もまた，使用者が労働者の不利益を負担させるだけの合理的な理由がなく，かつ，労働者の受ける経済的不利益の程度も著しい場合，これを違法とするものである。

四　個人主義の浸透と労働法の転換

a) 80年代には，家庭より仕事を重視する労働者は減少しているだけでなく，職場において個人の私的領域であるプライバシーを尊重する基盤が作られつつあるが，こうした意味での私生活重視が個人主義の深化につながるものではないといわれた[822]。諸要求を最適度に満足させようとする自己決定性はあっても，個人が所属集団を越えた普遍的価値を内面化し，それにもとづいて行動するという「価値一貫性」を欠いていたのである[823]。つまり，「価値一貫性とは，個人が彼の所属集団を超えた普遍的価値を内面化していて，その価値に即しながら，状況ごとに変わる集団の要請が何であっても，一貫的に行為する性能を指す[824]」。個の自立・確立というヨーロッパの個人主義の中核部分が欠落し[825]，企業のなかでも，自らの主張を理由をもって貫徹できる風土に欠くところもいまだにないわけではない。解雇の脅威のもとに行われた単身赴任と配転，ヨーロッパではありえないほどの長時間労働

---

[820] 盛誠吾「人事処遇の変化と労働法」民商法雑誌119巻4・5号513頁（538頁），石井保雄「人事考課・評価制度と賃金処遇」日本労働法学会『講座・21世紀の労働法第5巻』（有斐閣・2000年）（124頁）141頁。
[821] 盛誠吾「人事処遇の変化と労働法」538頁，石井保雄「人事考課・評価制度と賃金処遇」141頁。
[822] 西谷敏『労働法における個人と集団』31頁。
[823] 作田啓一『戦後日本の個人主義と集団主義』世界1986年1月号86頁以下。
[824] 作田啓一『戦後日本の個人主義と集団主義』世界1986年1月号87頁。
[825] 丸山真男「日本における自由意識の形成と特質」『丸山真男集・第三集』（岩波書店・1999年）153頁（159頁）。

が行われてきた原因には，さまざまな分析があるが，その原因には上司に主張・反論できない「弱い個人」の姿があったといえる。ヨーロッパでは 30 日のバカンス休暇が一般化しているのに対し，日本企業での年休の取得も，承知の通り，10 日にも満たない。年休取得率を向上させるため，個人が請求する形態で年休を取得できる制度に委ねるだけでなく，1987 年に職場で一斉または交替で計画的に年休取得できる計画年休制度の導入を要した。これらの問題には企業社会から自立できない個人の姿が投影している。自己の見解を十分な理由を持って正当化し，主張する，ヨーロッパの個人主義とは異なっていた[826]。これらは契約の自由を重視できない労働法の背景をなしていると思われる。

　80 年代，「『エリート』も大衆も含めて多数の人々が，同じスポーツに熱中し，同じ『テレビ・ドラマ』を見，同じ週刊誌を読み，年末に同じ『第九交響曲』と同じ演歌の競演を聞く。文化的な上下の差がなく，上が低く，下が高いから，極めて小さい」と指摘された[827]。「日本で起こったことは，自由と平等に向っての制度上の改革であり，実際上の平等の実現であ（る）り」，「今日の日本は，徹底した平等主義と同時に，少数者の権利と個人の自由の尊重において極めて不徹底な社会である[828]」という指摘は一定の説得力をもった。

　b）　しかし，90 年代には，個人と集団の関係にも変化の兆しが見える。日本経済の長期の低迷，不良債権の未処理により，企業間でも製品・サービスの「差異」を通じて競争し，さまざまなアイディア・技術のある製品が増加し，サービス間での個人の選択肢はさらに拡大した。グローバルな競争の中，中国産の低廉な価格の製品生産，薬局・航空産業の規制緩和，デフレーションなどによって，大型スーパーの夜間営業，大型薬局間での「規模」の競争，100 円ショップの普及などの現象も国民の消費・商品選択を刺激しつつある。企業の側にとっては，生産活動の経験やノウハウの蓄積や市場の動向に応じて，アイディアやタレントをあらたに考案・実践・改良することが要請され，経営者・技術者・労働者によって構成される組織全体の知識や能

---

[826]　西尾幹二『ヨーロッパの個人主義』。
[827]　加藤周一「自由と・または・平等」世界 1985 年 1 月号 31 頁，33 頁。
[828]　加藤周一「自由と・または・平等」世界 1985 年 1 月号 31 頁，32 頁。

第3節　労働法における私的自治の原則

力への転化が必要とされている[829]。人間が創意と工夫を必要とする仕事を行わせるには，「具体的には，仕事の内容を自主管理にまかせるとか，外部の人間との知的交流を促すとか，勤務時間をフレキシブルにするとか，オフィスを居心地の良いものにするとかいった，いわゆるソフトなインセンティブ」が重要になるとされる[830]。こうした変化は，組織のみならず，個人の労働力の差異を作り出すことを必要とする。それが年俸制・裁量労働制の企業での適用にもつながっている。かつて，加藤周一氏が，平等から「自由」な社会へ転換していくための条件とは，「競争的集団主義であり，その内部に平等主義と大勢順応主義を組み込みながら集団の能率を追求する意志であり」，「日本社会の近い将来に，重要な変化がおこるとすれば，その変化は集団の能率と関係して，またそれと関係してのみ，起こりうるだろう[831]」と述べている。そうした社会の転換が現在起こりつつあるのかもしれない。

アメリカのような若者のベンチャー志向も漸次的に強まり，「いやなら転職，なんとかなるさ」というパラサイト症候群と呼ばれる若者も見られるようになった[832]。特に，ベンチャー企業を創出する若者からは，中高年にはない企業から自立した新しい生き方が支持されていることがわかる。80年代と異なり，広域配転を見直し，労働力の配置にあたって，一方で，企業公募制，いわゆるFA制が普及し，他方で，地域限定採用も増えつつある。個人の意思を反映した労働力の活用が，本人のキャリアのためにも，組織の活性化のためにも重要であるとの認識が高まっている。私生活重視の意識が余暇の重視につながり，若年労働者を中心に年休の請求が若干増加しつつある。成果・能力主義賃金のもとでは，自らの成果を過剰なまでにアピールしたり，自己の評価を正当化するホワイトカラーも増加していることもしばしば指摘される[833]。労働が自己の能力と個性を生かす自己実現の場となっていることと関係しているようにも思われる。ここでは企業における個人主義の萌芽がみられるのである[834]。

829　岩井克人『会社はこれからどうなるのか』（平凡社・2003年）296頁。
830　岩井克人『会社はこれからどうなるのか』（平凡社・2003年）306頁。
831　加藤周一「自由と・または・平等」世界1985年1月号38頁。
832　玄田有史『仕事のなかの曖昧な不安』（中央公論社・2001年）特に45頁。
833　例えば，AERA2002年7月7日号。
834　過去に比べて，生活や文化に関わる個人の諸欲求の充足に際し，選択肢の範囲

c) 小学校から大学まで偏差値のなかで受験競争を演じてきた世代にとって，目に見える成果によって努力が図れる制度は，その世代の自由な感覚に合うと感じられやすい。大学まで競争してきたにもかかわらず，従来の企業社会では，職能給のもとでのサラリーマンの収入が能力とやる気の競争とは関係なく定まるものであったが，それがかえって不自然ですらあった。職場にいる管理職の中高年が，仕事の重要性・質・量いずれの面で，自分より劣っているのに賃金がはるかに高いのは，不公平に感じられる。サラリーマン，ことに，管理職の非生産性を改めモチベーションを高めようとするのが，まさしく年俸制などの成果主義賃金管理であった。年俸制という賃金は，使用者からみれば，単なるコストの配分の問題であっても，従業員の側からみれば，自らの意思と行為に基づく職業活動の成果として個人の能力と成果を賃金によって反映してもらうことのできるものである。いくつかの深刻な労働問題を引き起こすおそれがあるにもかかわらず，成果主義を導入してよかったと答える労働者が良くなかったと答える労働者より多い[835]。これは，企業のイニシアティブで制度化される年俸制が，個の発現・発露に適合していることの現れでもある。職場における労働が，精神的かつ肉体的な能力の発展のための重要な要素であるし[836]，賃金は個人の職業的能力の価値でもある[837]。「労務の提供が，単なる経済的な財を意味するだけではなく，労働者の人格の現れと理解される[838]」からである。

労働法において，特に，能力・成果主義賃金との関連で，「個人」・「個人

が広がっている。例えば，「一家一台」の車・テレビ・コンピューターがいまやそれぞれ「一人一台」の時代になりつつある。子供を私立の学校へ入学させる現象も，高校・中学から，小学校・幼稚園とますます低年齢化が進んでいる。この選択肢の拡大は，個人の選択の自由の拡大に他ならない。これは，「柔らかい個人主義」，つまり，「目的志向と競争と硬直した信条の個人主義に対する，より柔軟な美的な趣味と，開かれた自己表現の個人主義（山崎正和『柔らかい個人主義の誕生』（中公文庫・1987年）68頁）」ともいえる。

[835] 労政時報3465号29頁，および，東京都大崎労政事務所「『成果・能力主義』拡大への労働組合の対応」2001年47頁参照。

[836] 角田邦重「組合所属を理由とする配車差別の不法行為性ならびに損害賠償のあり方について」労働法律旬報1345号32頁（40頁），角田邦重「企業社会における労働人格の展開」日本労働法学会誌78号5頁（28頁）参照。

[837] 毛塚勝利「賃金処遇制度の変化と労働法学の課題」日本労働法学会誌89号。

[838] BAG GS Beschluss vom 27. 3. 1985 AP Nr. 14 § 611 Beschäftigungspflicht.

の自由」がより重要になるのは，こうした理由による。これに関連して，第一に，職能給において個人がほとんど賃金形成に関与できず，就業規則に規定されないときすらあったのに対し，年俸制を含む能力・成果主義賃金の導入を通じて，目標管理面接を通じて，個人の参加が可能になるからである。第二に，効率性・能率性を重視する企業は，成果を出す労働者を重要視し，賃金が引き下がらないから，個人の自由な賃金形成が可能であり，契約の自由は形骸化しないからである。第三に，日本のサラリーマンはもはや集団主義者ではないことが理由に挙げられる[839]。こうした状況のもとでは，従業員代表などの第三者によって労働条件が決定されるシステムには，どれほどのリアリティと説得力があるのであろうか。個人の主体性・意思に反する参加法制・従業員代表法制は，21世紀の今後の労働法制のあり方として望ましいとは断定できないのである。ここ20年で個人と集団の関係は変化し，今後，ますます，個人主義は労働法において無視できないものとなるであろう。こうした変化の中で労働法のあり方を考えなければならないのである。

五　労働市場秩序と賃金秩序

　本書では，労働市場における需要と供給について，効率理論と私法・労働法秩序との関係を関連づけて捉えようとするものである。そして，能力・成果主義賃金との関係で，私的自治の原則が拡張される領域があるのではないか，ということを検討してきた。その労働法上の意義は，次のようなところにあると考えている。

　第一の意義は，企業がより高い賃金を提供することによって，より質の高い労働のモラルを得，モチベーションを高めようとすることに着眼することにある。企業が労働力の確保のために必要水準以上に賃金の支払額を増大させれば，その見返りに，労働へのモチベーションを高めるというものである。これにより，労働者には，より対等な交渉のための手段が提供されることになる。法律上は，効率性を重視する経営側の意向を逆手にとって，賃金を上昇させる可能性が与えられることになる。これによって，私的自治の原則の

---

[839]　作田啓一「戦後日本の個人主義と集団主義」世界1986年1月号92頁参照。

拡張を模索している。

　第二に，能率と生産性，そして，労働のモチベーションを下げないために，使用者は，実際には，労働者のモチベーションとモラルを害する，賃金の引き下げや解雇を通常避けられる点である[840]。しかし，労働法はこうした例外的な事態に対して対応することも求められる。こうした場合，法律論としては救済法理が必要であり，信義則上の透明性の原則により，まず，賃金減額・降格される評価の対象者（例えば，最高Aから最低E評価の5段階のうちE評価になる労働者）を数として限定すべきであるとした（例えば数％などと）。同時に，信義則上の透明性の原則の内容としては，降格などの結果減額されるべき賃金額が制限される，と解される。その際，同種の業種，地域，業務内容，変動の必要性と相当性が個々の事情の下で判断される。よって，例えば，通常，同一業種において10％台の変動額が一般的である場合に，50％の変動額にわたる場合，信義則上の原則である透明性の原則違反である。このようにして，労働のモチベーションとモラルを計算・考慮せず，賃金の引き下げを行う使用者に対して，私法上の規整を及ぼそうとするものである。

　第三に，これらの法理が形成される限り，これをこえた集団法的規整（特に，過半数代表者や従業員代表制による規整）は必ずしも必要とされない，ということを明らかにする意義があると考えている。

---

[840] 小池和男書評「なぜ不況期に賃金は下がらないのか（T. F. ビューレイ）」日本労働研究雑誌484号90頁.

第4節　従業員代表・労使委員会の法原理と限界

　労基法の相次ぐ改正により，過半数代表，労使委員会の意義が飛躍的に高まっている。労基法においては，「過半数組合」ないし「過半数代表」に労使協定の締結が認められており[841]，貯蓄金の管理（18条）から計画年休の協定（39条5項）まで規定されている。退職手当保全措置を講ずべき額に関する賃金支払確保上の協定（同法5条3項）なども認められている。さらに，労働基準法上の強行法規性を解除する手段として，労働時間短縮促進法7条に定められる労使委員会に決議の権限が認められ，労基法上の専門業務型裁量労働制について過半数代表に労使協定の締結の権限，企画業務型裁量労働制について「労使委員会」という新設の制度に「委員による決議」の権限が認められている。これらには労使参加型規制を新たに創設しているとの期待もある。学説においては，この労使委員会制度については，学説上盛んな議論が展開されている[842]。以下でみるように，労使委員会制度については，コニカ[843]や横河電機[844]のように，労働組合の積極的な参加のもとで運用さ

---

[841] これは，労基法などに「当該事業場に，労働者の過半数で組織する労働組合がある場合においてはその労働組合，労働者の過半数で組織する労働組合がない場合においては，労働者の過半数を代表する者」との文言がある。このことから，このような事業場の労働者の過半数を代表する労働組合を過半数組合，労働者の過半数を代表する個人を過半数代表者，合わせて双方を過半数代表と呼んでいる。

[842] 花見忠「労働基準法改正の意義」季刊労働法189号2頁，角田邦重「労働基準法の改正と今後の課題」労働法律旬報1450号4頁，14頁，毛塚勝利「職場の労働者代表と労使委員会」ジュリスト1153号57頁，野川忍「変貌する労働者代表」『岩波講座現代の法12巻・職業生活と法』（岩波書店・1998年）103頁，小嶌典明「働き方の変化と労基法改正」ジュリスト1153号31頁，下井隆史「1998年労基法改正の意義と問題点」ジュリスト1153号22頁。盛誠吾「新裁量労働制の要件」労働法律旬報1488号8頁，浜村彰「労使委員会による労使協定に代わる決議」労働法律旬報1488号38頁，新谷眞人「労働者代表制と労使委員会」季刊労働法189号27頁，小嶌典明「裁量労働と成果主義」季刊労働法185号26頁，青野覚「労使委員会」労働法律旬報1488号28頁。

[843] 労政時報3460号49頁。

[844] 労政時報3460号55頁。

れている（特に，以下第4節5参照）。

　しかし，従来から過半数代表組合の専任手続きや権限に関する定めがなかった。過半数代表者を選出しているのは，わずかに19.9%に過ぎない。事業主が選任しているケースも，12.4%ある[845]。民主的に選任しているとは言い難い。その上，学説では，これらの諸制度について法原理的な考察が十分行われているとはいえない[846]。にもかかわらず，労働組合の組織率が低下する状況の中で，過半数代表者・労使委員会という新たな参加制度に期待する声は，労働法学・労使関係論を問わず，高まっている。しかし，これらの制度を支える法原理はいかなるものであるのか，そして，それとの関連で，いかなる範囲で，過半数代表者・労使委員会あるいは将来の従業員代表制度に，労働条件規制権限を帰属させることができるのであろうか，正面から問わなければならない。そこで，これについて十分な法的な考察を行わなければならない。ここでは，翻って，過半数代表者・労使委員会制度を基礎づける法原理，そして，これとの関連で，過半数代表者・労使委員会あるいは将来の従業員代表制度に付与される労働条件規制権限の範囲，を新たに検討する。

　さらに，最も期待が集まる労使委員会がいかに発展しているのかを考慮することなく，将来の労使の参加のあり方を考えることはできない。そこで，企画業務型裁量労働制についての「労使委員会」の最新の実態もふまえて，現在及び将来の労使参加型規制のあり方を考察する。労使委員会制度は，ドイツのような従業員代表制度そのものとは理解されていないが，将来の従業員代表制を構想する上で，参考となると考えるからである。

　このため，以下では，1．従来の従業員代表論への疑問，2．私的自治の原則と共同決定（法原理的考察），2．過半数代表者制度・労使委員会制度

---

[845] 労使協定における過半数代表者に関する調査研究会（1989年）。
[846] 毛塚教授は，法原理について，本格的な法原理的な考察を行っている。つまり，「何をもって従業員代表制度とみるかは論者によって異なるが，筆者は，代表民主主義の原理に基づく労働者利益代表制度と理解する立場から，①代表者が企業ないし事業場における従業員によって選出されるものであること，②代表者が単なる従業員意思の伝達者ではなく，独自の意思形成をなしうる機関であること，③労働条件の形成に直接間接に発言・関与する権限をもつことの三つは必要的要件であると理解している」と述べておられる（毛塚勝利「労使委員会の可能性と企業別労働組合の新たな役割」日本労働研究雑誌485号13（15頁））。

（もしくは従業員代表制度）の限界，4．市場秩序における共同決定，5．労使委員会制度を順に論じる。

　一　従来の従業員代表論への疑問

　1　労働組合の「代替」・「補完」機能への疑問
　a）　過半数代表制の非民主的な運営にもかかわらず，過半数代表制に期待を託し，将来的には，諸外国のような従業員代表制度を創設させ，発展させたい，と考える学説が有力である。その理由として，労働組合からの組織離れ，労働組合の機能の低下を考慮した上で，過半数代表・労使委員会，または，従業員代表制度に対し，労働組合に「代替」または「補完」する機能を期待していることを挙げている。過半数代表制や従業員代表制を労働組合の団体交渉・協約制度と同様の「労使自治」と位置づけ，それに対する憲法28条や不当労働行為制度の適用を認めようとする学説まである[847]。これに対して，過半数代表・労使委員会，または，従業員代表制度に労働組合の「補完」機能を期待するとしても，労働組合やその労働協約の規制権限との競合を避けるため，慎重に過半数代表や従業員代表制度の権限の拡充を構想する立場も，有力である[848]。これらの研究は，緻密な外国法研究と調査に基づいており，その論理には首肯できる部分も数多い。
　b）　しかし，労働組合に「代替」・「補完」させるため，過半数代表・労使委員会の権限を拡充させ，または，従業員代表制度の包括的な権限を創設すべきである，と主張する論拠には，いささか疑問がある。第一に，これらの主張の論拠には，労働組合の組織率低下があげられているが，もともと，労働組合の組織率低下の原因の一つには，女性や若年労働者の労働組合からの組織離れがあったのではないか，という疑問である。もし，そうだとすれば，女性や若者の組織離れを新たな労働組織の創設によって解消できるので

847　小嶌典明「労使自治とその法理」日本労働協会雑誌364号98（99）頁以下。
848　毛塚勝利「わが国における従業員代表法制の課題」日本労働法学会誌79号129頁（138頁），西谷敏「過半数代表と労働者代表委員会」日本労働協会雑誌356号2頁，9頁以下，野川忍「変貌する労働者代表」『岩波講座現代の法12巻・職業生活と法』（岩波書店・1998年）103頁（146頁）。

あろうか，という疑問が生じる。私生活を重視し，組織との関わりを疎んじる若年労働者や女性が，新たな従業員代表組織なら積極的に参加する，という保証はない。国家が新たな組織強制を行い，そして，従業員に無理やりその組織に参加させることが，従業員が自律的に結成・運営できる労働組合の場合と比べて，一層意義があるとは決していえない。

c) 第二に，これまでの従業員代表制論議では，従来労働組合には属していなかったパートタイム労働者などの非正規従業員が近年増加したことから，「共通の利害」を反映する労働組合が多様な労働者の利害を調整しきれない，という認識も基礎にしている[849]。しかし，こうした主張において見過ごされているのは，正規と非正規社員との間，もしくは，正規・非正規を混合させた全従業員の間で，利害の対立がいかなる組織においても絶え間なく生じる，ということである。例えば，週の労働時間につき従業員代表組織が関与できるシステムを創設したとしても，ドイツのように，事業場においては，（正規・非正規をとわず）従業員間で，週のうちいつ働くかについて従業員らの意思は対立しうるのである――労働組合においてだけでなく――[850]。つまり，従業員を代表する組織が労働組合であろうと過半数代表組織であろうと，また，従業員が正規であるか非正規であるかをとわず，従業員らの意思・利害は衝突し，それらの意思・利害は調整される必要がある。労働組合に非正規従業員が混じると，正規・非正規従業員の利害対立が生じてしまう，と指摘されるが，こうした事態は，法制度として，労働組合から過半数代表組織または従業員代表組織に「衣替え」し，代替したとしても，生じうる事態なのである。

また，90年代から管理職組合，パート組合が出現し，定着しつつある。従来「正社員組合」であった労働組合が，組織拡大を試み，パートタイマーなどの非正規従業員を組織化しつつあるのである。このため，労働組合が法律上あるいは組織上，これらの利害を調整できない，という主張には，説得力がない。

d) 第三に，中小企業では，労働者が今なお自らの労働条件について発

---

[849] 毛塚勝利「わが国における従業員代表法制の課題」日本労働法学会誌79号131頁以下。

[850] Takahashi, Lohnbestimmung, S. 118ff, 121f.

言できず，発言型の従業員代表組織が必要であるという議論もある。しかし，中小企業における労使紛争の研究のある中村教授は，「もし彼らが（中小企業の経営者に）苦しんでいるのならば，なぜに労働組合を自らが結成しないのだろうか」「結成し，運営するのは，苦しめられている彼ら自身なのだ。自分たちの組合をいかようにも魅力的にできるではないか[851]。」と主張しているが，その指摘は，的確である。また，中小企業では，従業員代表組織が必要であると論じる根拠として，中小企業においては労働組合は機能しなかった，と主張される[852]。しかし，その主張をする前に，翻って，なぜ，従来，中小企業においては，従業員が経営者に対抗して労働組合を結成・組織できなかったか，を考える必要がある。その理由は，中小企業では，主に，経営者と従業員との間の関係が家族的な密接な人間関係にあったため，その企業の経営者や上司に対し，大企業と比べて，従業員が労働条件についてなにか発言・主張したり，不満をもらしたりすることが困難であった，というところであったのではないか。もし，そうであるとすれば，労働組合を結成・組織できなかった従業員が，依然として変わることのない家族的な密接な人間関係・労使関係の中で，あらたな従業員代表組織の枠組みの中でなら，一層発言できる，とは考えがたい。

2　労働組合の権限の抵触への配慮

a)　労働法学においては，ドイツ法の研究者を中心に，労基法上の過半数代表・労使委員会の権限拡大，これをこえた従業員代表制の創設が研究されている。労働組合の権限との分配を考慮し，これらの制度の権限拡大には慎重な立場をとっている。特に，毛塚教授は，90年代初めに，「従来の過半数代表制度の延長において補完的従業員代表制度[853]」を構想しているが，その構想の目的は，「未組織事業所において労働者の発言機構を確保するよう

---

[851]　中村圭介「従業員代表制論議で忘れられていること」ジュリスト1066号136，138頁。
[852]　代表的な学説として，佐藤博樹「未組織企業における労使関係」日本労働研究雑誌416号24頁以下。
[853]　毛塚勝利「わが国における従業員代表法制の課題」日本労働法学会誌79号153頁。

制に対応することにある[854]。」そして、かかる過半数労働者代表制のあたらなモデルは、常設的な労働者代表機関として、「包括的な代表機関を設けてこれまでの過半数労働者の任務を集約する方法と、人事や労働時間関係のように重要な労働条件でかつ継続的な協議を必要とするものにい（とし）て専門委員会を設け、その他の事項については個別代表方式をとることで対応する方法とが考えられる」としている[855]。専門委員会方式については、労働時間の配分や年休期間の設定について（さらに、懲戒解雇や配置や解雇等の人事問題についても）、一部代表機関方式を念頭にして構想しておられる[856]。その上で、「現行法過半数労働者代表がもつ中心的な任務である労基法の強行性解除のための労使協定の締結権（強行性解除の拒否権）のほかに、労働条件形成に積極的に関与できる協議権と任意的労使協定の締結権を加える。この結果、協約と労使協定との関係を整序する必要が生じるが、法定協議事項についての任意的労使協定については協約優位原則により、法的協議事項外の任意的労使協定については規範的効力を拒否することで整序をはかる。」と述べておられる[857]。

さらに進んで、裁量労働制の労使委員会との関係では、労働組合の権限との関係で慎重な立場をとりながらも[858]、この労使委員会が「あくまで労働時間の専門委員会と考えれば、従業員代表制度を志向する過程でのひとつの試みとしてあえて否定的にみるまでもないであろう[859]」と述べたうえで、

---

[854] 毛塚勝利「わが国における従業員代表法制の課題」日本労働法学会誌79号152頁。

[855] 毛塚勝利「わが国における従業員代表法制の課題」日本労働法学会誌79号154頁。

[856] 毛塚勝利「わが国における従業員代表法制の課題」日本労働法学会誌79号149頁。

[857] 毛塚勝利「わが国における従業員代表法制の課題」日本労働法学会誌79号155頁。

[858] 賃金労働時間という労働条件に関する調査・審議という協議権を手にすることは、たとえ、労働組合のない場合でも、労働組合結成のモチベーションを下げるし、労働組合のある場合には、「労働組合のコントロールを離れて賃金労働時間という重要な問題に関して決定権を発揮することは、労働組合の労働条件規制権能との関係で無用な混乱を招くことになろう」と述べておられる（毛塚勝利「職場の労働者代表と労使委員会」ジュリスト1153号57頁（59頁））。

[859] 毛塚勝利「職場の労働者代表と労使委員会」ジュリスト1153号59頁。

労使委員会が賃金額や労働時間等の労働条件について，労働組合の結成や活動の可能性を奪う可能性があるという懸念を表明している[860]。さらに，年俸制との関係でも従業員代表制度の問題を検討すべきであるとし，具体的には「年俸制の対象者となりうる管理職と契約社員は多くの場合非組合員であるが，正社員を組織基盤とする従業員組合がそのような労働者を組合としてケアできないときに，従業員代表としてケアをしていくということもありうる[861]」としている。

野川教授も，ドイツの従業員代表制度などとの比較法的考察をふまえながら，21世紀の事業所内の労働者の利益代表として，時短促進法上の制度を契機として拡大しつつある労使委員会制度の拡大が注目されるべきであるとし[862]，過半数組合の推薦ないし過半数従業員の信任を前提として，常設の従業員代表機関と同一の機能を期待しうると指摘される。そのうえで，「やがてはドイツの事業所協議会のような機関を見通しつつ，過渡的には，徐々に労使委員会による決議事項を加えていき，同時に労働組合の基盤を超企業的な方向へ移行させていく方法が，現実的であろう」と注目されるべき見解を述べておられる[863]。

b) 両教授のこれらの見解は，労働組合の権限や機能に配慮しつつ，労基法上の過半数代表・労使委員会の権限拡大について詳細かつ重要な提言を含んでいる。特に，労働組合との権限を考慮しつつ，労基法上の過半数代表・労使委員会の権限と従業員代表制の権限を考慮する見解には拝聴に値する。

これらの見解が説く，協約優先の原則が法律上とられるべきであることは結論的には支持できる。しかし，今後の問題として，その法的根拠を明らか

---

[860] 毛塚勝利「職場の労働者代表と労使委員会」ジュリスト1153号59頁は，一般論としては「(労使委員会が)労働組合と同様に，賃金額や労働時間等の労働条件について発言力を行使していくことは，労使委員会の労使関係のなかでの役割を考えれば，望ましいこと」である，としている。

[861] 毛塚勝利「雇用・労使関係法制の動向」日本労働研究雑誌470号43頁。

[862] 野川忍「変貌する労働者代表」『岩波講座現代の法12巻・職業生活と法』146頁。

[863] 野川忍「変貌する労働者代表」『岩波講座現代の法12巻・職業生活と法』146頁。こうした認識に立った上で，労使協定の効力，過半数代表選出の法的意義などについて詳細に検討している（野川忍「変貌する労働者代表」『岩波講座現代の法12巻・職業生活と法』146頁以下）。

にしなければならない。協約優先の原則が，労基法上の過半数代表・労使委員会の協定の制限として妥当するのであれば，なぜ，協約がそれらの団体の協定に優先されるのか明らかでなければならない。ここで，簡略に述べるとすれば，法原理としては，労働協約と労基法上の過半数代表・労使委員会の協定の各々の関係について明らかにするためには，協約自治の原則と私的自治の原則，さらに，団結権・団体交渉権，との関係が問われなければならないのである。さらに進んで，労働協約と労基法上の過半数代表（あるいは従業員代表制）の協定の性格の差異が解明されなければならない。

c）協約優先の原則によって従業員代表ないし過半数代表の労働条件規整権限を画する，アプローチの最大の問題は，第一に，労働組合が締結できる労働協約の権限が労働者のほとんどすべての労働条件と待遇に及びうることから，法原理的な側面を考えることなく労働組合の権限・機能の優先のみが考慮された場合，結局，「労働者代表委員会はほとんどの事項について権限をもたないということになってしまう[864]。」

第二に，ドイツにおける事業所組織法77条3項や87条1項のように，労働協約の規定が存しないときに限ってこれらの代表組織の協定が締結される旨の法的規定を創設すれば，協約優先の原則は確保できる。そうした立法論は可能であると考える。しかし，それをこえて，労働協約が優先的に締結されるべきだからというだけの理由で，──第一の問題と関連するが──これらの協定の限界点を定めることは困難である。

これら二つのことは，労使委員会にもいえる。

d）こうしたことから，これらの理由から判断すると，労働組合を補充するものとして，過半数代表・従業員代表制度の包括的な権限を創設すべきである，と主張する論拠に乏しいと考える。しかし，これだけの理由で，早急に結論をだしてはならない。従業員代表の参加制度のもつ性格などを本質的に考慮に入れて判断すべきである。

---

[864] 西谷敏「過半数代表と労働者代表委員会」日本労働協会雑誌356号2頁（14頁）。西谷教授は，80年代後半に，この主張に続けて「いずれにしても，おそらくこれが最大の問題であり，私自身の最終的結論をなお留保しておきたい」としながら，「就業規則の作成という制度を考える余地はある」と述べておられる（西谷敏「過半数代表と労働者代表委員会」日本労働協会雑誌356号14頁）。

二　私的自治の原則と共同決定（法原理的考察）

　上の考察から法原理的な研究が必要であることがわかる。法原理としては，労働協約と労基法上の過半数代表・労使委員会の協定の各々の関係について明らかにするために，協約自治の原則と私的自治の原則，さらに，団結権・団体交渉権，との関係が問われなければならないのである。さらに進んで，労働協約と労基法上の過半数代表・労使委員会の協定の性格の差異が解明されなければならない。なお，ここでは，過半数代表には，過半数組合（過半数を組織する組合）と過半数代表者（過半数を組織する組合のない場合の事業場の代表者）があるが，過半数組合の問題は，むしろ，労働組合の問題と考え，過半数代表固有の問題と考えられる過半数代表者の問題と将来の従業員代表の問題をここで考える。また，以下の議論は，中小企業でみられる労働組合とは別個の親睦会などの発言型従業員組織も[865]念頭において議論している。

1　強制的団体論と自己決定
　a)　事業所のパートナー（使用者と過半数代表・従業員代表）の労働条件規整権限の実質的な正当化の根拠とその法原理を個人（使用者と労働者）の意思に求め，そして，その参加制度は，集団法的なレベルで労働者の自己決定を実現するものである，と捉える可能性がある。しかし，これは，適切ではない。発言型従業員組織・過半数代表制度などの代表制度が形成される際，労働協約とは異なり，労働者個人がその協定の形成に参加する機会がなく，あるいは意思表示また意思表明する機会もない。仮に，それが選挙などによってその意思が若干反映されても，自らの意思にしたがって，契約を締結し契約関係を形成させる，というのとは異なる[866]。このことは，ドイツの従業員代表についてと同様である。

　ただし，日本の過半数組合（事業場の労働者の過半数を代表する労働組合）が代表になる場合は別である。特に，その過半数組合が労働組合員によって

---

[865]　これらの組織は一部の労働条件の交渉と不服申立てをしているといわれる。
[866]　この限りで，自己決定を内在的な原理とする私的自治の原則と，第三者への決定の委任を内在とする民主主義は，互いに相容れない，と理解するのが自然である。

100％構成されているとき（そのような場合はまずと思うが），（ユニオンショップ制の問題はあるにせよ）任意加入を原則とする労働組合としての実質があり，その場合，むしろ，次の節で述べる協約自治の原則と同じことがいえる。しかし，そうではない場合，つまり，その過半数代表が労働組合員で100％占められておらず，かつ，その代表制度が構成員全員の任意加入をとらない限りは，非組合員との関係では，ここで述べたことがそのまま妥当する。つまり，自らを拘束する協定に（組合に加入しない）個人が意思表明する機会がないのである。以下に述べる部分も便宜上，過半数代表制と将来構想される従業員代表制を念頭に議論するが，その場合，過半数組合が労働組合員によって100％構成されているというまれな場合を除いて議論する。

b）（ヨーロッパなどに存在する）従業員代表制度・わが国の過半数労働代表制度が私的自治の原則によって正当化されるには，その規範が法律行為によって生じたものであり，そのためには，構成要素としての意思表示について，表示の事実，行為意思と並んで，表示の認識が必要である。しかし，実際には事業所の規範（労使協定）への服従の意思（*Unterwerfungserklärung*）は存在しないし，これらの代表制度のある事業場に入る労働者が，経験則上，労使協定を認識し考慮に入れなければならないが，そうした認識・考慮はなされていない。つまり，実際には，労働者は，労使協定に服することを意識してはいない，といえる。さらに，労使協定の効力を回避する労働者の可能性も存在しない。その点では，その協定による労働者と使用者との法的関係は，自らの意思と責任において締結する労働契約や労働協約とは異なり，自己決定的に形成されるのではなく，これらの代表者制度と使用者との間で締結する協定が，労働者の自己決定を促進・保護する秩序を形成させるどころか，他律的な秩序を形成させるのである[867]。

---

[867] ドイツでは共同決定制度などの集団的労働規整が，労働法的には，企業や労働者の自己決定権をむしろ後退させているという事実は，60年代のリヒャルディーの教授資格論文において指摘されて以来，労働法学の議論において多数説として定着しつつある（Richardi, Kollektivgewalt und Individualwille bei der Gestaltung des Arbeitsverhältnisses, München, 1968, S. 316, 385; Heinze, Wege aus der Krise des Arbeitsrechts, NZA, 1997, S. 1 (5); Kreutz, a.a.O., S. 74; Hanau, Die Entwicklung der Betriebsverfassung, NZA, 1993, S. 817 (820); Waltermann, Rechtsetzung durch Betriebsvereinbarung, 1996, Tübingen, S. 141; ders, NZA, 1996, S. 357 (360); Picker, Die Tarifautonomie in der deutschen Arbeitsverfassung, in: Tarifautonomie-

第4節　従業員代表・労使委員会の法原理と限界

c) 実定法が過半数代表により強行性解除を可能にし，(将来の) 従業員代表に一定の限定された労働条件規制権限を付与する制度は，憲法上保障されている私的自治や協約自治のような本来の自治とは，区別される[868]。当該労働者の意思にかかわりなく妥当するこれらの代表制度の法形成は，主体的な法 (*subjektives Recht*) とは関係がないからである。事業所自治は，その法的な形成がかかわる限り，私的自治の原則と異なり，国家的な立法的な形成による生産物 (*Produkt*) という面が強い。法規整の創造によってはじめて，人工的に権利義務関係が形成されているのである。前記の通り，この労使関係は，自らの規則が規則の当事者によって自ら創造される，という自治を意味しない。労基法が過半数代表や (将来の) 従業員代表に対し任務と権限を与えているにすぎない[869]。結論的にいえば，法によって創設された規整の世界なのである。これらは，現在まで日本で議論しているような (任意加入を前提とせず・協定に規範的効力の生じる) 従業員代表制度の場合，以上述べたことがそのまま妥当する。

2　民主性の原理

a) 従業員代表の規範は，私的自治の原則や自己決定権によってではなく，むしろ，デモクラシーの原理によって正当化される。このことは，発言型従業員組織，過半数代表制，(ドイツなどに設置されわが国でも設置が検討される) 将来の従業員代表制をとわない。なぜなら，デモクラシーの本質は，他律的な決定に対する「参加 (*Teilhabe*)」にあり，労働条件の規制権限への参加は，まさにデモクラシーを促進する側面があるからである。つまり，国民が国民代表である議会への代表の選出によって国家権力を制限するように，従業員の代表からなる過半数代表・(将来の) 従業員代表が使用者を制限する，という企業内デモクラシー (*Betriebliche Demokratie*) の思想にあたる[870]。

Informationsgesellschaft-globale Wirtschaft. Band 37, Köln, 1997, S. 113 (141); Aksu, Die Regelungsbefugnis der Betriebsparteien durch Betriebsvereinbarungen, 2000, Baden-Baden, S. 62, 141.)。共同決定が個人の自由と自己決定を遮断してはならないからである。

868　Vgl. Waltermann, Rechtsetzung, S. 57.
869　Vgl. Waltermann, Rechtsetzung, S. 137; Reichold, Sozialprivatrecht, S. 501.
870　Vgl. Wiese, GK Komm Rn. 50 (Einleitung).

沿革的にも，ドイツでも，事業所協議会の前身であるレーテ（*Räte*）が労働条件を規整しうる機関として憲法上規定されたとき，そのレーテは，デモクラシーの原則によって基礎づけられると当時の起草者は構想していたし[871]，1972年の事業所組織法の改正にあたっては，改正法の責任者であり当時の連邦労働大臣である，アーレントは，事業所協議会がデモクラシーを促進する組織であることを明言していた[872]。

　b）すでに述べたように，参加によって形作られる労使協定の秩序は，他律的である。しかし，デモクラシーとは，そもそも，つねに他律的である。憲法と法律にもとづく議会も，その議会の国会議員に対する選挙も，議会と国会議員の民主的な正当性を意味するのであって，個人の私的自治の原則から導かれる個人の自己決定的な規整の決定を意味するのではない。なぜなら，その投票行為は，実際上政治的な決定を拘束するものではないからである。同じことは，すでに述べたように，あらゆる形態の従業員代表についても，いえる。これらの代表組織と使用者との間の労使協定の規範は，強制的秩序の性格を有しているが，法律と選挙に依拠する過半数代表・（将来の）従業員代表そのものは，繰り返し述べたように，企業内デモクラシーの正当性を有している。これらの従業員代表制度は，他律的な民主主義を本質としているといえる。

　c）規範の設定者と名宛人の距離を小さくする努力は，デモクラシーの本質の一つである。民主制の原理は，憲法とは区別される社会の領域の指導原理である。確かに，こうしたデモクラシーを，憲法上は，根拠づけるのは難しいと考える。それはドイツ法と同様である。しかし，そうであっても，国家と社会の制限のための一方法であることには変わりはない。何度も述べたように，これに関する民主主義の思想の特徴は，労働者の代表者の民主的な参加によって，議会のように，規範の設定者と規範の義務の名宛人との間の隔たりをなくし，使用者の一方的な権限を労働者の代表によって制限する，というところに向けられる。これは，労働法上のデモクラシーの特別な形態なのである。この民主主義は，従業員代表選挙といった社会的領域における

　　871　NV-Protokolle Bd. 335, Drucks. Nr. 385, Entwurf eines Gesetzes zur Ergänzung des Artikels 34 des Entwurfs einer Verfassung des Deutsches Reiches, S. 230.
　　872　BT-Proto., Bd. 77 VI S. 8664.

選挙原則によって正当化されるだけでなく，企業民主主義の思想が特別なデモクラシーの形態を構築し，拡大する法律（労基法）によって基礎づけられるのである[873]。労働条件に関する過半数代表・(将来の) 従業員代表の規整権限も，使用者と従業員代表によるこの特別な民主主義の形態によって正当化されるのである。労働法は，本来の目的をこえて，労働者の法的地位を強化するために，労働条件を対等に共同して形成させることを試みているのである。この使用者への民主的な参加のモデルによって，使用者の一方的決定の制限が保障されるのである[874]。こうした意味のデモクラシーの本質は，使用者の情報と決定を明らかにする「情報公開」，その決定への関与による「参加」なのである。これに酷似した考えは，ドイツ法においてもみることができる[875]。

三　過半数代表制度・従業員代表制度の限界

　a)　にもかかわらず，これらの従業員代表など第三者が労働者個人の利益を決定・処分できるのであるとすれば，なぜ，個人の自己決定を侵害するこれらの機関が，その個人の意思に関わらず決定・処分しうるのか，その理由が必要である[876]。以下では，将来の創設が議論される従業員代表に関して，その保持すべき労働条件の規整権限について考察する。
　例えば，ある労働者の利益が他の労働者の利益と衝突する場合を想定しよう。他者と生活・共存する以上，自分の意思と利益が他人との関係で貫徹し得ないというところから，その場合に限って，一般に国家や社会的な関係において，個人の意思の実現が制限される，ということはよくみられる。労働法的には，例えば，週末労働の配分など（ドイツ事業所組織法87条1項），ある労働者の利益が複数の労働者の他人の利益と関わる場合がこれに当たる。

873　Hanau, Arbeitsrecht in der sozialen Marktwirtschaft, S. 1.
874　Vgl. Hueck/Nipperdey, Lehrbuch des Arbeitsrechts, 7. Aufl., Bd. II, S. 1062f.; Dütz, Arbeitsrecht, 6. Aufl. Rn. 731; v. Hoyningen-Huene, Grundfragen der Betriebsverfassung, in: FS für Stahlhacke, S. 173（174）.
875　第2章第3節二 4 参照。
876　Vgl. Aksu, Die Regelungsbefugnis der Betriebsparteien durch Betriebsvereinbarungen, S. 171.

これらの複数の従業員の衝突する利益または従業員全体の利益を調整し規整する規整手段としては，従業員代表制度の関与が考えられる[877]。これらの組織が，第三者として，他律的に複数の従業員間の利益を調整しうるのである[878]。なぜなら，個人の自己決定や利益を出発点としても，国や社会の中で，他の個人との関係で，自らの利益や意思が制約せざるをえないことは，憲法・私法との関係でも予定されているからである。事業場という社会のなかでの，従業員個人の利益が他の従業員の利益との利益衝突の調整の問題を解決する手段として，従業員代表制度の労働条件の規整権限は正当化されうる。つまり，従業員代表の労働条件規整権限は，従業員個人の利益が他の従業員の利益との利益衝突の調整の必要性が生じる問題領域について，例えば，労働時間・休暇の配分などの問題について，正当化されると考えられる[879]。なぜなら，他律決定秩序にある従業員代表制度は，従業員という他人の利益を扱いうるものであるが，その他人の利益を処分しうる根拠は，ある労働者の利益が衝突する他の労働者との間で調整されるという点に向けられうるからである[880]。

b) これに対して，賃金など労働者個人にしか関わらない事項に関しては，他の労働者との関係が問題とならず，使用者と労働者との二者の関係だけが前面に現れる。この場合，ある従業員の自己の利益が，他の従業員の利益と衝突し，そして，それゆえ，他の従業員の利益の実現のために，自己の

---

[877] 従業員の利益を調整する際，使用者が一方的に調整するか，あるいは過半数代表制度・労使委員会制度，従業員代表が関与するシステムが考えられるが，使用者の一方的決定がしばしば労働者の利益を十分に調節し反映したものにならないということを考慮すれば，労働者の複数の利益あるいは労働者全体の利益を調整・保護する場合，これらの代表制度を構想するのは正しいあり方であろう。

[878] Vgl. Aksu, Regelungsbefugnis der Betriebsparteien, S. 171, 178; Müller-Franken, Eingriffen in die Rechtsposition des einzelnen, S. 244ff.

[879] Vgl. Aksu, Regelungsbefugnis der Betriebsparteien, S. 171, 178; Müller-Franken, Eingriffen in die Rechtsposition des einzelnen, S. 244ff. この限りで判例が限界概念として示す，「集団的利益」論は適切な視点を提供している。

[880] BAG v. 22. 11. 1980 AP Nr. 3 zu 87 BetrVG Lohngestaltung; BAG v. 22. 12. 1981, AP Nr. 7 zu 87 BetrVG Lohngestaltung; BAG v. 31. 1. 1984, AP Nr. 3 zu 87 Tarifvorrang; BAG v. 13. 1. 1987 AP Nr. 26 zu 87 BetrVG Lohngestaltung; BAG v. 14. 2. 1993 AP Nr. 65 zu 87 BetrVG Lohngestaltung; Dorndorf, Zweck und kollektives Interesse bei der Mitbestimmung in Entgeltfragen, Recht und soziale Arbeitswelt, Festschrift für Wolfgang Däubler, 1999, S. 327（331）; Aksu, a.a.O., S. 171.

利益が制約を受けるという関係にはなく（このため，他の従業員の利益との調整のために，従業員代表制度が利益調整役として仲介するという必要性も必ずしも存在せず），むしろ，使用者-労働者間において，従業員が使用者に対し，交渉と合意の枠組みのなかで自己の利益を追及・貫徹しうるかということが，問題になる。この場合に，他の従業員との利益衝突の「利益調整」役としての，従業員代表制度の機能は期待されない。このため，他の従業員との利益衝突の「利益調整」役としての従業員代表制度の機能の正当化はできない。

c）従業員代表制度が関与する制度を構想すると，かえって，賃金について自己が関与することなく，単に第三者が（使用者と従業員の代表が）決定しまう，という他人決定性の問題が現れる。こうした場合，個人の自己決定を侵害する従業員代表制度などの機関が，個人の意思に関わらず処分しうるのか，という点について，他の労働者の利益との調整機能といった，正当化できる理由が見出されえない。むしろ，これは，自己決定秩序を内部から崩壊させる結果を招くのみである。

d）従業員代表制度の賃金などの労働条件規整権限を正当化する根拠としては，使用者の一方的な決定から労働者を保護する，というその代表制度のもつ保護機能が考えられるのである。

しかし，他国の例を見ると，この機能を期待できない。従業員代表制度について長い歴史を持つドイツでは，統計によれば，事業所協議会（Betriebsrat）の存在は，協約外賃金を含めた賃金を定めるにあたって，事業所においてわずかな役割しか果たしていない。これに代わって，外部労働市場において転職によって積極的に労働者の受け取る賃金全体（労働移動の結果行われる協約の格付けの上昇による協約賃金のアップも含めて）が上昇している，という事実も明らかにされている[881]。従業員代表である事業所協議会が手当カットを承認する場合があったが，この場合，常に個人の利益を保護する組織でありえず，その事業所協議会が手当カットを正当化する手段に転じていることがわかる[882]。この意味では，労働市場において，共同決定のような

---

[881] MittAB 1995, S 73ff.
[882] BAG GS Beschluß v. 16. 9. 1986 AP Nr. 17 zu § 77 BetrVG 1972. 勤続10・25・40および50年の従業員対象の功労手当が画一的な契約によって定められていた場合に，使用者が，経営危機を理由として，事業所協議会の同意のもとで事業所協定を

集団法的なシステムは，従業員の賃金を向上させ，使用者の一方的な決定から労働者を保護する，という目的のためには役立っていないことがわかる。このため，使用者の一方的な決定から労働者を保護するという事業所協議会の理念は，協約外賃金との関係では，実際上実現されていないと考えられる。これは，日本の将来の従業員代表制度が，それら制度への期待に反して，従業員を保護する制度にとどまらないことを暗示している。したがって，こうした観点から，事業所協議会の賃金に関する労働条件規整権限を正当化することはできないのである。労働組合と比較して，過半数代表者制度・(将来の) 従業員代表制度が問題なのは，これらの代表制度が従業員が積極的かつ消極的加入の自由のもとにそれらの組織に加入し，それらの団体を組織づけているわけでもないのに，その団体が協定を締結し労働者に不利益な条項をも規定できることにある。法律上組織強制を行う団体が賃金などについて権限を有することになったとすると，その団体が労働者に不利にも協定を締結しうることがここで問題なのである。

このため，能力・成果主義賃金制度が，個人の意思と納得性を重要な要素として企業において制度設計されなければならない点を考慮しても，その自己決定の侵害を正当化できない賃金への将来の従業員代表制度の広範な関与を肯定することには，賛成しがたい。

四　市場秩序における共同決定

1　従業員代表による決定と市場経済との不調和

共同決定は，賃金の最低賃金と透明性並びに賃金上昇を保障するのに，適するものではない。ドイツにおいてすら，共同決定は，賃金の最低賃金と透

新たに締結し直し，勤続 10 年の従業員対象の功労手当のみを全額カットしたという事件において，連邦労働裁判所大法廷は，「集団的有利性の比較」という法理を用いて，事業所協議会の同意のもとにこの手当を削減した場合で，その新規定（事業所協定上の手当規程）が従業員全体の利益が集団的・全体的に不利益になっていない場合には，その個別的な削減は違法ではない，という判断枠組みを提供している。この決定を紹介・分析するものとして，野川忍「就業規則と労働条件」東京学芸大学紀要 3 部門（社会科学）1993 年 1 頁以下，大内伸哉『労働条件変更法理の再構成』224 頁以下。

明性並びに賃金上昇の保障に成功してはいない。むしろ，事業所の賃金が，特に市場要素によって影響を受けるもので，事業所の共同決定によって影響を受けなかったのである。

　ドイツにおける労働者が個人主義化しつつあるが[883]，その個人主義化の流れのなかで，労使関係が事業所のパートナーによる力の均衡によって形成されるべきではなく，市場全体の調整機能と競争の存在こそが重要である，という認識が高まっているのであった[884]。ツェルナー (*Zöllner*[885]) 教授といわゆるクローンベルガー派 (*KRONBERGERKREIS*[886]) の学者らは，労働法における市場機能を強調している。ツェルナー教授も，共同決定の非効率性・画一的決定性・非市場的機能に批判をくわえ，共同決定の制限を試みている[887]。市場と適合しない規整は，市場と競争の再構築の促進のために廃止すべきであるというものである。

　これらがただちに，日本法の議論に妥当するわけではない。しかし，個人主義化が21世紀にさらに進行した場合，戦後のドイツのように，個人主義と集団主義の緊張関係が先鋭化するのは，現在でも予想にかたくない。現在の一部の労働者がそうであるように，賃金への強い関心をもつ労働者なら，自らの労働条件について，過半数代表のような従業員の集団＝第三者に決定してもらう必要はない，という認識を有しているからである。つまり，この認識は，事業所協議会の集団的権力による労働条件規整が個人の新たな自由への侵害である，ということと関連している。ここで重要なのは，個人の自己決定と自己規整のための個人の自由を侵害しないように，事業所協議会の規整権限は賃金規整に関して制約されるべきかどうか，ということである。

　また，戦後50年の共同決定制度と労働市場との対立関係，非効率性を経験したドイツの議論は，他国の事態とはいえない。ドイツの事業所組織法によって強行法的に設置される事業所の共同決定によって，賃金決定が今日過度に標準化され，この標準化が完全な自由の排除と市場の力の弱体化をもた

---

[883] Wittgruber, Abkehr des Arbeitsrechts, S. 85; Vgl. Kreutz, Grenzen der Betriebsautonomie, S. 168; Veit, Zuständigkeit, S. 46.
[884] Junker, NZA 1997, S. 1307; Vgl. Wittgruber, Abkehr des Arbeitsrechts, S. 85.
[885] Zöllner, ZfA 1994, S. 423, 434.
[886] Adomeit, ZRP 1987, S. 370; Hanau, RdA 1988, S. 1ff.
[887] Zöllner, ZfA 1994, S. 423, 434.

らしている[888]。繰り返し述べたとおり，事業所協議会の存在は，事業所での賃金制度の設定にわずかな役割を果たしていないのに対して，その代わりに，転職の賃金への影響が顕著であった。共同決定は，労働市場における賃金上昇の目的には，十分に機能しないのである。賃金に向けた需要と供給の調整に共同決定が役立つものではなく，労働市場における共同決定が機能不全に陥っているということができる。事業所の実務では賃金が個人にモチベーションを与える手段としての意味を有している，という効率賃金に関する議論の出発点を忘れてはならない。使用者も生産的かつ効率的な労働者の仕事に依存しているのである。同時に，事業所のパートナー間でなされる共同決定は，市場に指向した効率的な賃金形成とはなじまないとも指摘されている[889]。以上の理由から，新時代の労働法が，さらなる集団化と画一的労働条件の形成を必要とするかは，日独ともに疑問も残る。

2　不完全な市場の透明性

市場経済は，完全な市場の透明性の確保が前提になっている。そこで，問題なのは，共同決定によって，市場の不完全な透明性による市場の機能不全が排除されるということである。

多くのドイツ企業では，事業所協定や任意の事業所協定によって，成果・能力主義賃金の要件，対象などについて，実際上複雑に規定され，その結果，個々の労働者が当該規定を理解することも不可能な程度になっている。実際には，該当する労働者がどのような根拠に基づきどのような種類の能力・成果主義賃金をどのような成果との関連で，そして，いかなる額が支給されるかについて，知ることはできない状態にある。日本企業においても，労使協定による労働時間の短縮制度や裁量労働制度について，自己の労働時間規制が労働者にとってわかりやすい制度になっているとは言いがたい。この限りでは，不透明な条項からの労働者の保護が，可能になっているとはいえない。市場の透明性は，本来，賃金・労働時間に関する価格条項などによって，保障されなければならないものである。契約条項は，価格や給付に近いもので

888　Zöllner; NJW, 1990, S. 6.
889　Zöllner; NJW, 1990, S. 6.

あればあるほど，透明なものでなければならない[890]。賃金・労働時間の情報に関する完全な市場の透明性は，労使協定など集団化した規定によって，必ずしも保護されるとは限らないのである。

以上の観点からも，能力・成果主義賃金制度について，従業員代表制度の広範な関与を肯定することには，賛成しがたいと考える。

五　労使委員会制度

1　裁量労働制をめぐる労基法改正とその制度の概観

a)　1987年の労基法改正により，研究開発など一部の業務が企業による画一的な労働時間管理になじまず，使用者の具体的な指揮監督になじまない業務を対象として，裁量労働制を導入している。裁量労働とは，業務の遂行の手段および労働時間配分の決定を労働者の裁量に委ね，その場合の労働時間については一定時間労働したものとみなすという制度である。この制度は，労働者に自主的に労働時間を配分させ，主体的で創造的な労働を促すことに主眼がある。新しい働き方に対応するための弾力化の措置であり，80年代後半から90年代にかけての労基法の規制緩和の目玉であった[891]。この制度は，労働者の自主的な労働を促進するばかりか，賃金を労働時間ではなく，労働者個人の成果や能力に応じて決定できることを可能にする制度であった。

b)　裁量労働制には，87年の労基法改正より導入された専門的業務裁量労働制以外に，98年の労基法改正によって新設された企画型裁量労働制がある。専門的業務裁量労働制では，主に，命令で定められた研究開発業務など，専門性の高い業務について，労使協定によって対象となる業務が特定される。当該業務の遂行の手段および，時間配分の決定などに関して使用者が具体的な指示をしないことを定めれば，当該業務についた労働者は，労使協定で定められた時間労働したものとみなされるというものである。厚生労働大臣が指定する業務には，2002年4月以降，情報処理システムコンサルタント，インテリアコーディネーター，ゲーム用ソフトの創作，証券アナリス

---

[890]　Koller, Festschrift für Steindorf, 1990, 670,（686）; Preis, Grundfragen der Vertragsgestaltung im Arbeitsrecht, S. 422.

[891]　花見忠「労働基準法改正の意義」季刊労働法189号2頁。

ト，金融商品開発，2級建築士・木造建築士，税理士，中小企業診断士の業務も，専門的業務裁量労働制の対象とされている[892]。

　c) これに対し，企画型裁量労働制（労基法38条の4）は，「業務の運営に関する事項についての企画，立案，調査及び分析の業務」を対象業務とするものである。この制度の新しい目玉は，すでに述べたように，労使協定の締結ではなく，労使委員会における決議とその届け出が必要とされていることである。これは，裁量労働制の「濫用」への危惧から，法案の審議過程で，その労働組合側からの反対をなだめるために，労使委員会制度の導入が定められた。これまでの国の規制による基準行政より，自主的・能動的労使参加型規制への転換を示すもので一定の評価もなされている[893]。

　この制度を採用できる事業場は，「事業運営上の重要な決定が行われる事業場」，つまり，本社またはそれに準ずる事業場であって，当該企業全体の運営に関わる重要な決定がなされるものに限られていた。しかし，「事業運営上の重要な決定が行なわれる企業の本社等の中枢部門において企画，立案，調査及び分析を行なう労働者」にだけ認めており，「企画業務型」の対象は事実上本社に限られていたのに対し，2003年の改正によって本社に限定しないこととされ，支社・支店も適用範囲に含めることとなった。ただし，適用対象となる労働者は，「対象業務を適切に遂行するための知識，経験等を有する労働者でなければならない」。

　また，制度の適用については，労使委員会の決議にもとづいて，労働者本人の個別的同意のほか，使用者は，同様に決議にもとづいて，その健康及び福祉を確保するための措置や，苦情処理のための措置を講じ，さらに，制度の実施状況を行政官庁に報告しなければならない（労基法38条の4第4項）[894]。労使委員会は，労使同数で構成され，その労働者側委員は，過半数組合または過半数代表者により任期を定めて指名され，しかも，当該事業場の労働者の過半数の信任を得ている必要がある（労基法38条の4第2項）。信任は投票によるべきこととされている（労基則24条の2の4第2項・60条の2）。98年の改正時，労使委員会の決議は，委員全員の合意が必要であると

　892　平14・2・13労告22号．
　893　花見忠「労働基準法改正の意義」季刊労働法189号2頁，角田邦重「労働基準法の改正と今後の課題」労働法律旬報1450号4頁，15頁．

されていたが，2003年の改正によって，委員の5分の4の合意で足りる，とされた。企業が企画業務型を導入する際の手続きに関して，労使委員会を設置し，対象の業務・労働者の範囲を委員全員の同意で決めなければならないとの要件のうち「全員同意」を緩和し，委員の5分の4以上の同意で済むように簡素化されたのである。連合は，サービス残業が拡大するという懸念を表明していたが，これらの意見に対しては衆議院厚生労働委員会より「サービス残業隠しに悪用されることのないよう，適用対象事業場についての基準を設けるとともに，対象業務については当該事業場全体の運営に影響を及ぼすものとする」という付帯決議がつけられている。

重要なのは，労使委員会の任務であるが，それは既述の通り，「賃金，労働時間その他の当該事業上における労働条件に関する事項を調査審議し，事業主に対し当該事項について意見を述べること」であり（労基法38条の4第1項），企画業務型裁量労働制に関する決議のほか，労基法第4章に定められた労働時間に関するすべての労使協定に代わる決議をすることができる（労基法38条の4第5項）。

d）　ただし，この労使委員会制度は，包括的な労働条件について共同決定権を定めるドイツにおける事業所協議会とは異なり，企画型裁量労働制につき，法律で定められた極めて限定された事項につき，その労使委員会での決議で一定の事項が定められるに過ぎない。また，ドイツにおける事業所協議会制度では，選挙で選ばれた従業員の代表である事業所協議会と使用者との間で事業所協定と呼ばれる協定が定められ，しかも，その協定の効力が労働者に対し直接・強行的に及ぶ。これに対し，労使委員会制度では，決議が予定されるにすぎず，その労使委員会制度の代表に選挙制度もない。さらに，重大な問題は，従来から労働条件を包括的に決定することのできる労働組合の持つ権限との抵触の問題である[895]。協約自治の原則との関係が問われることになるのである。毛塚教授は，「労働組合の結成や活動の阻害の可能性を奪うことに留意しなければなら（ず）」，「労使委員会が法定外事項に関し

---

[894]　この他，労使委員会が決議すべき事項や制度の実施にあたっては労使が留意すべき事項については，詳細な「指針」が定められている（同条3項。平11・12・27労告149号）。

[895]　毛塚勝利「職場の労働者代表と労使委員会」ジュリスト1153号57頁。

て『決議』を通して労働条件形成を行った場合，それに規範的効力を認めることはできない」と極めて重要な提言をしている[896]。角田教授も，「端的に言えば，労使委員会における労使協議に，日本型従業員代表法制の代替機能を期待しようという政策意図が現れているようにも思えるのである。もしそうなら，正面から従業員代表のあり方，労働組合との関係などについて議論をつくすべきで，無組合職場における労使自治法制を諮問機関的な労使委員会に委ねる方式を裏口から導入するやり方が許されてよいはずがない」と述べておられる[897]。この指摘は的確であり，労使委員会制度の導入時には国会内外において十分な議論がつくされないまま，同委員会が制度化されたきらいがある。

その制度導入後，学説においては，こうした従業員のあらたな参加の形態を作り出したといわれる労使委員会制度については，学説上盛んな議論が展開されていることから[898]，裁量労働制のうち，この労使委員会制度に限って，その参加のあり方とそれに対する法規制のあり方について以下において論じる。

2 企画型裁量労働制と労使委員会の実際

a) 以下では，実際に導入された企画型裁量労働制と労使委員会制度の実態をながめ，これらのあり方について考えてみることにする。今後の労使のあり方を考えるには，実際の労使委員会の性格を見定め，それに即して，および，将来の労使のあり方を展望することが重要だからである。

---

[896] 毛塚勝利「職場の労働者代表と労使委員会」ジュリスト1153号61頁。同論文では，この基本的視点と権限をめぐる問題のほか，労使委員会の設置に関わる問題，決議をめぐる問題，不適合労使委員会をめぐる法的問題，についてかなり詳細かつ重要な検討を行っている。

[897] 角田邦重「労働基準法の改正と今後の課題」労働法律旬報1450号15頁。

[898] 花見忠「労働基準法改正の意義」季刊労働法189号2頁，毛塚勝利「職場の労働者代表と労使委員会」ジュリスト1153号57頁，小嶌典明「働き方の変化と労基法改正」ジュリスト1153号31頁，下井隆史「一九九八年労基法改正の意義と問題点」ジュリスト1153号22頁，新谷眞人「労働者代表制と労使委員会」季刊労働法189号27頁，小嶌典明「裁量労働と成果主義」季刊労働法185号26頁，青野覚「労使委員会」労働法律旬報1488号28頁。盛誠吾「新裁量労働制の要件」労働法律旬報1488号8頁，浜村彰「労使委員会による労使協定に代わる決議」労働法律旬報1488号38頁。

b) 企画型裁量労働制と労使委員会の最新実例には，コニカ[899]や横河電機[900]の企画型裁量労働制がある。コニカでは，成果主義への意識改革を進め激変する国際環境に適応させるため，企画型裁量労働制を導入している。その導入の際，同社とコニカ労働組合との間でKICK（裁量労働制）に関する協定書が締結され，KICK委員会と呼ばれる労使委員会を設置することを協定において定めている[901]。この協定書によれば，その対象業務は，そのKICK委員会で定められ，結果的に，研究開発職のみを対象とする他の企業とは異なり，経営戦略室，広報宣伝部，人事部の本社スタッフを対象とされている[902]。これは，同社の職給9級から11級（主任・係長クラス），ほぼ大卒で入社後5から6年以上の組合員層の300名のうち，法律に即して，企画，立案，調査，分析業務に関わり，企画型に該当する職場にて対象者を検討した結果であるとされる[903]。適用されている人数は，導入当時，40名であり，経営戦略室，広報宣伝部，人事部の本社スタッフは10名であった。みなし労働時間は7時間40分とされ，企画型裁量労働制対象者にはKICK手当と呼ばれる職能給部分の12％にあたる手当が支払われている。成果主義となっているのは賞与についてに限られ，同社の給与は，年齢給（本給の35％）と職能給部分（同65％）から成り立つが，KICK手当はその上乗せとして，約2万5000円から3万6000円程度であるとされる[904]。

c) また，横河電機でも，成果主義を徹底，創造性とやる気を喚起させるなどの理由から，企画型裁量労働制を導入させている[905]。99年10月に労使テーマ別委員会と呼ばれる委員会（裁量労働に関する委員会）を発足させ，委員会には，会社側から，営業，研究開発，スタッフ部署，事業部開発，エンジニアリングからあわせて9名，労働組合からは執行部を中心に10人が参加していた。裁量労働制をスタッフ職へ拡大することについて，月2回くらいのペースで協議が重ねられている。そして，対象となるのは，職能資格

---

[899] 労政時報3460号49頁。
[900] 労政時報3460号55頁。
[901] 労政時報3460号54頁。
[902] 労政時報3460号54頁。
[903] 労政時報3460号50頁。
[904] 労政時報3460号50頁。
[905] 労政時報3460号55頁。

7から8級の基幹職能層（組合の最上位者にあたる）であり，2000年当時で50人程度が見込まれている。その対象者の選定には，「対象となる人の勤務状況，仕事をたくさんしている，職場のけん引役になっている」などが決定要素とされた。みなし労働時間は，7時間50分となっている。また，「裁量基準手当」として，裁量基準ポイント（職能資格7級：120ポイント，8級：140ポイント）×査定Sランク別係数（Aランク1.2～Cランク0.6）×S単価として算定される。査定Sランク別係数は，1年間の評価を基に，Aランク30％，Bランク，55％，Cランク15％の割合で振り分けられるとしている。これらの結果，手当として，責任達成度を3ランクに分けて，年間60万円，40万円，20万円を年2回にわけて支給される[906]。かなり高額である。

　d）　統計でみると，東京都労働局労働基準部の調査によれば，専門業務型裁量労働制が導入された企業が8.2％であるのに対し，企画型裁量労働制は，1.1％である[907]。厚生労働省の「平成13年就労条件総合調査」によっても，専門業務型裁量労働制が導入されている企業は，1.7％，企画型裁量労働制は，0.4％である。1000人以上の規模の企業でも，専門業務型裁量労働制，企画型裁量労働制の導入率は，それぞれ，5.6％，0.8％にすぎない。労働時間を自主的に管理する裁量労働制は，労働の量によっては，労働者の健康阻害につながることから，専門業務型・企画型を問わず，労基法の改正にあたっては，反対も強かった。しかし，企業も，専門業務型・企画型裁量労働制ともに，その導入には慎重であることがわかる。ただし，先の東京都労働局労働基準部の調査によれば，「今後導入を検討」は3割にのぼる[908]。今後は漸次的に増えることも予想されよう。

3　労使委員会の参加のあり方と「自治」の今後

　a）　これらをふまえていえるのは，まず第一に，労使委員会制度が，学説からの危惧[909]とは裏腹に，労働組合の積極的な参加のもとに運用されてい

---

[906]　以上，労政時報3460号57頁。
[907]　労政時報3460号36頁。
[908]　労政時報3460号37頁。
[909]　毛塚勝利「職場の労働者代表と労使委員会」ジュリスト1153号61頁。この危惧されるところは適切であると考える。

る，ということである。労使委員会制度では，労働組合の権限の抵触ということが表面化してはいないし，労働組合の活動を妨げる結果を招いていない。また，労使委員会が組合から一人歩きした制度にはなっていない。むしろ，その逆である。コニカや横河電機の労働組合のように，反って，労働組合がそのあらたな活動領域を開拓し，企画型裁量労働制に対し積極的にむしろ関与していることが伺える。ここでは，むしろ，労使委員会の「使用者と労働組合の一委員会化」・「新たな協議機関化」が窺える。従来から存在した労使協議制や過半数代表組合の機能の差異を見出すことは困難であるものの，企画型裁量労働制に労使委員会制度が導入されたことで，労働組合が新しい活路を見出しているともいえる。労働組合の組織率の低下によって労働組合の機能の低下が叫ばれる中で，この労使委員会制度が，現在のところ，労働組合に対して新たな権限を与えているともいえる。

bb）第二に，指摘できるのは，コニカや横河電機とも，深夜手当や休日手当を支給していることである[910]。コストのかかる手当制度を制度化することで，裁量労働に一定の歯止めをかけ，労働者の健康に対する配慮をしていることが伺われる。コニカでは，特に，裁量労働制の適用者に定期特別検診を実施させるうえに，職制の判断と本人の希望により，さらに特別の検診が可能になっている。その上，同社では，出退社時間を記録・管理し，半年事に個人集計し，それを参考に，健康管理を徹底するとされる[911]。

cc）第三に問題となるのは，裁量労働の手当の決め方である。菅野教授によれば，労働の自律性の確保，報酬レベルの確保，休日・休暇のための簡素な規制を樹立する必要があるとされる[912]。前述の例のように，責任達成度を3ランクに分けて，年間60万円，40万円，20万円を年2回にわけて支給される[913]とすると，これが，手当としての側面から転じて，一種の「成果主義賃金」になってしまう側面もある。そうなると，達成度に応じて賃金額が大きく変動する結果，かえって，それが労働者の心理への影響を勘案すると，裁量労働制による健康やストレスへの影響が懸念される。単なる手当

910　労政時報3460号54, 59頁。
911　労政時報3460号51頁。
912　菅野和夫『新雇用社会の法』（有斐閣・2002年）223頁。
913　以上，労政時報3460号57頁。

として任意的・付加的に支給されるにすぎない場合[914]、こうした懸念は少ない。しかし、達成度に応じて手当の額が大きく変動させることには、やはり、成果主義賃金一般が抱える問題を露呈させることになりかねない。賃金額が不透明になるばかりか、労働者の精神的・肉体的な健康への影響が考えられる。その上、こうした手当制度は、「賃金、労働時間その他の当該事業上における労働条件に関する事項を調査審議し、事業主に対し当該事項について意見を述べること」という労使委員会の権限（労基法38条の4第1項）を逸脱しているおそれもある。

dd）こうした問題に加えて、第四に、これらの制度の導入に労働者の意思を反映させる機会が限られている点が指摘できる。企画型裁量労働制を適用するにあたって労働者が同意することが不可欠であるが、この同意が、手当などすべての問題に対する包括的な同意になってしまうからである。

ee）こうした労使委員会制度の運用実態・性格を考えると、こうした賃金などへのさらなる労使委員会の権限の強化には賛成できない[915]。法が「賃金、労働時間その他の当該事業上における労働条件に関する事項を調査審議し、事業主に対し当該事項について意見を述べること」と、労使委員会の権限（労基法38条の4第1項）と謙抑的に定めていることにも十分な理由があると考える。労使委員会の賃金への権限の拡大は、単に労働組合の権限への抵触のおそれがあるからである[916]。

また、同時に、日本法でわざわざ、「決議」をする労使委員会と労使協定を締結する過半数組合とを区別して法規整しているが、こうした法規整にどれだけ意味があるのかも、疑わしい面がある。そもそも決議をなす労使委員会と労使協定を締結する過半数組合（労働者の過半数を組織する労働組合）との機能的な区別が、なければいけないのか、その理由が明らかでない。実際には、上述の通り、現在のところ、労使委員会制度が、労使協定と同様、労働組合と使用者との「協議機関」として「協定」を締結しているところもある[917]。仮に、企画型裁量労働制に関する労使のあり方として、現行の労使

---

914 例えば、コニカのKICK手当（労政時報3460号50頁）。
915 反対、小畑史子「成果主義と労働時間管理」土田道夫・山川隆一編『成果主義人事と労働法』（日本労働研究機構・2003年）173頁、188頁。
916 毛塚勝利「職場の労働者代表と労使委員会」ジュリスト1153号61頁。

委員会制度を残すとした場合，労使委員会と使用者とが締結する協定に，論理的には，強行法的な効力をもたせることが議論されることもありうる。しかし，その場合でも，——個人の包括的同意のみならず——個人や組合の意思形成・参加が一層可能でなければならないし，また，組合の関知しないところで，賃金など重要な労働条件に対し個人に直接・強行的な効力が及ぶと制度化することは，望ましくない。今後の企画型裁量労働制の労使のあり方として，賃金などの重要な労働条件の決定については，個人・労働組合の積極的な参加のもとで行われる主体的な「自治」が望ましいと考えるからである。

---

917 例外は，博報堂の企画型裁量労働制である。法定どおり，決議のみされている。

第5節 協約自治の原則

一 協約自治の原則と私的自治の原則

1 憲法28条と協約自治

a) よく知られているように，労働協約当事者は，労働条件を自律的に規整する権利を有している。労働協約を締結する自由は，憲法28条によって保障される。憲法28条は，「労働者が使用者と団体交渉を行うことを保障する権利」団体交渉権を保障していると同時に[918]，「労働条件の維持・改善を図ることを主たる目的として一時的，または継続的な団結体を結成し，それを運営すること[919]」を保障する団結の自由を保障している。これにより，より具体的には，憲法28条は，団体を創設し，それに加入し，それにとどまり，そして，そのために活動し，使用者と交渉をする自由を保障している。憲法28条は，団体自体に対しては，その形成と存立，そして活動，および使用者との交渉の可能性を認めている。労働協約当事者が労働条件を労働協約によって自由に規整しうる，という労働協約自治の保障は，憲法28条と労働組合法（労組法）の核心的部分に属している。当事者は，自ら，そして自己責任によって，および，原則的に国家や第三者の側からの影響から自由に決定しうるのである[920]。

---

[918] 菅野和夫『労働法』第5版補正二版（弘文堂・1993年）24頁。
[919] 菅野和夫『労働法』第5版補正二版，21頁。
[920] 集団的な労働法の優位のもとで，労働法理としても協約自治の内在的限界の問題としてはともかく，その協約自治の理念としては，個人の意思は重要視されなかった（西谷敏『労働法における個人と集団』66頁以下，69頁）。組合活動とは関連の薄い経済成長による生活の向上，労働組合組織率低下，労働組合の活動力の低下，私生活の重視の個人の多様化と集団主義の後退，などの影響により，個人を集団的に労働組合に組織することが困難になっていることは周知の事実である。もともと，労働組合のような集団による保護を可能にする集団主義は，つねに，いずれの先進国においても，個人の意思と責任によって行動する，という個人主義と対峙する。ヨーロッパ諸国を中心に発展してきた個人の意思とその自己決定に根ざす個

b）　こうして憲法と労組法によって保障される協約自治の原則について強調されなければならないのは，この協約自治は，労働者の集団的レベルでの自治の実現と関係していることである[921]。憲法28条と労組法に基づく協約自治は，特に，賃金とその他の労働条件について国家から自由な領域において自らの責任においてそして本質的に国家の影響を受けることなく秩序を形成することを可能にする。この限りで，労働協約当事者には，自らの事項について，国家からは独立した領域を意味する，自治が保障される。国家がこうした領域を労働協約当事者に労働条件規整権限を授権した[922]かどうかに無関係に，団体交渉権には，単に労働組合を結成・維持するということのみならず，労働条件の領域において規整されるべき問題を個々的に相手方と交渉し，それらを決定することが労働組合に委ねられる，ということが包含されているのである。

　c）　そして，労働協約の規範に個人が拘束される権限は，個人の意思にもとづき労働組合へ加入する行為によって付与される。労働協約を締結する団体へ個人が加入し団体の構成員になることは，労働協約を締結する団体（労働組合）に対し個人が労働条件決定権限を付与することを意味するからである。言い換えれば，労働協約という規範の個人に対する拘束は，団体（労働協約締結権限を有する労働組合）への私法的な性格を有する個人の加入行為によって認められるのである。真に私法的な性格を有する団体加入なくして，労働組合への労働協約当事者の締結権限は認められないのである。この団体への加入意思とそれによる協約への拘束意思を通じて，労働組合の労働条件規整権限は，自己の意思と責任において形成される秩序に拘束される，とい

　　　人主義は，集団的な保護をいかに基礎づけるかという，根本的な問いを，社会全体に投げかけるだけではなく，法原理的にも，重要な問題をもたらした。戦後ドイツなどヨーロッパにみられる，個人の集団的な保護は，個人の主体的な意思と行動に基づくヨーロッパの個人主義に立脚したものであって，その個人の意思や希望を考慮しない集団的な保護はありえないし，また，あってはならないものなのである，とみられる。これは，集団と個人の関係にかかわる，上の問いに対する一つの重要な解答であろう。個人の意思に基づいた，あるいは，それを考慮した，個人の主体的な努力にねざした，協約自治こそ，労働組合を集団法的労働法制として個人主義社会において包摂し，今後一層進行する現代社会での個人主義と集団主義をひとつのシンテーゼのなかに統合しうる法的概念である，と考えられる。
　921　西谷敏『労働法における個人と集団』93頁以下，264頁。

う私法的な自己決定の秩序に位置付けられる。このようにして，労働協約の締結は，労働組合員の構成員の自己決定に由来すると考えることができるのである。労働協約の拘束性が労働組合への任意の構成員資格から生じるものである限り，労働協約自治は，憲法上契約自由の制限としてみられるだけではなく，むしろ，それが集団的なレベルでの私的自治の原則を実現する手段であることは強調されなければならない。

2　従来の学説

こうした労働協約を労使の自治とみる観点は，社会自主法論を展開した戦前の末広教授の学説においてもみられた[923]。末広教授は，「社会はすべて自らの社会規範を作り出す。即ち社会は常に自治的立法の機能を有するものである[924]」としつつ，就業規則と同様に，「労働協約も亦社会規範である[925]」という認識を示している。こうした認識に立ちつつ，「協約の存在及び内容が確定したならば，(……) 法令第二条と同様の標準によって之に『法律ト同一ノ効力』を認むるや否やを決すべきである[926]」。これによって，労働協約の定めに反する労働契約は，無効となり，無効となった部分は協約の条項によって補充される，と説明される[927]。

こうした労働協約を社会的規範とみなす学説は，沼田教授によってさらなる発展を遂げている。つまり，「私は労働条件を定める協約条項は以上のように今日の協約法思想を背景にして，生存権理念の具体的実現が意味をもつような社会集団に社会規範として妥当し，それ故に法的効力の法認さるべしとする法的確信に支えられていると解すところから，これに法的効力を認む

---

[922] 国家が「授権」するには，そもそも国家が賃金など重要な労働条件を規整する権限を固有の権限として有していなければならないが，資本主義経済のもとでは，労働者個人の労働条件を決定する国家の権限は，本源的に任務として存在しないからである。また，ここでいう「授権」が，地方自治で問題になりうる公法的な法の授権という意味でも，私法的な代理の授権ではないことは明白であるが，そのいずれにも属しない「特別な授権」なる法的概念を法は知るものではない。

[923] 末弘巌太郎「労働協約と法律」(『労働法研究』(1926年・改造社) に所収)。

[924] 末弘巌太郎「労働協約と法律」312頁。

[925] 末弘巌太郎「労働協約と法律」323頁。

[926] 末弘巌太郎「労働協約と法律」333頁。

[927] 末弘巌太郎「労働協約と法律」337頁，343頁。

べきだと考えている」と説いている[928]。横井教授は，こうした観点を承継しつつ，これらの学説とは異なる見解を示している[929]。末広教授の社会自主法論に対しては，社会的拘束力と法的拘束力とは区別されるべきであるとして，両者を同一視する同説には反対している[930]。また，沼田教授の学説に対しては「法的確信」のうちには，国家意思は認められない，と疑問を述べておられる[931]。そのうえで，「社会規範と法規範との連結点が，憲法第二八条を中心とする集団主義的労働法による集団的労働運動の容認という点に求められ」，「つまり，憲法第二八条を中心とする集団主義的労働法体系自体のうちに，社会規範としての協約規範を法規範たらしめるところの国家意思が認められる」と述べておられる[932]。これらの見解は，協約が社会的な規範の性格があることを早くから見出し，また，国家権力からの干渉からの擁護を課題とするもので，卓見そのものである。

ただ一つ問題が残されるのは，社会規範が社会規範であるというただそれだけの理由によっては，法規範となるわけではないことである。こうしたアプローチにおける難問は，労働協約が自治的な規範である（あるいは社会的な規範である）とすると，その協約に対し直接的かつ強行法的な効力という立法類似の効力が認められる根拠をいかに説明するか，という点にある。また，事業場・経営という閉じた世界＝企業という部分社会では，協約が当然に「法」規範たりえないという批判もある[933]。

まず，労働協約に対し直接的かつ強行法的な効力という立法類似の効力の根拠についてであるが，確かに，労働組合法によっては，労働協約という自

---

[928] 沼田稲次郎『労働協約の締結と運用』（総合労働研究所・1970年）164頁。沼田教授は，「（その労働協約は）一定の社会的経済的諸関係によって規定せられて生成する規範であり，その団体の構成員を必然的に含む一つの閉じた社会に妥当する規範であるという事実が今日の法的意識にとっては拒否しがたいものであることによって，国家がこれに法としての効力を承認せざるをえないものとなっている（沼田稲次郎「協約規範の法的性格」労働法律旬報144号8頁）」といえるが，協約規範を法規範たらしめる法的確信における正義あるいは権利の確信が団結権であるとしている（沼田稲次郎「協約規範の法的性格」労働法律旬報144号2（7頁））。
[929] 横井芳弘「労働協約の本質について」討論労働法49号13頁。
[930] 横井芳弘「労働協約の本質について」討論労働法49号17頁。
[931] 横井芳弘「労働協約の本質について」討論労働法49号19頁。
[932] 横井芳弘「労働協約の本質について」討論労働法49号19頁。
[933] 例えば，吾妻光俊「労働協約の規範性」一橋論叢47巻2号14頁。

治的な規整に対して，法律と同じような効力，直接的かつ強行法的な効力が認められている（労組法16条）。しかし，これは，自治の領域で形成される労働協約の実効性を確保するために労組法が認めた法技術にすぎない。つまり，この立法類似の直接的かつ強行的な効力は，自治の実効性を高めるための法技術なのである。私的自治の原則は，国家から付与されるものではなく，国家が，契約当事者＝市民に本来備わっていた「自治」を追認したものにすぎない。同じことは，協約自治の原則にもいえる。これらの効力を法律が付与することで，私的自治の原則や協約自治の原則自体がそれぞれ否定されるということにはならない。このため，労働協約が自治的な規範であるということと，その労働協約に対し直接的かつ強行法的な効力が認められている，ということは，決して矛盾しないのである。

　事業場という閉じた世界＝企業という部分社会では，協約が当然に「法」規範たりえないという批判も成り立たない。こうした見解は，客観法・主観法の区別，法と制定法の区別を知らない見解である。法には，客観法と主観法とがある。客観法とは，「法的な法規の全体[934]」をさし，法規そのものを意味する。これに対し，主観法は，その逆であり，「客観法によって個人から法主体を失わせる支配領域[935]」と定義され，当該法主体の「個人的な自由」がこれに属し，これと並んで，形成権，債権，人格権などもこれに属する[936]。労働協約は，主観法に属し，それは，「法」そのものなのである。上の批判は，法＝法律ととらえ，制定法ではない労働協約は法とはいえないとするものである。しかし，これは，誤解である。確かに，協約は，法律（*Gesetz*）ではないが，法（*Recht*），特に主観法なのである。

二　法制定権限の授権

　a)　これに対して，協約当事者の規範設定権限の説明のために，国家の持つ法制定権力の授権に依拠する，ということが論拠として持ち出される[937]。

---

[934] Tilch/Arloth, Deutsches Rechts-Lexikon, Bd. 2 (G-P), München, 2001, S. 3076.
[935] Tilch/Arloth, Deutsches Rechts-Lexikon, Bd. 3 (Q-Z), München, 2001, S. 4065.
[936] Tilch/Arloth, Deutsches Rechts-Lexikon, Bd. 3 (Q-Z), München, 2001, S. 4065.
[937] 久保敬治「労働協約法理の再構成の方向」神戸法学雑誌17巻3号45，59頁。

授権とは，国家のある制度がもつ任務を遂行するための権限を他の機関へ授権することをさしている。日本の労働協約の規範的効力が認められるとすれば（労基法16条），それは国家の政策意思によるほかはない，というものである。久保教授は，「わが企業別協約の体質を前提とするときには，労組法一六条は，団結権保障の趣旨にもとづき，労働者の労働条件は労働協約によって原則的に規律さるべきであるという意図により，企業別協約における規範的部分の法規範性を創設したものと考えられる」と述べておられる[938]。東大労働法研究会『注釈労働組合法・下巻』も，久保教授の学説を念頭に置いた労組法16条授権説が「実態・法源論ともに最も破綻の少ない理論構成であると考えられる」としている[939]。

b) aa) しかし，労働条件の規整権限は，国家による授権に由来すると捉えることはできないと考える。なぜなら，国家に労働条件規整権限が本来的に帰属しているとはいえないため，国家が保有するはずのない権限を協約当事者に授権することもできないのである[940]。そうした憲法上の規定があれば格別，そうでない場合には，国が本来的に私法上の労働契約当事者の諸条件を決定する権限を有しているとはいえない。また，法治国家において法規範が妥当する要件として，公法上，国の監督と法規範の公布が求められるが，協約自治の場合も，国の監督と規範の公布のいずれも，要件として必要なわけではないし，また，それらは実際上行われていないのである[941]。

bb) 確かに，労働協約の規範的効力は，直接的に労働協約自体から生じるものではない。しかし，すでに述べたように，労働組合法は，法的強制の助けを借りることによって，そもそも協約当事者に保持されていた労働条件ないし経済条件の形成の可能性を実現しようとするものなのである。その効力は，立法による制定権力が協約当事者へ「授権」されたというものではない，ということに注意しなければならない。労働組合法の立法者は，これによって，憲法28条によって保障されるべき自治的な秩序（autonome Ordnung）の実現を支援し保護しようとするだけなのである。したがって，協

---

[938] 久保敬治「労働協約法理の再構成の方向」神戸法学雑誌17巻3号59頁。
[939] 東大労働法研究会『注釈労働組合法・下巻』（1982年・有斐閣）800頁以下。
[940] Waltermann, Rechtsetzung, S. 121.
[941] Vgl. Waltermann, Rechtsetzung, S. 121f.

約の自治の原則は，国家によって付与されるのではなく，協約当事者，あるいは個人によって，その意思によって創造されるものである[942]。

c) このように労働協約の本質を議論する実益は，労働組合が使用者との間で締結する労働協約と従業員代表組織が使用者との間で締結する労使協定との差異を明らかにする点にある。自治である労働協約に対して，成果・能力主義賃金を含めた賃金・労働時間などの重要な労働条件の規整権限を付与することは，正当化できるものの，他律的で非自治的な従業員代表の労使協定に対しては，これらの規整権限を肯定することがより困難になるからである。労働協約という規範の個人に対する拘束は，団体（労働協約締結権限を有する労働組合）への私法的な性格を有する個人の加入行為によって正当化されるが，他律的で非自治的な従業員代表の労使協定の場合，同種の正当化が不可能なのであった。真に私法的な性格を有する団体加入なくして，集団的な組織の当事者の締結権限は認められないからである。労働協約の拘束性が労働組合への任意の構成員資格から生じるものである限り，協約自治は，憲法上契約自由の制限としてみられるだけではなく，むしろ，その自由の拡張のために存在しうるといえる。このため，労働組合に対し，成果・能力主義賃金を含めた賃金・労働時間などの重要な労働条件の規整権限を付与することは，正当化できるのである。

三 有利性原則

a) 能力・成果主義賃金制度の導入によって，労働協約や就業規則で定められる一般的な労働条件を上回る労働条件が労働契約で定められるかどうか，いわゆる有利性原則を認めるべきかどうか，については再考を求められる，と指摘されている[943]。ドイツでは産業別で労働協約が締結され事実上最低賃金を保障する機能を営んでいるのに対して，企業別に労働協約が締結されているわが国においては，むしろこの原則を否定し，協約規範の両面的強行性を認める見解がもっとも有力である[944]。これらの有利性原則否定説では，

---

[942] Picker, Tarifautonomie in der deutschen Arbeitsverfassung, S. 21f.
[943] 毛塚勝利「賃金処遇制度の変化と労働法学の課題」日本労働法学会誌89号22頁，西谷敏「労働条件の個別化と法的規整」29頁。

労働協約が通常の労働条件を個別的に規定するわが国の実状を鑑み，協約水準を上回る労働条件を定める労働契約が，協約の統一的秩序を乱し，場合によっては団結を攪乱させる機能を果たすことが考慮されている。そこでは，労働組合を主体とする労働組合法など集団的労働法の優位のもとに，個人の脆弱な交渉力を前提とした個別的労働契約の自由は制限されるべきである，という点も考慮されていた。

b）　しかし，わが国では，70年代から80年代にかけて，協約自治の限界の問題との関連で，労働協約と労働契約の関係をとらえ直そうと試みられた[945]。その背景には，労働組合の組織率低下，機能の低下，労働組合の内部の対立あるいは分裂，さらには，個人の主体性の増加があると指摘される[946]。また，最近では，能力・成果主義賃金制度との関連において，労働協約や就業規則で定められる一般的な労働条件を上回る労働条件が労働契約で定められるケースが増加するであろうことを認識して，学説では，——明言は避けられているものの——労働協約の有利性の原則を否定してきた従来の議論は再検討されつつある。

c）　こうした問題意識を受けて，次のような理由から，有利性原則を肯定

---

[944]　例えば，菅野和夫『労働法』548頁，東大労働法研究会『注釈労働組合法』（1949年・有斐閣）151頁，川口實「労働協約の効力」新労働法講座5『労働協約』（1966年・有斐閣）86頁。横井芳弘「労働協約の規範的効力」石井照久・有泉亨編『労働法演習』（1961年・有斐閣）68頁，渡辺章「協約自治と個別労働者の法的地位」日本労働法学会誌38号53頁，西谷敏『労働法における個人と集団』426頁。これに対し，有利性原則の肯定説として代表的な学説に，後藤清「協約規範に対する例外的措置」労働問題研究33号，吾妻光俊『労働法』（青林書院・1956年）255頁，花見忠「労働協約と私的自治」日本労働法学会誌21号40頁，55頁。

[945]　萩澤清彦「協約自治と組合をめぐる諸問題」日本労働法学会誌38号23頁以下，近藤昭雄「労働協約自治の限界」労働判例360号4頁，蓼沼謙一「三六協定をめぐる一問題点」一橋論叢64巻6号81頁，諏訪康雄「労働協約の規範的効力をめぐる一考察」久保還暦『労働組合法の理論課題』（世界思想社，1980年）179頁，下井隆史「労働協約の規範的効力の限界」甲南法学30巻3・4号1頁，萱谷一郎「協約自治の限界論懐疑」労働法律旬報1323号6頁，荒木尚志「労働協約による労働条件の不利益変更—神姫バス事件」（判例百選解説）労働判例百選第6版（1995年・有斐閣）192頁，辻村昌昭「労働協約による労働条件の不利益変更と公正代表義務」日本労働法学会誌69号54頁，小宮文人「公正代表義務と組合の内部手続」日本労働法学会誌69号54頁。このほか，菅野和夫『労働法』482頁以下，横井前掲論文70頁，渡辺前掲論文53頁以下，西谷敏『労働法における個人と集団』253頁。

[946]　西谷敏『労働法における個人と集団』254頁。

すべきであると考える。

　aa）　第一に，協約自治の原則は，本質的に私的自治の原則を具体化し体現するものなのであるから，労働協約よりも労働契約において労働者に有利に規定される場合，私的自治の原則，契約自由の原則に基づいて，これらの契約条項の効力が肯定されるのは，むしろ，当然のことである，と考えられる。上述の通り，協約自治の原則は，本来，労働組合に対して認められる労働条件に関する使用者との自治的な規整によって，労働者の集団的レベルでの自己決定の実現に役立つものである。私的自治の原則は，契約によって自己の法律関係を形成する，という個人主義の最も重要な原理である。そして，労働組合などの団体への加入によっては，この労働条件の私的自治的な労働者の自らの規整の可能性は，失われてはならないものであって，むしろ，労働協約などの集団的な規整も，かえって，その労働者個人の自己決定に役立つものでなければならない。もし，有利性原則を認めず，労働協約よりも有利な個別的な労働契約の形成の可能性を認めないとすれば，集団的規整という名のもとにかえって，労働条件に関する個人の労働契約などの契約内容形成の自由が失われてしまう，という結果を招く。これは，集団による新たな個人の自由の侵害と捉えられるべきものであって，しかも，協約自治の原則の目的である，労働者の契約の自由，労働者の自己決定権の保障にも矛盾する。協約自治の原則は，本質的に私的自治の原則を具体化するものなのであるから，労働協約よりも労働契約において労働者に有利に規定が置かれるのは（つまり，有利性原則を肯定することは），私的自治の原則，契約自由の原則に照らして，むしろ，許容されるべきなのである。個人主義を基礎に考察すれば，これは当然の帰結である。

　bb）　第二に，有利性を否定する理由として，ドイツ法との比較法的な考察の結果，ドイツでは産業別の協約上の労働条件が最低基準にすぎず，労働契約でそれより個人にとって有利な定めをすることができるが，日本では，そうではないので，有利性原則を認める必要がない，と主張される。しかし，これは有利性原則を否定する理由としては成り立たない，と考える。確かに，ドイツでは産業別の協約上の労働条件が最低基準にすぎず，労働契約でその協約上の労働条件よりも労働者に有利な定めをすることができる。しかし，有利性原則の適用範囲が，産業別の協約上の労働条件にとどまらないという

のは，ドイツではほぼ争いがない。つまり，ドイツでも，産業別の労働協約以外に，例えば，労働協約の一種に，事業所上の規範 (betriebliche Normen, 例えば，喫煙禁止条項など) や労働者の共同の施設 (gemeinsame Einrichtungen) という労働協約がある。この協約上の事業所上の規範と契約上の規範とが内容上抵触し，有利性原則の適用が問題になるとき，(つまり，労働契約上の条項が画一的な協約基準を上回るとき)，有利性の原則が肯定されている[947]。この場合，──日本と同様の状態になるが──，協約で定められるこれらの規範が画一的基準を形成しているとき，これを上回る契約上の賃金の規定は当然に有効であって，有利性原則が認められているのである。この点は，わが国の有利性の原則をめぐる理論の再考をうながす重要な点である。つまり，ドイツでは，労働協約が産業別の労働協約でなくても，それが画一的な基準を定めるものである限り，その基準からの個別契約による逸脱を認めているのである。わが国においても，これと類似して，労働協約が産業別の労働協約でなくても，それが画一的な基準を定めるものである限り，その基準からの個別契約による逸脱を認めるべきである，と考えることは可能である。

cc) 第三に，能力・成果に応じた賃金の個別管理が行われるなかでは，団結の維持などを理由として有利性原則を否定すべき実際上の理由と法的基盤に乏しい。有利性原則を否定した理由の一つは，当時問題になっていた少数組合員による団結攪乱を防止しなければならない，ということであった。しかし，こうした時代も背景も異なる目的から主張された論拠を根拠にして，現代において能力・成果主義賃金制度との関連で有利性原則を否定することは，時代と背景を錯誤したものであり，十分な根拠に乏しい，と考える。

dd) このため，成果主義賃金制度との関連において，労働協約 (そして，むろん，就業規則) で定められる一般的な画一的な労働条件を上回る労働条件が労働契約で定められた場合，私的自治の原則を根拠として，労働協約の有利性の原則を肯定し，労働契約で労働協約基準を上回る基準を定めることは許されるべきである，と解する。以上のように有利性原則を肯定することによって，私的自治の原則に立脚した個人主義を法的基盤として，個人がよ

---

947 Wiedermann/Strumpf, Tarifvertragsgesetz, 5. Aufl. Münschen, 1977 § 4 (Wank).

り有利な労働条件を自己の責任で形成することが可能になるのである。

四　年俸制への労働組合の対応

1　成果・能力主義賃金制度についての労働組合の存在意義と労働組合への対応

　成果・能力主義賃金制度が一般の労働者などを対象としている場合，労働協約が自治的に集団的に賃金の規整を形成していくことが要請される。成果・能力主義賃金制度との関連で，労働組合は実際にどのような対応をしているのであろうか。とくに，労働条件の保護としては，協約自治の枠内において，最低賃金の保障，労働契約における契約条件の開示，異議申立てのサポート，賃金の変動額を規制することが必要であると指摘されている[948]。日本の成果・能力主義賃金制度への労働組合の存在意義と労働組合の対応について，東京都大崎労政事務所において調査されている[949]。特に査定制度についての労働組合の対応が調査されている。この調査をもとに，いかなる労働組合の参加が可能であるのか，a）査定前の対応，b）査定制度づくりへの組合の関与，c）査定結果の事後説明・苦情に大きく分けて，考察してみようと考える。

　a）査定前の対応　　労働組合の中には，考課者訓練をしたり，考課者訓練を労働組合役員が傍聴して内容を把握したり，組合員向けに査定制度の講習会を実施したりするところがある[950]。また，自己申告の面接終了段階で組合員を対象に無記名アンケートを実施し，面接が適切に行われてきたか等をチェックする組合もある[951]。

---

[948] 熊沢誠『能力主義と企業社会』199頁参照。また，成果を果たすための過剰な労働を防ぐための労働時間規制，残業規制，さらに，過度な業務に伴うストレス，労働災害を防止するためのストレスマネージメントなどの労働安全衛生管理，などが労働組合に期待されると同時に，長時間労働の原因であるノルマへの組合規制も期待される。企業のイニシアティブによって導入される能力・成果主義賃金制度を労働組合が追認するのをこえて，それをより労働者側のイニシアティブによって社会的にサポートするというあらたな発想が必要とされる。

[949] 東京都大崎労政事務所「『成果・能力主義』拡大への労働組合の対応」2001年。

[950] 東京都大崎労政事務所「『成果・能力主義』拡大への労働組合の対応」2001年63頁におけるA労組。

第5節　協約自治の原則

b)　査定制度づくりへの組合の関与　　査定制度づくりへ労働組合の同意を要するという組合も少なくない[952]。査定制度を新設したり変更したりする際にそれらが労働組合との協議・交渉事項になっている組合も多い[953]。それらを労働協約で定めている場合もある[954]。また，査定実施前に「考課者訓練の内容を労働組合が把握して，査定が公正に行われるよう改善要望をだしたり，組合機関紙で査定ポイントなどを周知」させる組合もある[955]。

c)　査定結果の事後説明・苦情　　労働組合の中には，査定結果に苦情があると，労使による苦情処理委員会を開催し，納得いかない評価項目について本人の主張と一次査定者の評価理由を聴取するところもある。その上で，会社と労組が協議し，査定の修正もありうるとする組合もある[956]。同組合では，年に数件は，苦情処理委員会に持ち込まれるという。また，査定終了後に労組本部役員が参加した労使委員会で，組合員全員について査定結果をチェックする組合もある。組合によっては，各組合支部が査定が前回に比べて，著しく悪化している場合に，その理由説明を会社に求めたり，事業所ごとに定められた標準値の妥当性について本部が説明を求め，査定結果に対しては組合員からの苦情を会社に伝え，次回の査定に反映させたりしている[957]。査定の極端によい評価や悪い評価，差別の有無をチェックする組合もある[958]。

これらは，労働組合が職場において査定制度に関与しうる可能性を示して

---

[951]　東京都大崎労政事務所「『成果・能力主義』拡大への労働組合の対応」2001年63頁におけるB労組。
[952]　東京都大崎労政事務所「『成果・能力主義』拡大への労働組合の対応」2001年52頁。
[953]　東京都大崎労政事務所「『成果・能力主義』拡大への労働組合の対応」2001年52頁。
[954]　東京都大崎労政事務所「『成果・能力主義』拡大への労働組合の対応」2001年52頁。
[955]　東京都大崎労政事務所「『成果・能力主義』拡大への労働組合の対応」2001年52頁におけるC労組。
[956]　東京都大崎労政事務所「『成果・能力主義』拡大への労働組合の対応」2001年65頁におけるF労組。
[957]　東京都大崎労政事務所「『成果・能力主義』拡大への労働組合の対応」2001年64頁におけるD労組。
[958]　東京都大崎労政事務所「『成果・能力主義』拡大への労働組合の対応」2001年64頁におけるC労組。

いる。労働組合は，協議によってまず，査定制度への労働者参加を実質的に達成している。組合は，能力・成果主義賃金制度との関係でも，従業員の意見を一本化し代表してくれる点で，従業員への企業情報の伝達・査定制度の説明，査定制度の改善要求などに寄与している。査定ポイントなどの周知などのための有用な機関となることもある。また，従業員にとっては，従業員の立場からの人事制度の詳細，査定での評価の適否，差別の有無なども明らかになるメリットもある。場合によっては，査定結果のチェック・査定の理由説明・修正も可能になっている。

　問題は，このような組合の参加機能が十分に普及していないこと，また，これらの機能が従業員から十分に周知されているといえないことである。しかし，組合の多くは，賃上げ・時短などの労働条件向上に組合の機能を見出していることから，成果・能力主義賃金制度との関連でも，労働条件の向上が十分に期待できる。

2　賃金正義と労働協約

　労働協約には，使用者の一方的な決定から，個々の労働者を保護する機能が考えられる。ドイツでは，成果・能力主義賃金制度と労働協約の関係で，「賃金正義（*Lohngerechtigkeit*）」という理念がある。その賃金正義とは，「事業所内の賃金構造の相当性と透明性を確保する目的で，労働協約が使用者の一方的な決定から，個々の労働者を保護する」というものであった。これは成果・能力主義賃金との関係で論じられているが，日本法においても同様のことが論じられうる。

　特に，まず，成果・能力主義賃金制度との関連で，労働組合が事業場内の賃金構造の相当性を構築することに関与できると考える。年俸性が適用される労働者の範囲，査定方法，査定で変動する割合，年俸制の上限・下限などが問題になっている[959]。これらにつき，労働組合が賃金構造の相当性を求めていくことが必要なのである。例えば，賃金が期毎に（例えば，1年毎に）大きく変動されることもあるが，組合は成果によって賃金を変動させる変動額をより小さいものにする取組みもできよう。金融業T社では，ノルマ達成

　959　ドイツ法参照，第2章第3節の**4**参照。

度によって賃金の減額される割合が，半分にもわたっているが[960]，同企業では，従業員は，ノルマをこなすため，従業員と関係のない債務の保証4600万円が課され，深夜に及ぶ労働も日常化し，サウナで仮眠することもしばしばあったと報告されている。そうした状況の中で，賃金の減額される割合が半分にわたる降格は，右のノルマとあいまって，労働者にストレスとなってふりかかっていたとされる[961]。使用者は，特に有能な労働者について成果・能力主義賃金によって，企業への拘束力を強め，企業内で個人間の格差を生じさせようと企てている。これに対し，協約規整を通じて，賃金の変動額を抑制させ，過度のノルマを防止することが可能になる。賃金減額・降格が特に，年俸制において，労働者の経済的生活を脅かすばかりか，労働者の生命・健康にも関わることから，成果主義賃金制度のもとでの賃金減額・降格を制約する協約規整が求められることになる。過度のノルマ社会への歯止めに労働組合が関与できるのである。実際，組合の執行部は，査定に反映させる業績内容，査定方法，年俸制のうち査定で変動する部分の比率，年俸制の上限・下限率，適用される組合員の範囲などをチェックする関心を抱いている[962]。成果・能力主義賃金の問題，特に給与構造の問題に対しては，労働組合と使用者との間での労働協約が規整しうるのである。労働者を保護する機能が期待されているのである。

　同時に，これらは賃金決定の透明性の確保に寄与すると考える。労働条件が，しばしば，ある当事者にとって十分に認識可能なものでなく，それが契約当事者に不利な影響を与える場合がありうるからである。市場の一層の透明性は確保されるべきなのである。不透明で不確かな条項の場合，契約の当事者は，その労働条件を他の企業の契約条件と比較することができない。能力・成果給の給与額が，その賃金条項によって，変動し，またはこれによって（どの給付に対していかなる額を給付されるのか）不透明となる場合，その条項の不透明さによって，労働契約当事者の決定の自由，特に，労働者の決定の自由を制限してしまうからである。このため，協約当事者は，給付の要

---

[960] 労働法律旬報1548号70頁労働情報。
[961] 労働法律旬報1546号68頁労働情報。
[962] 東京都大崎労政事務所「『成果・能力主義』拡大への労働組合の対応」2001年48頁。

件，範囲 が当事者にとって予測可能な程度に規定させることが求められる。特にこのことは，前述の賃金変動幅の問題に関わる。

また同時に，このことは，評価基準とも関わる。

まず第一に，評価基準をより透明で公正なものにするため，年俸制との関係でも，査定制度づくりへ労働組合の同意を要することも求められよう。実際，上述のように，査定制度を新設したり変更したりする際に労働組合との協議・交渉事項としている組合も多く963，それを労働協約で定めている場合もある964。

第二に，査定が公正に行われるよう改善要望をだしたり，査定基準・ポイントに関与したりすることも必要である。実際に，査定が公正に行われるよう改善要望をだしたり，査定ポイントに関与したりする組合もあることは注目に値する。

第三に，労働組合が査定結果を透明・公正なものにすることに関与・参加することである。労働組合の中には，査定結果へ苦情があると，労使による苦情処理委員会を開催し，評価理由の聴取・査定の修正も使用者との協議によって行うところもある965。査定終了後に「労組本部役員が参加した労使委員会で，組合員全員について査定結果をチェックする」こともありえよう966。ここで重要なのは，査定の理由を開示させ，訂正させる労働組合の機能である。さらに，査定の極端に悪い場合があるが，その場合，差別の有無，査定の理由，査定の相当さ・適切さをチェックする組合もある967。組合によっては，上述の通り，各組合支部が査定が前回に比べて，著しく悪化している場合に，その理由説明を会社に求めたり，事業所ごとに定められた標準値の妥当性について本部が説明を求め，査定結果に対しては組合員から

---

963 東京都大崎労政事務所「『成果・能力主義』拡大への労働組合の対応」2001年52頁。
964 東京都大崎労政事務所「『成果・能力主義』拡大への労働組合の対応」2001年52頁。
965 東京都大崎労政事務所「『成果・能力主義』拡大への労働組合の対応」2001年65頁。
966 東京都大崎労政事務所「『成果・能力主義』拡大への労働組合の対応」2001年64頁。
967 東京都大崎労政事務所「『成果・能力主義』拡大への労働組合の対応」2001年64頁。

の苦情を会社に伝え,次回の査定に反映させたりしている[968]。

　これによって,査定の「ガラス張りの透明性」を確保し,過度な成果主義社会の形成に歯止めをもたらすことができると考える。

---

[968] 東京都大崎労政事務所「『成果・能力主義』拡大への労働組合の対応」2001年64頁。

第6節 契約法理の形成

　今日，ほとんどの場合，――上記の労働協約など集団的な規整によるのではなく――企業のイニシアティブのもとに一方的に設定される就業規則や各種人事規則などによって，年俸制のような能力・成績主義賃金制度が導入されている。これらの賃金規則は，多くの労働者を対象として画一的に適用される。その場合，それぞれの条項について，個別的に交渉されず，しかも，使用者に有利に規定されることもあることから，労働者にとってさまざまな不利益が生じることが予想される。これらの大量に作成され利用される定型契約の形成は，当事者に対し，私的自治の原則に必ずしも合致しないのである。そこで，契約条件が一方当事者に不利な効果を不透明に規定され，あるいは，公序に反して規定される場合に，裁判所の内容審査が必要であると考えられる。ここでは，この問題を扱い，特に，公序良俗違反の裁判上のコントロール（民法90条1項）および，透明性の原則[969]を個別的なケースとの関係で論じることとする。

一　公序良俗の原則

　私法的秩序が契約の自由の内在的な制限として一般条項による修正を要することに疑いが存しない。その点については労働契約の領域も，その他の私法の領域と異ならないところはないからである。近時，公序良俗については日本の民法学においても発展が目覚しい[970]。このため，これを労働法の解

---

[969] ドイツの普通契約約款法については，河上正二『約款規制の法理』（有斐閣・1988年），山本豊「付随的契約条件における自律と正義（一・二・完）」法学44号3号88頁・4号42頁，石原全「西ドイツ『普通契約約款法規制に関する法律』について」ジュリスト637号149頁，高橋弘「普通契約約款と消費者保護(2)」法律時報47巻10号106頁などを参照した。

[970] 大村敦志『公序良俗と契約正義』（有斐閣・1995年），大村須賀男「動態論的な競争と契約自由（一〜二・完）修道法学16号1号1頁・2号1頁。能見善久「違

釈に生かしながら，労働法で公序良俗で禁止されるものは何かを考察したい。なかでも，この公序良俗の規定が労働法，特に，成果・能力主義賃金との関連において問題になるのは，近時議論されている憲法と公序良俗の関係について，である。そこで，憲法と公序良俗との関係を検討してから，成果・能力主義賃金と公序良俗の関係を考察したい。

1 憲法と公序良俗

従来，公序良俗との関係では，芸娼妓契約[971]などとの関係で裁判例が形成されている。人身の自由を過度に拘束する部分が無効と判断されることが問題となった。しかし，今日，これをこえて，公序良俗規範を，私人間における憲法上の人権を保護するための手段と位置づける見解が有力である[972]。国家が個人の基本権の侵害から保護するための積極的な措置をとることが要請され，「民法 90 条の公序良俗規範は，まさにそのための保護手段として位置づけられる」としている[973]。こうしたことは基本権の保護のために良俗規定が適用されるのは，ドイツにおいても確認される傾向である[974]。

こうしたことは，公序良俗を通じて憲法の権利を私人間でも実現しようと

　　約金・損害賠償額の予定とその規制（一〜四）未完」法学協会雑誌 102 号 2 号 249 頁，5 号 633 頁，7 号 1225 頁，10 号 1781 頁，103 号 6 号 997 頁」。法律行為研究会「現代法律行為研究，第一部・公序良俗，第二部・公序良俗と他規定との関係」法律時報 64 巻 10 号〜66 巻 6 号，米倉明「法律行為（17・18）」法学教室 63 号 28 頁・64 号 118 頁。すべての最新の公序良俗研究を列挙しているわけではないと考える。しかし，労働法においては必ずしも民法上問題となっていることと交差しないように思われたため，ここでは，公序良俗論を十分に扱わないことにした。

971 大判大 9・10・30 法律新聞 1808 号 11 頁。この周辺に関わる問題について，米倉明「法律行為（17・18）」法学教室 63 号 28 頁，64 号 118 頁。また，我妻栄『新訂民法総則』（岩波書店・1965 年）272 頁，松阪佐一『民法提要総則（第三版）』（有斐閣・1974 年）207 頁，四宮和夫『民法総則（第 4 版補正版）』（弘文堂・1996 年）200 頁以下参照。

972 山本敬三『公序良俗論の再構成』（有斐閣・2000 年）232 頁以下，林幸司「ドイツ法における良俗論と日本法の公序良俗」椿寿夫＝伊藤進編『公序良俗違反の研究』（日本評論社・1995 年・初出 1992 年）124 頁，後藤巻則「フランス法における公序良俗とわが国への示唆」同書 152 頁，中舎寛樹「民法 90 条における公序良俗違反の類型」同書 229 頁以下，伊藤進「法律行為における公序良俗の展開」同書 245 頁，鹿野菜穂子「ドイツの判例における良俗違反」同書 138 頁。

973 山本敬三『公序良俗論の再構成』（有斐閣・2000 年）233 頁。

974 本書第 2 章第 6 節―2 参照。

することは，労働法においては，古くからみられる。結婚退職制を定める契約が，念書，慣行，就業規則，労働協約のいずれを問わず，合理的理由が認められない限り公序違反として無効となるとされた[975]。最近でも，丸子警報器事件[976] において，原告らは4年ないし25年勤続してきた女子臨時（パート）社員が，勤務時間，勤務日数，業務の内容が（女子）正社員と同一であるとして，賃金の均等処遇を求めた事件で，裁判所は，「およそ人はその労働に対して等しく報われなければならないという均等処遇原則の理念は，人格の価値を平等とみる市民法の普遍的な原理」としつつ，そうした賃金の格差は「均等処遇の理念に違反する格差であり，（…），公序良俗（民法90条）に反する」と判示している[977]。また，公序良俗規定との関係で問題となるのではないが，プライバシー及び人格的利益の侵害により不法行為を構成すると判断した画期的な最高裁判例がある。つまり，会社の行為は[978]，「Xらの職場における自由な人間関係を形成する自由を不当に侵害するとともに，その名誉を毀損するものであり，また，X_2らに対する行為は，プライバシーを侵害するものでもあって，同人らの人格的利益を侵害するものというべく，これら一連の行為が（……）各Xらに対する不法行為を構成するものといわざるを得ない[979]。」

こうした公序良俗の判断が恣意的な判断とならないために，山本教授は判例を分類整理している。つまり，これまでは，私法上は，「人倫に反するもの，正義の観念に反するもの，他人の無思慮・窮迫に乗じて不当の利を博する行為，個人の自由を極度に制限するもの，営業の自由の制限，生存の基礎

---

[975] 東急機関工業事件東京地判昭44・7・1労民20巻4号715頁。
[976] 長野地上田支判平成8・3・15労働判例690号32頁，判例タイムズ905号276頁。
[977] パートの賃金について正社員の賃金の8割を支払うべきことを命じている。
[978] この事件は，Xら労働者が極左分子であるとか，Y社の経営方針に非協力的なものであるとその思想を非難した上で，X_2に対して，Y社は退社後X_2を尾行したり，その会社のX_2のロッカーをY社が無断で開けて「民青手帳」を写真に撮影した，という事件において，そのXやX_2に対するY社の損害賠償責任が問われた事件であった。
[979] 関西電力事件最三小判平7・9・5労働判例680頁，判例時報1546号115号。この判例の解説として，中嶋士元也判例評論449号212頁，角田邦重労働判例688号6頁，遠藤隆久「人格権の尊重」菅野和夫・西谷敏・荒木尚志編『別冊ジュリスト労働判例百選』（2002年・有斐閣）44頁。

たる財産を処分すること，著しく射倖的なものといったものが代表的なものである」という[980]。

これを労働法の分野について考えると，男女の差別の場合，経済的生存を脅かす場合[981]，使用者が過度に労働者の行為の自由，または，人権を侵害し，これによって，使用者の意のままに被用者を労働させる場合，などが考えられる。特に，これらの状況が問題になるときには，私的自治の原則の例外として[982]，特別な事情の下に，公序良俗違反を理由に疑いもなく労働契約に対して限界を設定できることにほぼ疑いがないであろう。個々の場合において，労働契約上の条項が契約の自由を考慮して公序良俗違反かどうかはグレーゾーンにあるが，しかし，個人の自由を不相当に制限している具体的事情がある場合は別なのである。

2　労働法における公序と能力・成果主義賃金

a)　成果主義との関連では，まず，労働契約による公序良俗違反は，そもそも要求された売上を労働者があげることが不可能な場合に，考えられる[983]。これは，労働者の行為の自由を制約しているのである。例えば，これは，前年に要求された業務の内容と成果を労働者が何とかみたしたが，それゆえ，翌年に，——多くみられるように——成果給の条項の形成に伴って，その労働者の業務の内容・量が人事課や上司によって引き上げられた場合がこれに当たる。なぜなら，これらの場合，労働者が要求過剰なまたはほとんど達成不可能な，身体的また精神的仕事の要求を，人事課や上司によって仕事として割り当てられることで，あるいはそうした仕事をせざるを得なかっ

---

[980]　山本敬三『公序良俗論の再構成』（有斐閣・2000 年）234 頁。
[981]　例えば，競業避止義務。
[982]　わが国の法秩序は，契約による双方的な自己決定による法律関係の規整を個人に委ねるであるものであるので（私的自治の原則），公序良俗違反による労働契約に対する上限は，原則的に，難しいかあるいは不可能であると考えられる。労働者と使用者が成果賃金についての給付と反対給付について合意をしたという事情の下では，私的自治の原則を理由として，その約束を公序良俗違反とすることは難しいからである。市民は，肉体的または精神的な労働とその成果の結果，使用者との自己形成的な契約上の約束に基づいて高い賃金を要求しうるのである。このため，基本的には，これらの合意は，契約の自由によって設定された裁量の枠内にあるのである。
[983]　Vgl. BAG Urt. v. 20. 6. 1989, NZA, 1989, S. 843.

た状況に自ら追い込まれることで，使用者が，その労働者の行為の自由を著しく侵害しているからである。一般に，その公序良俗違反の判断にあたっては，賃金規定に伴って人事課や上司によってなされた労働者の労務提供の内容，量のみならず，それによってもたらされる労働時間（特に，残業時間），精神的，肉体的な負荷，同種事業所での他の労働者の労務提供の内容，量，など付随的な諸般の事情を考慮して，それが，使用者の組織，命令下での労働力の提供に伴って労働者が自らの行為の自由，生命，健康に対する著しく危険を生じさせるものであるかどうか，を考慮すべきである。その際，賃金規定形成に伴って，要求過剰なまたはほとんど達成不可能な身体的また精神的仕事の要求をその都度の仕事として割り当てたどうか，あるいはそうした仕事をせざるを得なかったどうかが，判断の基準として重要である。

b）　以上のような成果主義賃金の私法秩序において民法の「公の秩序」（民法90条）を要求することによって，さまざまな分野で危惧される成果・ノルマの要求の行き過ぎや，使用者によってもたらされる過剰で公正とはいえない労働者間の競争を排除することができる。自由な秩序と密接に結びつく自由な労働市場の形成のためには，労働の供給者の行為の自由をさまたげるような賃金形成が排除されなければならない[984]。企業が効率性の意味を曲解し，労働者の生命・健康を害するほどの過度なノルマや長時間労働によって，その提供する労働力を不相当に利用・処分しようとする場合，これらの事態を排除しなければならないのである。日本の企業社会の特質の一つであると考えられる，上述のような途方もない労働時間の長さと仕事に課せられた膨大なノルマが成果主義賃金との関係で要請されるとき，身体的，心理的な健康障害の原因をなす「行き過ぎた賃金規整」を除去し，その労働者を保護する労働法の法理が求められることは，誰も疑わないであろう。上述のような法外なノルマの達成によってのみ可能となる成果の目標や契約額は，適法ではないと考える法理が確立することが求められると考えられるし，これによって，実態として長時間労働法の原因となるノルマの軽減や見直しが必要であると考えられる。また，こうした賃金の枠組みの提供について，こ

---

[984] こうした場合，効率理論に基づく賃金の公正な市場形成が可能ではないからである。

れらを考慮して協約自治の範囲内の組合規制での取り組みも可能になると考えることができるのである。

c) 以上から，一定の範囲をこえる契約上の賃金条項，就業規則上の能力・成果主義賃金条項が公序良俗に反するかどうかを判断しうる，と解すべきである[985]。

二　透明性の原則

1　透明性の原則の法的基礎

a) 契約の自由の重要な制約の第二の問題として，透明性の原則の要請がある。透明性の原則とは，ある条項が正確・確定的で可能な限り明白・明瞭なものでなければならない，という原則である[986]。その根拠は，顧客など契約一方当事者にとって十分認識可能な程度に条項が形成されないときに，その条項が私法秩序において保障されるその当事者の選択の自由と決定の自由をその者に不利益に侵害することを防止するところにある。私的自治の原則においては，本来市民である契約当事者がその意思と責任において契約を締結する自由を有し，市場において，他の企業の契約条件と自由に比較し，選択，決定することが可能であるが，その当事者にとって十分認識可能では

---

[985] このアプローチのメリットは，まず，消費者の保護訴訟をめぐる民法の訴訟などにおいて，公序良俗規定を適用させることに積極的なわが国の裁判所の実務（同様の公序良俗規定を持ち消費者保護のためにその規定を適用しようとするわが国の裁判所実務も含めて）になじむというところにある，と考えている（裁判例の分析については，特に，大村敦志『公序良俗と契約正義』（有斐閣・1995年）273頁以下，346頁以下）。労働法においても，こうした暴利行為の類型に限られることなく，この公序良俗規定が労働法に適用されることが多くみられる。最高裁の定式化された判例としては，ユニオンショップ協定について，締結組合以外の他の労働組合に加入している者及び締結組合から脱退し又は除名されたが他の労働組合に加入し又は新たな労働組合を結成した者について，使用者の解雇義務を定める部分は，本条により無効であると判断した，三井倉庫港運事件（最小判平元・12・14民集43巻12号2051頁，労判552号6頁）がある。裁判所の実務になじみやすいと思われるルールを解決策として選択することによって，今後ロースクールが創設され訴訟件数の増加が予想される今後の法治国家としてのわが国の法秩序において，ここで定める基準も裁判例の蓄積の結果，法規範化し，社会のなかでのルールになることが期待されうるのである。

[986] Vgl. Palandt, Bürgerliches Gesetzesbuch, 59. Aufl., 2000, AGBG, Rn. 15f.

ない不透明な条項が形成されるときは，それらの私的自治的な比較，選択，決定が不可能になり，契約当事者の信頼関係を著しく害するばかりか，自由な労働市場の形成を妨げる[987]。このため，給付内容とその要件について，正確・確定性，明白・明瞭性を要求する原則，透明性の原則の確立が不可欠であると考えられるのである。

　b)　この透明性の原則は，わが国の私法秩序においては，信義則にもとづいて法的に基礎づけられると解する（民法1条2項）。その根拠は，法に十分の知識を有しない平均的市民に対して，条項を提案しまたは，作成する者は，その規定の作成に当たって，その他方当事者にとって不利益な効果となることを知りながら，その権利と義務内容を十分に明らかにせず明確にしなかった場合，契約双方当事者の信頼関係を基礎として法的関係を形成すべきことを要求する，わが国の私法上の原則，信義誠実の原則に反するからである[988]。このため，信義誠実の原則に基づき（民法1条2項），特に，主たる給付，付随的な給付を問うことなく，契約的な給付の種類，根拠，程度，要件，効果については，個人の十分な認識可能性と透明性が要求される，と解される。その透明性の原則の充足の有無は，平均的一般市民が特別な法的な助言なく，その条項の内容，効果を知りえたかどうかを基準に判断される。

　2　労働法における透明性の原則
　a)　透明性の確保が労働法においても重要な意義を有していることはいうまでもない。主たる給付の領域における給付額や給付の要件・効果が不明確で不透明であるときは，個人の期待可能性を損なう。しかしながら，わが国の成果主義賃金においても，特に，賃金がいかなる根拠，対象，賃金額で支払われるのか，不透明である場合があり得る。例えば，実務において，今年の労働者の成果により来年の賃金額が月30万円から60万円まで変動しうると規定されあるいは口頭で言い渡される場合，どの程度の今年の労務の提供

　987　Vgl. Köndgen, a.a.O., NJW, 1989, S. 943（946f.）.
　988　また，ドイツ連邦通常裁判所は，普通契約約款法の制定される以前においても，契約条件についてコントロールの法的根拠を信義則においていたし，普通契約約款法が適用されず，立法の欠けつが生じている労働法においては，わが国においても同様の法理を定立するにあたっても，これらの法理が参照されることが可能である。

で将来いかなる給付額になるのか，労働者が認識することができないときがこれに属する。この場合，労務提供の対価である主たる債務である賃金額について，賃金額の変動額があまりに大きすぎるため，今年の労務の提供に当たって，来年度の報酬が，おおよそ月30万円なのかそれともその倍の60万円なのか，認識し得ず，主たる債務（賃金債務）について不透明であり，労働者の期待可能性を著しく害する。労務の提供をする際に，その対価である反対債務（賃金債務）が不透明であり不正確または不明瞭であり，確定されて約束された状態ではないのである。債務と反対債務の相当な均衡を害するこうした不確定な事態は，私法秩序においてはありえないことである（また，あってはならないことである）。このような場合，透明性の原則に反すると解する。

b）透明性の原則は，能力・成果主義賃金の規定との関係では，いかなる内容を有しうるのか，一層具体的な法形成が求められる。もともと，透明性の原則とは，法に十分の知識を有しない平均的市民がある条項の不利益を正しく認識できるように，その普通契約約款など一方的に定められる条項の作成者に対して義務づけているものである。賃金がいかなる根拠，対象，賃金額で支払われるのか，若干不透明である場合があり得るが，労働法において十分な熟慮を要するのは，使用者によって提示された契約条件が十分に具体化され，透明なものであるかどうかである。主たる給付内容である契約上の価格や給付の要件の透明性の確保が労働法上重要となる。このため，使用者が，給付の配分にあたって，労働者が認識しうる基準にしたがって賃金規定を定立しない場合で，こうした賃金規定，額の根拠，対象，額，が著しく不透明である場合には（例えば，今年の労働者の成果により来年の賃金額が月35％以上変動しうると規定されあるいは口頭で言い渡される場合には），当事者の信頼関係を害し，信義誠実の原則に反すると解する[989]。また，賃金の規

---

[989] よって，上述のケース，今年の労働者の成果により来年の賃金額が月30万円から60万円まで変動しうると規定されあるいは口頭で言い渡されるケースでは，賃金額が50％以上も変動してしまうことから，こうした取り扱いは，透明性の原則に反する，と解する。また，――降格が問題になった事件ではないが――，複数の労働者らの賃金の削減率が33％から46％にのぼる［業績給50％減額，専任職手当廃止，賞与支給率300％から200％への削減］就業規則改定の適法性が問題になった，みちのく銀行事件においては，最高裁第一小法廷は，「（代償措置を加味して判断し

定において支払われる賃金額が変動するが明確な規定が存在しない場合，または，賃金が支払われる旨は契約上明らかであるが，その支払われる額や根拠が明確にされないまま毎年あるいは毎月異なった賃金が支払われる場合も，具体的な事情を考慮して透明性の原則に反しうると解する。

c) 年俸制において，AからFの6段階の評価を予定し，標準以下の実績しかあげられない「C評価」が続く場合，平成15年度以降当初の金額を若干下回るという場合で，かつ，約8割の社員について8200円から93000円の幅で賃金が上昇し，2割の社員について900円から13500円の幅で賃金が減少するという場合に，大阪地裁は，こうした年俸制を規定する給与規定に，「合理性があり，かつ必要性がある」と判断している[990]。これは，標準以下の実績しかあげられない「C評価」が続いても，平成15年度以降当初の金額を若干下回るにすぎない，という点，また，約8割の社員について8200円から93000円の幅で賃金が上昇している，という点，さらには，組合と交渉しているという点を重視して，当該年俸性を新たに定めた就業規則の変更の必要性を肯定している[991]。こうした裁判所の判断は，企業の行う人事考課・評価を前提としながらも，その労働者の不利益の程度を勘案しながら，降格制度の適法性を判断することができることを示している。しかしながら，この事件では，2割の社員が降格により賃金額が下がるのであるが，賃金が減額される社員を対象とした賃金減少額を認定しないまま，当該賃金制度を適法なものと判断している。この事件において，最低の「F評価」が続いた場合，実際には，月額60万円弱の給与から，約20万円も減額される結果となる[992]。最も不利益になる労働者の賃金額が約20万円も減額される場合に，

ても，その労働者らの）不利益が全体的にみて小さいものであるということはできない」と判示し，その就業規則改定の適法性を否定している（最一小判平12・9・7民集54巻7号2075頁，労働判例787頁6頁）。この判断と対比しても，降格による労働者への不利益が問題になる場合に，同程度の賃金減額が肯定される十分な理由に乏しい。国際比較からも，こうした結論は支持できる（Takahashi, Die Lohnbestimmung bei leistungs-und erfolgsabhängigen Entgelten im Spannungsfeld von Privatautonomie und Kollektivautonomie, Tübingen, 2003, S. 158f.）。こうしたことから，例えば，特段の事情のある場合を除き，年俸制導入により，年の賃金の減少額が3割5分以上にまで達している場合は，違法になると解される。

990 大阪地判平12・2・28労働判例781号43頁［ハクスイテック事件］。
991 大阪地判平12・2・28労働判例781号43頁［ハクスイテック事件］。

その就業規則による人事制度・降格制度に合理性があるといえるかどうか，疑問を残すものと思われる。

　アーク証券事件では，——年俸制ではないものの——，前記の通り，降格した場合，諸手当を含め改定前の賃金額の約三分の一へ減額される，という制度へ人事規則を改定する場合において，東京地裁は，これは就業規則の改定の問題であるとし，裁判所は，かかる人事（就業）規則の変更について「高度の必要性」が存しないと判断した[993]。これは，その廃止による労働者の不利益が約60万円から28万円への減額にも及んでいることを重視したものである。降格による賃金の減少額が6割をこえている本件のような場合，就業規則に基づく降格は，合理性がなく違法になる，と解すべきである[994]。

　c）　こうした私法上のルールの労働法への適用は，賃金規定の透明性の確保を可能にするものである。これによって，「ガラス張りの契約条項と契約関係の形成」が要請されることになる。つまり，その成果主義賃金規定の根拠，対象，その賃金額とその賃金の変動幅について，その不透明性さを除去し，そして，当事者に真の期待可能性，決定の自由を付与しようとするのである。同時に，不透明で不明瞭な賃金規定によって，むやみに，労働者がその一定の成果の要求を満たすために時間外労働や一定のテンポの労働を自ら課し，その身体的あるいは心理的に健康を害することのないようにしようとするものである。契約関係の「ガラス張りの透明性」を保障することで，過度な成果主義社会，ノルマ社会の形成に歯止めを形成することが必要である。

---

[992] 梅田章二・鎌田幸夫・城塚健之・河野豊「能力成果型賃金体系移行にともなう中高年の賃金切り下げの合理性判断」労働法律旬報1481号36頁，拙稿「能力・成果主義賃金における法律問題―労働者の業績不振等を理由とした賃金減額・降格をめぐる法的問題（下）」労働法律旬報30頁，31頁。

[993] 東京地判平12・1・31労働判例785号45頁［アーク証券事件］。

[994] この他，看護婦不足，公務員との比較，看護代替要員の配備が必要不可欠であったという事情から，看護婦として採用時に給与面で優遇するため，通常より高い号級に位置づけ，後になって，人件に高騰，介護保険法施行に伴い被告病院に大幅な減収が予想されたことから，原告看護婦らの降格・減給を行った事件において，裁判所が当該降格・減給が無効であると判断したものがある（秋田大館支判平12・7・18労働判例74頁［小坂ふくし会事件］）。

終章　成果主義賃金の彼岸

　a) aa)　法と社会の変動が論じられる際に，ヘンリー・サムナー・メイン (*Henry Sumner Maine*) 博士がその名著「古代法 (*Ancient Law*)」第五章において述べた「身分から契約へ」という言葉が引き合いに出される[995]。人格法の知る奴隷関係と家族関係のようなあらゆる身分の形態が崩壊した（もしくは崩壊しつつある）のに代わって，個人社会とその個人間で形成される契約社会が出現した，と理解している。かつて，20世紀初頭においては，フォン・ギールケ (*von Gierke*) 教授の主張のように，労働関係が，中世の忠勤契約の関係と類似して，身分と人格法的な共同体関係によって特徴づけられる関係である，と理解されることもあった[996]。このため，忠実義務と配慮義務のような権利義務がそこから派生するとも考えられていた。これらの人格法的な関係に起源を持つ人間と人間の拘束も，今では，付随義務との関係では，契約法上の権利・義務関係に置き換えられている[997]。こうした人格法が退潮・衰退し契約法が台頭する現象は，付随義務との関係だけにみられるのではなく，主たる権利・義務関係のなかにおいてもみられる。これとは反対に，労働関係においては集団的労働法の優位のもとに契約法の意義が軽視されがちであった。労働関係が「契約から身分へ」退潮してしまうという契機と危険性を労働法が考慮していたともいえる。しかし，そもそも私

---

[995] Henry Sumner Maine のドイツ語訳では "Das alte Recht „Ancient Law", Baden-Baden 1997, S. 114" がある；Vgl. Söllner, „From status to contract" Wandelungen in der Sinndeutung des Arbeitsrechts, in: Festschrift für Wolfgang Zöllner Band 2, 1998, S. 949. 秋田成就「労働法における『身分から契約へ』」東大労働法研究会『労働法の諸問題』（勁草書房・1974年）155頁以下。

[996] Vgl. v. Gierke, Die Wurzeln des Dienstvertrages, in: Festschrift für Heinrich Brunner, München, 1914, S. 35（57f.）.

[997] 和田肇『労働契約の法理』58頁以下。

法の中核的な思想である私的自治の原則は，19世紀以来，自己決定と自己形成の手段として，理解されていた[998]。現行法においても，憲法は，今なお，疑いの余地もなく，法的生活における個人の自己決定の基礎として，私的自治の原則（憲法12条）を保障している。自己決定と自己形成とは，私たち自身によってさまざまなあらゆる諸関係を自ら形成することを意味している。さらに，フルーメ（Flume）教授によれば，個人が「拘束」される唯一の理由は，自らの意思と責任においてそれを望み・欲したことのなかに，つまり，「自己支配[999]」のなかにある，とされる。そして，これらの個人が自らの意思と責任において形成される法律関係は，多様に創造的に展開することができる。そこに自由を確立すべき意義も存在している。そうだとすると，この私的自治の原則は人間の人格（Persönlichkeit）とその個（Individualität）の発現のための手段であると理解できる[1000]。私的自治の原則とこれに根ざす私法制度は，こうした個人主義に根ざすものである。自由の概念は，「私（ich）」の自由と結びつき，自らの人格と結びつくのである[1001]。ここに，契約法と私的自治の原則との結びつきが看て取れる。長い歳月を経て発展した自由と契約そのものは，今日，自己決定と自己責任なくして，考えられない。労働法も本来その例外をなすものではない。今日の労働法の最も重要な思想は，個人とその契約によって法律関係を自ら形成する，という私法の最重要な原理，私的自治の原則であると考えられる。しかし，労働関係においてその私的自治による法律関係の形成が可能であるかどうかは，今日の労働契約当事者が実際上，契約の自由が保障されそれが行使されうるかどうか，にかかっているのであるから，その成否の鍵は，労働者個人が当該企業における労働力としての不可欠性から出発して，その自由な意思のみにもとづいて，使用者とともに自由に法律関係を形成できるかどうかによることになると考える。

bb) 学説では，解雇や職業紹介との関係において，一層市場指向の経済秩序を形成する方向で，私的自治の原則にしたがった労働契約関係を再構成

---

[998] Zöllner, JuS 1988, S. 336.
[999] Flume, Rechtsgeschäft, §1, 6.
[1000] Vgl. Flume, JZ 1985, 1106 (1107).
[1001] Coing, Grundzüge der Rechtsphilosophie, 5. Aufl., Berlin, S. 198.

することが模索されている[1002]。大企業は，実務上，従業員の大部分に対し，企業に対する期待の対価として，実際上，高賃金，および，長期の就業を約束するのが通常である。企業は，効率理論が指摘するように，企業にとって意味のある有能な従業員の損失によって生じる労働コストの喪失を最小限にするために，有能な労働力を可能な限り企業にとどめる行動にでる。能力・成績給による高賃金の保障は，その意思の現れでもある。また，個人が労働力として企業において必要であればあるほど，企業は，能力・成果主義賃金を，企業の期待の現れとして提供しようとする。そこから明らかになるのは，使用者も，労働者の労働の供給に依存している，ということである。現代の賃金関係では，労働組合が，以前より，協約自治の原則と争議行為を労働者の労働条件向上の手段として有しているのに対して，個々の労働者も，使用者に対して，賃金交渉を有利に展開し，より高い賃金を要求するための手段を有しているということである。賃金交渉に際してより強い契約上の地位の獲得は，こうした個人としての不可欠性に由来している。この限りで，現代の労働関係における個々の労働者は，使用者に対してその利益を主張し擁護し実現するために弱者でも無能でもない[1003]。このことは，労働法の領域においても，一定の自己決定の障害となる事例を除き，個人で契約を形成できる可能性が存在することを意味する[1004]。ここに，私的自治の原則が，賃金形成，特に，能力・成果主義賃金との関係において，新たな労働法の思想・出発点となりうる契機が存在している。この本書の新しさは，仕事に対するモチベーションの効果に着目した効率理論を考慮したうえで，能力・成果主義賃金を含めて，市場に指向した賃金形成の可能性を構築することにある[1005]。

[1002] 菅野和夫・諏訪康雄「労働市場の変化と労働法の課題」日本労働研究雑誌1066号6，8頁（1995年），菅野和夫「労働市場と労働法のテーマをどう見るか」日本労働法学会誌97号109頁，荒木尚志「労働市場と労働法」日本労働法学会誌97号55頁（80頁），小嶌典明「労働市場をめぐる法政策の現状と課題」日本労働法学会誌87号5頁（27頁）.

[1003] Wittgruber, Abkehr des Arbeitsrechts, S. 44; Zöllner, NJW 1990, S. 1 (4).

[1004] より重要な点は，どの程度労働者が保護に値するか，という点である。これは，大部分，自己決定と自己責任の原理をどれだけ信頼・期待するかによるのである (Fastrich, Vom Menschenbild des Arbeitsrechts, S. 209).

b) aa) これに対して，能力・成績給の賃金形成にあたって個人の自己決定が阻害される例外的な場合としては，この論文では，使用者によって定型的・一方的に定められる画一的な条項のために賃金規定の透明性が確保されない場合を指摘した。その場合，民法は，それが労働者の契約上の地位を侵害するものである限り，これらの契約的な条項に対して内在的な限界を設定するものである。典型的には，能力・成績給の規定が契約上の画一的な規定である就業規則や各種人事規則などによって使用者によって設けられた場合，使用者が大量な利用によって濫用し，そして，それゆえ，正義の観点から，大量適用される画一的な条件の正当性が疑われるようなケースが問題になる。能力・成果給の賃金形成との関係においても，使用者の契約条件の設定によって生じる個々の契約条項の内容や効果の不透明性が問題になる。この限りで，能力・成果給の不透明な契約条件による自己決定の阻害に直面して，

1005 労働者の経済的従属性論によれば，労働力を売ることによってしか自己の労働による生活を現実に営み得ない労働者が，労働力＝商品を－生産手段のどの所有者に売ろうとも－生産手段のいずれかの所有者に売らざるをえない地位にあると把握される。その上，生産手段の所有者である使用者の統制のもとで，労働者が労働せざるを得ないことから，生産過程において使用者に労働者は従属する。1）契約締結過程＝流通過程における労働者の従属性，2）生産過程における従属性とがあり，上の二重の意味において，労働者は使用者に従属せざるを得ない，とされ，個人の自由なる意思の基づく労働が従属すなわち不自由に転化する，と理解される。

このうち，本文の効率理論による私的自治の原則の拡大によっては，1）の従属性ゆえに契約の自由が形骸化する，という意味の従属性が軽減ないし相対化されることになるであろう。

これとともに，労働者の経済的従属性については，資本によるその労働力の購入＝売買が労働力の価値を超える価値（剰余価値）を生み出す労働者についての従属として，捉えられる（＝3）労働者の階級的従属性）。資本蓄積こそ産業予備軍をも含めて労働者階級の絶対的窮乏化を必至ならしめるものであり，ここに労働市場＝流通過程における階級的従属が具体化される。この価値が増殖している過程（生産過程＝価値増殖過程）が，労働力の自由なる売買という法形式をとることから，価値どおりに労働力商品を売られない。この3）の意味の従属性も軽減ないし相対化されるのではないかと推察される。

ただし，労働力を売ることによってしか自己の労働による生活を現実に営み得ない労働者が，労働力＝商品をいずれかの所有者（＝使用者）に売ろうとも，生産手段のいずれかの所有者に売らざるをえない地位にある，という意味の構造的な経済的従属性の問題は残ると考える。この意味の従属性の存在は，商品の交換過程と貨幣経済が残る限り，資本主義・共産主義という国家・社会形態の差を問わず，存続しうるのではないかと思われる。

また，能力・成果主義賃金の場合，2）の人的従属性の問題も残ると考える。

労働者の知的従属性が指摘されうる[1006]。このことは，他方当事者が通常こうした条項の全体の意味とその効果を十分に理解し判断することができないことと関係する。法的にどう重要であるのか認識し得ないのであるから，その条項の提案者が法的効果の不確かなことを有利に利用しかねないのである。この法状況の不透明さは，契約当事者の不利益に導くものである。契約当事者にとって契約条項の透明性を保障しない契約条項は，不利益な取り扱いを意味し，契約当事者の決定の自由を害するのである。能力・成績給の賃金条項に関してその形成と変更について透明性を欠くことから裁判所による内容コントロールから無効となることに，疑いがないと思われる。賃金が35％以上変更する場合，能力・成績給に関する契約条項の透明性が脅かされる。これによっては，契約当事者の自己による法形成が制限される，契約の上限が問題となるのではなく，能力・成績給に関する契約条項の透明性が問題になると考える。既に述べたように，個々の労働者がその権利・義務について情報の提供を受けられないことは，受忍できない。したがって，35％をこえる賃金の変動には，透明性の原則違反が認められる（民法1条ノ2）[1007]。

　bb）　能力・成績給の賃金形成にあたって，公序良俗にもとづいて（民法90条)，契約自由がその内在的な限界として制限される場合がありうる。契約の公序良俗違反は，行為の内容，理由，目的の総合的な評価から明らかになる[1008]。公序良俗違反となるのは，使用者が労働者の行為の自由を過度に制限する場合であり，能力・成績主義賃金制度のもとで職務の目標の達成を要求するあまり，企業またはその事業所のために，要求過剰なまたはほとんど不可能な職務の達成，ノルマを要求する場合[1009]，である。典型的には，

1006　Fastrich, Inhaltskontrolle, S. 187 ; Hromadka, Inhaltskontrolle von Arbeitsverträgen, S. 263; Preis, Grundlagen der Vertragsgestaltung, S. 286f.; Säcker, Gruppenautonomie, S. 88.

1007　こうした問題は，事前の裁判所の審査として，本文のような当該賃金条項の透明性の原則違反の有無が問題になりえて，事後の裁判所の審査としては，当該賃金条項の適用の段階において，実際には，降格・賃金減額が問題になりうる。つまり，論理的には，事前と事後の裁判所の審査がありうる。ここでは事前の裁判所の審査の問題を透明性原則との関係で問い，拙稿「能力・成果主義の法律問題（上）（下）」労働法律旬報1559号24頁，1560号30頁（特に同号30頁以下）は事後の裁判所の審査を問題にしている。

1008　BAG Urt. v. 10.7.1987 NJW 1988, S. 130f.

身体的または精神的に要求過剰なまたはほとんど不可能な職務を達成したにもかかわらず，その職務の達成目標がさらに向上した場合が問題になろう。これらの場合，労働契約の主たる義務である労務の提供の目的，その態様，職務の内容，性質，労働時間など諸般の事情を考慮すると，職務の要請として身体的または精神的に過剰なことあるいは不可能なことを要求することは，一般に，許されない自由の侵害を意味し，公序良俗違反の限界をこえるものとして違法であると解される。

c) aa) さらに，問題なのは，労働組合を補完・代替することが期待される，事業所の従業員代表制度である。それに類似する制度として，過半数代表者制度や企画型裁量制における労使委員会制度がある。しかし，この従業員代表制度は私的自治的な基本秩序と構造的に必ずしも一致しない。従業員の代表組織と使用者との間で締結される，労使協定は，個々の労働者にとっては，他律的秩序として，特徴づけられるのである[1010]。個々の労働者は，事業所に属していることを理由に事業場の規定に服し，そして，労働者に対して積極的かつ消極的な団体の自由が法秩序において認められていない。このことから，その協定が織り成す規範秩序は，個々の労働者にとっては，強制的秩序（$Zwangsordnung$）として特徴づけられる。これは，事業場での成果・能力給の賃金形成とも関係している。なぜなら，能力・成績主義賃金の規制にも従業員代表制度が参加できるシステムになったときには，個人による決定の機会と自由が阻害されているからである。

bb) ドイツにおいては，事業所組織法1項10号および11号の共同決定権の拡大は，能力・成績主義賃金との関係で，連邦労働裁判所によって行われてきた。事業所組織法1項10号および11号の共同決定権は，従業員の集団的な利益（$Kollektivinteresse$）の保護を目的としているが，それは，労働契約当事者間の自己による法形成の可能性を侵害する，ということをもたらす。十分な根拠なく従業員代表による集団的な規整が優位されることは，単

[1009] BAG Urt. v. 20. 6. 1989 NZA 1989, S. 843. Vgl. LAG Berlin AP Nr. 65 HGB Nr. 14.
[1010] Vgl. Aksu, Regelungsbefugnis der Betriebsparteien, S. 62; Kreutz, Grenzen der Betriebsautonomie, S. 64; Veit, Zuständigkeit, S. 184; Konzen, ZfA 1985, S. 489; Picker, Tarifautonomie in der deutschen Arbeitsverfassung, S. 56f. ; Richardi, Kollektivgewalt, S. 309f. (316); Reichold, Sozialprivatrecht, S. 543; Rieble, Arbeitsmarkt und Wettbewerb, Rn. 1895; Waltermann, Rechtsetzung, S.137.

に労働契約による契約の形成の可能性を排除するだけである。これと関連して，従業員代表の賃金規整に関する正当性は，それが使用者の一方的決定から個々の労働者を保護することによって，基礎づけられる（保護機能）[1011]。これに対して，従業員代表が保護機能をもつことによる正当化は可能でないことをこの論文において示している[1012]。なぜなら，従業員代表制度の長い伝統を持つドイツにおいても，これらの共同決定制度（＝従業員代表制度）は，統計などを見る限り，実際上，使用者の一方的決定と関連する，賃金の上昇，特に協約外賃金の上昇，賃金規定の透明化，最低賃金の保障，のいずれにも役立っていないからである[1013]。ここから明らかになるのは，事業場のパートナーの能力・成績給の領域での規整権限は，事業所協議会の共同決定権が何ら正当化されえない，ということである。このため，能力・成績給の領域での共同決定の権限は，従業員代表の労働条件規整が労働契約当事者の決定の自由を侵害しないように，制限的に解釈しなければならない。これは，ドイツにおいて，事業所協議会の共同決定権が労働契約当事者の決定の自由を侵害しないように，事業所協議会の共同決定権を定めた立法者の意思にも合致している[1014]。このため，日独問わず，賃金額に直接的ないし間接的に影響を与える権限は，従業員代表には帰属しないと解される。個人の集団的な保護は，個人の自由が保護されるところで，許されるのであって，そ

1011 Vgl. BAG Urt. v. 13. 1. 1987 AP Nr.26 zu §87 BetrVG 1972 Lohngestaltung; BAG GS Beschluss v. 3. 12. 1991 AP Nr. 51 zu §87 BetrVG 1972 Lohngestaltung; BAG Beschluss v. 14.2.1993 AP Nr.65 zu § 87 BetrVG 1972 Lohngestaltung ; BAG Beschluß v. 19.9.1995 AP Nr.81 zu §87 BetrVG 1972 Lohngestaltung; BAG Urt. v. 9.7.1996 AP Nr.86 zu §87 BetrVG 1972 Lohngestaltung; Hueck/ Nipperdey, Lehrbuch des Arbeitsrechts, Bd. I S. 3ff., 1062ff. ; Nikisch, Arbeitsrecht, Bd. I, S. 30ff. ; Wiese, GK-Komm, Einl. Rn. 50; Säcker, Gruppenautonomie, S. 92f.; Däubler, das Grundrecht auf Mitbestimmung, S. 3f. ; Preis, Grundfragen der Vertragsgestaltung, S. 216ff.; Richardi, Kollektivgewalt, S. 1f., 110; Veit, Zuständigkeit, S. 46f.; Waltermann, Rechtssetzung, S. 66 ; Bericht der Mitbestimmungskommission, BT- Drucks. VI/1786, S. 31. Hueck/ Nipperdey, Lehrbuch des Arbeitsrechts, Bd. I S. 3ff.; Nikisch, Arbeitsrecht, Bd. I, S. 30f. ; Wiese, GK- Komm, Einl. Rn. 50, 53ff.; Säcker, Gruppenautonomie, S. 92f.; Däubler, das Grundrecht auf Mitbestimmung, S. 3f. ; Preis, Grundfragen der Vertragsgestaltung, S. 216ff.; Richardi, Kollektivgewalt, S. 1f.; Veit, Zuständigkeit, S. 46f.
1012 Vgl. 第2章第5節三，四。特に，三。
1013 Vgl. 第2章第5節三。
1014 Vgl. 第2章第2節三の2。

d）これにかわって，能力・成果主義賃金制度が一般の被用者などを対象としている場合，労働協約が，集団法的に能力・成果主義賃金規定を形成していくことに寄与していくべきであると考える。90年代後半から，日本の労働組合も，徐々にではあるが，能力・成果主義賃金制度への参加を進め，その組織基盤を確保している[1015]。協約自治は，賃金とその他の労働条件に関し，国家から自由な領域について，自らの責任で，その秩序を形成することを可能にする[1016]。真の意味の集団的な自治とは，協約自治によって，つまり，労働組合の規制によってのみ可能になっているのである[1017]——（団結の自由が観念しえず，従業員の主体的な参加というのがありえない）従業員代表制ではなく——。このため，成果・能力給など労働条件の規整は，個人の主体的な労働組合への加入・参加による労働協約のカルテルによっても可能となると考える[1018]。これは，自由な意思と主体的努力によって労働組合を形成・維持し，それによって労働条件を保護し促進する自由は，自らの意思と責任に基づいた自己責任の原則と個人主義の核心部分をなすからである。集団的保護のシステムも，あくまで，個人の自己決定・意思と個人主義に根ざしたものでなければならないのである。以上から，能力・成果に応じて形成されるべき賃金秩序は，労働契約と労働協約による，デュアルシステムによって形成されるべきである。

[1015] 東京都大崎労政事務所「『成果・能力主義』拡大への労働組合の対応」2001年。
[1016] Vgl. BVerfG Beschluß v. 1.3.1979 AP Nr.1 zu §1 MitBestG.
[1017] 従業員の主体的な参加のためには，消極的団結の自由の観点から，ユニオンショップ制の見直しが不可欠となる。ドイツにおいては，クローズド・ショップ制度のような組織強制は，基本法上団結の自由に反することから，従業員代表制度とは異なり，労働組合への個人の加入強制は行われない（レーヴィッシュ『現代ドイツ労働法』（法律文化社・1995年）41頁，西谷敏『労働法における個人と集団』（有斐閣・1992年）114頁）。日本法においても，ユニオンショップ制の再検討が求められると考える。
[1018] Rieble, Arbeitsmarkt und Wettbewerb, Rn. 1889.

あとがき

　本書は，能力・成果主義賃金をめぐる法律問題について考察したものである。ドイツで執筆した *"Die Lohnbestimmung bei leistungs- und erfolgsabhängigen Entgelten im Spannungsfeld von Privatautonomie und Kollektivautonomie, Tübingen, 2003"* を翻訳し，一部解説を加えわかりやすくし，これに日本法の考察を加えた（ドイツ法の部分にある邦語文献は日本で補ったもので，ドイツ語の版にはない）。

　ドイツで博士論文を作ろうと思ったとき，最初にドイツで研究者になろうとする者が教授の先生方から要求される水準があった。それは，第一に，教授の先生方の論文での議論と，200頁から多いものでは700ページもある教授資格論文・博士論文での議論をこえる必要があるというものであった。第二に，ある法分野の基本問題について，具体的な問題との関係での新しい帰結が求められるだけでなく，基本原理，労働法でいえば，私的自治，協約自治，事業所自治，市場，これらの4つの関係を十分に基礎づけられた新しいテーゼが要求された。第三に，法制史的な考察が必要とされた。これらは，いずれも，「実用法学」万能の国日本からやってきた一学生からみれば，驚きであり脅威でもあった。また，ドイツは概念法学が主流と聞かされていた印象とは全く異なっていた。法思想（特に法源）と法制史が重視された。これらの水準がみたされない限り，先生方からは，一般論として，博士号を授与しないといわれていた。もはや日本には帰れないかもしれない，と思った。

　しかし，私的自治，協約自治，事業所自治などの難問に過去に挑んだ教授資格論文・博士論文と格闘していくうちに，これらの方法論の正しさについて深く納得することができた。

　そこで，本書では，ドイツの法状況との比較法的考察を行っているが，本書にはいくつかの方法論的な特徴がある。

　第一に，日本法・ドイツ法の判例・学説の分析も行っており，裁判実務・人事実務に対し一定の配慮はしている。しかし，基本的には，こうした「実

あとがき

用法学」的な研究に終始せず，法源論的に，基本原理から問題を深く掘り下げている。具体的には，日独ともに，私的自治，協約自治，事業所自治の基礎原理から，労働契約，労働協約，（従業員代表の締結する）協定の労働条件の規制権限の限界を能力・成果主義との関連で考察を加えている（これに加えて，能力・成果主義との具体的な問題を解決するために，公序良俗・約款規制などの私法的な法理も用いている）。その際，これらの法原理から本質的にストレートに解決策を導く場合，法原理から結論を実質的に正当化することが試みられている。特に，法秩序が許容した法原理（例えば私的自治の原則など）から労働協約や従業員代表の協定（ドイツでは事業所協定）などの労働条件規整権限を導いているのである。この考察にあたって，人事実務・協約実務，ならびに，市場の状況などもドイツ・日本それぞれに勘案している。各々の労働市場および企業社会の特質を考慮することなしに，これらの本質的な問題を解決できないからである。

　こうした法源や法的性質から具体的な帰結を導く方法は，日本法でも，かつては労働協約の法的性質について，著名な労働法学者を中心に盛んな議論が展開されていた。本書は，こうした考察方法に従い，日本法においてこれらの問題の論争と方法論を再燃させようとするものである。特に労働協約と（従業員代表の締結する）協定の関係，労働契約と労働市場の関係は，こうした考察抜きには解決不可能であると思われる。

　第二に，労働市場と法の関係を明らかにしようとしている。解雇などとの関係でしばしば日独ともに，マクロ経済学の理論が考慮されるようになりつつあるが，これを賃金との関係で考察してみることを試みている。それが，本書の大きな特徴にもなっている。

　第三に，法制史的な考察をドイツ法との関係で行っている。日本法との関係で考察するには，成果主義の問題は歴史があまりに浅すぎていた。法制史的な考察は，歴史学の考察と重なるが，やはりそれぞれ異なったものであると考える。法制史の場合，法秩序がもつ法原理がいかに変遷していったかを中心的に考察する必要があるからである（*Ulrich Eisenhardt, Deutsche Rechtsgeschichte, 3.Aufl., München, 1999, Einleitung*）。日本法での法制史的な議論では生の歴史が混在し歴史学との境界線がみえにくくなっている。現代における法原理の変遷が経済社会との関係で浮き彫りになるように心がけなけ

あとがき

ればならない。

　これに付け加えて，——これは表現の問題であるが——，本書がドイツ法を考察する場合，テーゼ（自らの主張）を立てている。これは，もともと，ドイツ法の部分がドイツで出版されたものの翻訳を基礎にしているため，議論を並べて紹介するだけのものとなっていないのである。そうであるだけに，ここでの筆者の主張がいかにドイツ法において位置づけられるのか，読者の方には不安に思われる方もおられることと思う。これらの筆者のテーゼの位置づけを知っていただくために，博士論文の評価となる主査（*Herr Prof. Dr. Eduard Picker*）と副査（*Herr Prof. Dr. Hermann Reichold*）の第一・第二鑑定書によって新しいと評価された点について簡単に箇条書きしておく。

　まず，本書で述べた基本問題に関わる4，5つのテーゼのうち（本書第2章第7節），双方の鑑定書から新しいと評価されているのは，成果・能力主義賃金との関係で，効率理論に基づいて，労働市場の機能と労働契約の関係を考察した部分である。

　また，*Betriebsrat* の労働条件規整権限の限界を述べた結論部分（本書では第2章第5節—の2），労働法および成果・能力主義賃金（協約外賃金）に約款規制・透明性の原則が適用されるとした部分は，新しいと第二鑑定書では評価されている。

　最後になってしまったが，ここまで勉強し本書を上梓するまでに多くの方にお世話になったことを忘れることができない。角田邦重教授からは，大学院でドイツ・日本の労働法を教えていただいた。とりわけ先生からは，ドイツ・日本の労働法のみならず，日本の労使関係，労働経済学などまで勉強し多面的に考察する研究の基本姿勢を学ぶことができた。帰国後，学生・院生の僅かな成長でもお喜びになる教育者の姿を拝見し大変感銘をうけた。厚くお礼申し上げたい。研究者の道に誘い導いてくださった小西國友教授からは，いつも暖かい言葉をいただいた。法律学における理論の組み立て方の難しさも学ぶことができた。先生が学部のゼミでおっしゃっていた「ドイツの冬の温かいワイン」を私も好んで飲んでいたところは，先生も留学されていたドイツのチュービンゲンでであった。毛塚勝利教授には，ドイツ留学前後ともにお世話になっているが，特に，ドイツ留学時にはインタビューの仕方から研究の基本的視角の大切さまでご教示いただいた。ボンやケルンでお会いし

あとがき

常に親身になって相談に答えてくださり，労働法や留学生活について熱っぽく語って下さったのは，心から感謝すべきことで印象深い思い出である。先生から，21世紀を見据えた目線の高い研究をするようおっしゃっていただき，本書でも，労働市場・労使関係と法の関係を考究しようと試みたが，先生からいただいたこの難しい課題は，私の一生のHausaufgabeであると思っている。西谷敏教授，水野勝教授，石井保雄教授，小俣勝治教授，辻村昌昭教授，米津孝司教授，芋谷秀信・敦子さん夫妻にも留学時大変ご心配していただき，留学後もお世話いただいた。毛塚教授と盛誠吾教授が今では中心となっている比較労働法研究会では，大学院生の頃から参加させていただき，先生方の考察と結論を積み重ねていく方法を思考過程・研究方法を追うように勉強することができた。日独労働法協会を通じて，中嶋士元也教授の助言により，野川忍教授には出版を信山社にお願いしていただいた。野川教授はじめ同協会事務局の方々には，日独労働法協会の内外を通じて大変お世話になり，帰国してまもない私を導いていただいている。最後になりましたが，横井芳弘名誉教授，山田省三教授，近藤昭雄教授はじめ，中央大学の研究会の諸先生方からは，判例研究を初め，日ごろからご教示いただいている。また，ドイツ留学時代，エデュアード・ピッカー教授には，論文作成をご指導いただき，ゴッドフリード・シーマン教授には法制史の部分を鉛筆で添削しつつ読んでいただき，多くの友人たちにドイツ語の論文を読んでいただいた。その謝辞は，これに続くNachwortにおいて，ドイツ語で述べさせていただくことをお許しいただきたい。また，本書のような研究書の出版を引き受けて下さった信山社と同社代表取締役渡辺左近さんに心から御礼を申し上げたい。ご多忙のなか大変な本づくりの仕事をしてくださった斉藤美代子さん，鳥本裕子さんには，深甚の感謝をささげたい。きれいなカバーデザインの原図を描いて下さった宋悦科さんにも，心より感謝申し上げたい。最後に，私事にわたるが留学の最後まで思う存分勉強させてくれた両親への謝辞を付け加えさせていただきたい。この論文を作りつつ，人生のすばらしい日々を緑の森の美しいチュービンゲンで送ることができた。

　心から感謝したい。
　　2004年8月

　　　　　　　　　　　　　　　　　　　　　　　　　　　高橋賢司

Nachwort

Die vorliegende Untersuchung hat der Eberhard-Karls-Universität Tübingen im Sommersemester 2003 als Dissertation vorgelegt worden. Sie wurde angeregt und betreut von Herrn Prof. Dr. Eduard Picker. Ohne seine Betreuung, vielfältige Unterstützung und stete Hilfsbereitschaft hätte ich mich an der Tübinger Universität nicht so freundlich aufgenommen gefühlt und es wäre die zügige Durchführung des Promotionsverfahrens nicht möglich gewesen. Ich habe von seinen Seminaren, die ich besuchen durfte, wie auch seinen Ratschlägen in den Sprechstunden sehr profitiert. Es zählt zu meinen nettesten Erinnerungen, dass ich von ihm sogar einmal auf dem Balkon seines Hauses mit dem wunderschönen Blick an einem Sommertag zu einer Sprechstunde empfangen wurde. Auch hieran zeigt sich seine nette und grosszügige Persönlichkeit. Für seine intensive Betreuung danke ich ihm sehr.

Danken möchte ich auch Herrn Prof. Reichold, der den zügigen Fortgang des Promotionsverfahrens durch die rasche Erstellung des Zweitgutachtens unterstützt hat.

Besonders bedanken möchte ich mich bei Herrn Prof. Dr. Gottfried Schiemann. Er hat zum rechtsgeschichtlichen Teil dieser Arbeit vielfältige Hinweise gegeben und Korrekturvorschläge gemacht.

In Dank verbunden bin ich auch Herrn Priv.-Doz. Dr. Thomas Lobinger, der die Entstehung der Arbeit durch die wissenschaftlichen Hinweise am Anfang meines Promotionsstudiums gefördert hat. Frau Mareike Schansker sowie den Herren Timo Benten und Dierk- Hinrich Norden habe ich dafür zu danken, dass sie die Mühen des Korrekturlesens auf sich genommen haben. Für den stets freundlichen Empfang am Lehrstuhl von Prof. Dr. Picker möchte ich Frau Cornelia Ruchhöft Dank abstatten.

Herzlich danken möchte ich meinen Freunden Hinner Otto Schütze, Jürgen Rieg, Dr. Henrik Holzapfel, Dr. Christian Förster, Dr. Oliver Tieste, Jan- Martin Wilhelm, Andreas Kirchner, Dr. André Marhaun, Katrin Bruessow, Stephan Schreiber sowie Tobias Bernhard, die mir bei sprachlichen Abfassung geholfen haben. Christian Arnold hat mir vielfältige Hilfestellung gegeben, um meine Arbeit abschließen zu können. Dafür möchte ich ihm ganz besonders herzlich danken. Schliesslich danke ich von Herzen Marc Schwenzer und Daniel Müller, die die enorme Last des abschließenden Korrekturlesens der gesamten Arbeit auf sich genommen haben.

Tokio, im November 2003   mit einer wunderschönen Erinnerung an die Zeit in Tübingen

Kenji Takahashi

文 献 一 覧

単著・共著・論文

青野覚「労使委員会」労働法律旬報 1488 号 28 頁

吾妻光俊「労働協約の規範性」一橋論叢 47 巻 2 号 14 頁

吾妻光俊『労働法』(青林書院・1956 年)

吾妻光俊「ナチス労働法と私法理論(二・三)」民商法雑誌 11 巻 2 号 235 号以下,3 号 391 頁

荒木尚志「裁量労働制の展開とホワイトカラーの法規制」東京大学社会科学研究所社会科学研究 50 巻 3 号 3 頁

荒木尚志『雇用システムと労働条件変更法理』(有斐閣・2001 年)

荒木尚志「労働市場と労働法」日本労働法学会誌 97 号 55 頁

荒木尚志「労働協約による労働条件の不利益変更—神姫バス事件」(判例百選解説) 山口浩一郎・菅野和夫・西谷敏『労働判例百選第 6 版』(1995 年・有斐閣) 192 頁

新谷眞人「労働者代表制と労使委員会」季刊労働法 189 号 27 頁

石井保雄「最近の賃金処遇の動向と人事考課とめぐる法的問題」日本労働法学会誌 89 号 85 号

石井保雄「人事考課・評価制度と賃金処遇」日本労働法学会『講座・21 世紀の労働法第 5 巻』(有斐閣・2000 年) 124 頁

石井保雄「成果主義人事と昇格・昇給」土田道夫・山川隆一編『成果主義人事と労働法』(日本労働研究機構・2003 年) 91 頁

石原全「西ドイツ『普通契約約款法規制に関する法律』について」ジュリスト 637 号 149 頁

磯崎俊次「社会政策時報」163 号 39 頁

五十嵐清「諸外国における消費者(保護)法(3)—西ドイツ」『消費者法講座 1 総論』(日本評論社・1984 年) 184 頁

五十嵐清「ファシストと法学者」北大法学論集 14 巻 3・4 号合併号 24 頁

伊藤進「法律行為における公序良俗の展開」椿寿夫=伊藤進編『公序良俗違反の研究』(日本評論社・1995 年・初出 1992 年) 245 頁

岩井克人『会社はこれからどうなるのか』(平凡社・2003 年)

梅田章二・鎌田幸夫・城塚健之・河野豊「能力成果型賃金体系移行にともなう中高年の賃金切り下げの合理性判断」労働法律旬報 1481 号 36 頁

遠藤隆久「人格権の尊重」菅野和夫・西谷敏・荒木尚志編『労働判例百選第 7 版』(有斐閣・2002 年) 44 頁

逢見直人「成果主義と労使関係」土田道夫・山川隆一編『成果主義人事と労働法』(日本労働研究機構・2003 年) 281 頁

大内伸哉『労働条件変更法理の再構成』(有斐閣・1999 年)

文献一覧

大内伸哉「成果主義の導入と労働条件の変更」土田道夫・山川隆一編『成果主義人事と労働法』(日本労働研究機構・2003 年) 223 頁

大内伸哉「労働保護法の展望」日本労働研究雑誌 470 号 32 頁

大村須賀男「動態論的な競争と契約自由 (一～二・完)」修道法学 16 巻 1 号 1 頁, 2 号 1 頁

緒方桂子「ドイツにおける成績加給制度と法的規整の構造」季刊労働法 190 号 127 頁

小俣勝治「ドイツにおける協約外職員の賃金形成」労働法律旬報 1391 号 54 頁

大村敦志『公序良俗と契約正義』(有斐閣・1995 年)

小畑史子「成果主義と労働時間管理」土田道夫・山川隆一編『成果主義人事と労働法』(日本労働研究機構・2003 年) 173 頁

片岡曻『労働法(1)』第 3 版 (有斐閣・1993 年) 59 頁

加藤周一「自由と・または・平等」世界 1985 年 1 月号 31 頁

鎌田耕一「外部労働市場と労働法の課題」日本労働法学会誌 97 号 83 頁

萱谷一郎「協約自治の限界論懐疑」労働法律旬報 1323 号 6 頁

唐津博「使用者の成果評価権をめぐる法的問題」季刊労働法 185 号 38 頁

河上正二『約款規制の法理』(有斐閣・1988 年)

川口實「労働協約の効力」『新労働法講座 5 労働協約』(1966 年・有斐閣) 98 頁

久保敬治「労働協約法理の再構成の方向」神戸法学雑誌 17 巻 3 号 45 頁

熊沢誠『能力主義と企業社会』(岩波書店・1997 年)

毛塚勝利「賃金処遇の変化と労働法の課題」日本労働法学会誌 89 号 5 頁

毛塚勝利「わが国における従業員代表法制の課題」日本労働法学会誌 79 号 129 頁

毛塚勝利「組合規制と従業員規制の補完と相剋」蓼沼謙一編『企業レベルの労使関係と法』(勁草書房 1986 年) 213 頁

毛塚勝利「雇用・労使関係法制の動向」日本労働研究雑誌 470 号 43 頁

毛塚勝利「職場の労働者代表と労使委員会」ジュリスト 1153 号 57 頁

毛塚勝利「労使委員会の可能性と企業別労働組合の新たな役割」日本労働研究雑誌 485 号 13 頁

毛塚勝利「人事考課—マナック事件」菅野和夫・西谷敏・荒木尚志編『労働判例百選第 7 版』(有斐閣・2002 年) 72 頁

玄田有史『仕事のなかの曖昧な不安』(中央公論社・2001 年)

玄田有史「ホワイトカラーの処遇変化と団塊世代の影響」東京大学社会科学研究所社会科学研究 50 巻 3 号 35 頁

小池和男『仕事の経済学』(東洋経済新報社・1991 年)

小池和男書評「なぜ不況期に賃金は下がらないのか (T. F. ビューレイ)」日本労働研究雑誌 484 号 (2000 年) 89 頁

小嶌典明「働き方の変化と労基法改正」ジュリスト 1153 号 31 頁

小嶌典明「裁量労働と成果主義」季刊労働法 185 号 26 頁

小嶌典明「労使自治とその法理」日本労働協会雑誌 364 号 98 頁

小嶌典明「労働市場をめぐる法政策の現状と課題」日本労働法学会誌 87 号 5 頁
後藤清「国民革命途上の労働協約」社会政策時報 161 号 173 頁
後藤巻則「フランス法における公序良俗論とわが国への示唆」椿寿夫＝伊藤進編『公序良俗違反の研究』（日本評論社・1995 年・初出 1992 年）152 頁
小宮文人「公正代表義務と組合の内部手続」日本労働法学会誌 69 号 92 頁
近藤昭雄「労働協約自治の限界」労働判例 360 号（1981 年）4 頁
作田啓一「戦後日本の個人主義と集団主義」世界 1986 年 1 月号 86 頁
佐藤博樹「成果主義と評価制度そして人的資源問題」東京大学社会科学研究所社会科学研究 50 巻 3 号 101 頁
佐藤博樹「未組織企業における労使関係」日本労働研究雑誌 416 号 24 頁
鹿野菜穂子「ドイツの判例における良俗違反」椿寿夫＝伊藤進編『公序良俗違反の研究』（日本評論社・1995 年・初出 1992 年）138 頁
四宮和夫『民法総則（第 4 版補正版）』（弘文堂・1996 年）
下井隆史「1998 年労基法改正の意義と問題点」ジュリスト 1153 号 22 頁
下井隆史「労働協約の規範的効力の限界」甲南法学 30 巻 3・4 号 1 頁
末弘巌太郎「労働協約と法律」『労働法研究』（1926 年・改造社）
菅野和夫『新雇用社会の法』（有斐閣・2002 年）
菅野和夫『労働法　第五版補正二版』（弘文堂・2001 年）
菅野和夫・諏訪康雄「労働市場の変化と労働法の課題」日本労働研究雑誌 418 号 2 頁
菅野和夫「労働市場と労働法のテーマをどう見るか」日本労働法学会誌 97 号 109 頁
角田邦重「企業社会における労働人格の展開」日本労働法学会誌 78 号 5 頁
角田邦重「労働関係における労働者の人格的権利の保障」季刊労働法 143 号 20 頁
角田邦重「労働基準法の改正と今後の課題」労働法律旬報 1450 号 4 頁
角田邦重「団結権と労働者個人の自由」日本労働法学会誌 77 号 138 頁
角田邦重「組合所属を理由とする配車差別の不法行為性ならびに損害賠償のあり方について」労働法律旬報 1345 号 32 頁
諏訪康雄「労働協約の規範的効力をめぐる一考察」久保還暦『労働組合法の理論課題』（世界思想社・1980 年）179 頁
高橋賢司「労働関係における人事記録と個人情報保護」中央大学大学院研究年報 25 号 33 頁
高橋賢司「ドイツにおける人事情報の閲覧・訂正・削除請求権の法的検討」労働法律旬報 1392 号 31 頁
高橋賢司「書評・職場における自立とプライバシー」日本労働研究雑誌 438 号 52 頁
高橋弘「普通契約約款と消費者保護(2)」法律時報 47 巻 11 号 92 頁
高橋伸夫「未来傾斜型システムとホワイトカラーの働き方」東京大学社会科学研究所社会科学研究 50 巻 3 号 55 頁
蓼沼謙一「三六協定をめぐる一問題点」一橋論叢 64 巻 6 号 81 頁（1970 年）
辻村昌昭「労働協約による労働条件の不利益変更と公正代表義務」日本労働法学会誌 69

文献一覧

号54頁
土田道夫『労務指揮権の現代的展開』(信山社・1999年)
土田道夫「能力主義賃金と労働契約」季刊労働法185号9頁
土田道夫「労働者保護法と自己決定」法律時報66巻9号56頁
土田道夫「成果主義人事と人事考課・査定」土田道夫・山川隆一編『成果主義人事と労働法』(日本労働研究機構・2003年) 57頁
手塚和彰「企業の人事戦略・管理の法的検討」季刊労働法143号44頁
道幸哲也『職場における自立とプライヴァシー』(日本評論社・1995年)
道幸哲也「業務命令権と労働者の自立」法律時報66巻9号38頁
藤内和宏「ドイツにおける人事考課制度調査結果」岡山法学雑誌44巻2号109頁以下
中嶋士元也「関西電力事件最三小判平7・9・5」判例評論449号212頁
中舎寛樹「民法90条における公序良俗違反の類型」椿寿夫＝伊藤進編『公序良俗違反の研究』(日本評論社・1995年・初出1992年) 216頁
中村和夫「解題・賃金処遇制度における調査・報告」労働法律旬報1391号21頁
中村圭介「従業員代表制論議で忘れられていること」ジュリスト1066号136頁
中村哲也「ナチス民法学の方法的分析(上・下)」法学41巻4号70頁, 42巻1号59頁
西尾幹二『ヨーロッパの個人主義』(講談社現代新書・1977年)
西谷敏『労働法における個人と集団』(有斐閣・1992年)
西谷敏『西ドイツ労働法思想史論』(日本評論社・1987年)
西谷敏「ドイツ労働法の弾力化論(一・二・三)」大阪市立大学法学雑誌39巻2号1頁・42巻4号185頁・43巻1号1頁
西谷敏「『個人主義』の意味について」労働法律旬報1370号4頁
西谷敏「過半数代表と労働者代表委員会」日本労働協会雑誌356号2頁
西谷敏「労働条件の個別化と法的規整」日本労働協会雑誌470号24頁
沼田稲次郎『労働協約の締結と運用』(総合労働研究所・1970年)
沼田稲次郎「協約規範の法的性格」労働法律旬報144号2頁
能見善久「違約金・損害賠償額の予定とその規制(一〜四)未完」法学協会雑誌102号2号249頁, 5号533頁, 7号1781頁, 10号1781頁, 103号6号997頁
野川忍「変貌する労働者代表」『岩波講座現代の法12巻・職業生活と法』(岩波書店・1998年) 103頁
野川忍「就業規則と労働条件」東京学芸大学紀要3部門(社会科学) 44集1頁
野川忍「賃金共同決定の法的構造」日本労働協会雑誌307号23頁, 309号32頁
野田進「能力・成果主義賃金と労働者の救済」季刊労働法185号65頁
萩澤清彦「協約自治と組合をめぐる諸問題」日本労働法学会誌38号23頁
花見忠「労働基準法改正の意義」季刊労働法189号2頁
花見忠「労働協約と私的自治」日本労働法学会誌21号(1963年) 40頁
浜村彰「労使委員会による労使協定に代わる決議」労働法律旬報1488号38頁
林幸司「ドイツ法における良俗論と日本法の公序良俗」椿寿夫＝伊藤進編『公序良俗違反

の研究』(日本評論社・1995年・初出1992年) 124頁

樋口美雄『労働経済学』(東洋経済新報社・1996年)

廣石忠司「日本企業における賃金・処遇制度の現状」日本労働法学会誌89号27頁

広瀬清吾「ナチス法学と利益法学 (一・二)」法学論叢91巻3号1頁, 5号1頁

藤原稔弘「ドイツにおける協約上の賃金・給与決定をめぐる法的処理」労働法律旬報1391号63頁

星野英一「現代における契約」同『民法論集第3巻』(1972年・有斐閣) 3頁以下

前田達明「ワイマール経営協議会法の成立と展開 (上) (下)」法学論叢80巻3号54頁, 4号59頁

松阪佐一『民法提要総則 (第3版)』(有斐閣・1974年)

三井正信「労働組合と労働者の自己決定」法律時報66巻9号66頁

水町勇一郎『「労働」「市場」と「法」』日本労働法学会誌97号99頁

水町勇一郎「成果主義と賃金制度」土田道夫・山川隆一編『成果主義人事と労働法』(日本労働研究機構・2003年) 153頁

宮崎公男=岡久幸治「西ドイツの簡素化法およびシュットットガルト方式について (一・二・完)」判例時報917号3頁・918号3頁

村中孝史「個別的人事処遇の法的問題点」日本労働研究雑誌460号28頁

村中孝史「成果主義と解雇」土田道夫・山川隆一編『成果主義人事と労働法』(日本労働研究機構・2003年) 195頁

盛誠吾「人事処遇の変化と労働法」民商法雑誌513頁

盛誠吾「年俸制・裁量労働制の法的問題」日本労働法学会誌89号53頁

盛誠吾「新裁量労働制の要件」労働法律旬報1488号8頁

盛誠吾「雇用・職場とプライバシー」ジュリスト増刊「情報公開・個人情報保護」239頁

守島基博「ホワイトカラー・インセンティブ・システムの変化と過程の公平性」東京大学社会科学研究所社会科学研究50巻3号81頁

守島基博「企業内インセンティブ構造の大きな流れ」賃金事情2378号44頁

守島基博「米国ホワイトカラーの賃金処遇制度をめぐる最近の動向」労働法律旬報1391号32頁

三柴丈典「FLSAにおけるWhite-Color Exemption」労働法律旬報1391号43頁

柳屋孝安「労働市場の変化とドイツ労働法」日本労働法学会誌87号35頁

山川隆一「成果主義人事と減給・降格」土田道夫・山川隆一編『成果主義人事と労働法』(日本労働研究機構・2003年) 125頁

山崎文夫「退職金・諸手当・福利厚生制度の変化と法的問題」日本労働法学会誌89号105頁。

山崎正和『柔らかい個人主義の誕生』(中公文庫・1987年)

山田省三「職場におけるプライバシー保護」日本労働法学会誌78号33頁

山田省三「イギリスにおけるホワイトカラーの賃金処遇の法理」労働法律旬報1391号48頁

文 献 一 覧

山本敬三『公序良俗論の再構成』（有斐閣・2000 年）
山本豊「付随的契約条件における自律と正義（一・二・完）」法学44号3号88頁・4号42頁
横井芳弘「労働協約の本質について」討論労働法49号13頁
横井芳弘「市民社会の変容と労働法」季刊労働法198号2頁
横井芳弘「労働者の情報開示請求権と人事記録閲覧請求権」横井芳弘編『現代労使関係と法の変容』(1988 年，頸草書房) 407 頁
横井芳弘「労働協約の規範的効力」石井照久・有泉亨編『労働法演習』(1961年・有斐閣) 68 頁
米倉明「法律行為（17・18）」法学教室63号28頁，64号118頁
我妻栄『新訂民法総則』（岩波書店・1965年）
我妻栄『民法研究Ⅰ・私法一般』（1966 年・有斐閣）
和田肇『労働契約の法理』（有斐閣・1990 年）
和田肇「ドイツ労働法の変容」日本労働法学会誌93号53頁
渡辺章「協約自治と個別労働者の法的地位」日本労働法学会誌38号38頁

報告書・統計

日本労働研究機構『平成15年度版　労働経済白書』2003 年
社会経済生産性本部「第4回日本型人事制度の変容に関する調査」2001 年
東京都大崎労政事務所「『成果・能力主義』拡大への労働組合の対応」2001 年
日本経営者団体連盟「新・日本的経営システム研究プロジェクト報告・新時代の「日本的経営」1995 年
連合総合生活開発研究所『労働組合の未来』（財団法人連合総合生活開発研究所・2001 年）

Literaturverzeichnis

Adomeit, Klaus; Rechtsquellenfragen im Arbeitsrecht, München, 1969.

ders; Die gestörte Vertragsparität-ein Trugbild, NJW 1994, S. 2467.

Aksu, Mustafa; Die Regelungsbefugnis der Betriebsparteien durch Betriebsvereinbarungen, Baden-Baden, 2000.

Anschütz, Gerhard; Drei Leitgedanken der Weimarer Reichsverfassung : Rede, gehalten bei der Jahresfeier der Universität Heidelberg am 22. November 1922, Tübingen, 1923.

Belling, Detlev; Mitbestimmung bei der Lohngestaltung im System von Tarifautonomie und Privatautonomie, ZfA 1993, S. 257.

ders; Das Günstigkeitsprinzip nach dem Beschluss des Großen Senats des Bundesarbeitsgerichts vom 16. 9. 1986, DB 1987, S. 1888.

ders; Anm zu BAG EzA §620 BGB Altergrenze Nr. 1.

Bellmann, Lutz/ Kohaut, Susanne; Betriebliche Determinanten der Lohnhöhe und der übertariflichen Bezahlung, MittAB 1995, S 63.

Biedenkopf, Kurt H; Grenzen der Tarifautonomie; Karlsruhe, 1964.

Blanke, Thomas; Außertariflichen Angestellte, Baden-Baden, 1995.

Blomeyer, Das kollektive Günstigkeitsprinzip-Bemerkung zum Beschluss des Großen Senats des Bundesarbeitsgerichts vom 16. 9. 1986, DB 1987, S. 634.

Brox, Hans/ Rüthers, Bernd; Arbeitsrecht, 13. Aufl., Stuttgart/ Berlin/ Köln, 1997.

Brox, Hans; Allgemeiner Teil des BGB, 22. Aufl., Köln, Berlin, Bonn, München, 1998.

Canaris, Claus-Wilhelm; Funktionelle und inhaltliche Grenzen kollektiver Gestaltungsmacht bei der Betriebsvereinbarung, AuR 1966, S. 129.

ders; Grundrecht und Privatrecht, AcP 184 (1984), S. 201.

Coing, Helmut; Grundzüge der Rechtsphilosophie, 5. Aufl., Berlin, 1993.

Literaturverzeichnis

Däubler, Wolfgang; Tarifvertragsrecht, 6. Aufl., Frankfurt a.M., 1999.

ders; Das Grundrecht auf Mitbestimmung und seine Realisierung durch tarifvertragliche Begründung von Beteiligungsrechten, Frankfurt a. M., 1973.

Dietrich, Thomas; Grundgesetz und Privatautonomie im Arbeitsrecht, RdA 1995, S. 129.

Dietrich, Thomas/ Hanau, Peter/ Schaub, Günter (Hrsg.); Erfurter Kommentar zum Arbeitsrecht, 2. Aufl., München, 2001.

Dorndorf, Eberhard; Zweck und kollektives Interesse bei der Mitbestimmung in Entgeltfragen, in: Festschrift für Wolfgang Däubler, Frankfurt am Main, 1999, S. 327.

Esser, Otto; Konfliktregulierung in Freiheit und Verantwortung, in: Festschrift für Karl Molitor, München, 1962, S. 99.

Fabricius, Fritz/ Kraft, Alfons/ Thiele, Wolfgang/ Wiese, Günther/ Kreutz, Peter; Betriebsverfassungsgesetz-Gemeinschaftskommentar, 4. Aufl., Neuwied, 1987.

ders; Arbeitsverhältnis, Tarifautonomie, Betriebsverfassung und Mitbestimmung im Spannungsfeld von Recht und Politik: Gedanken zur Fortentwicklung des Arbeitsverhältnisses, in: Festschrift für Erich Fechner, Tübingen, 1973, S. 171.

Farthmann, Friedhelm; Die Beschränkung der Mitbestimmung nach §56 BetrVG auf die sogen. formellen Arbeitsbedingungen, RdA 1966, S. 249.

Fastrich, Lorenz; Richterliche Inhaltskontrolle im Privatrecht, München, 1992.

ders; Vom Menschenbild des Arbeitsrechts, in; Arbeitsrecht in der Bewährung, Festschrift für Otto Rudolf Kissel zum 65. Geburtstag, München, 1994, S. 193.

Fitting, Karl/ Kaiser, Heinrich/ Heither, Friedrich/ Engels, Gerd, Betriebsverfassungsgesetz-Kommentar, 19. Aufl., München, 1998.

Flume, Werner; Allgemeiner Teil des Bürgerlichen Rechts, Bd. 2, Das Rechtsgeschäft, 3. Aufl., Berlin, Heidelberg, New York, 1979.

Flatow, Georg/ Kahn-Freund, Otto; Betriebsrätegesetz, 13. Aufl., Berlin, 1931.

Frank, Dietmar; Der außertarifliche Angestellte, München, 1991.

Frey, Helmut/ Pulte, Peter; Betriebsvereinbarung in der Praxis, München, 1992.

Frotscher, Werner/ Bodo Pieroth; Verfassungsgeschichte, 2.Aufl., München, 1999.

Galperin, Bernd/ Löwisch, Manfred; Kommentar zum Betriebsverfassungsgesetz, 6. Aufl., Heidelberg, 1982.

Galperin, Bernd/ Siebert, Wolfgang; Kommentar zum Betriebsverfassungsgesetz, 4. Aufl., Heidelberg, 1963.

Gierke, Otto von; Die Wurzeln des Dienstvertrages, in Festschrift für Heinrich Brunner, München, 1914, S. 35.

Grunsky, Wolfgang; Vertragsfreiheit und Kräftegleichgewicht : Vortrag, gehalten vor der Juristischen Gesellschaft zu Berlin am 25. Januar 1995, Berlin, 1995.

Hanau, Peter; Deregulierung des Arbeitsrechts-Ansatzpunkte und verfassungsrechtliche Grenzen, erweiterte und aktualisierte Fassung eines Vortrages, gehalten vor der Juristischen Gesellschaft zu Berlin am 19. Februar 1997 (Schriftenreihe der Juristischen Gesellschaft zu Berlin; H. 154), Berlin, New York, der Gruyter, 1997.

ders; Die Entwicklung der Betriebsverfassung, NZA 1993, S.1.

ders; Perspektiven des Arbeitsrechts, in : Festschrift für Karl Kehrmann zum 65. Geburtstag, Köln, 1997, S. 23.

ders; Aktuelle Probleme der Mitbestimmung über das Arbeitsentgelt gem. §87 Abs. 1 Nr. 10 BetrVG, BB 1973, S. 350.

ders; Arbeitsrecht in der sozialen Marktwirtschaft, in: Festschrift zum 125 jährigen Bestehen der Juristischen Gesellschaft zu Berlin, 1984, S. 1.

Hanau, Hans; Individualautonomie und Mitbestimmung in sozialen Angelegenheiten, Köln, 1994.

Hans-Böckeler-Stiftung; Grundsätze zum Leistungsentgelt (Arbeitspapier), 2000.

Heinze, Meinhard; Die Mitbestimmungsrechte des Betriebsrates bei Provisionsentlohnung, NZA 1986, S. 1.

ders; Wege aus der Krise des Arbeitsrechts, NZA 1997, S. 1.

Herbst, Jens; Umfang des Mitbestimmungsrechts bei freiwilligen übertariflichen Zulagen, DB 1987, S. 738.

Herschel, Wilhelm; Arbeitsrechtliche Konsequenzen aus den unterschiedlichen Genauigkeitsgraden bei der Datenerfassung in Arbeits-und Zeitstudien, AuR 1967, S. 65.

Literaturverzeichnis

Heuck, Alfred/ Nipperdey, Hans Carl, Lehrbuch des Arbeitsrechts, 7. Aufl. Berlin, Frankfurt a. M., 1963.

von Hoyingen-Huene, Gerrick; Grundfragen der Betriebsverfassung, in: Arbeitsgesetzgebung und Arbeitsrechtsprechung, Festschrift zum 70. Geburtstag von Eugen Stahlhacke, Neuwied, Kriftel, Berlin, 1995, S. 173.

ders; Gemeinsame Anm. zu den BAG-Entscheidungen vom 31. 1. 1994 und 28. 2. 1984 SAE 1985, S. 298.

v. Hoyningen-Huene, Gerrick/ Meier-Kreutz, Ulrich, Mitbestimmung trotz Tarifvertrages?, NZA 1987, S. 793.

Hromadka, Wolfgang; Inhaltskontrolle von Arbeitsverträgen, in: Richterliches Arbeitsrecht, Festschrift für Thomas Dietrich zum 65. Geburtstag, München, 1999, S. 253.

ders; Betriebsvereinbarung über mitbestimmungspflichtige soziale Angelegenheiten bei Tarifüblichkeit, DB 1987, S. 1991.

ders; Privat-versus Tarifautonomie-Ein Beitrag zur Arbeitszeitdiskussion, DB 1992, S. 1042.

ders; Zukunft des Arbeitsrechts, NZA 1998, S. 234.

ders; Änderung von Arbeitsbedingungen, RdA 1992, S. 234.

Huber, Ernst Rudolf, Deutsche Verfassungsgeschichte seit 1789, Bd.1-8., Stuttgart [u.a.], 1957-1991.

Jacobi, Erwin; Grundlehren des Arbeitsrechts, Leipzig, 1927.

Jahnke, Volker, Tarifautonomie und Mitbestimmung, München, 1984.

Jarass, Hans D./ Pieroth, Bodo; Grundgesetz für die Bundesrepublik Deutschland : Kommentar, 6. Aufl., München, 2002.

Joost, Detlev; Betriebliche Mitbestimmung bei der Lohngestaltung im System von Tarifautonomie und Privatautonomie, ZfA 1993, S. 257.

ders; Flexibilisierung des Arbeitsrechts durch Verlagerung tariflicher Regelungskompetenz auf den Betrieb, ZfA 1998, S. 293.

ders: Ablösende Betriebsvereinbarung und Allgemeine Arbeitsbedingungen, RdA 1995, S. 7.

Junker, Abbo; Individualwille, Kollektivgewalt und Staatsintervention im Arbeitsrecht, NZA 1997, S. 1305.

Köhler, Helmut, BGB, Allgemeiner Teil, 26.Aufl., München, 2002.

Kort, Michael; Arbeitszeitverlängerung des „Bündnis für Arbeit" zur Arbeitgeber und Betriebsrat-Verstoß gegen die Tarifautonomie?, ZfA 1990, S. 1476.

Kraft, Alfons; Die Betriebliche Lohngestaltung, in: Sozialpartnerschaft in der Bewährung, Festschrift für Karls Molitor zum 60. Geburtstag, München, 1988, S. 201.

Krass, Stefan; Der bunte Korb der Günstigkeit, NZA 1996, S. 294.

Kreßel, Eckhart; Einflüsse des Arbeitsrechts auf die Bewältigung der Massenarbeitslosigkeit, in Arbeitsrecht und Arbeitsgerichtsbarkeit, Festschrift zum 50-jährigen Bestehen der Arbeitsgerichtsbarkeit in Rheinland-Pfalz, Neuwied, 1999, S. 191.

Kreutz, Peter; Grenzen der Betriebsautonomie, München, 1979.

Lambrich, Thomas; Tarif-und Betriebsautonomie, Berlin, 1999.

Larenz, Karl/ Wolf, Manfred; Allgemeiner Teil des Bürgerlichen Rechts, 8. Aufl., München, 1997.

Larenz, Karl; Lehrbuch des Schuldrechts, Allgemeiner Teil; 14. Aufl., München, 1987.

Lieb, Manfred; Sonderprivatrecht für Ungleichgewichtslagen? Überlegungen zum Anwendungsbereich der sogenannten Inhaltskontrolle privatrechtlicher Verträge, AcP 178 (1978), S. 196.

ders; Die Regelungszuständigkeit des Betriebsrats für die Vergütung von AT-Angestellten, ZfA 1993, S. 257f.

ders; Das Arbeitsrecht, 7. Aufl., Heidelberg, 2000.

Linnenkohl, Karl/ Rauschenberg, Hans-Jürgen/Reh, Dirk A.; Abschied vom „Leber-Kompromiß" durch das Günstigkeitsprinzip, BB 1990, S. 628.

Loritz, Karl-Georg; Veränderung der wirtschaftlichen Grundlagen-Konsequenzen für das Arbeitsrecht, ZfA 2000, 267.

ders; die Koppelung der Arbeitsentgelte an den Unternehmenserfolg, RdA 1998, S. 14.

Löwisch, Manfred; Die Mitbestimmung des Betriebsrats bei der Gehaltsfestsetzung für Angestellte nach Arbeitsplatzrangfolge und Leistungsbeurteilung, DB 1973, S.1746.

Maine, Henry Sumner; Das alte Recht-„Ancient Law" (deutsche Ausgabe), herausgegeben und übersetzt von Heiko Dahle, Baden-Baden, 1997.

Manfred, Werner; Betriebsraetegesetz, Mannheim, Berlin, Leipzig, 1930.

Mangoldt, Hermann von/ Klein, Friedrich; Das Bonner Grundgesetz : Kommentar, 4. Aufl., Bd. 1.2.3., München, 1999-2001.

Meyer-Cording, Ulrich; Rechtsnormen, Tübingen, 1971.

Moll, Wilhelm; Die Mitbestimmung des Betriebsrats beim Entgelt, Berlin, 1977.

Moritz, Klaus; Mitbestimmung des Betriebsrats bei Leistungsvergütungen-insbesondere bei Provisionsregelung, AuR 1983, S. 97.

Möschel, Wernhard; Arbeitsmarkt und Arbeitsrecht, ZRP 1988, S. 48.

Münch, Ingo von; Grundgesetz-Kommentar, hrsg. von Philip Kunig., 5. Aufl., Bd. 1.2, München, 2000.

Müller-Franken, Sebastian; Die Befugnis zu Eingriffen in die Rechtsposition des einzelnen durch Betriebsvereinbarungen, Berlin, 1997.

Nikisch, Arthur; Arbeitsrecht, Bd. III, 2. Aufl., Tübingen, 1966.

Nörr, Knut Wolfgang; Zwischen den Mühlsteinen, Tübingen, 1988.

ders; Arbeitsrecht und Verfassung, Das Beispiel der Weimarer Reichsverfassung von 1919, ZfA 1992, S. 361.

ders; Die Leiden des Privatrechts, Tübingen, 1994.

Oetker, Hartmut/ Wank, Rolf/ Wiedemann, Herbert, Tarifvertragsgesetz-Kommentar (hrsg. von Herbert Wiedemann), 6.Aufl., München, 1999.

Palandt, Otto; Bürgerliches Gesetzbuch, 59. Aufl., München, 2000.

Pflug, Hans-Joachim; Kontrakt und Status im Recht der allgemeinen Geschäftsbedingungen, München, 1986.

Picker, Eduard; Die Tarifautonomie in der deutschen Arbeitsverfassung (Walter-Raymond-Stiftung, Kleine Reihe, Heft 67), Köln, 2000.

ders; „Regulierungsdichte und ihr Einfluss auf die Beschäftigung", in: Regulierung - Deregulierung-Liberalisierung, Tübingen, 2001, S. 195.

ders; Vertragliche und deliktische Schadenshaftung, JZ 1987, S. 1041.

ders; Regelung der „Arbeits-und Wirtschaftsbedingungen"- Vertragsprinzip oder Kampfprinzip, ZfA 1986, S. 186.

ders; Anmerkung AP Nr. 107 zu §611 BGB Gratifikation.

ders; Tarifautonomie-Betriebsautonomie-Privatautonomie, NZA 2002, S. 761.

Potthoff, Heinz; Die Einwirkung der Reichsverfassung auf das Arbeitsrecht : Vortrag im Institut für Arbeitsrecht, Leipzig [u.a.], 1925.

Preis, Ulrich; Grundfragen der Vertragsgestaltung im Arbeitsrecht, Neuwied, 1993.

ders; Anrechnung und Widerruf über-und außertariflicher Entgelte-vertragsrechtlich betrachtet, in: Festschrift für Otto Rudolf Kissel, München, 1994, S. 879.

Radbruch, Gustav, Der Mensch im Recht, Göttingen, 1957.

Raiser, Ludwig; Das Recht der Allgemeinen Geschäftsbedingungen, Bad Homburg von der Höhe, 1935.

Reichold, Hermann; Betriebsverfassung als Sozialprivatrecht-Historisch-dogmatische Grundlagen von 1848 bis zur Gegenwart, München, 1995.

ders; Entgeltsbestimmung als Gleichbehandlungsproblem, RdA 1995, S. 147.

Reuter, Dieter; Die Lohnbestimmung im Betrieb, ZfA 1993, S. 224.

ders; Das Verhältnis von Individualautonomie, Betriebsautonomie und Tarifautonomie, RdA 1991, S. 193.

Richardi, Reinhard; Kollektivgewalt und Individualwille bei der Gestaltung des Arbeitsverhältnisses, München, 1968.

ders; Entwicklungstendenzen der Treue-und Fürsorgepflicht in Deutschland. in: Tomandl, Treue-und Fürsorgepflicht im Arbeitsrecht, Wien-Stuttgart, 1975, S. 41.

ders; Kollektivvertragliche Arbeitszeitregelung-Mitbestimmung durch Kollektivnorm oder Regelung der Arbeitsbedingungen für ein rechtsgeschäftliches Dienstleistungsversprechen? ZfA 1990, S. 211.

ders; Die Mitbestimmung des Betriebsrats beider Regelung des Arbeitsentgelts, ZfA 1976, S. 1.

ders; Betriebsverfassungsgesetz, 8. Aufl., München, 2002.

Richardi, Reinhard/ Wlotzke, Otfried (Hrsg.); Münchener Handbuch zum Arbeitsrecht, 2. Aufl., Bd.1.2.3., München, 2000-2001.

Rieble, Volker; Arbeitsmarkt und Wettbewerb : der Schutz von Vertrags-und Wettbewerbsfreiheit im Arbeitsrecht, Berlin [u.a.], 1996.

Rieble, Volker/ Gutzeit, Martin; Individualarbeitsrechtliche Kontrolle erfolgsabhängiger Vergütungsformen, Jahrbuch des Arbeitsrechts, Bd. 37, 2000, S. 41.

Rumpff, Klaus; Akkord und Prämie, AuR 1969, S. 39.

Sachs, Michael; Grundgesetz: Kommentar, München, 1996.

Säcker, Franz-Jürgen; Gruppenautonomie und Übermachtkontrolle im Arbeitsrecht, Berlin, 1972.

Säcker, Franz Jürgen/ Oetker, Hartmut; Grundlagen und Grenzen der Tarifautonomieerläutert anhand aktueller tarifpolitischer Fragen, München, 1992.

Schaub, Günter; Arbeitsrecht, 7. Aufl., München, 1992.

Schlüter, Wilfried; Grenze der Tarifmacht bei der Regelung der Wochenarbeitszeit, in: Festschrift für Stree und Wessels, S. 1062.

Schnabel, Claus; Die übertarifliche Bezahlung, Köln, 1994.

Schwerdtner, Peter; Fürsorgetheorie und Entgelttheorie im Recht der Arbeitsbedingungen, Heidelberg, 1970.

Sesselmeier Werner; Arbeitsmarkttheorie, 2. Aufl., Heidelberg, 1998.

Siebert, Wolfgang; Die deutsche Arbeitsverfassung, 2. Aufl., Hamburg, 1942.

Sinzheimer, Hugo; Grundzüge des Arbeitsrechts, 2. Aufl., Jena, 1927.

ders; Ein Arbeitstarifgesetz, die Idee der sozialen Selbstbestimmung im Recht, Berlin, 1917.

Söllner, Alfred; „From status to contract"-Wandelungen in der Sinndeutung des Arbeitsrechts, in: Festschrift für Wolfgang Zöllner, Bd. 2, 1998, S. 949.

Scholz, Rupert; Koalitionsfreiheit als Verfassungsproblem, München, 1971.

Staudinger, Julius von; J [ulius] von Staudingers Kommentar zum Bürgerlichen Gesetzbuch, Berlin, 1995-2001.

Schüren, Peter; Mitbestimmung bei Zulagen und betrieblichen Entgeltssystemen, RdA 1996, S. 14.

Tondorf, Karin; Modernisierung der industriellen Entlohnung, Berlin, 1994.

Triepel, Heinrich; Delegation und Mandat im öffentlichen Recht, Stuttgart, Berlin, 1942.

Waltermann, Raimund; Rechtsetzung durch Betriebsvereinbarung zwischen Privatautonomie und Tarifautonomie, Tübingen, 1996.

Wank, Rolf; Arbeitnehmer und Selbständige, München, 1988.

Weinberg/ Jonanntan; Neue Arbeitsmarkttheorien zur Erklärung der Arbeitslosigkeit in Deutschland in kritischer Reflexion, Marburg, 1999.

Wendeling-Schröder, Ulrike, Autonomie im Arbeitsrecht; Möglichkeiten und Grenzen eigenverantwortlichen Handelns in der abhängigen Arbeit, Frankfurt am Main, 1994.

Westermann, Harm Peter; Sonderprivatrechtliche Sozialmodelle und das allgemeine Privatrecht, AcP 178 (1978) S. 151.

Weyond, Joachim; Die normativen Rahmenbedingungen der betrieblichen Lohngestaltung nach der Entscheidung des Großen Senats vom 3. 12. 1991, RdA 1993, S. 1.

Wiedemann, Herbert; Das Arbeitsverhältnis als Austausch-und Gemeinschaftsverhältnis, Karlsruhe, 1966.

Wilburg, Walter; Die Elemente des Schadensrechts, Marburg, 1941.

Wittgruber, Frank; Die Abkehr des Arbeitsrechts von der Vertragsfreiheit, Berlin, 1999.

Wlotzke, Otfried; Das Günstigkeitsprinzip, Heidelberg, 1957.

Wolf, Manfred; Inhaltskontrolle von Arbeitsverträgen, RdA 1988, S. 270.

Wohlgemuth, Hans H.; AT-Angestellte und Betriebsverfassung, BB 1993, S. 286.

Literaturverzeichnis

Veit, Barbara; Die funktionelle Zuständigkeit des Betriebsrats, München, 1998.

Zander, Ernst/ Knebel, Heinz; Taschenbuch für Leistungsbeurteilung und Leistungszulagen, 2. Aufl., Heidelberg, 1982.

Zöllner, Wolfgang; Privatautonomie und Arbeitsverhältnis, AcP 176 (1976), S. 221.

ders; Die politische Rolle des Privatrechts, JuS 1988, S. 329.

ders; Immanente Grenzen arbeitsvertraglicher Regelungen, RdA 1972, S. 152.

ders; Der kritische Weg des Arbeitsrechts zwischen Privatkapitalismus und Sozialstaat, NJW 1990, S. 1.

ders; Arbeitsrecht und Marktwirtschaft, ZfA 1994, S. 423.

ders; Flexibilisierung des Arbeitsrechts, ZfA 1988, S. 265.

ders; Der Arbeitsvertrag - Restposten oder Dokument der Selbstbestimmung, Sonderbeilage zu NZA, Heft 2/2000, S. 1.

Zöllner, Wolfgang/ Loritz, Karl-Georg; Arbeitsrecht, 5. Aufl., München, 1998.

〈著者紹介〉

高橋 賢司（たかはし・けんじ）

- 1970 年　東京生まれ
- 1994 年　立教大学法学部卒業
- 1996 年　中央大学大学院法学研究科博士課程前期課程　修了（修士号）
- 1996 年　中央大学大学院法学研究科博士課程後期課程　入学
- 1997 年　ドイツ留学
- 2003 年　ドイツ・チュービンゲン大学　法学博士号取得
- 2004 年より　立正大学法学部専任講師（労働法）

〈著書〉

Die Lohnbestimmung bei leistungs- und erfolgsabhängigen Entgelten im Spannungsfeld von Privatautonomie und Kollektivautonomie（Tübingen, Medien Verlag Köhler, 2003）

成果主義賃金の研究

2004年（平成16年）8月15日　初版第1刷発行

著　者	高　橋　賢　司
発行者	今　井　　　貴
	渡　辺　左　近
発行所	信　山　社　出　版

〒113-0033　東京都文京区本郷 6-2-9-102
電　話　03（3818）1019
ＦＡＸ　03（3818）0344

印　刷　松　澤　印　刷
製　本　大　三　製　本

Printed in Japan.

© 高橋賢司，2004．　　　落丁・乱丁本はお取替えいたします。

ISBN4-7972-2272-7　C3332